T0298783

نظام التربية والتعليم

في دول الخليج العربي

رقم الايداع لدى دائرة المكتبة الوطنية : (2008/12/4237)
فرج ، عبد اللطيف
نظام التربية والتعليم في دول الخليج العربي/ عبد اللطيف حسين فرج. - عمان: دار وائـل للنشر، 2008
(390) ص
ر.إ. : (2008/12/4237)
الواصفات: التربية / التعلم / دول الخليج العربي

* تم إعداد بيانات الفهرسة والتصنيف الأولية من قبل دائرة المكتبة الوطنية

****

رقم التصنيف العشري / ديوي : 370.9565
ISBN 978-9957-11-788-7 (ردمك)

* نظام التربية والتعليم في دول الخليج العربي
* الأستاذ الدكتور عبد اللطيف حسين فرج
* الطبعـة الأولى 2009

* جميع الحقوق محفوظة للناشر

دار وائـــل للنشر والتوزيع
* الأردن - عمان - شارع الجمعية العلمية الملكية - مبنى الجامعة الاردنية الاستثماري رقم (2) الطابق الثاني
هـاتف : 00962-6-5338410 - فاكس : 00962-6-5331661 - ص. ب (1615 - الجبيهة)
* الأردن - عمـان - وسـط البـلد - مجمـع الفحيص التجـاري- هـاتف: 00962-6-4627627
www.darwael.com
E-Mail: Wael@Darwael.Com

نظام التربية والتعليم
في دول الخليج العربي

الأستاذ الدكتور
عبد اللطيف حسين فرج
أستاذ المناهج
جامعة أم القرى

دار وائل للنشر

الطبعة الأولى

2009

المحتويات

مقدمــــة

استهدفت السياسة التعليمية في الدولة الخليجية من توجهات قيادة دولها وكذلك من واقع المجتمعات بكل أبعادها الحالية وطموحات تلك المجتمعات المستقبلية وقد حددت السياسات التعليمية في تلك الدول أهداف تعليمها وتوجهاته والتي تتمثل في أن التعليم يهدف إلى تعزيز الانتماء الوطني ويرسخ المسؤولية المجتمعية، ويهدف كذلك إلى جعل الطالب مواطناً نافعاً منتجاً معداً للمستقبل المتطور المتغير، ويهدف التعليم كذلك إلى توسيع إطاره وتعدد مؤسساته بما يحقق استفادة المتعلم من كافة المؤسسات التعليمية.

وقد استقت موجهات السياسة التعليمية لتلك الدول من مصادر؛ أولها الدين الإسلامي، ودستور تلك الدول وتراثها، وكذلك الواقع الاجتماعي والسكاني والاقتصادي لتلك الدول، إضافة إلى تحدياتها وطموحاتها المستقبلية .

لقد دأبت الدول الخليجية مجتمعه إلى زيادة التلاحم والتفاعل بين النظام

التعليمي – كنسق مجتمعي فرعي-وبين الأنظمة المجتمعية الأخرى، وذلك من أجل خدمة أغراض التنمية الشاملة وتحقيق التنمية المستدامة لهذه الدول الخليجية.

وقد عملت هذه الدول إلى الارتقاء بالمستوى المهني والمهاري لجميع العاملين في قطاع التربية والتعليم واستكمال وتطوير البنى التحتية والمؤسسة للأنظمة التعليمية.

من هذه المنطلقات رغب المؤلف أن يسلط الأضواء على هذه الأنظمة التعليمية المختلفة لهذه الدولة فجاء هذا الكتاب ليكون شاهداً على هذا التطور وتلك التنمية. أرجو من الله أن تكون أعمالنا خالصة لوجهه الكريم ... والله من وراء القصد.

(1)

نظام التربية والتعليم في الإمارات العربية المتحدة

معلومات عامة عن دولة الإمارات العربية المتحدة

الموقع: تقع على الساحل الشرقي لشبه الجزيرة العربية ويمتد ساحل الإمارات مسافة 400 ميل من حدود سلطنة عُمان حتى قطر ولها حدود طويلة مع المملكة العربية السعودية.

المساحة: 83.600 كيلو متر مربع والسكان : 3.1 مليون نسمة والعاصمة: أبو ظبي.

النظام السياسي: يعد النظام الاقتصادي في دولة الإمارات نظاما مختلطا ويعتمد على النفط بالأساس وهي دولة اتحادية تضم سبع إمارات هي أبو ظبي، دبي، الشارقة، الفجيرة، رأس الخيمة، أم القوين وعجمان. يتمتع المجلس الأعلى المكون من حكام الإمارات السبع الأعضاء في الاتحاد بسلطات واسعة والأحزاب السياسية محظورة، ويقوم كل حاكم بتعيين ممثلي إمارته في المجلس الوطني الاتحادي (الهيئة التشريعية).

الاقتصاد: يعتمد اقتصاد الإمارات على النفط والغاز على الرغم من تراجع اعتماد البلاد على النفط الخام خلال السنوات الأخيرة. وتعتبر دبي مركز التجارة الإقليمي، وقد بدأت أهميتها في النمو تزداد في المنطقة منذ انتهاء حرب الخليج.

الناتج المحلي الاجمالي: 71 مليار دور نصيب الفرد من الناتج المحلي: 64.8 ألف درهم (17651 دولارا) نسبة إسهام القطاعات غير النفطية في الناتج المحلي الإجمالي: 74.1% عام 1999 .

حجم التجارة الخارجية لعام 1999 بلغ 6569 مليون دولار والصادرات: 4600 مليون دولار والواردات: 3390 مليون دولار والميزان التجاري: 1210 مليون دولار (فائض) (إحصائيات 2004) مثلث التجارة مع دول مجلس التعاون لدول الخليج العربية نسبة 5.7% من إجمالي التجارة الخارجية للدولة.

النفط : يسهم بنسبة 25.9% من الناتج المحلي الإجمالي وتشكل صادرات النفط أكثر من 70% من موارد النقد الأجنبي وعائدات الحكومة.

احتياطيات النفط: 98 مليار برميل واحتياطي الغاز: 6 آلاف مليون طن وإجمالي الاحتياطات الخارجية: 10.766 مليارات دولار. (احصائيات 2004) التضخم: 1.5% (إحصائيات 2004) وعدد منشآت الصناعية: 1856 منشأة. وحجم القروض والمساعدات والمنح الخارجية: 15 مليار درهم منها 8 مليارات لتمويل 240 مشروعا في أكثر من 51 دولة. المشاريع المشتركة في دول مجلس التعاون 801 مشروع برأسمال قدره 514.49 مليون دولار. والصادرات البينية 314.7 مليون دولار والواردات البينية 1478.9 مليون دولار. التوزيع النسبي للسكان: مواطنون 57.07% غير مواطنين 32.84% متوسط مساهمة قطاع النفط والتعدين في الناتج المحلي (1996-2001) 28.68% عدد مواطني دول المجلس المتملكين للعقارات حتى عام 2002 (12919 مواطن) وزارة التربية والتعليم (1425هـ ص23) http://www.uae.gov.ae/mop (موقع وزارة الاقتصاد والتخطيط)

نبذة تاريخية عن دولة الإمارات العربية المتحدة:

تمتلك دولة الإمارات العربية المتحدة تاريخاً ضارباً في القدم فقد كان ما يعرف اليوم بدولة الامارات في العصور القديمة جزءاً غنياً بالموارد وهاماً من الناحية الإستراتيجية من الحضارة المتنوعة والمتعددة العناصر لمنطقة غرب آسيا القديمة أثبتت الحفريات والآثار التي تم العثور عليها في مناطق عديدة من أبو ظبي أن حضارة عريقة كانت مزدهرة في هذه البلاد يعود تاريخها إلى حوالي أربعة آلاف سنة قبل الميلاد وأنها كانت على اتصال مع الحضارات المجاورة. فقد تم اكتشاف أوني فخارية ملونة مستوردة من بلاد وادي الرافدين من المواقع السياحية في الدولة تعود إلى ثلاثة آلاف سنة قبل الميلاد مما يدل على وجود اتصالات بين هذه المناطق وشعوب جنوب العراق. كما عُثر على أدوات حجرية متعددة ورؤوس سيوف حادة ورقائق وصفائح معدنية وأنصال ومدى، إضافة إلى مدافن جماعية على شكل مقابر فوق الأرض مشيدة من حجارة غير مصقولة في جبل حفيت وجبل أملح. كما اكتشفت نماذج من قلاع في موقع هيلي

والبدية وتل ابرق وكلباء تعود إلى الفترة 2500 إلى 2000 سنة قبل الميلاد، علاوة على ظهور الحديد كالمسامير والسيوف الطويلة ورؤوس السهام التي تعود إلى الفترة 300 ق.م اكتشف حديثاً قلعة مربعة الشكل مع أبراج مربعة في أركانها وحائط خارجي رئيسي يبلغ طوله 55م إضافة إلى قالب حجري لصناعة العملة المعدنية داخل القلعة كل ذلك يعود لعام 200 ق.م إن الفينيقيين الذين استوطنوا شواطئ البحر الأبيض المتوسط هاجروا إليها من سواحل عمان حيث اكتسبوا خبرتهم ثم نقلوها إلى شواطئ بلاد الشام واكتشف الاسكندر المقدوني الخليج العربي وشواطئه، وكان ذلك أثناء عودته من الهند نيارخوس أحد قواد الاسكندر عبر مياه الخليج حتى مصب نهري دجلة والفرات وانطلق هذا القائد عام 324 قبل الميلاد من مصب نهر الهندوس مخترقاً الخليج العربي إلى أن وصل إلى قرية ديريدونيس مكان البصرة حاليا بهدف حماية إمبراطوريته من الفرس والحيلولة دون سيطرتهم على شواطئ الخليج والوصول إلى شبه الجزيرة العربية واحتلالها والسيطرة على ثرواتها وأكد مؤرخو الاسكندر إن للفنيقيين في هذه الحقبة أي القرن الرابع قبل الميلاد تجارة مزدهرة في الخليج كما وردت في مؤلفات هؤلاء المؤرخين إشارات عن السائل الأسود اللزج الذي يشعل المصابيح بنور قرمزي وتظهر بهذا القول أول إشارة عن وجود البترول في هذه المنطقة توالت بعد اليونان حملات رومانية للسيطرة على الخليج وشبه الجزيرة العربية ولكنها كانت تضيع وتتلاشى بين رمال الصحراء العربية وكثبانها الضخمة. وقد حاول الإمبراطور الروماني تراجان أن يسير على طريق الاسكندر فأرسل قواته التي وصلت الخليج واصطدمت مع الفرس وبدأ الصراع العنيف والطويل بين الفرس والروم إذ استمر قرابة ثلاثة قرون بظهور الإسلام بدأت مرحلة جديدة في تاريخ هذه المنطقة لقد دخل الدين الحنيف إليها على يد القائد العربي عمرو بن العاص الذي استطاع فتح الخليج وتطهيره من الغزاة، وقد عاش الخليج في ظل الإسلام فترة من الاستقرار وأصبح في عهد الدولة الأموية مركزاً عالمياً للملاحة والتجارة البحرية كما ازدهرت فيه صناعة السفن تم التعرف على موقع أثري في منطقة جميرة بإمارة دبي يمثل بقايا مدينة إسلامية من العصر الأموي كانت تتحكم بطرق التجارة آنذاك ومن أهم مرافق هذه المدينة الأثرية

المطلة على الخليج العربي بيت للحاكم وسوق تجارية صغيرة ومرافق سكنية. ومن المدن الإسلامية المعروفة في الدولة مدينة جلفار والواقعة على شاطئ الخليج شمال مدينة رأس الخيمة الحالية والتي تم العثور فيها على بيوت سكنية وما لا يقل عن أربعة مساجد تتعاقب فوق بعضها وتعود إلى القرن الرابع الهجري، في القرن الحادي عشر الميلادي استطاع البرتغاليون الوصول إلى الخليج والسيطرة عليه وأقاموا العديد من المعاقل والقلاع على سواحله وبقوا في المنطقة قرابة القرنين تمكنوا خلالهما وبأساليبهم الاستعمارية من تدمير التجارة العربية فيه وكان تحرير عُمان من الاستعمار البرتغالي سبباً في حدوث تنقلات جديدة بين القبائل لا في عُمان وحدها بل في شرقي الجزيرة العربية كلها، إذ ساد الأمان ساحل الخليج العربي بعد فترة طويلة من الإرهاب والبطش اللذين تميز بهما العهد البرتغالي وبدأت القبائل هجرتها إلى الساحل وقد برزت قوتان سياسيتان جديدتان مستقلتان على ساحل عمان؛ القوة الأولى قوة بحرية تتألف من حلف قبائل يتزعمها القواسم، وكان مقرها رأس الخيمة، القوة الثانية قوة برية هي قوة بني يأس وحلفائهم من القبائل وكان يتزعمهم آل بوفلاح ويمتد نفوذهم على طول الساحل حتى خور العديد. بدأت القوى الأوروبية مثل البرتغال وهولندا وبريطانيا تتنافس للسيطرة على المنطقة في القرنين الثامن عشر والتاسع عشر وأخذت قوة القواسم تبرز تدريجياً فبثت أسطولاً بحرياً ضخماً يضم أكثر من 60 سفينة ضخمة، وكان لديهم حوالي عشرين ألف بحار وبدأت تشكل تحدياً خطيراً للبريطانيين الذين برزوا في ذلك الوقت كقوة مسيطرة في القرن التاسع عشر إذ كانت المواجهة بين الجانبين حتمية وخلال العقدين الأولين من القرن التاسع عشر جرت سلسلة من المعارك البحرية أسفرت عن تدمير أسطول القواسم بصورة شبه كاملة وتعزيز النفوذ البريطاني في الخليج الذي بدأ عام 1820 واستمر حتى أوائل القرن العشرين، إذ كان من أعظم شخصياته الشيخ زايد بن خليفة آل نهيان الذي حكم أبو ظبي أكثر من خمسين عاماً من 1855 إلى 1909م ويلقب بزايد الكبير وهو جد الشيخ زايد بن سلطان آل نهيان رئيس دولة الامارات وكانت المنطقة خلال المائة والخمسين عاما التي سبقت قيام الاتحاد تحت الانتداب البريطاني، إذ تم توقيع اتفاقية بين حكام هذه الإمارات والبريطانيين خلال

القرن التاسع عشر تقضي بتولي مسؤولية الشؤون الخارجية والدفاعية في الإمارات للبريطانيين مقابل تعهد البريطانيين بعدم التدخل في الشؤون الداخلية للإمارات أو في علاقاتها مع بعضها بعضا وخلال فترة الوجود البريطاني المباشر في المنطقة كانت الهياكل التقليدية للحكم السائد آنذاك قادرة على التكيف ببطء مع الظروف المتغيرة وفقا لإرادة الحكام والشعب حتى منتصف الخمسينات من هذا القرن لم يول البريطانيون أي اهتمام للتنمية الاقتصادية للبلاد، وكان الحكام بأنفسهم يشقون الطريق نحو إرساء بدايات البنية الأساسية الحديثة في بداية عام 1986م أعلن البريطانيون عن نيتهم إنهاء احتلال الإمارات بحلول نهاية عام 1971م حتى منتصف الخمسينات من هذا القرن ولم يول البريطانيون أي اهتمام بالتنمية الاقتصادية في البلاد. وكان الحكام بأنفسهم يشقون الطريق نحو إرساء بدايات البنية الأساسية الحديثة في بداية عام 1968م وقد أعلن البريطانيون عن نيتهم إنهاء احتلال الإمارات بحلول نهاية عام 1971م. وأدرك الشعب وحكام الإمارات الأخطار الناتجة عن أوضاع التجزئة والتفكك وازداد الوعي بضرورة قيام اتحاد يجمع بين الإمارات، ويتيح لها فرص الانطلاق والتقدم. أما أهم الاجتماعات التي نتج قيام الاتحاد عنها فكان الاجتماع الذي عقد بين صاحب السمو الشيخ زائد بن سلطان آل نهيان والمرحوم الشيخ راشد بين سعيد المكتوم في أوائل فبراير 1968م وهو أول اجتماع وحدوي على طريق تحقيق الأمل الكبير الذي طالما راود شعب المنطقة اجتماع حكام الإمارات في دبي في الفترة من 25 إلى 27فبراير 68 بدعوة موجهة من حاكمي أبو ظبي ودبي، وتم في هذا الاجتماع الاتفاق على قيام اتحاد الإمارات العربية المتحدة اجتماع حكام الإمارات في 2 ديسمبر 1971م وتحقيقاً لإرادة شعب الإمارات واستجابة لرغباته صدر عن هذا الاجتماع البلاغ التاريخي الذي جاء فيه: يزف المجلس الأعلى هذه البشرى السعيدة إلى شعب الامارات العربية المتحدة وكل الدول العربية الشقيقة والدول الصديقة والعالم أجمع معلناً قيام دولة الإمارات العربية المتحدة دولة مستقلة ذات سيادة وجزءاً من الوطن العربي الكبير تستهدف الحفاظ على استقلالها وسيادتها وأمنها واستقرارها ودفع كل عدوان عن كيانها أو كيان الأعضاء الإمارات فيها، وحماية حقوق وحريات شعبها

وتحقيق التعاون الوثيق فيها بين إماراتها لصالحها المشترك من أجل هذه الأغراض ومن ازدهارها وتقدمها في كل المحاولات ومن أجل توفير الحياة الأفضل لجميع المواطنين ونصرة القضايا والمصالح العربية وميثاق الأمم المتحدة والأخلاق الدولية اكتمل عقد الاتحاد بانضمام إمارة رأس الخيمة في 10 فبراير 1972م عندها تم انتخاب صاحب السمو الشيخ زايد بن سلطان رئيسا للدولة وانتخب صاحب السمو المرحوم الشيخ راشد بن سعيد المكتوم نائباً للرئيس ثم بادرت دولة الإمارات بعد إعلان قيامها إلى انضمام عضوية جامعة الدول العربية في السادس من ديسمبر 1971م، وانضمت إلى عضوية الأمم المتحدة في التاسع من ديسمبر عام 1971 وذلك انطلاقاً من إيمانها بميثاق الأمم المتحدة والأعراف الدولية. http://www.uae.gov.ae/mop. (موقع وزارة الاقتصاد والتخطيط)

وكانت مدرسة الإصلاح القاسمية التي تأسست في الشارقة سنة 1935م قد ساعدت من خلال تميز مناهجها في تطور التعليم من النمط شبه النظامي إلى التعليم النظامي. وعلى أنقاض هذه المدرسة ومن خلال تجاربها التعليمية تأسست أول مدرسة نظامية في الإمارات ألا وهي مدرسة القاسمية بالشارقة.

النوع الرابع: التعليم الحديث النظامي :

وقد بدأ مع افتتاح مدرسة القاسمية بالشارقة سنة 1953/ 1954م وهو أول عام دراسي في سلك التعليم النظامي. ظهر في بداية التعليم الحديث أو الحكومي في الإمارات، وكان تعليماً منظماً في مدارس وفصول ومقررات إلى جانب تقويم الطالب ومنحه شهادة دراسية في نهاية العام الدراسي وتطور التعليم النظامي في الإمارات خلال مرحلتين الأولى كانت تعتمد على الحكومات المحلية ودوائر المعارف التي تأسست خلال الستينيات. أما الانطلاقة الكبرى للتعليم فقد حدثت في ديسمبر عام 1971م وهو اليوم الذي أعلن فيه عن قيام دولة الإمارات فتأسست الوزارات الاتحادية ومنها وزارة التربية والتعليم والشباب التي تولت مسؤولية الإشراف على التعليم في مراحله المختلفة، وانتشرت خلال تلك الفترة المدارس الحكومية المجهزة بأحدث الأجهزة والوسائل ذات الطراز المعمري الراقي، واستقدمت الدولة البعثات التعليمية من مختلف البلدان العربية لتساهم في تطور التعليم الحديث، وهكذا شهدت دولة الإمارات قفزة كبيرة في مجال التعليم أدى إلى زيادة نسبة المتعلمين من بين أفراد الشعب والقضاء على الأمية، ثم حدث تطور كبير. /http://www.moe.gov.ae (موقع وزارة التربية والتعليم) والسيد اسماعيل وهبي، وآخرون (2003م، ص12) مكتب التربية العربي لدول الخليج (1408هـ ص44)

مبادئ السياسة التعليمية في دولة الإمارات العربية المتحدة :

استهدفت السياسة التعليمية ستة مبادئ أساسية، تنطلق من توجيهات قيادة الدولة، ومن واقع المجتمع بكل أبعاده الحالية وطموحاته المستقبلية وحددت السياسة التعليمية المبادئ الستة التالية توجه كل أهداف التعليم وتوجيهاته، حاضراً ومستقبلاً.

أولاً:تربية المواطن وتنشئته تنشئة إسلامية قوية، متضمناً:

تنشئة إنسان دولة الإمارات العربية المتحدة وفق المقومات والقيم التي تتضمنها العقيدة الإسلامية السمحاء، والالتزام بمحتوى التعليم، في جميع مراحله وأنواعه بما يوجه به الإسلام: عقيدة وعبادة وسلوكا.

ثانياً: التعليم من أجل تعزيز الانتماء الوطني، متضمناً :

تعزيز الهوية الوطنية والذاتية الثقافية العربية الإسلامية، والالتزام عند تحديد محتوى التعليم في جميع أنواعه ومراحله بالمقومات الأساسية للهوية الوطنية، وبالأهداف العامة لمجتمع دولة الإمارات العربية المتحدة العامة,

ثالثاً: التعليم من أجل ترسيخ المسؤولية المجتمعية، متضمناً :

العمل على أن تصل الخدمة التعليمية إلى كل مواطن، بمستوى متماثل من الجودة والنوعية المتميزة، ومراعاة تعريف المتعلمين بحقوقهم ومسؤولياتهم المجتمعية المدنية، وتدريبهم عليها عند تحديد المحتوى التعليمي.

رابعاً: التعليم من أجل العمل النافع المنتج، متضمناً :

ربط المتعلم بالواقع الاقتصادي في جوانبه وأبعاده المتعددة، وتنويع فرص التعليم وتطويرها، بما يلبي حاجات المجتمع الاقتصادية ومتطلبات التنمية المستمرة الشاملة، وتنظيم التعليم والارتقاء بمستوى كفاءته ونوعيته وملاءمته، بما يحقق استجابة للاحتياجات الايمائية، وجعل التعليم من أجل الإبداع والابتكار، سمة رئيسية من سمات النظام التعليمي.

خامساً: التعليم للإعداد للمستقبل المتغير المتطور ، متضمناً:

تعميق دراسة العلوم والرياضيات واللغات،وإكساب المتعلمين المهارات اللازمة والتفاعل الإيجابي للتعامل مع معطيات المستقبل، ومواكبة الجديد والاتجاهات العالمية المستجدة، سواء في نظم التعليم أو أساليب التدريس.

سادساً: التعليم من أجل التعليم المستمر، متضمناً :

توسيع إطار التعليم وتعدد مؤسساته، بما يحقق استفادة المتعلم من كافة المؤسسات ذوات الأدوار التعليمية، التي تسهم بدور تعليمي تكمل به دور المؤسسة التعليمية النظامية، والتنسيق والتكامل بين جهود التعليم النظامي وغير النظامي وتوزيع الأدوار بينهما، بما يحقق تقديم فرص تعليمية عديدة ومتنوعة، وتوفير حوافز اجتماعية ومعنوية ومادية، تجعل التعليم مسألة هامة وحيوية بالنسبة لكل فرد.

المصادر الأساسية للسياسة التعليمية في دولة الإمارات العربية المتحدة :

لقد اشتقت موجهات السياسة التعليمية من المصادر التالية:

أولاً: الدين الإسلامي : وهذا يوجه السياسة التعليمية إلى ما يلي:

1- الالتزام بهدي الكتاب والسنة، باعتبارهما مصدر عقيدة الأمة، وأساس دينها، ومنهاج حياتها.

2- تعزيز الإيمان بالله تعالى، والمحبة للوطن، والدفاع عنه، والانتماء إلى العروبة والإسلام.

3- بناء عقل الإنسان وتحريره من كل بدعة وخرافة، وتنمية مواهبه ومهاراته بما يعينه على فهم نفسه وواقعه والكون من حوله، ويمكنه من التعبير عن ذاته، والتواصل مع الآخرين بلغاتهم، واكتساب ما يفيد من ثقافاتهم وخبراتهم وحضاراتهم، وتربية روح البحث العلمي واكتشاف ما يمكن اكتشافه من

خبايا الكون وأسرار العلوم، واستيعاب معطيات الفكر الإنساني والتقدم التقاني والعلمي الذي لا يتعارض مع ما جاء به الإسلام.

4-إتاحة تكافؤ الفرص في التعليم لكافة أفراد المجتمع وإقرار إلزامية التعليم لضمان الحد الأدنى من المعرفة والتربية للفرد.

5-من العناية باللغة العربية، باعتبارها وعاء الإسلام ولغة العرب.

ثانياً: دستور الدولة وتشريعاتها: وهذا يوجه السياسة التعليمية إلى ما يلي:

1- تحقيق الالتزام بالإسلام وهديه، وإبراز شمول الإسلام لنواحي الحياة، مع التركيز على أهمية العلم والعلماء.

2- التمسك بالاتحاد وتقويته، وتعزيز الانتماء إليه والدفاع عن مكتسباته.

3- إبراز أصالة المجتمع، وتلبية حاجات الحاضر، والتجاوب مع متطلبات التنمية المستقبلية.

4- التأكيد على أهمية المجتمع والعمل على تحقيق ترابطه، والتأكيد على الأسرة ودورها، والعمومة ورعايتها، وتحقيق التضامن الاجتماعي.

5- رعاية حقوق الفرد، والموازنة بين ما يحصل عليه من حقوق، وما يتحمله من واجبات.

6- والتأكيد على الحوافز الفردية تشجيعاً للتميز والإبداع .

ثالثاً: تراث الدولة وتاريخها : وهذا يوجه السياسة التعليمية إلى ما يلي:

1- التأكيد على الذاتية الثقافية الوطنية والعربية والإسلامية، وتنمية الاعتزاز بها.

2- تعزيز اكتساب القيم التي حفل بها تراثنا العربي الإسلامي، والعمل على أن تتجسد في شخصية الإنسان.

3- التأكيد على وحدة المعرفة الإنسانية وتكاملها.

4- التأكيد على العمل المنتج قيمة وواجباً.

5- قبول التغير النافع والإسهام في التغيير الهادف.

6- الانفتاح على الثقافة الإنسانية والإفادة من إيجابياتها.

رابعاً: الواقع الاجتماعي والسكاني: وهذا يوجه السياسة التعليمية إلى ما يلي:

1- تأكيد المبدأ الذي أعلنه صاحب السمو رئيس الدولة من أن الإنسان هو أغلى قيمة، وأهم عناصر الوطن وثروته.

2- الالتزام بموجهات سياسة سكانية الدولة، وخاصة فيما يتعلق بالقوى العاملة المواطنة، تخطيطاً وإعداداً وتدريباً، وتهيئتها لتولى مسئوليات العمل الوطني.

3- التهيؤ لاستقبال الاعداد المتزايدة من الأجيال الجديدة، وتوفير أشكال الخدمات التعليمية اللازمة، كفاية وجودة.

4- مواجهة الآثار السلبية للمجتمع الانتقالي، من خلال تحديد ذاتية المجتمع، ودمج الثقافات المتباينة، ودعم التعليم النظامي والموازي والتربية المستمرة.

5- المحافظة على مؤسسات المجتمع، وتوفيرها والعمل على تنميتها.

6- المحافظة على البيئة ومكوناتها.

خامساً: الواقع الاقتصادي وهذا يوجه السياسة التعليمية إلى ما يلي :

1- إعداد القوى البشرية المواطنة، وتأهيلها وتدريبها بما يلبي تنويع مصادر الدخل الوطني، وبصفة خاصة، التوسع في قطاعي الصناعات التحويلية والخدمات.

2- التوسع في التعليم الفني والمهني والتقاني، بمختلف مستوياته وتخصصاته، بما يلبي حاجات التنمية.

3- التأكيد على التكامل بين مخرجات التعليم ومتطلبات التنمية الشاملة.

4- الارتقاء بمستوى إعداد القوى العاملة المواطنة، وتأهيلها وتدريبها، بما يمكنها من استيعاب التطورات التقانية المستقبلية.

سادساً: سياسة الدولة وعلاقتها وهذا يوجه السياسة التعليمية إلى ما يلي:

1- التركيز على الهوية الوطنية، وإبراز عناصر بناء الشخصية الوطنية.

2- التركيز على التربية الإسلامية واللغة العربية لدورهما في تأصيل الشخصية الوطنية.

3- تعميق مفاهيم الوحدة، والتآزر الخليجي والعربي الإسلامي في كافة المجالات.

4- إسهام التعليم في تعزيز التعاون مع الدول والشعوب كافة، على أساس مبادئ السلام والتوازن وحسن الجوار والاحترام المتبادل ورعاية المصالح المشتركة.

سابعاً: واقع النظام التعليمي وهذا يوجه السياسة التعليمية إلى ما يلي:

1- الارتفاع بمستوى التعليم، من حيث كفاءته وفعاليته، بما يحقق مزيدا من الملاءمة والاستجابة لاحتياجات المجتمع المتجددة.

2- استحداث صيغ جديدة للتعليم، تواكب التطورات الجارية في مجال تقانة التعليم.

3- تطوير برامج إعداد المعلم وتأهيله وتدريبه .

4- إيجاد نظام للحوافز، يستحث المواطنين على الالتحاق بمهنة التعليم.

5- تبني استراتيجيات تضمن الارتقاء بمستوى العملية التعليمية داخل الصف.

ثامناً التحديات والطموحات المستقبلية وهذا يوجه السياسة التعليمية إلى ما يلي:

1- اعتبار التعليم أمراً سياسياً أمنياً في المقام الأول.

2- تحقيق المزيد من إسهامات التعليم في تعزيز الانتماء الوطني.

3- تمكين التعليم من إعداد الأفراد لمواجهة تحديات المستقبل وتوقيعاته، وتأهيلهم للقيام بدور فاعل فيه.

4- إسهام التعليم في بناء أوسع إطار ممكن للمعارف والقيم والاتجاهات التي يستلزمها الإلمام بالتاريخ والوعي بالحاضر، والتحسب للمستقبل.

5- توجيه قدر أكبر من الاهتمام بتعليم العلوم والرياضيات واللغات.

6- استحداث مجموعة من الأساليب التي تساعد على تعليم الأجيال طرائق التخطيط وصنع القرارات.

7- توظيف الاستراتيجيات الحديثة الخاصة بتفريد التعليم.

وزارة التربية والتعليم (2004م، ص23) ومكتب التربية العربي لدول الخليج (1418هـ ص24)

الأهداف العامة للسياسة التعليمية :

تحدد الأهداف العامة للسياسة التعليمية في ضوء المبادئ السابقة والتي اشتقت من المقومات الأساسية لمجتمع الإمارات العربية المتحدة، وهذه الأهداف هي:

1- بناء الشخصية الإنسانية المتكاملة، عقيدة وسلوكاً ومهارة وأداء.

2- تدعيم الانتماء الوطني والعربي والإسلامي، وتعزيز الذاتية الثقافية.

3- اعتماد العربية لغة للتعليم.

4- التواصل مع ثقافات الشعوب الأخرى في ضوء الثقافة العربية الإسلامية.

5- الوفاء باحتياجات المجتمع من الموارد البشرية كماً وكيفاً.

6- التوسع في الإلزام في التعليم إلى ما يعادل نهاية المرحلة الثانية (سن 18 سنة)

7- إتاحة الفرص التعليمية المتكافئة لكل المواطنين.

8- تنويع الفرص التعليمية بما يتفق والقدرات المتاحة.

مكتب التربية العربي لدول الخليج (1418هـ ص23) الزهير (1996م، ص44) وزارة المعارف (1424هـ ص 34)

أهداف وخطط لتطوير التعليم

جاء في موقع وزارة التربية والتعليم بالإمارات أن وزير التربية والتعليم يعلن أهداف وخطط تطوير التعليم حتى 2020 حيث أشار أن من ركائز التحديث: زيادة التلاحم مع المجتمع لخدمة التنمية الشاملة، كما تناول الأهداف والمحاور الإستراتيجية، والمشروعات المستقبلية والبرامج التنفيذية لتطوير التعليم في الدولة حتى عام 2020 وفقاً لإستراتيجية رؤية التعليم التي أعدتها الوزارة بالتعاون مع عدد من الجهات المعنية، ومن خلال تفقد مشكلات الميدان والتعرف عليها، وكذلك عبر تحديد الأهداف المستقبلية المطلوبة، وحدد الوزير في مؤتمر صحفي عقده بديوان عام الوزارة بأبو ظبي بحضور محمد عبد الله فارس الوكيل المساعد لقطاع الشؤون التعليمية وعبد الله زعل مدير إدارة العلاقات العامة وعدد من مسؤولي الوزارة،سبعة محاور رئيسية تدور حولها السياسات العامة والمشروعات الخاصة بتطوير النظام التعليمي بالدولة وفقاً لسلسلة من الخطط الخمسية وبرامج العمل السنوية التي تعبر بالنظام التعليمي الى عام 2020 والتي تم برمجتها زمنياً ومالياً وإعداد المعايير لتنفيذها وتقويم إنجازاتها للتعرف على مدى تحقيق الأهداف، وذلك على أساس من حركة دائرة تنقل من التخطيط الى التطوير الى التقويم وبالعكس.

وتمثلت أهم محاور وركائز استراتيجية رؤية التعليم في النقاط التالية:

• زيادة التلاحم والتفاعل بين النظام التعليمي – كنسق مجتمعي فرعي- وبين الأنظمة المجتمعية الأخرى، وذلك من أجل خدمة أغراض التنمية الشاملة، وتحقيق التنمية المستدامة لمجتمع دولة الإمارات العربية المتحدة.

- الارتقاء بالمستوى المهني والمهاري لجميع العاملين في قطاع التعليم، ورفع مستوى الأداء والانجاز مما يؤدي إلى رفع معدلات الكفاءة الداخلية والخارجية في النظام التعليمي، سعيا لزيادة الإنتاجية وخفض كلفة الوحدة، وتحقيق الفعالية الاقتصادية.

- زيادة مساهمة النظام التعليمي في التطور المعرفي، والنمو الثقافي والحضاري، والتقدم التكنولوجي، حتى يتمكن المجتمع من التنافس في عالم الاقتصاد الكوني.

- استكمال وتطوير البنى التحتية والمؤسسة للنظام التعليمي ليزداد مردوده الاقتصادي والاجتماعي والثقافي ويصبح قادرا على الاستجابة بكفاءة وفعالية لتحديات الحاضر ومشكلاته، ويواجه تحولات المستقبل ومحاذيره ويتكيف مع التغير واتجاهات التطور محلياً وإقليمياً وعالمياً.

- زيادة حجم المشاركة المجتمعية في تخطيط وتمويل وإدارة التعليم تحقيقاً لمبدأ التعليم حق للجميع وأن التعليم شأن مجتمعي.

- تحقيق التكامل بين حلقات التعليم: العام والفني والجامعي والتقني، وعلى جميع المستويات، وإصلاح أي خلل هيكلي يوجد في أي حلقة من حلقات التعليم.

- تحسين عناصر الجودة النوعية في النظام التعليمي، والاهتمام بمدخلاتها وعملياتها (الأهداف، المناهج والمواد التعليمية، المعلم وكفاياته التدريسية ومنهجيات وأساليب وأدوات التقويم) وذلك من أجل إعداد جيل من المبدعين القادرين على الابداع والابتكار.

وقال وزير التربية إن الإستراتيجية تستهدف أن يحقق نظام التعليم على أرض الدولة 26 هدفاً مختلفاً وهي :

1- يكون جميع المعلمين في جميع مراحل التعليم من حملة المؤهلات الجامعية التربوية .

2- يكون جميع مديري ومديرات المدارس من حملة المؤهلات العليا التربوية، ويكون (50%) منهم على الأقل حاصلين على درجة الماجستير أو الدكتوراه في التعليم والإشراف التربوي.

3- ترتفع معدلات التوطين بين فئات المعلمين، والمديرين والإداريين إلى أكثر من (90%) من مجموع العاملين في قطاع التعليم، وتصل نسبة المواطنين في العمالة المساعدة الى (100%)

4- توفر رياض الأطفال حاسوبا لكل عشرة أطفال، وتوفر المدارس الابتدائية حاسوبا لكل خمسة تلاميذ، وتوفر المدارس الإعدادية حاسوبا لكل تلميذين، وتوفر المدارس الثانوية حاسوبا لكل طالب.

5- تكون جميع الأبنية مملوكة للدولة ومحدثة ومجهزة وفقا للمعايير التي تقرها الوزارة، خاصة المعايير الوظيفية الخاصة بالتصميم والتشييد والتأثيث والتجهيز وكذلك مواصفات الأمان والجمال.

6- تصل نسبة التدفق من الثانوية العامة الى (90%) فأكثر من جملة الملتحقين بالصف الأول الابتدائي.

7- تتوافر المكتبات المدرسية بجميع مدارس المراحل المختلفة، وينشأ في كل مدرسة مركز لمصادر التعليم، يساعد على تنويع أوعية التعليم وتنمية القدرات الخاصة ومنها قدرات التعليم الذاتي والتعلم المستمر والتعلم الابتكاري.

8- إقامة مجتمع دائم التعلم، وذلك عبر الجسور المتصلة بين المدرسة، ووسائل التثقيف والتعليم غير النظامي واللانظامي.

9- القضاء تماما على أمية الكبار وسد منابع الأمية وإيجاد برامج التأهيل المهني والتدريب الفني للكبار لتأهيلهم للانخراط في سوق العمل والإنتاج.

10- تحسين عناصر الجودة النوعية في النظام التعليمي، وضمان انفتاحه على الأنظمة التعليمية الأخرى وإعداد طلاب وطالبات الإمارات للمشاركة في مسابقات التحصيل الدولية (خاصة أولمبياد العلوم والرياضيات).

11- الاستجابة بكفاءة وفعالية لمتطلبات التنمية الشاملة في الدولة،وتوفير القوى العاملة المواطنة المدربة كماً وكيفاً.

12- جعل نظام التعليم العام والفني منفتحا في قنواته، متكاملا مع التعليم الخاص والعالي التقني والجامعي معا.

13- تحقيق مبدأ (التعليم حق للجميع) وترجمة هذا الحق إلى فرص تعليمية متكافئة بين الجنسين، وبين أبناء المناطق المختلفة بالدولة، مع تنويع تلك الفرص لتستجيب للفروق الفردية بين المتعلمين.

14- الاهتمام بالمبدعين.

15- إعداد جيل من المبدعين المبتكرين الذين يمكنهم تنمية الحضارة والمساهمة في صناعة التقدم، وذلك من خلال توفير المناهج الأثرائية للفائقين والمبدعين واستخدام طرائق التدريس المناسبة.

16- تعميم التعليم الثانوي وجعله إلزاميا، إذ إنه أصبح يمثل الحد الأدنى من الثقافة العامة المشتركة واللازمة لأي تخصص مهني، وهذا يقتضي إلغاء التشعيب في جميع صفوف المرحلة الثانوية.

17- إحداث تغيير جذري في مفاهيم واساليب وممارسات التعليم والتحول من الكم الى الكيف، ونقل بؤرة الارتكاز من التعليم إلى التعلم، ومن المعلم إلى المتعلم، ومن الحفظ والاستظهار إلى التفكير والتأمل والتخيّل والابتكار.

18- توفير برامج الرعاية الطلابية المتكاملة التي تشمل الرعاية الاجتماعية والنفسية والارشادية والثقافية.

19- بناء الشخصية المسلمة والواعية بمصير أمتها العربية وقدرها، والقادرة على فهم دينها السمح فهما سليما بعيدا عن التعصب والتطرف، وقادرة على التكيف مع التغير والتحاور مع ثقافة الآخر.

20- تحقيق معدلات أعلى من التحصيل التعليمي مقاسا بمعايير عالمية للتحصيل، مع الاهتمام بصفة خاصة بعلوم العصر وتشمل: اللغة القومية، واللغات الأجنبية، والعلوم والرياضيات، والحاسوب، ويقضي ذلك التطوير المستمر لمناهج هذه المواد وتوظيف الحاسوب وسيلة للتعلم في التعليم العام.

21- تحقيق التنمية البشرية المستدامة التي توسع فرص الخيار لكل الناس وتساعدهم على رفع مستوى المعيشة من خلال التعليم المستمر، والوعي البيئي والثقافة الصحية الغذائية، مع إدراك حقوق المواطنة وواجباتها.

22- تعميق الإحساس بالانتماء المهني لدى العاملين في قطاع التعليم من معلمين ومديرين وإداريين، ورفع مستوى مهنة التعليم إلى مستوى المهن الرفعية كالطب والهندسة، ويتحقق ذلك من خلال الجهد المتواصل للتنمية المهنية والمهارية للعاملين في التعليم عن طريق التدريب والتعليم المستمر.

23- إعادة هيكلة الموازة وتعظيم الصرف على الجوانب النوعية في العملية التعليمية من أجل تحسين المخرجات، ويجب أن تقاس معدلات الصرف على العملية التعليمية وكفاءة الإدارة بالمعايير العالمية في هذاالمجال.

24- زيادة الدعم المجتمعي لتنفيذ رؤية التعليم 2020 ومساهمتها في التنمية الوطنية وذلك من خلال أنشطة إعلامية مخططة تخطيطا استراتيجيا.

25- تطبيق أنظمة مطورة من الاتصالات والمعلومات من أجل تحقيق كفاءة التمويل وتحسين إجراءات العمل.

26- تطوير المناهج وطرق التدريس وأساليب تنظيم المدرسة من أجل تلبية الاحتياجات المستقبلية للطلاب وتسليحهم بمهارات التكيف مع التغير ومواجهة التحديات التي يواجهونها في المجتمع الكوني.

27- يأتي جميع الأطفال إلى الصف الأول الابتدائي وهم مستعدون للعلم عقليا وجسمياً وانفعالياً واجتماعياً، ولا يكون لديهم أي عائق من معيقات التعليم.

وأضاف معالي وزير التربية أن الوزارة تعلن عن الوثيقة الإسراتيجية الهامة التي تعبر عن رؤية التعليم في الدولة وترسم صورة لما سيكون عليه التعليم وما يجب أن يكون عليه بحلول 2020م وبحلول هذا التاريخ ستتخرج (على حد قوله) من مدارسنا وجامعاتنا ومعاهدنا الفنية أجيال مسلحة بعلوم المستقبل، ومتقنة لتقنيات العصر وقادرة على الإنتاج والعطاء بمعدلات عالية تضع الإمارات في مصاف الدول المتقدمة، والقادرة على التنافس في عالم الاقتصاد الكوني. وأشار إلى أن إعداد الوثيقة يأتي انطلاقا من إيمان قيادة دولة الإمارات العربية المتحدة بالدور الهام والحيوي الذي يلعبه التعليم في التنمية الوطنية والبشرية المستدامة وانعكاسا لطموحات وتوجيهات الدولة وسعيها المتواصل لتحقيق مزيد من التطور والتقدم في سائر المجالات الثقافية والاجتماعية والاقتصادية والعمرانية، وكذلك ترجمة لتوجهات صاحب السمو الشيخ زايد بن سلطان آل نهيان رئيس الدولة وقائد مسيرة التنمية والعطاء وأخيه صاحب السمو الشيخ مكتوم بن راشد آل مكتوم نائب رئيس الدولة رئيس مجلس الوزراء حاكم دبي، وإخوانهما أصحاب السمو الشيوخ أعضاء المجلس الأعلي حكام الإمارات، وأوضح أن الوزارة قبل إعداد الوثيقة وفي إطار سعيها لاستشراف مستقبل العمل التربوي وتحديد الأهداف الإستراتيجية التي ترسم معالم التغيير المنشود، ووضع الركائز الإستراتيجية التي هي محاور التطوير المنشود، اعتمدت بالأساس على وثيقة السياسة التعليمية التي اعتمدها مجلس الوزراء الموقر في ابريل 1995. وهي وثيقة تشخص البيئة الخارجية للنظام التعليمي. أما تشخيص البيئة الداخلية فجاء كما ذكرت من الزيارات الميدانية المكثفة والاستماع إلى المديرين والموجهين والمعلمين والطلاب وأولياء الأمور، وكذلك

من الإعلام الهادف والرشيد، ثم عكف المستشارون والخبراء على إعداد وثيقة الرؤية وفقا للأسس والتوجهات التي أشرنا إليها، ومن ثم اهتمت الوزارة بترجمة الأهداف الاستراتيجية إلى مشروعات وبرامج تنفيذية، وتم برمجتها ماليا وزمنيا، وحُددت أولويات تنفيذها، وتوزيعها على أربع خطط تشغيلية، مدة كل منها خمس سنوات تبدأ في عام 2000 وتنتهي في عام 2020 كما يتم بناء أدوات تقويم الخطط والمشروعات بنائيا لتصحيح مسارها وختاميا لتقويم إنجازاتها .http://www.moudir.com/ ملتقي التربية والتعليم

دراسة الوثيقة : وأشار إلى أن الوزارة ستسعى قبل عرض الوثيقة على مجلس الوزارة إلى عرضها على شرائح مجتمعية مختلفة للاستماع إلى رأيها. ومن هذه الشرائح أساتذة الجامعات والمثقفون، ورجال المال والأعمال والإعلام، وممثلون للعاملين في قطاع التعليم وأولياء الأمور والطلاب، وذلك بهدف أن تأتي الوثيقة في صورتها النهائية وطنية في نزعتها ومجتمعية في توجهها ومعبرة عن أماني وتطلعات المجتمع لأن التعليم شأن مجتمعي يؤثر في كل الأفراد وتتعامل معه كل الأسر، ومن ثم فإن الوزارة حريصة كل الحرص على الدعم القيادي والمجتمعي لبرنامج تطوير التعليم. وأوضح أنه نظراً لأن عملية إعداد الرؤى المستقبلية لصيقة الصلة بمنهجيات التخطيط الاستراتيجي، فقد جاءت الوثيقة ثمرة لجهود تخطيطية مكثفة اعتمدت على المنهجيات التالية:

1- دراسة الأسس التي ترتكز عليها عملية التطوير مثل: التراث الحضاري بما يشمله من اللغة والدين والتاريخ وتوجهات القيادة العليا.

2- تقويم البيئة الخارجية للنظام التعليمي وعلاقته كنسق فرعي بغيره من عناصر النسق المجتمعي الأخرى مثل (السكان، والخصائص المجتمعية، والجوانب الاقتصادية، وسياسات التنمية الشاملة، وتوجيهات الدولة) والتعرف على مكانة التعليم في النظام الاجتماعي، ومدى تفاعله مع المؤسسات المجتعية الأخرى وتفاعلها معه.

3- تقويم البيئة الداخلية للنظام التعليمي بما فيها من كفاءات وموارد بشرية واقتصادية ومعلومات، وبما لديها من استراتيجيات شاملة وخطط تشغيلية، وكذلك مستوى أدائها وما حققته من إنجازات وما لم تحققه، والمناخ التنظيمي الذي تتحرك من خلاله وما يسوده من قيم، وما يفرزه من قضايا ومشكلات، وما يزيد من حركته أو يعيق قدرته على التطوير.

4- وضع أهداف استراتيجية طويلة المدى تعبر عن الطموح المؤسسي لمواجهة التحديات.

5- وضع محاور استراتيجية تحكم حرية السياسة التعليمية وتوجيهها نحو تحقيق الأهداف الإستراتيجية وتتضمن مبادئ ومجالات التطوير.

بدائل ومقترحات لتطوير التعليم:

1- وضع بدائل عملية ومقترحات وبرامج عمل لوضع الأهداف الاستراتيجية موضع التنفيذ والمفاضلة بينها وفقا لمجموعة من المعايير التي يقترحها المخطط وتعتمدها القيادة التربوية.

2- وصف المنظمة في المستقبل وهو ما يعرف (برؤية النجاح) وهي جماع العمليات التخطيطية السابقة أي أن السياسية وحدها لا تكفي لكن لابد من ترجمتها إلى بدائل ومشروعات وبرامج تتمحور جميعها حول القضايا الاستراتيجية الحاكمة لحركة المنظمة.

3- الأفعال وهي خطوة تعنى بوضع الخطط والمشروعات موضع التنفيذ بعد توفير متطلباتها من المال والبشر والثقافة.

4- النتائج التي تعكس مدى تحقق الأهداف الاستراتيجية وجدوى نجاح الرؤية المستقبلية في تحريك النظام التعليمي نحو مزيد من الفعالية والكفاءة والكفاية.

5- تقويم الإنجازات كما وكيفا لمعرفة أثرها المباشر والمتباعد والمتوالد.

6- إعادة التخطيط أو بدء دورة أخرى من التخطيط الاستراتيجي ورؤية مستقبلية أخرى تستوعب كل الدروس المستخلصة من الحقبة الزمنية السابقة.

وتحدث الوزير حول الرؤية من حيث معناها وجدواها موضحا أن الرؤية هي خلاصة عملية تخطيط استراتيجي تهدف إلى تحقيق تعليم أفضل لإعداد أكبر وبتكلفة أقل، وهي تعني صورة ما نرجو أن يكون عليه التعليم في دولة الامارات العربية المتحدة بحلول 2020، هي حلم بمستقبل تعليمي أفضل. هي دعوة لحشد الطاقات وتعبئة الجهود والموارد واستنفار الكفاءات لتحقيق الأهداف الاستراتيجية المنصوص عليها في هذه الوثيقة، الرؤية أيضا تعني رفع كفاءة البشر العاملين في مؤسسات التعليم وتدريبهم تدريباً مستمراً على استيعاب التقانة واستخدامها، وعلى توفير المعلومات وتوظيفها وعلى تحمل المسؤولية وقبول المساءلة – مهنيا واجتماعيا- والرؤية أيضا تعني دعوة للمشاركة من كل الفئات المجتمعية، ومن كل المستويات العاملة في مؤسسات التعليم لأن إصلاح التعليم شأن مجتمعي.

وقال: ولهذا فإن محتوى متنوع ومتكامل وشامل، يصدر عن وعي بالمجتمع وبفلسفته ومبادئه، وتوجهات القيادة الرشيدة لهذه البلاد، وبيئة النظام التعليمي الداخلية والخارجية معا، والمبادئ الحاكمة لتطوير التعليم وتحديد الأولويات والأهداف والاستراتيجيات. ويلعب التقويم دورا محوريا في التخطيط الاستراتيجي، فكل شيء في محتوى الرؤية قابل للتقويم بنائيا لتصحيح المسار، وختاميا لقياس مدى تحقيق الأهداف. وأشار إلى أن تطوير التعليم يعتبر عملية مخططة وليس جهدا عشوائيا، ولما كنا نسعى إلى إصلاح جذري لأهداف وهياكل ومضامين وعمليات التعليم لأحداث نقلة نوعية في مخرجاته، ولما كانت الجودة النوعية بعناصرها المختلفة وهي قلب التطوير في هذه الرؤية، ولذلك كله تتضح أهمية أن يأتي العمل التطويري مخططا ومفصلا ومبرمجا. وأضاف أن هذه الرؤية سوف تساعدنا على تحقيق الأهداف الاستراتيجية المنشودة، وسوف تقود حركتنا وتوجه قراراتنا، وسوف تساعدنا في إثابة

المصيب ومساءلة المصر، وتجعلنا أكثر التزاما بالمسؤولية، وإحساسا بالقيم المهنية الرفعية وسوف تساعدنا الرؤية كذلك في حسن استخدام الموارد وتوجيهها توجيها سليما. وسينفق كل درهم في مكانة الصحيح لأن كل أنشطتنا ومشروعاتنا تتمحور حول أهدافنا، وسوف تساعد الرؤية أيضا على إعادة اكتشاف التربية وعلى اختبار قدرات التطوير والإبداع، وعلى إعادة صياغة النظام التعليمي الذي يستثمر إنجازات الماضي، ويتخطى مشكلات الحاضر ويستشرف المستقبل ويخطط له.

/http://www.moe.gov.ae (موقع وزارة التربية والتعليم) /http://uae.gov.ae/mop (موقع وزارة الاقتصاد والتخطيط)

مخرجات التعليم :

ردا على أسئلة ممثلي الصحف المحلية والعربية ومندوبي وكالات الأنباء العالمية قال الوزير إن الوزارة معنية بجعل مخرجات التعليم ما قبل الجامعي مناسبة ومتفقة مع الجهود المبذولة عليه، حيث تخطط الوزارة لإنشاء مجلس يهتم بشؤون التعليم ما قبل الجامعي وينبثق عنه صندوق لدعم التعليم مطالبا مختلف مؤسسات المجتمع وخاصة القطاع الخاص بدعم كافة الجهود المبذولة للارتقاء بالعملية التربوية لأن التعليم هو الاستثمار الأمثل والأبقى، ولذلك يجب أن يصبح هما مشتركا لجميع فئات المجتمع. وقال إن الخطة المستقبلية المنصوص عليها في الوثيقة ترمي إلى خفض معدلات الإنفاق على التعليم، من خلال تحديد الأولويات بما يكفل عدم حدوث أي هدر للإمكانيات والاعتمادات التي توفرها الدولة للتعليم خاصة في ظل الانخفاض العالمي الذي طرأ على أسعار النفط. وتطرق إلى أهمية إعادة هيكلة وزارة التربية مشيرا إلى أن الوزارة انتهت بالفعل من هذه الخطوة وتجري حاليا مناقشة الهيكل من قبل الجهات المعنية والمختصة بالدولة بهدف اعتماده مشيرا إلى أن الهيكل المقترح يتميز بقدرته على تلبية احتياجات الوثيقة من خلال تحديد أدوار كل جهة وإدارة معنية بالعمل التربوي.

http://www.moe.gov.ae. (موقع وزارة التربية والتعليم) .http://www.uae.gov.ae/mop/ (موقع وزارة الاقتصاد والتخطيط).

وحول إدخال التكنولوجيا تناول معالي وزير التربية قضية التكنولوجيا مؤكدا أهمية السعي لإدخالها في التعليم كوسيلة للتعليم وليس كغاية، ويجب قبل ذلك الاهتمام بتهيئة المدارس نفسها لتتواكب مع التطورات اللاحقة في هذا الصدد وبسؤاله عن سبب تحديد تاريخ عام 2020 للانتهاء من الاستراتيجية قال إن التغيرات المفاجئة لا تأتي بنتائج سليمة، ولذلك قررت الوزارة التدرج في خططها شيئا فشيئا حتى يستوعب الميدان كافة التغيرات بشكل متزن، مشيرا إلى حرص الوثيقة على التخطيط

والتنفيذ والتقويم ومن ثم إعادة التخطيط مجددا وفقا لمعطيات الميدان وللنتائج التي يتم تحقيقها.

http://www.moe.gov.ae/ (موقع زراة التربية والتعليم) و http://www.uae.gov.ae/mop/ (موقع وزارة الاقتصاد والتخطيط)

الأسس والمبادئ التي يقوم عليها التعليم العام:

1- تطبيق نظام تدريس مادة اللغة الانجليزية في المرحلة الابتدائية.

2- توحيد بعض المناهج الدراسية على نظام برنامج المناهج الموحدة لدول الخليج العربية.

3- تطبيق تجربة تعيين معلمات فقط في المرحلة التأسيسية على مستوى الدولة.

4- إعداد البحوث والدراسات في مجال تطوير نظام التعليم في المرحلة الابتدائية.

5- قيام إدارة التعليم الإعدادي بتأهيل المديرين وتطوير اللوائح التربوية في الإدارة من خلال:

- تعديل لائحة قيد الطلاب وقبولهم.

- لائحة التوجيه التربوي.

- لائحة المدرس الأول.

- لائحة التوجيه الإداري.

- لائحة النظام في المجتمع المدرسي.

- تشكيل نماذج التقارير الفنية للمعلمين والإداريين والموجهين والسجلات الإدارية المستعملة في المدارس .

6- تنفيذ برنامج دبلوم الإدارة المدرسية لمديري المدارس ومديراتها.

7- قيام الإدارة بتنفيذ دورات للمعلم الأول في تأهيله للتوجيه الفني.

8- تقديم مشروع لتطوير التعليم الثانوي لجهات الاختصاص.

مكتب التربية العربي (1418هـ ص10) فريجات (1989م، ص12) وزارة المعارف (1424هـ ص 44)

ويتضح إجمالي عدد الطلاب في الإمارات لعام **2006/2005م** في موقع وزارة التربية والتعليم على شبكة الانترنت كما يلي:

احصائيات التعليم في مدارس وزارة التربية والتعليم والشباب والجمعيات النسائية للعام الدراسي 2005/2004هـ

المنطقة	البيان	تعليم عام وفني							جمعيات نسائية						الاجمالي العام						
		مدارس	فصول		الهيئات التعليمية والادارية والفنية			المستخدمون	مراكز	فصول		الهيئات التعليمية والادارية والفنية			مدارس	فصول	طلبة	الهيئات التعليمية والادارية والفنية			المستخدمون
					معلم	اداري	المجموع					معلم	اداري	مجموع				معلم	اداري	المجموع	
ابو ظبي	ذكور	59	1135	30393	1627	287	2114	153	0						59	1135	30393	1827	287	2114	355
	اناث	57	1066	30590	2691	509	3201	241	4	59	1332	116	25	141	61	1145	31822	2806	534	3342	241
	مختلط	16	179	0											16	179					
	مجموع	132	2400	60963	4159	796	5315	596	4	59	1332	116	25	141	135	2459	62315	4635	621	5455	395
العين	ذكور	62	1169	26011	1963	307	2270	290							62	1169	26011	1963	307	2270	290
	اناث	55	1065	26391	2427	534	2961	255	2	42	1069	74	13	87	37	1108	29930	2501	547	3043	255
	مختلط	13	191												13	190					
	مجموع	130	2426	56902	4390	841	5231	545	2	42	1069	74	13	87	132	2453	57991	4464	554	5313	545
الغربية	ذكور	26	313	5695	534	90	624	159							26	313	5696	534	60	624	153
	اناث	25	325	5013	755	101	856	73	5	52	455	90	17	127	30	353	6466	355	116	973	73
	مختلط	5	46												6	48					
	مجموع	57	667	11906	1299	191	1490	232	5	52	465	90	17	137	62	719	12362	1389	208	1597	232
مجموع الادارة (1)	ذكور	147	2617	64300	4324	664	5008	604							147	2617	64300	4324	564	3066	604
	اناث	137	2458	65491	5864	1144	7022	569	11	163	2877	280	55	335	148	2611	66355	6164	1199	7363	363
	مختلط	35	418												35	418					
	مجموع	319	5493	129791	10206	1826	12336	1373	11	163	2877	230	55	335	330	5646	132666	18488	1663	12371	1373

احصائيات التعليم في مدارس وزارة التربية والتعليم والشباب والجمعيات النسائية للعام الدراسي 2005/2004هـ

المنطقة	البيان	تعليم عام وفني							جمعيات نسائية						الاجمالي العام						
		مدارس	فصول		الهيئات التعليمية والادارية والفنية			المستخدمون	مراكز	فصول		الهيئات التعليمية والادارية والفنية			مدارس	فصول	طلبة	الهيئات التعليمية والادارية والفنية			المستخدمون
					معلم	اداري	المجموع					معلم	اداري	مجموع				معلم	اداري	المجموع	
دبي	ذكور	36	633	15242	749	174	923	266							36	503	15242	749	174	923	266
	اناث	40	663	17010	1845	443	2288	134	2	20	403	40	6	45	42	883	17413	1886	446	2333	134
	مختلط	12	115												12	115					
	مجموع	90	1381	32252	2594	617	3211	420	2	20	403	40	6	45	92	1481	32655	2634	522	3256	422
الشارقة	ذكور	37	556	14416	886	174	1070	244							37	586	14416	896	174	1070	244
	اناث	35	574	16480	1665	414	2079	113	1	10	212	16	2	18	36	584	16692	1661	416	2097	113
	مختلط	10	108												10	106					
	مجموع	82	1266	29895	2561	568	3149	337	1	10	212	16	2	18	83	1278	30110	2577	590	3167	357
مكتب الشارقة	ذكور	19	329	3202	450	107	557	104							19	329	6202	450	107	557	104
	اناث	19	326	3231	990	158	1146	50	0	0	0		0	0	19	326	6231	990	156	1148	50
	مختلط	6	85												6	65					
	مجموع	46	740	16433	1440	265	1705	154	0	0	0	0	0	0	46	740	16433	1440	266	1705	154
مجموع مكتب الشارقة	ذكور	56	915	22620	1346	281	1627	346							56	915	22620	1346	281	1627	343
	اناث	54	900	23711	2655	572	3227	163	1	10	212	16	2	16	55	910	23923	2671	574	3245	163
	مختلط	16	193												18	193					
	مجموع	128	2008	46331	4001	853	4854	511	1	10	212	16	2	16	129	2018	46543	4017	666	4872	511
عجمان	ذكور	16	319	3343	446	66	514	96							18	319	6346	446	68	514	96
	اناث	16	326	3660	929	163	1112	35	1	11	254	24	3	27	17	337	6934	963	166	1139	85
	مختلط	6	79												8	79					
	مجموع	42	724	17026	1375	251	1625	131	1	11	254	24	3	27	43	735	17282	1399	254	1653	131

احصائيات التعليم في مدارس وزارة التربية والتعليم والشباب والجمعيات النسائية للعام الدراسي 2005/2004هـ

المنطقة	البيان	تعليم عام وفني							جمعيات نسائية						الاجمالي العام						
		مدارس	فصول		الهيئات التعليمية والادارية والفنية			المستخدمون	مراكز	فصول		الهيئات التعليمية والادارية والفنية			مدارس	فصول	طلبة	الهيئات التعليمية والادارية والفنية			المستخدمون
					معلم	اداري	المجموع					معلم	اداري	مجموع				معلم	اداري	المجموع	
ام القيوين	ذكور	11	142	3142	161	43	224	55							11	142	3142	161	43	224	55
	اناث	10	150	3309	496	135	635	19	2	15	88	16	3	18	12	165	3397	511	141	652	19
	مختلط	4	34												4	34	0				
	مجموع	25	326	6451	677	181	656	74	2	15	88	16	3	18	27	341	5539	692	164	676	74
الفجيرة	ذكور	22	411	10528	565	107	633	117							22	411	10526	666	107	693	117
	اناث	23	447	11766	1210	183	1393	55	0	0	0	0	0	0	23	447	11765	1210	183	1393	56
	مختلط	12	150												12	150	0				
	مجموع	57	1008	22313	1796	290	2066	175	0	0	0	0	0	0	57	1008	22313	1796	290	2036	175
راس الخيمة	ذكور	42	695	16647	956	212	1171	333							42	595	16647	959	212	1171	333
	اناث	33	636	15970	1915	434	2349	119	1	3	56	13	1	14	39	641	16026	1926	435	2353	119
	مختلط	17	144												17	144	0				
	مجموع	97	1477	32817	2874	646	3228	452	1	3	56	13	1	14	99	1450	32873	2887	647	3534	452
مجموع الادارة 1	ذكور	187	3066	76727	4267	885	5152	1235							187	3033	76727	4267	885	5152	1235
	اناث	181	3124	60455	9850	1953	11203	526	7	59	1013	186	14	122	166	3188	81476	9166	1967	11125	523
	مختلط	71	715												71	715					
	مجموع	439	6924	157192	13317	2836	16155	1663	7	59	1013	186	14	122	446	6983	158205	13425	2652	16277	1763
الاجمالي	ذكور	334	5772	141027	8591	1559	10160	2039							334	5772	141027	6591	1559	10160	2039
	اناث	316	5552	145966	14934	3097	16831	1097	18	212	3890	366	69	457	336	5794	149846	16322	3166	16466	1097
	مختلط	106	1133												106	1133					
	مجموع	758	12417	286983	23525	4666	26191	3135	18	212	3890	366	69	457	776	12629	290673	23913	4735	26648	3136

توزيع مدارس الدولة على المناطق حسب المرحلة / الحلقة للعام الدراسي 2005/2004هـ

المنطقة	المرحلة	رياض الاطفال	رياض + حلقة 1	رياض + حلقة1 + حلقة 2	رياض + حلقة1 + حلقة2 + ثانوي	حلقة1	حلقة1 + حلقة2	حلقة1 + حلقة2 + ثانوي	حلقة2	حلقة2 + ثانوي	ثانوي	تعليم ديني	التعليم الفني			المجموع
													صناعي	تجاري	زراعي	
ابو ظبي	ذكور					25	21	1		2	10					59
	اناث		2		1	21	20	2	1		10					57
	مختلط	16														16
	مجموع	16	2		1	46	41	3	1	2	20					132
العين	ذكور					23	13	12	2	3	7	1		1		62
	اناث		1	3	9	16	12	1	2	3	8					55
	مختلط	13														13
	مجموع	13	1	3	9	39	25	13	4	6	15	1		1		130
الغربية	ذكور				1	6	8	5		2	4					26
	اناث			1	4	6	7	1			6					25
	مختلط	6														6
	مجموع	6		1	5	12	15	6		2	10					57
مجموع الادارة	ذكور				1	54	42	19	2	7	21	1		1		147
	اناث		3	4	14	43	39	4	3	3	24					137
	مختلط	35														35
	مجموع	35	3	4	15	97	81	22	5	10	45	1		1		319
دبي	ذكور					17	9	2		1	6	1	1	1		38
	اناث		2			15	12	2		1	8					40
	مختلط	12														12
	مجموع	12	2			32	21	4		2	14	1	1	1		90
الشارقة	ذكور					15	8	8			5			1		37
	اناث		2	1	4	10	9	1		2	6					35
	مختلط	8						2								10
	مجموع	8	2	1	4	25	17	11		2	11			1		82
مكتب الشارقة	ذكور					8	5	1		1	4					19
	اناث		1			7	5	1		1	4					19
	مختلط	7	1													8
	مجموع	7	2			15	10	2		2	8					46
مجموع امارة الشارقة	ذكور					23	13	9		1	9			1		56
	اناث		3	1	4	17	14	2		3	10					54
	مختلط	15	1					2								18
	مجموع	15	4	1	4	40	27	13		4	19			1		128

توزيع مدارس الدولة على المناطق حسب المرحلة / الحلقة للعام الدراسي 2005/2004هـ

المنطقة	المرحلة	رياض الاطفال	رياض + حلقة 1	رياض + حلقة 1+ حلقة 2	رياض + حلقة1 + حلقة2 + ثانوي	حلقة1	حلقة1 + حلقة2	حلقة1 + حلقة2 + ثانوي	حلقة2	حلقة2 + ثانوي ،	ثانوي	تعليم ديني	التعليم الفني			المجموع
													صناعي	تجاري	زراعي	
عجمان	ذكور					7	4	3		1	2	1				18
	اناث					6	4	2			3					16
	مختلط	7				1										8
	مجموع	7				14	8	6		1	5	1				42
أم القوين	ذكور					5	3	2			1					11
	اناث				1	4	2	2			1					10
	مختلط	4														4
	مجموع	4			1	9	5	4			2					25
الفجيرة	ذكور					7	8	2		2	2			1		22
	اناث					11	1	6	2	1	2					23
	مختلط	8	3	1												12
	مجموع	8	3	1		18	9	8	2	3	4			1		57
راس الخيمة	ذكور					16	9	9		2	4		1		1	42
	اناث		1	1	2	12	10	4		1	7					38
	مختلط	16	1													17
	مجموع	16		1	2	28	19	13		3	11		1		1	97
مجموع الادارة (2)	ذكور					75	46	27		7	24	2	2	3	1	187
	اناث		6	2	7	65	43	19	2	6	31					181
	مختلط	62	5	1		1		2								71
	مجموع	62	11	3	7	141	89	48	2	13	55	2	2	3	1	439
المجموع الكلي	ذكور				1	129	88	45	2	14	45	3	2	4	1	334
	اناث		9	6	21	108	82	23	5	9	55					318
	مختلط	97	5	1		1		2								106
	مجموع	97	14	7	22	238	170	70	7	23	100	3	2	4	1	758

التعليم بالدولة موزعا على المرحلة / الحلقة والمناطق التعليمية للعام الدراسي 2004/2004

المنطقة	المرحلة	رياض الاطفال				الحلقة الاولى				الحلقة الثانية			
		ذكور	اناث	مختلط	مجموع	ذكور	اناث	مختلط	مجموع	ذكور	اناث	مختلط	مجموع
ابو ظبي	فصل			179	179	447	424		871	409	378		787
	طالب	1911	2136		4047	10469	10400		20868	10730	10468		21198
	معلم		255		255	473	1191		1664	793	693		1486
	اداري		67		67	69	199		268	118	129		247
العين	فصل			191	191	475	440		915	389	353		742
	طالب	1896	1977		3873	10152	10638		20790	9583	9685		19268
	معلم		230		230	684	1065		1749	687	567		1254
	اداري		38		58	65	222		287	95	99		194
الغربية	فصل			48	48	133	127		260	105	100		205
	طالب	381	411		792	2221	2207		4428	2094	2035		4129
	معلم		72		72	180	337		517	182	176		358
	اداري		13		13	19	28		47	34	20		54
مجموع الادارة (1)	فصل			418	418	1055	991		2046	903	831		1734
	طالب	4188	4524		8712	22841	23245		46086	22407	22188		44595
	معلم		557		557	1337	2593		3930	1662	1436		3098
	اداري		138		138	153	449		602	247	248		495
دبي	فصل			115	115	242	268	0	510	184	211		395
	طالب	1033	1071		2104	5068	5774		10842	4953	5628		10581
	معلم		148		148	41	898		939	350	421		771
	اداري		59		59	3	199		202	76	86		162
الشارقة	فصل			90	90	221	217	9	447	201	188	4	393
	طالب	927	912		1839	4731	5129		9860	5201	5250		10451
	معلم		122		122	115	765		880	419	383		802
	اداري		36		36	16	168		184	65	80		145
مكتب الشارقة	فصل			82	82	141	139	3	283	103	99		202
	طالب	722	727		1449	2942	2983		5925	2665	2477		5142
	معلم		113		113	49	469		518	215	200		415
	اداري		15		15	6	72		78	50	30		80
مجموع امارة الشارقة	فصل			172	172	362	356	12	730	304	287	4	595
	طالب	1649	1639		3288	7673	8112		15785	7866	7727		15593
	معلم		235		235	164	1234		1398	634	583		1217
	اداري		51		51	22	240		262	115	110		225

التعليم بالدولة موزعا على المرحلة / الحلقة والمناطق التعليمية للعام الدراسي 2004/2004

المنطقة	المرحلة	رياض الاطفال				الحلقة الاولى				الحلقة الثانية			
		ذكور	اناث	مختلط	مجموع	ذكور	اناث	مختلط	مجموع	ذكور	اناث	مختلط	مجموع
عجمان	فصل			63	63	120	123	16	259	108	115		223
	طالب	567	586		1153	2907	2888		5795	2775	2947		5722
	معلم		89		89	49	442		491	198	201		399
	اداري		28		28	4	78		82	20	26		46
ام القوين	فصل			34	34	58	61	0	119	48	49		97
	طالب	253	226		479	1056	1191		2247	1129	1092		2221
	معلم		46		46	17	255		272	88	105		193
	اداري		19		19	1	60		61	20	22		42
الفجيرة	فصل			120	120	161	186	30	377	140	140		280
	طالب	958	1058		2016	3729	4314		8043	3563	3567		7130
	معلم		142		142	43	541		584	251	156		407
	اداري		17		17	3	85		88	51	23		74
راس الخيمة	فصل			141	141	288	256	3	547	221	214		435
	طالب	1273	1293		2566	3202	5742		11944	5534	5030		10564
	معلم		213		213	124	868		992	437	439		876
	اداري		72		72	4	177		161	82	72		154
مجموع الادارة (2)	فصل			645	645	1231	1250	61	2542	1005	1016	4	2025
	طالب	5733	5873		11606	26635	28021		54656	25820	25991		51811
	معلم		873		873	438	4238		4676	1958	1905		3863
	اداري		246		245	37	839		876	364	339		703
المجموع الكلي	فصل			1063	1063	2286	2241	61	4588	1908	1847	4	3759
	طالب	9921	10397		20318	49476	51266		100742	48227	48179		96406
	معلم		1430		1430	1775	6831		8606	620 3	3341		6961
	اداري		384		384	190	1288		1478	611	587		1198

التعليم بالدولة موزعا على المرحلة / الحلقة والمناطق التعليمية للعام الدراسي 2004/2004

المنطقة	المرحلة	الثانوية الثانوية				تربية خاصة			التعليم الديني للذكور	التعليم الفني (ذكور)				الاجمالي العام			
		ذكور	اناث	مختلط	مجموع	ذكور	اناث	مجموع		صناعي	تجاري	زراعي	مجموع	ذكور	اناث	مختلط	مجموع
ابو ظبي	فصل	250	263		513	25	21	46			4		4	1135	1086	179	2400
	طالب	6974	7452		14426	232	134	366			78		78	30393	30590		60983
	معلم	553	553		1106						8		8	1827	2692		4519
	اداري	100	114		214						0		0	287	509		796
العين	فصل	234	253		487	33	20	53	21	13	3	1	17	1169	1066	191	2426
	طالب	5457	6419		11876	259	172	431	445	166	39	14	219	28011	28891		56902
	معلم	512	565		1077				51	17	7	5	29	1963	2427		4390
	اداري	137	155		292				7	3		0	3	307	534		841
الغربية	فصل	69	76		145	6	3	9					0	313	306	48	667
	طالب	1152	1338		2490	48	19	67					0	5896	6010		11906
	معلم	172	180		352								0	534	765		1299
	اداري	37	40		77								0	90	101		191
مجموع	فصل	553	592		1145	64	44	108	21	13	7	1	21	2617	2458	418	5493
الادارة 1	طالب	13583	15209		28792	539	325	864	445	166	117	14	297	64300	65491		129791
	معلم	1237	1298		2535	0			51	17	15	5	37	4324	5884		10208
	اداري	274	309		583	0			7	3	0	0	3	684	1144		1828
دبي	فصل	134	169		303	14	15	29	15	11	3		14	603	663	115	1381
	طالب	3465	4459		7924	70	78	148	290	310	53		363	15242	17010		32252
	معلم	291	378		669				35	23	9		32	749	1845		2594
	اداري	78	99		177				9	5	3		8	174	443		617
الشارقة	فصل	138	156	5	309	12	3	15		10	4	0	14	586	574		1268
	طالب	3232	4171		7403	78	18	96		202	47	0	249	14418	15480	108	29898
	معلم	323	395		718					29	10	0	39	896	1665		2561
	اداري	89	130		219					2	2	0	4	174	414		588
مكتب	فصل	76	82		158	9	6	15					0	329	326	85	740
الشارقة	طالب	1810	2000		3810	63	44	107					0	8202	8231		16433
	معلم	186	208		394								0	450	990		1440
	اداري	51	41		92								0	107	158		265
مجموع	فصل	214	248	5	467	21	9	30		10	4		14	915	900	193	2008
امارة	طالب	5042	5171		11213	141	62	203		202	47		249	22620	23711		46331
الشارقة	معلم	509	603		1112					29	10		39	1346	2655		4001
	اداري	140	171		311					2	2		4	281	572		853

التعليم بالدولة موزعا على المرحلة / الحلقة والمناطق التعليمية للعام الدراسي 2004/2004

المنطقة	المرحلة	رياض الاطفال				الحلقة الاولى				الحلقة الثانية			
		ذكور	اناث	مختلط	مجموع	ذكور	اناث	مختلط	مجموع	ذكور	اناث	مختلط	مجموع
ابو ظبي	فصل			179	179	447	424		871	409	378		787
	طالب	1911	2136		4047	10469	10400		20868	10730	10468		21198
	معلم		255		255	473	1191		1664	793	693		1486
	اداري		67		67	69	199		268	118	129		247
العين	فصل			191	191	475	440		915	389	353		742
	طالب	1896	1977		3873	10152	10638		20790	9583	9685		19268
	معلم		230		230	684	1065		1749	687	567		1254
	اداري		38		58	65	222		287	95	99		194
الغربية	فصل			48	48	133	127		260	105	100		205
	طالب	381	411		792	2221	2207		4428	2094	2035		4129
	معلم		72		72	180	337		517	182	176		358
	اداري		13		13	19	28		47	34	20		54
مجموع الادارة (1)	فصل			418	418	1055	991		2046	903	831		1734
	طالب	4188	4524		8712	22841	23245		46086	22407	22188		44595
	معلم		557		557	1337	2593		3930	1662	1436		3098
	اداري		138		138	153	449		602	247	248		495
دبي	فصل			115	115	242	268	0	510	184	211		395
	طالب	1033	1071		2104	5068	5774		10842	4953	5628		10581
	معلم		148		148	41	898		939	350	421		771
	اداري		59		59	3	199		202	76	86		162
الشارقة	فصل			90	90	221	217	9	447	201	188	4	393
	طالب	927	912		1839	4731	5129		9860	5201	5250		10451
	معلم		122		122	115	765		880	419	383		802
	اداري		36		36	16	168		184	65	80		145
مكتب الشارقة	فصل			82	82	141	139	3	283	103	99		202
	طالب	722	727		1449	2942	2983		5925	2665	2477		5142
	معلم		113		113	49	469		518	215	200		415
	اداري		15		15	6	72		78	50	30		80
مجموع امارة الشارقة	فصل			172	172	362	356	12	730	304	287	4	595
	طالب	1649	1639		3288	7673	8112		15785	7866	7727		15593
	معلم		235		235	164	1234		1398	634	583		1217
	اداري		51		51	22	240		262	115	110		225

التعليم بالدولة موزعا على المرحلة / الحلقة والمناطق التعليمية للعام الدراسي 2004/2004

المنطقة	المرحلة	رياض الاطفال				الحلقة الاولى				الحلقة الثانية			
		ذكور	اناث	مختلط	مجموع	ذكور	اناث	مختلط	مجموع	ذكور	اناث	مختلط	مجموع
عجمان	فصل			63	63	120	123	16	259	108	115		223
	طالب	567	586		1153	2907	2888		5795	2775	2947		5722
	معلم		89		89	49	442		491	198	201		399
	اداري		28		28	4	78		82	20	26		46
ام القوين	فصل			34	34	58	61	0	119	48	49		97
	طالب	253	226		479	1056	1191		2247	1129	1092		2221
	معلم		46		46	17	255		272	88	105		193
	اداري		19		19	1	60		61	20	22		42
الفجيرة	فصل			120	120	161	186	30	377	140	140		280
	طالب	958	1058		2016	3729	4314		8043	3563	3567		7130
	معلم		142		142	43	541		584	251	156		407
	اداري		17		17	3	85		88	51	23		74
راس الخيمة	فصل			141	141	288	256	3	547	221	214		435
	طالب	1273	1293		2566	3202	5742		11944	5534	5030		10564
	معلم		213		213	124	868		992	437	439		876
	اداري		72		72	4	177		161	82	72		154
مجموع الادارة (2)	فصل			645	645	1231	1250	61	2542	1005	1016	4	2025
	طالب	5733	5873		11606	26635	28021		54656	25820	25991		51811
	معلم		873		873	438	4238		4676	1958	1905		3863
	اداري		246		245	37	839		876	364	339		703
المجموع الكلي	فصل			1063	1063	2286	2241	61	4588	1908	1847	4	3759
	طالب	9921	10397		20318	49476	51266		100742	48227	48179		96406
	معلم		1430		1430	1775	6831		8606	620 3	3341		6961
	اداري		384		384	190	1288		1478	611	587		1198

التعليم بالدولة موزعا على المرحلة / الحلقة والمناطق التعليمية للعام الدراسي 2004/2004

المنطقة	المرحلة	الثانوية الثانوية				تربية خاصة			التعليم الديني للذكور	التعليم الفني (ذكور)				الاجمالي العام			
		ذكور	اناث	مختلط	مجموع	ذكور	اناث	مجموع		صناعي	تجاري	زراعي	مجموع	ذكور	اناث	مختلط	مجموع
ابو ظبي	فصل	250	263		513	25	21	46			4		4	1135	1086	179	2400
	طالب	6974	7452		14426	232	134	366			78		78	30393	30590		60983
	معلم	553	553		1106						8		8	1827	2692		4519
	اداري	100	114		214						0		0	287	509		796
العين	فصل	234	253		487	33	20	53	21	13	3	1	17	1169	1066	191	2426
	طالب	5457	6419		11876	259	172	431	445	166	39	14	219	28011	28891		56902
	معلم	512	565		1077				51	17	7	5	29	1963	2427		4390
	اداري	137	155		292				7	3		0	3	307	534		841
الغربية	فصل	69	76		145	6	3	9					0	313	306	48	667
	طالب	1152	1338		2490	48	19	67					0	5896	6010		11906
	معلم	172	180		352								0	534	765		1299
	اداري	37	40		77								0	90	101		191
مجموع	فصل	553	592		1145	64	44	108	21	13	7	1	21	2617	2458	418	5493
الادارة 1	طالب	13583	15209		28792	539	325	864	445	166	117	14	297	64300	65491		129791
	معلم	1237	1298		2535	0			51	17	15	5	37	4324	5884		10208
	اداري	274	309		583	0			7	3	0	0	3	684	1144		1828
دبي	فصل	134	169		303	14	15	29	15	11	3		14	603	663	115	1381
	طالب	3465	4459		7924	70	78	148	290	310	53		363	15242	17010		32252
	معلم	291	378		669				35	23	9		32	749	1845		2594
	اداري	78	99		177				9	5	3		8	174	443		617
الشارقة	فصل	138	156	5	309	12	3	15		10	4	0	14	586	574		1268
	طالب	3232	4171		7403	78	18	96		202	47	0	249	14418	15480	108	29898
	معلم	323	395		718					29	10	0	39	896	1665		2561
	اداري	89	130		219					2	2	0	4	174	414		588
مكتب	فصل	76	82		158	9	6	15					0	329	326	85	740
الشارقة	طالب	1810	2000		3810	63	44	107					0	8202	8231		16433
	معلم	186	208		394								0	450	990		1440
	اداري	51	41		92								0	107	158		265
مجموع	فصل	214	248	5	467	21	9	30		10	4		14	915	900	193	2008
امارة	طالب	5042	5171		11213	141	62	203		202	47		249	22620	23711		46331
الشارقة	معلم	509	603		1112					29	10		39	1346	2655		4001
	اداري	140	171		311					2	2		4	281	572		853

التعليم بالدولة موزعا على المرحلة / الحلقة والمناطق التعليمية للعام الدراسي 2004/2004

المنطقة	المرحلة	الثانوية: ذكور	الثانوية: اناث	الثانوية: مختلط	الثانوية: مجموع	تربية خاصة: ذكور	تربية خاصة: اناث	تربية خاصة: مجموع	التعليم الديني للذكور	التعليم الفني (ذكور): صناعي	التعليم الفني (ذكور): تجاري	التعليم الفني (ذكور): زراعي	التعليم الفني (ذكور): مجموع	الاجمالي العام: ذكور	الاجمالي العام: اناث	الاجمالي العام: مختلط	الاجمالي العام: مجموع
عجمان	فصل	69	58		154	4	3	7	18					319	326	79	724
	طالب	1682	2242		3924	22	17	39	395					8348	8680		17028
	معلم	155	197		352				44					446	929		1375
	اداري	37	51		86				7					68	183		251
ام القوين	فصل	32	36		68	4	4	8						142	150	34	326
	طالب	681	777		1458	23	23	46						3142	3309		6451
	معلم	76	90		166									181	496		677
	اداري	22	37		59									43	138		181
الفجيره	فصل	84	107		191	11	14	25		9	3	3	15	411	447	150	1006
	طالب	1942	2747		4689	69	99	168		183	57	27	267	10528	11785		22313
	معلم	255	371		626					28	4	5	37	586	1210		1796
	اداري	47	58		105					6	0		6	107	183		290
رأس الخيمة	فصل	163	162		325	13	6	19		8	1	1	10	695	638	144	1477
	طالب	3584	3872		7456	73	33	106		152	17	12	181	16847	15970		32817
	معلم	367	395		762					23	2	6	31	959	1915		2874
	اداري	114	113		227					7	0	5	12	212	434		646
مجموع الادارة (2)	فصل	696	807	5	1508	67	51	118	33	38	11	4	53	3085	3124	715	6924
	طالب	16396	20268		36664	398	312	710	685	847	174	39	1060	76727	80465		157192
	معلم	1653	2034		3687				79	103	25	11	139	4267	9050		13317
	اداري	438	529		967		95		16	20	5	5	30	885	1953		2838
المجموع الكلي	فصل	1294	1399	5	2653	131	637	226	54	51	18	5	74	5702	5582	1133	12417
	طالب	29979	35477		56456	937		1574	1130	1013	291	53	1357	141027	145956		285983
	معلم	2890	3332		6222				130	120	40	16	176	8591	14934		23525
	اداري	712	838		1550				23	23	5	5	33	1569	3097		4666

اعداد الطلبة حسب المرحلة / الحلقة والمناطق التعليمية للعام الدراسي 2004/ 2005

المنطقة	نوع التعليم	رياض الاطفال			الحلقة الأولى			الحلقة الثانية		
		ذكور	اناث	مجموع	ذكور	اناث	مجموع	ذكور	اناث	مجموع
عجمان	مواطن	528	542	1071	2085	2138	4223	1626	1687	3313
	غير مواطن	38	44	82	822	750	1572	1149	1260	2409
	المجموع	567	586	1153	2907	2888	5795	2775	2947	5722
ام القوين	مواطن	242	217	459	873	1007	1880	791	779	1570
	غير مواطن	11	9	20	183	184	367	338	313	651
	المجموع	253	226	479	1056	1191	2247	1129	1092	2221
الفجيره	مواطن	948	1052	2000	3529	4095	7624	3160	3206	6366
	غير مواطن	10	6	16	200	219	419	403	361	764
	المجموع	958	1058	2016	3729	4314	8043	3563	3567	7130
راس الخيمة	مواطن	1240	1256	2496	5602	5177	10779	4556	4094	8650
	غير مواطن	33	37	70	600	565	1165	978	936	1941
	المجموع	1273	1293	2566	6202	5742	11944	5534	5030	10564
مجموع الادارة 2	مواطن	5589	5726	11315	23258	24677	47935	19768	20019	39787
	غير مواطن	144	147	291	3377	3344	6721	6052	5972	12024
	المجموع	5733	5873	11606	26635	28021	54656	25820	25991	51811
المجموع الكلي	مواطن	9468	9992	19460	41031	42703	83734	34173	34300	68473
	غير مواطن	453	405	858	8445	8563	17008	14054	13879	27933
	المجموع	9921	10397	20318	49476	51266	100742	48227	48179	96406

اعداد الطلبة حسب المرحلة / الحلقة التعليمية للعام الدراسي 2005/2004م

المنطقة	نوع التعليم	الثانوية			التربية الخاصة			الديني	الفني	الاجمالي العام		
		ذكور	اناث	مجموع	ذكور	اناث	مجموع	ذكور	ذكور	ذكور	اناث	مجموع
ابو ظبي	مواطن	3746	4424	8170	204	115	319		69	20571	21065	41636
	غير مواطن	3228	3026	6256	28	19	47		9	9822	9525	19347
	المجموع	6974	7452	14426	232	134	366		78	30393	30590	60983
العين	مواطن	3482	4427	7909	215	141	356	87	201	20262	21601	41863
	غير مواطن	1975	1992	3967	44	31	75	358	18	7749	7290	15039
	المجموع	5457	6419	11876	259	172	431	445	219	28011	28891	56902
الغربية	مواطن	617	743	1360	42	15	57			3887	3772	7659
	غير مواطن	535	595	1130	6	4	10			2009	2238	4247
	المجموع	1152	1338	2490	48	19	67	0	0	5896	6010	11906
مجموع الادارة 2	مواطن	7845	9594	17439	461	271	732	87	270	44720	46438	91158
	غير مواطن	5738	5615	11353	78	54	132	358	27	19580	19053	38633
	المجموع	13583	15209	28792	539	325	864	445	297	64300	65491	129791
دبي	مواطن	2380	3419	5799	66	71	137	167	351	12018	14006	26024
	غير مواطن	1085	1040	2125	4	7	11	123	12	3224	3004	6228
	المجموع	3465	4459	7924	70	78	148	290	363	15242	17010	32252
الشارقة	مواطن	2084	3045	5129	71	17	88		224	11016	12094	23110
	غير مواطن	1148	1126	2214	7	1	8		25	3402	3386	6788
	المجموع	3232	4171	7403	78	18	96		249	14418	14580	29898
مكتب الشارقة	مواطن	1565	1790	3355	58	44	102			7366	7458	14824
	غير مواطن	245	210	455	5	0	5			836	773	1609
	المجموع	1810	2000	3810	63	44	107	0	0	8202	8231	16433
مجموع امارة الشارقة	مواطن	3649	4835	8484	129	61	190	0	224	18382	19552	37934
	غير مواطن	1393	1336	2729	12	1	13	0	25	4238	4159	8397
	المجموع	5042	6171	11213	141	62	203	0	249	22620	23711	46331

اعداد الطلبة حسب المرحلة / الحلقة التعليمية للعام الدراسي 2005/2004م

المنطقة	نوع التعليم	الثانوية			التربية الخاصة			الديني	الفني	الاجمالي العام		
		ذكور	اناث	مجموع	ذكور	اناث	مجموع	ذكور	ذكور	ذكور	اناث	مجموع
عجمان	مواطن	937	1338	2275	17	13	30	88		5282	5718	11000
	غير مواطن	745	904	1649	5	4	9	307		3066	2962	6028
	المجموع	1682	2242	3924	22	17	39	395	0	8348	8680	17028
ام القوين	مواطن	471	558	1029	19	20	39			2396	2581	9477
	غير مواطن	210	219	429	4	3	7			746	728	1474
	المجموع	681	777	1458	23	23	46		0	3142	3309	6451
الفجيره	مواطن	1639	2465	4104	66	95	161		259	9601	10913	20514
	غير مواطن	303	282	585	3	4	7		8	927	872	1799
	المجموع	1942	2747	4689	69	99	168		267	10528	11785	22313
راس الخيمة	مواطن	2811	3164	5975	66	32	98		168	14443	13723	28166
	غير مواطن	773	708	1481	7	1	8		13	2404	2247	4651
	المجموع	3584	3872	7456	73	33	106		181	16847	15970	32817
مجموع الادارة 2	مواطن	11887	15779	27666	363	292	655	255	1002	62122	66493	128615
	غير مواطن	4509	4489	8998	35	20	55	430	58	14605	13972	28577
	المجموع	16396	20269	36664	398	312	710	685	1060	76727	80465	157192
المجموع الكلي	مواطن	19732	25373	45105	824	563	1387	342	1272	106842	112931	219773
	غير مواطن	10247	10104	20351	113	74	187	788	85	34185	33025	67210
	المجموع	29979	35477	65456	937	637	1574	1130	1357	141027	145956	286983

الجهة المشرفة على التعليم

تقوم وزارة التربية والتعليم بالإشراف الكامل على التعليم حيث تتولى كافة الجوانب المتعلقة بالتعليم بدءاً من وضع السياسات التعليمية والخطط الإستراتيجية للتعليم، بمعنى أن التعليم مركزي، حيث يرأس الوزير الهيئات الإدارية والفنية والتي تتكون كل منها من عدد من المديرين والمساعدين وغيرهم. فريجات(1989م، ص23)

ويتضح ذلك من الجداول التالية :

توزيع الهيئات الادارية والفنية والتعليمية على المناطق التعليمية في رياض الاطفال (اناث فقط) للعام الدراسي 2004/2005م

المنطقة	الوظيفة	الهيئة الادارية						الهيئة الفنية					اجمالي الهيئات الادارية والفنية	الهيئة التعليمية	اجمالي الهيئات الادارية والتعليمية
		مدير	مساعد مدير	مشرف	سكرتير	مشرف	المجموع	اخصائي	امين مكتبة		حاسوب	مجموع			
ابو ظبي	مواطن	14	16		16	1	48	3	14			17	66	156	222
	غير مواطن						0		1			1	1	99	100
	مجموع	14	16	0	16	1	48	3	15	0	0	18	67	255	228
العين	مواطن	13	16	1	13		43		15			15	66	170	228
	غير مواطن						0					0	0	60	60
	مجموع	13	16	1	13	0	43	0	15	0	0	15	58	230	288
الغربية	مواطن	5	3		2		10					0	10	28	36
	غير مواطن	1	1		1		8					0	3	46	48
	مجموع	6	4	0	3	0	13	0	0	0	0	0	13	72	85
المجموع الادارة 1	مواطن	32	37	1	31	1	102	3	28	0	0	32	134	352	466
	غير مواطن	1	1	0	1	0	3	0	1	0	0	1	4	205	209
	مجموع	33	36	1	32	1	105	3	30	0	0	33	138	557	665
دبي	مواطن	12	14	0	12		47		12			12	59	142	201
	غير مواطن						0					0	0	6	6
	مجموع	12	14	9	12	0	47	0	12	0	0	12	59	148	207
الشارقة	مواطن	7	9	4	8		28		6			6	36	111	147
	غير مواطن						0					0	0	11	11
	مجموع	7	9	4	8	0	28	0	6	0	0	6	36	122	158
مكتب الشارقة	مواطن	7	7	1			16					0	16	66	111
	غير مواطن						0					0	0	17	17
	مجموع	7	7	1	0	0	16	0	0	0	0	0	16	113	128

توزيع الهيئات الادارية والفنية والتعليمية على المناطق التعليمية في رياض الاطفال للعام الدراسي 2005/2004م

المنطقة	الوظيفة	الهيئة الادارية						الهيئة الفنية					اجمالي الهيئات الادارية والفنية	الهيئة التعليمية	اجمالي الهيئات الادارية والتعليمية
		مدير	مساعد مدير	مشرف	سكرتير	مشرف	المجموع	اخصائي	امين مكتبة		حاسوب	مجموع			
مجموع امارة الشارقة	مواطن	14	16	5	6	0	43	0	6	0	0	6	51	207	258
	غير مواطن	0	0	0	0	0	0	0	0	0	0	0	0	28	26
	مجموع	14	16	5	8	0	43	0	6	0	0	8	51	235	288
عجمان	مواطن	7	7	1	9	1	25		3			3	28	62	90
	غير مواطن						0					0	0	27	27
	مجموع	7	7	1	9	1	26	0	3	0	0	3	28	89	117
ام القوين	مواطن	4	5	2	4		16	1	3			4	19	44	63
	غير مواطن						0					0	0	2	2
	مجموع	4	5	2	4	0	16	1	6	0	0	4	19	48	65
الفجيرة	مواطن	7	8	1	1		17					0	17	100	117
	غير مواطن						0					0	0	42	42
	مجموع	7	8	1	1	0	17	0	0	0	0	0	17	142	159
راس الخيمة	مواطن	14	16	1	26	7	63	3	6			6	71	168	254
	غير مواطن				1		1					0	1	30	31
	مجموع	14	16	1	27	7	64	3	6	0	0	8	72	213	255
مجموع الادارة2	مواطن	56	66	19	60	8	210	4	31	0	0	35	245	733	983
	غير مواطن	0	0	0	1	0	1	0	0	0	0	0	1	135	136
	مجموع	58	66	19	61	8	211	4	31	0	0	35	246	873	1119
المجموع الكلي	مواطن	90	102	20	91	9	312	7	60	0	0	67	379	1090	1469
	غير مواطن	1	1	0	2	0	4	0	1	0	0	1	6	340	345
	مجموع	90	103	20	93	9	316	7	61	0	0	66	384	1430	1814

توزيع الهيئات الادارية والفنية والتعليمية على المناطق التعليمية للمرحلة الثانوية للعام الدراسي 2004/2005م

المنطقة		الوظيفة	الهيئة الادارية						الهيئة الفنية					اجمالي الهيئات الادارية والفنية	الهيئة التعليمية			اجمالي الهيئات الادارية والتعليمية
			مدير	مساعد مدير	مشرف	سكرتير	مشرف	المجموع	اخصائي	امين مكتبة		حاسوب	مجموع					
ابو ظبي	ذكور	مواطن	11	16	3			30	14		1		15	45	66		65	100
		غير مواطن	2	1		15		16	12	3	22		37	55	491	7	498	663
		مجموع	13	17	3	15	0	46	26	3	23	0	32	100	546	7	553	663
	اناث	مواطن	12	23	7	18	1	61	16	9	8		18	93	257		267	360
		غير مواطن	1			2		3	1	1	16		50	21	295	1	296	317
		مجموع	13	23	7	20	1	64	16	10	24	0	50	114	552	1	553	667
العين	ذكور	مواطن	18	26	1	1		46	17	2	1		20	66	29		29	95
		غير مواطن	4	6		16		26	20	3	22		45	71	482	1	483	564
		مجموع	22	32	1	17	0	72	37	6	23	0	65	137	511	1	512	649
	اناث	مواطن	19	32	1	32		64	19	24	1		44	126	285		285	413
		غير مواطن	2	2		4		8	2	3	14		19	27	280		280	307
		مجموع	21	34	1	36	0	92	21	27	15	0	63	166	565	0	565	720
الغربية	ذكور	مواطن	1					1					0	1	3		3	4
		غير مواطن	9	6		5		19	6	2	9		17	36	169		169	205
		مجموع	10	6	0	5	0	20	6	2	9	0	17	37	172	0	172	209
	اناث	مواطن	6	6		3		14	1				1	15	16		13	28
		غير مواطن	6	6		6		15	4		6		10	26	167		167	192
		مجموع	12	6	0	9	0	29	5	0	6	0	11	40	180	0	180	220

توزيع الهيئات الادارية والفنية والتعليمية على المناطق التعليمية للمرحلة الثانوية للعام الدراسي 2005/2004 م

المنطقة		الوظيفة	الهيئة الادارية						الهيئة الفنية					اجمالي الهيئات الادارية والفنية	الهيئة التعليمية			اجمالي الهيئات الادارية والفنية والتعليمية
			مدير	مساعد مدير	مشرف	سكرتير	مشرف	المجموع	اخصائي			حاسوب	مجموع					
		مواطن	30	42	4	1	0	77	31	2	2	0	35	112	67	0	76	199
	ذكور	غير مواطن	15	12	0	36	0	63	38	6	53	0	99	152	1142	6	1150	1312
مجموع الادارة (1)		مجموع	45	54	4	37	0	140	69	10	55	0	134	274	1229	6	1237	1511
		مواطن	37	60	8	53	1	159	35	33	9	0	77	235	565	0	555	791
	اناث	غير مواطن	9	5	0	12	0	28	7	4	35	0	47	73	742	1	743	816
		مجموع	46	65	8	65	1	185	42	37	45	0	124	309	1297	1	1238	1607
		مواطن	7	11		3		21	4	5			10	31	4		4	35
	ذكور	غير مواطن	1			13		14	10	1	22		33	47	277	10	287	334
		مجموع	8	11	0	16	0	35	14	7	22	0	43	78	281	10	291	369
		مواطن	10	15	1	17	4	47	17	10	22		49	96	262		262	358
دبي	اناث	غير مواطن				1		1			2		2	3	116		116	119
		مجموع	10	15	1	18	4	48	17	10	24	0	51	99	378	0	378	477
		مواطن	11	17		6		34	5	3			6	42	8		8	50
	ذكور	غير مواطن	2	1		8		11	10	3	23		312	47	312	3	315	362
الشارقة		مجموع	13	18	0	14	0	45	15	5	23	0	320	89	320	3	323	142
		مواطن	14	18	7	29	5	73	20	13	21		244	127	244		244	371
	اناث	غير مواطن					1	1			2		160	3	150	1	151	154
		مجموع	14	18	7	29	5	74	20	13	23	0	394	130	394	1	395	525

توزيع الهيئات الادارية والفنية والتعليمية على المناطق التعليمية للمرحلة الثانوية للعام الدراسي 2005/2004م

المنطقة		الوظيفة	الهيئة الادارية						الهيئة الفنية					اجمالي الهيئات الادارية والفنية	الهيئة التعليمية			اجمالي الهيئات الادارية والفنية والتعليمية
			مدير	مساعد مدير														
مكتب الشارقة	ذكور	مواطن	6	10		5		21	6	7			13	34	35		35	69
		غير مواطن				2		2	6		9		15	17	150	1	151	168
		مجموع	6	10	0	7	0	23	12	7	9	0	28	51	185	1	186	237
	اناث	مواطن	6	7		7		20	7	4	2		13	33	156		156	189
		غير مواطن						0	1	1	6		6	6	50	2	52	60
		مجموع	6	7	0	7	0	20	8	5	8	0	21	41	206	2	208	249
مجموع امارة الشارقة	ذكور	مواطن	17	27		11		55	11	10			21	78	43		43	119
		غير مواطن	2	1		10		13	16	3	32		51	64	462	4	466	530
		مجموع	19	28	0	21	0	68	27	13	32	0	72	140	505	4	509	649
	اناث	مواطن	20	25	7	36	5	83	27	17	23		67	160	400		400	560
		غير مواطن					1	1	1	1	8		10	11	200	3	203	214
		مجموع	20	25	7	36	6	94	28	18	31	0	77	171	600	3	603	774
عجمان	ذكور	مواطن	4	10		2		16	1	1			2	18	3		3	21
		غير مواطن	1			3		4	6	1	8		15	19	151	1	152	171
		مجموع	5	10	0	5	0	20	7	2	8	0	17	37	154	1	155	192
	اناث	مواطن	6	9		10		25	9	5	10		24	49	108		108	157
		غير مواطن						0			2		2	2	69		69	91
		مجموع	0	9	0	10	0	25	9	6	12	0	26	51	197	0	197	248

توزيع الهيئات الادارية والفنية والتعليمية على المناطق التعليمية للمرحلة الثانوية للعام الدراسي 2005/2004م

الوظيفة / المنطقة			الهيئة الادارية						الهيئة الفنية					اجمالي الهيئات الادارية والفنية	الهيئة التعليمية			اجمالي الهيئات الادارية والفنية والتعليمية
			مدير	مساعد مدير														
ام القيوين	ذكور	مواطن	3	3		1		7		1			1	6	2		2	10
		غير مواطن				3		3	5		6		11	14	73	1	74	88
		مجموع	3	3	0	4		10	5	1	6	0	12	22	75	1	76	98
	اناث	مواطن	3	5	1	6	0	16	7	4	5		16	32	50		60	92
		غير مواطن	1				1	1			4		4	5	30		30	35
		مجموع	4	5	1	6		17	7	4	9	0	20	37	90	0	80	127
الفجيرة	ذكور	مواطن	6	10		3	1	19	5	2			7	26	17		17	43
		غير مواطن				4		4	5	2	10		17	21	236	2	238	259
		مجموع	6	10	0	7		23	10	4	10	0	24	47	253	2	255	302
	اناث	مواطن	9	13		10	0	32	8	6	2		16	48	257		257	305
		غير مواطن				1		1			9		9	10	114		114	124
		مجموع	9	13	0	11	0	33	8	6	11	0	25	58	371	0	371	429
راس الخيمة	ذكور	مواطن	14	18		23		55	18	14			32	87	25		28	115
		غير مواطن			1	1		2	4		21		25	27	339		339	356
		مجموع	14	18	1	24	0	57	22	14	21	0	57	114	367	0	367	481
	اناث	مواطن	12	16	5	23	2	59	16	11	22		49	105	286		286	394
		غير مواطن	1			1		2	2		1		3	5	109		109	114
		مجموع	14	16	5	24	2	61	18	11	23	0	52	113	395	0	395	506

توزيع الهيئات الادارية والفنية والتعليمية على المناطق التعليمية للمرحلة الثانوية للعام الدراسي 2005/2004م

المنطقة		الوظيفة	الهيئة الادارية						الهيئة الفنية					اجمالي الهيئات الادارية والفنية	الهيئة التعليمية			اجمالي الهيئات الادارية والفنية والتعليمية
			مدير	مساعد مدير														
مجموع الادارة (1)	ذكور	مواطن	51	79	0	43	0	173	39	34	0	0	73	246	97	0	97	343
		غير مواطن	4	1	1	34	0	40	46	7	99	0	152	192	1539	18	1555	1748
		مجموع	55	80	1	77	0	213	85	41	99	0	225	435	1635	18	1653	2031
	اناث	مواطن	61	83	14	102	12	272	84	53	64	0	221	493	1373	0	1373	1866
		غير مواطن	2	0	0	3	1	6	8	1	25	0	30	36	658	3	661	697
		مجموع	63	83	14	105	13	278	87	54	110	0	251	529	2031	3	2034	2563
المجموع الكلي	ذكور	مواطن	81	121	4	44	0	250	70	36	2	0	109	355	184	0	184	542
		غير مواطن	19	13	1	70	0	103	84	15	152	0	251	354	2650	26	2705	3060
		مجموع	100	134	5	114	0	353	154	51	154	0	359	712	2864	26	2890	3602
	اناث	مواطن	98	143	22	155	13	431	119	56	98	0	298	729	1925	0	1925	2557
		غير مواطن	11	5	0	15	1	32	10	5	52	0	77	109	1400	4	1404	1513
		مجموع	109	148	22	170	14	463	129	91	155		375	835	3325	4	3332	4170

أهم التشريعات التربوية :

1- قرار وزاري رقم 2/851 لسنة 1412هـ (1992م) بشأن تطوير رياض الأطفال.

2- قرار وزاري رقم 2/1479 لسنة 1412هـ (1992م) بشأن تنظيم العمل في المدارس.

3- قرار وزاري رقم 2/2726 لسنة 1412هـ (1992م) بشأن تطبيق برنامج تطوير النشاط المدرسي.

4- قرار مجلس الوزراء رقم 2/361 لسنة 1412هـ (1992م) بشأن مشروع إعداد السياسة التعليمية.

5- قرار وزاري رقم 2/991 لسنة 1413هـ (1993م) بشأن تشكيل مجلس إدارة مركز تطوير رياض الأطفال. مكتب التربية العربي (1418هـ ص77). والحميدي وآخرون (1420هـ ص)

الإنفاق المالي على التعليم :

إن تمويل الخدمة التعليمية أصبح جزءاً من ميزانية الدولة بحيث ترصد الأموال اللازمة له سنويا وتنفق هذه الأموال على إنشاء المدارس والمعاهد لاستقبال أبناء الدولة والوافدين. كما أن هناك مؤسسات خاصة مملوكة للأفراد أو الجاليات تتوالى المدارس لبعض أنواع خاصة من التعليم لأفراد يكونون راغبين في دراسات خاصة مثل اللغات. والمدارس الحكومية فقط هي التي تتحمل الدولة كل نفقاتها. كما لا يخلو الأمر في أن جزءا من ميزانية الوزارة يتجه نحو إمداد المدارس الخاصة بالكتب المدرسية وبعض الوسائل التعليمية المختلفة مساهمة منها في هذا القطاع الحيوي.

إن القواعد العامة التي تحكم مجال الإنفاق على التعليم تتمثل في ابتعاد الدولة عن التبذير أو الإسراف في الوقت الذي تحقق الغرض الأسمى من التعليم كعملية

إنسانية هادفة لأكبر عدد من أبنائها وبالمستوى المناسب الذي ترتضيه لهم. وميزانية وزارة التربية والتعليم في دولة الإمارات العربية المتحدة تتطور من سنة إلى أخرى وبخطوات واسعة لا لتساير التطور الجديد في المجتمع فحسب ولكن لتعوض التخلف الذي عانت منه الدولة في الماضي.

ورغم أن هناك زيادة مستمرة في اعتمادات كل عام مردودة راجع إلى الآتي:

- ارتفاع تكلفة الوحدة التعليمية وهي الفصل والمدرس فالساعة الزمنية في عمر الطالب التعليمي أصبحت أغلى مما كانت عليه لأن أجور المعلمين وأصحاب المهن التعليمية كانت ولا بد أن ترتفع لتصل إلى المستوى اللائق بهم إذا قيست بمستويات أقرانهم في ميادين العمل الأخرى. كما أن تحديد ساعات العمل بمراحل التعليم المختلفة تحديداً من شأنه أن يرفع مستوى الأداء نفسه وهو أمر تربط وزارة التربية والتعليم بينه وبين أعداد الطلاب في الفصل الواحد وما بين المدن والقرى في حالة الكثافة.

إلا أن الزيادة الكبرى في التكاليف يبررها فوق كل ذلك العناية بنوع الخدمة التعليمية نفسها وذلك بتوفير خدمات معينة تهيئ لعملية التعليم فرص النجاح وتحقيق الهدف. المطوع (ب.ت، ص ص 33-39)

الأبنية المدرسية وتمويل التعليم

يعد المبنى المدرسي الصالح أحد المقومات الأساسية للعملية التعليمية فهو الركن الثالث من الأركان المهمة في العملية التربوية خاصة أن وظيفة المدرسة لم تعد قاصرة على اكتساب المعارف أو اكتساب المهارات الفنية والاجتماعية أو الإعداد لكسب العيش، بل إن وظيفتها في هذا العصر بالذات قد سمت عن ذلك بكثير وأصبحت بحق المؤسسة الاجتماعية التربوية التي تعد الجيل الصاعد لبناء مستقبل الأمة، وما المدرسة في الواقع إلا مجتمع صغير متكامل وصورة معدّلة مهذّبة للمجتمع

الذي أنشأها تؤثر فيه وتتأثر به، وهي تؤثر في أبنائها وفي شخصياتهم عن طريق مبانيها وتجهيزاتها وإمكانيتها كما تؤثر فيهم عن طريق إدارتها وبرامجها وما فيها من ألوان النشاط كما تؤثر في نفوسهم وعقولهم بمدى رعايتها لهم وعنايتها بصقلهم صحيا وروحيا وعقليا.

وتستطيع المدرسة أن تتحرر وتنطلق بما تحاوله من تنسيق وتجديد وابتكار في منظرها ومظهرها وأنماطها، وفي ضوء الاعتبارات السابقة تقوم وزارة التربية والتعليم طبقا لنظامها التربوي بإعداد الخريطة المدرسية المناسبة لتقابل حاجات تعميم التربية فتعد التصميمات المناسبة للبناء المدرسي في مستويات التربية المختلفة بما يضمن تحقيق الغايات التربوية وذلك في ضوء الموارد المالية المتاحة لها كما تحرص الوزارة على أن يشمل البناء المدرسي مراكز للعبادة والعمل الإنتاجي بالإضافة إلى المرافق التربوية الأخرى اللازمة لتحقيق المنهج التربوي لهذه المدرس.

لقد ترتب على الأخذ باستراتيجية التوسع الكمي نتائج سلبية في كيفية التعليم، إذ إن هذا التوسع في كثير من الأحوال تم على حساب جودة التعليم وإمكانياته، ويدل على ذلك ما نعانيه حاليا من نقص لافت للنظر في الأبنية المدرسية والتجهيزات وأدوات التعليم.

ومن الملاحظة على واقع الأبنية المدرسية أن الزيادة فيها أصبحت لا ترتفع بمثل نسبة الزيادة في إعداد الطلاب الأمر الذي ترتب عليه وجود بعض المدارس التي تعمل فترة مسائية ولا يخفى علينا أثر ذلك في كفاءة العملية التعليمية فمنذ عام 74/73 وحتى 84/83 كانت نسبة الزيادة في عدد المدارس والفصول والطلاب على الترتيب هي 150% ، 278% ، 240% وأمام الوضع الاقتصادي الذي تمر به دول المنطقة فإن الوزارة ظلت تجتهد في توفير الحد الأدنى من المباني والحجرات بالقدر الذي يضمن سلامة الطلاب من جهة وبالقدر الضروري لمواجهة فصول التوسع والنمو في جميع المراحل من جهة أخرى.

وأمام عجز الاعتمادات المتاحة اضطرت الوزارة إلى الأخذ بنظام إنشاء الفصول الملحقة بالمدارس القائمة، وقد جاء ذلك على حساب المساحات المتاحة للنشاط الرياضي والتربوي الأمر الذي أثر بدوره في عائد العملية التعليمية.

وإذا ما أردنا أن نأخذ فكرة عن واقع الأبنية المدرسية في السبعينات وفي عام 1978/77 على وجه التحديد من حيث صلاحيتها وتنوع مرافقها نجدها موزعة على النحو التالي :

* إجمالي عدد المدارس 228 مدرسة

- مدارس غير صالحة 22%

- مدارس بحاجة إلى ترميم 26%

أما بالنسبة للمرافق في ضوء توزيع المدارس على مراحل التعليم الوارد ذكره فيما بعد نجد أن :

- مدارس بها مختبرات	%51
- مدارس بها مكتبات	%45
- مدارس بها مخازن	%72
- مدارس بها حجرات للتربية الفنية	%70
- مدارس بها حجرات للتربية الموسيقية	%56
- مدارس بها صالات وملاعب للتربية الرياضية	%50
- مدارس بها حجرات للتدبير المنزلي	%31
- مدارس للصحة المدرسية	%59
- مدارس للتمثيل والحفلات	%32
- مدارس بها خياله	%12

المطوع (ب.ت، ص 58) وزارة المعارف (1424هـ ص55)

مراحل التعليم:

رياض الأطفال

الأسس والمبادئ التي تقوم عليها رياض الأطفال: إنشاء مركز تطوير رياض الأطفال.

1- تجهيز المركز بالآلات والوسائل والألعاب التربوية اللازمة.

2- انتداب وتعيين عشرين موظفة للعمل في المركز.

3- إعداد منهج وطني قائم على مبدأ التعليم الذاتي.

4- التدريب على كيفية تطبيق وتوظيف وحدات المنهج.

مكتب التربية العربي (1418هـ ص 5) و وزارة المعارف (1424هـص15)

توزيع الفصول والاطفال على الصفوف والمناطق التعليمية في رياض الاطفال للعام الدراسي 2005/2004

المنطقة / الصف		اول الروضة				ثاني روضة				المجموع			
		فصل	طفل	طفلة	مجموع	فصل	طفل	طفلة	مجموع	فصل	طفل	طفلة	مجموع
ابو ظبي	مواطن	78	767	821	1588	101	982	1171	2153	179	1749	1992	3741
	غير مواطن		65	62	127		97	82	179		162	144	306
	مجموع		832	883	1715		1079	1253	2332		1911	2136	4047
العين	مواطن	82	741	769	1510	109	1008	1095	2103	191	1749	1864	3613
	غير مواطن		67	47	114		80	66	146		147	113	260
	مجموع		808	816	1624		1088	1161	2249		1895	1977	3873
الغربية	مواطن	20	145	160	305	28	236	250	486	48	381	410	791
	غير مواطن				0			1	1		0	1	1
	مجموع		145	160	305		236	251	487		381	411	792
مجموع الادارة (1)	مواطن	160	1553	1750	3403	238	2226	2516	4742	418	3879	4266	8145
	غير مواطن		132	109	241		177	149	326		309	258	567
	مجموع		1785	1859	3644		2403	2665	5068		4188	4524	8712
دبي	مواطن	53	461	483	944	62	556	574	1130	115	1017	1057	2074
	غير مواطن		9	6	15		7	8	15		16	14	30
	مجموع		470	489	959		563	582	1145		1033	1071	2104
الشارقة	مواطن	44	430	397	827	46	468	487	955	90	898	884	1782
	غير مواطن		16	11	27		13	17	30		29	28	57
	مجموع		446	408	854		481	504	985		927	912	1839
مكتب الشارقة	مواطن	38	318	323	641	44	397	395	792	82	715	718	1433
	غير مواطن		2	5	7		5	4	9		7	9	16
	مجموع		320	328	648		402	399	801		722	727	1449
مجموع ادارة الشارقة	مواطن	82	748	720	1468	90	865	882	1747	172	1613	1602	3215
	غير مواطن		18	16	34		18	21	39		36	37	73
	مجموع		765	736	1502		883	903	1786		1649	1639	3288

توزيع ص 64

المدارس الابتدائية :

ذكر القاسمي (ب.ت، ص ص 70-80) في كتابه عن التعليم الإماراتي والمطوع (ب.ت، ص61) وما يلي:

* أهدافها :

1- ترسيخ العقيدة الإسلامية وتعميق الإيمان بقيمها السامية وتعليم التلميذ قدراً من الواجبات الدينية في مستوى عمره.

2- تقدير الجمال وحب الطبيعة والوعي بمنافع الحياة وتنمية الملاحظة وخصوبة الخيال البناء والقدرة على الابتكار في حدود قدرات التلميذ وإمكاناته.

3- احترام النظام والمثابرة وممارسة الجهد في التغلب على العقبات وتحقيق قدر وافر من المعلومات ومعرفة أكثر جودة ودقة بمبادئ وحقائق الحياة الاجتماعية.

4- تكوين عادات التفكير العلمي في حدود قدرات التلميذ.

5- تنمية الدافع للتحصيل وحب الاستطلاع وتنمية الميول والاهتمامات وتحقيق التوافق المدرسي.

6- تحقيق أكبر قدر من الأمان النفسي والتقبل الواعي لظروف الحياة الواقعية.

7- تنمية المهارات المختلفة لدى التلميذ وتوقه الإبداعي ووعيه ليدرك ما عليه من الواجبات وما له من الحقوق.

مدة الدراسة في هذه المرحلة ست سنوات، تنقسم إلى قسمين:

المرحلة الابتدائية الدنيا :

وتشمل الصفوف الأول والثاني والثالث ويجري عليها نظام مُعلم الفصل، وفيها يتم ترفيع التلاميذ تلقائياً دون امتحانات نهاية العام الدراسي، حيث يقوم مُدرس الفصل بتقويم تلاميذه في هذه المرحلة آخر العام الدراسي. وتتولى لجنة فنية برئاسة مدير المدرسة وعضوية مدرس الفصل والأخصائي الاجتماعي بالمدرسة النظر في من يحصل على تقدير (ضعيف) في مادتين فأكثر، وخاصة في مادة التربية الإسلامية واللغة العربية والرياضيات والعلوم لتقرر ترفيعه أو إبقاءه في صفه أو إحالته لصفوف التربية الخاصة. ويثبت ذلك رسميا. وقد ساعد هذا الإجراء على خفض نسب الرسوب. وزارة المعارف (1424هـ ص55) ومكتب التربية العربية (1418هـ ص23)

المرحلة الابتدائية العليا :

وتضم الصفوف الرابع والخامس والسادس ويتم الترفيع فيها بعد أن يجتاز التلميذ بنجاح الامتحانات المدرسية

وتشير وقائع التعليم الابتدائي الحكومي في دولة الإمارات إلى :

1- ازدياد عدد التلاميذ منذ الفترة 1973/72م حوالي خمسة أضعاف، كما أن عدد تلاميذ المرحلة الابتدائية فقط يكاد يعادل عدد تلاميذ كل المراحل في المدارس الخاصة، مما يدل على الإقبال الشديد على المدرسة الحكومية حتى من غير الوطنيين.

2- انتشار هذه المدارس في كل مناطق الدولة، حتى النائية منها حرصاً من المسؤولين على توفير العلم لكل طفل في الدولة وقد ارتفع عدد هذه المدارس بشكل كبير.

3- إن مجموع الإناث في المرحلة الابتدائية يتساوى تقريباً من مجموع الذكور أما بالنسبة للهيئة التعليمية في هذه المرحلة، فإن الواقع يبين ما يلي:

1. إن 77.75% من مجموع المعلمين في المرحلة الابتدائية هم من حملة شهادات أدنى من الشهادة الجامعية الأولى، وهي نسبة مرتفعة جداً ولا تتماشى مع الاتجاهات العامة وأهمية المرحلة الابتدائية في تأسيس الطفل.

2. إن نسبة المعلمين الوطنيين تبلغ 23% من نسبة المعلمين (ذكوراً وإناثاً) في هذه المرحلة، وهي نسبة ضئيلة رغم كل الجهود المبذولة لتوطين التعليم.

وفيما يتعلق بمواد الدراسة يتم التركيز في هذه المرحلة على القراءة والكتابة والحساب من خلال مواد اللغة العربية والتربية الإسلامية والحساب. فحصة اللغة العربية تساوي 40% من مجموع الحصص في المرحلة الابتدائية (12 حصة أسبوعياً) أما التربية الإسلامية والرياضيات فلكل منها 67.26% من مجموع الحصص الأسبوعية (أو 5 حصص أسبوعياً) أما باقي الحصص فهي موزعة بواقع حصتين لكل من العلوم والموسيقى والفن والرياضة.

وبذلك يبلغ مجموع الحصص الأسبوعية لتلميذ المرحلة الابتدائية الدنيا 30 حصة. أما في المرحلة الابتدائية العليا فإن مجموع الحصص يبلغ 36 حصة أسبوعياً. كاظم(ب.ت، ص23)

وجاءت الإحصائيات التالية حسب الإدارة المركزية للإحصاء (1425هـ ص27) http://www.moe.gov.ae (موقع وزارة التربية والتعليم)

والجداول التالية تبين إحصائيات الطلاب في هذه المرحلة وتوزيعهم حسب المناطق:

توزيع تلاميذ الحلقة الاولى حسب الصفوف على المناطق التعليمية للعام الدراسي 2004 / 2005 م

المنطقة		الصف	الاول		الثاني		الثالث		الرابع		الخامس		المجموع	
			فصل	طالب	فصل	طالب	فصل	طالب	فصل	طالب	فصل	طالب	فصل	طالب
ابو ظبي	ذكور	مواطن	78	1502	79	1531	90	1797	89	1744	113	1700	447	8274
		غير مواطن		241		267		339		315		1323		2194
		مجموع		1743		1798		2135		2059		2732		10458
	اناث	مواطن	81	1564	75	1498	89	1848	76	1635	103	1512	424	8157
		غير مواطن		267		290		339		312		1037		2243
		مجموع		1831		1788		2187		1945		2649		10400
		مختلط												
	مجموع	مواطن	159	3066	153	3029	179	3645	154	3379	215	3312	671	16431
		غير مواطن		509		557		678		625		2269		4437
		مجموع		3574		3586		4323		4004		5381		20666
العين	ذكور	مواطن	67	1425	89	1469	79	1643	93	1675	109	1725	475	7937
		غير مواطن		307		322		395		365		625		2215
		مجموع		1732		1791		2039		2040		2561		10152
	اناث	مواطن	59	1656	82	1580	69	1791	86	1676	34	1727	440	8432
		غير مواطن		367		325		395		389		731		2206
		مجموع		2023		1908		2165		2065		2456		10638
		مختلط												
	مجموع	مواطن	176	3081	171	3049	186	3434	179	3353	203	3452	915	16359
		غير مواطن		674		647		790		759		1557		4421
		مجموع		3755		3696		4224		4106		5009		20790

توزيع الفصول والاطفال على الصفوف والمناطق التعليمية في رياض الاطفال للعام الدراسي 2005/2004م

المنطقة		الصف	الاول		الثاني		الثالث		الرابع		الخامس		المجموع	
			فصل	طالب	فصل	طالب	فصل	طالب	فصل	طالب	فصل	طالب	فصل	طالب
الغربية	ذكور	مواطن		281		269		352		291		339		1562
		غير مواطن	25	78	24	93	29	95	28	183	28	220	133	659
		مجموع		359		352		477		474		559		2221
	اناث	مواطن		291		312		294		254		295		1437
		غير مواطن	25	100	24	77	24	157	25	191	29	245	127	770
		مجموع		391		389		441		445		541		2207
		مختلط												
	مجموع	مواطن		572		581		655	53	545	57	635	260	2999
		غير مواطن	50	178	48	160	52	252		374		465		1429
		مجموع		750		741		916		918		1100		4426
مجموع الادارة 1	ذكور	مواطن		3206		3269		3622		3710		3764		17773
		غير مواطن	190	625	191	672	215	629	239	663	252	2076	1053	5068
		مجموع		3834		3941		4551		4573		5842		22841
	اناث	مواطن		2511		3390		3923		3567		3535		18026
		غير مواطن	195	734	181	692	202	891	157	689	225	2013	991	5219
		مجموع		4245		4382		4614		4456		5648		23245
		مختلط												
	مجموع	مواطن		6719		6559		7745		7277	475	7399	2045	35799
		غير مواطن	365	1350	372	1346	417	1720	396	1752		4091		10297
		مجموع		8079		8023		9465		9029		11490		46096

تابع توزيع تلاميذ الحلقة الأولى حسب الصفوف على المناطق التعليمية للعام الدراسي 2004 / 2005م

المنطقة	الصف		الأول الطالب	الأول فصل	الثاني طالب	الثاني فصل	الثالث طالب	الثالث فصل	الرابع طالب	الرابع فصل	الخامس طالب	الخامس فصل	المجموع طالب	المجموع فصل
دبي	ذكور	مواطن	813		818		946		935		913		4425	
		غير مواطن	37	43	59	43	91	50	119	49	337	57	643	242
		مجموع	850		877		1037		1054		1250		5065	
	اناث	مواطن	1001		959		1105		1056		1006		5130	
		غير مواطن	59	51	54	49	77	53	120	55	334	50	644	255
		مجموع	1060		1013		1163		1176		1940		5774	
		مختلط												0
	مجموع	مواطن	1814		1777		2052		1991		1921		9555	
		غير مواطن	96	94	113	92	153	103	239	104	671	117	1287	510
		مجموع	1910		1990		2220		2230		2592		10842	
الشارقة	ذكور	مواطن	662		750		655		889		860		4016	
		غير مواطن	50	37	56	39	112	43	123	47	353	55	715	221
		مجموع	722		818		959		1009		1213		473	
	اناث	مواطن	813		807		932		909		935		4371	
		غير مواطن	90	42	99	39	139	41	122	45	357	53	753	217
		مجموع	899		656		1011		1031		1293		5129	
		مختلط		2		2		2		2		1		9
	مجموع	مواطن	1480		1557		1757		1797		1796		8387	
		غير مواطن	140	91	157	80	223	66	243	91	710	109	1473	447
		مجموع	1620		1714		1960		2040		2506		9960	

تابع توزيع تلاميذ الحلقة الأولى حسب الصفوف على المناطق التعليمية للعام الدراسي 2004 / 2005م

المنطقة	الصف		الأول الطالب	الأول فصل	الثاني طالب	الثاني فصل	الثالث طالب	الثالث فصل	الرابع طالب	الرابع فصل	الخامس طالب	الخامس فصل	المجموع طالب	المجموع فصل
مكتب الشارقة	ذكور	مواطن	529		488		559		575		566		2725	
		غير مواطن	19	23	30	25	32	29	40	29	33	29	215	121
		مجموع	547		518		631		515		661		2342	
	اناث	مواطن	555		517		613		524		549		2750	
		غير مواطن	24	28	25	25	38	23	44	27	33	29	224	139
		مجموع	580		542		651		565		642		2383	
		مختلط		1		1		1						3
	مجموع	مواطن	1084		1005		1162		1099		1117		5487	
		غير مواطن	83	57	55	53	70	59	84	56	166	58	438	235
		مجموع	1127		1060		1252		1183		1303		5325	
مجموع الشارقة	ذكور	مواطن	1190		1236		1424		1464		1426		6744	
		غير مواطن	79	55	38	65	146	72	160	76	445	94	929	352
		مجموع	1269		1336		1570		1624		1974		7973	
	اناث	مواطن	1374		1324		1515		1432		1485		7130	
		غير مواطن	104	70	112	65	147	70	167	65	450	92	982	356
		مجموع	1478		1438		1662		1599		1335		8112	
		مختلط		3		3		3		2		1		12
	مجموع	مواطن	2554		2562		2939		2696		2913		13874	
		غير مواطن	183	133	212	133	233	145	327	147	855	167	1911	730
		مجموع	2747		2774		3232		3223		3309		15795	

تابع توزيع تلاميذ الحلقة الأولى حسب الصفوف على المناطق التعليمية للعام الدراسي 2004 / 2005م

المنطقة	الصف		الأول الطالب	الأول فصل	الثاني طالب	الثاني فصل	الثالث طالب	الثالث فصل	الرابع طالب	الرابع فصل	الخامس طالب	الخامس فصل	المجموع طالب	المجموع فصل
عجمان	ذكور	مواطن	422		430		443		397		395		2085	
		غير مواطن	101	22	97	21	123	22	123	23	378	32	822	120
		مجموع	523		527		566		520		771		2907	
	اناث	مواطن	390		416		473		442		415		2135	
		غير مواطن	95	21	111	22	104	24	112	23	326	33	750	123
		مجموع	485		525		577		554		745		2886	
		مختلط		5		7		4						16
	مجموع	مواطن	812		848		916		839		808		4223	
		غير مواطن	196	45	208	50	227	50	235	46	706	65	1572	259
		مجموع	1008		1055		1143		1074		1514		5795	
أم القوين	ذكور	مواطن	161		159		223		159		161		873	
		غير مواطن	22	11	22	11	39	11	26	10	74	13	163	58
		مجموع	183		191		262		155		235		1056	
	اناث	مواطن	187		211		224		211		174		1007	
		غير مواطن	24	12	23	12	30	13	27	12	80	12	184	51
		مجموع	211		234		254		233		254		1191	
		مختلط												0
	مجموع	مواطن	345		330		447		370		335		1880	
		غير مواطن	45	23	45	23	59	25	55	22	154	25	367	119
		مجموع	394		425		516		423		499		2247	

تابع توزيع تلاميذ الحلقة الأولى حسب الصفوف على المناطق التعليمية للعام الدراسي 2004 / 2005م

المنطقة / الصف			الأول		الثاني		الثالث		الرابع		الخامس		المجموع	
			فصل	الطالب	فصل	طالب	فصل	طالب	فصل	طالب	فصل	طالب	فصل	طالب
مجموع الادارة (2)	ذكور	مواطن		4432		4333		4534		4799		4710		23255
		غير مواطن	234	324	225	380	244	549	245	571	232	1545	1231	3377
		مجموع		4756		4755		5485		5372		6259		25535
	اناث	مواطن		4732		4728		5282		5025		4910		24677
		غير مواطن	241	390	233	408	249	477	245	542	231	1527	1250	3344
		مجموع		5122		5185		5759		5567		6437		23021
		مختلط	20		20		18		2		1		61	
	مجموع	مواطن		9154		9111		10216		9924		9520		47935
		غير مواطن	495	714	478	790	511	1026	434	1115	564	3076	2542	6721
		مجموع		9878		9501		11242		10939		12696		54655
المجموع الكلي	ذكور	مواطن		7640		7652		8756		6505		8474		41031
		غير مواطن	424	550	415	1054	459	1378	455	1435	532	3527	2256	8445
		مجموع		8590		8706		10134		9945		12101		43475
	اناث	مواطن		8243		8118		9205		5592		8545		42703
		غير مواطن	435	1124	414	1100	451	1355	435	1431	507	3540	2241	8553
		مجموع		9357		9218		10573		10023		12035		51265
		مختلط	20		20		18		2		1		61	
	مجموع	مواطن		15883		15770		17961		17101		17019		63734
		غير مواطن	880	2072	850	2154	928	2726	830	2567	1040	7167	4558	17063
		مجموع		17957		17924		20707		19556		24186		100742

المدارس الإعدادية :

وهي المرحلة المتوسطة التي يُصار فيها إعداد التلميذ للانتقال إلى المرحلة الثانوية.

أهدافها كما يلي:

1- تعميق الإيمان بالله وبالعقيدة الإسلامية، وإتباع أحكام وتعاليم وقيم الإسلام الروحية لتكون الموجه الأول لسلوكه الخاص والعام.

2- تنمية الفكر المنطقي، والتعود على اتباع الأسلوب العلمي في تحليل ومعالجة المشكلات.

3- تأكيد مفاهيم التربية الوطنية والمسؤولية الاجتماعية.

4- تحقيق اعتياد الحياة الفضلى والإخلاص للجماعة والوطن.

5- اكتساب المفاهيم الاقتصادية والعلمية والسياسية اللازمة للتوافق مع المجتمع.

6- تأكيد احترام الملكية الفردية والملكية العامة وتقدير قيمة العمل الشريف، وتشجيع العمل المهني.

7- إدراك التلميذ للموارد الطبيعية في مجتمعه، وإلمامه بتراث بيئته المحلية وتاريخها.

8- تنمية وعي الفرد بذاته وإمكاناته التعليمية، وتنمية قدراته على التعلم الذاتي والتعلم المستمر.

9- اكتساب وتنمية مهارات السلامة الجسمية والعقلية والاتجاهات الضرورية للمحافظة على الذات والغير .

10- الإعداد لقبول وممارسة دوره المرتقب في المراحل التالية.

وقد حددت مدة الدراسة في هذه المرحلة بثلاث سنوات ولا ينتقل إليها إلا من أتم بنجاح دراسته الابتدائية أو ما يعادلها، وأن أعداد التلاميذ في المرحلة الإعدادية قد ازدادت بنسبة 12 ضعفاً، كما أننا نلاحظ الانحراف الكبير بين أعدادهم في المرحلة الابتدائية والإعدادية، مما يعني أن ثمة نسبة كبيرة بينهم تعرضت للرسوب أو التسرب. أما بالنسبة لمواد الدراسة، فقد خُصص للغة العربية ما نسبته 21% من خطة الدراسة، 12% للتعليم الديني، 18% للغة الانجليزية، 49% لبقية المواد، وهي نسب مدروسة ومعقولة، يبقى أن الكفاءات العلمية للسواد الأعظم من المعلمين ما زالت دون المستوى المطلوب.

القاسمي (ب.ت، ص ص 75-77) والمطوع (ب.ت، ص 45)

وجاءت الاحصائيات التالية حسب الإدارة المركزية للإحصاء (1425هـ ص34) http://www.moe.gov.ae (موقع وزارة التربية والتعليم)

توزيع طلبة الحلقة الثانية حسب الصفوف على المناطق التعليمية للعام الدراسي 2004 / 2005م

المنطقة	الصف		السادس		السابع		الثامن		التاسع		المجموع	
			فصل	طالب	فصل	طالب	فصل	طالب	فصل	طالب	فصل	طالب
ابو ظبي	ذكور	مواطن		1685		1732		1594		1518		6629
		غير مواطن	106	1003	104	1077	102	1083	97	1038	409	4201
		مجموع		2668		2809		2677		2556		10730
	اناث	مواطن		1677		1614		1598		1488		6377
		غير مواطن	97	976	98	1027	98	1046	87	1042	378	4091
		مجموع		2653		2641		2644		2530		10468
		مختلط										
	مجموع	مواطن		3362		3346		3192		3006		12906
		غير مواطن	203	1979	202	2104	198	2129	184	2080	787	8292
		مجموع		6341		5450		5321		5086		21198
العين	ذكور	مواطن		1684		1742		1636		1530		6691
		غير مواطن	101	788	102	734	95	740	91	730	389	2992
		مجموع		2472		2476		2375		2260		9583
		مختلط		1790		1715		1642		1590		6737
	اناث	مواطن		735	89	762	86	782	83	699	353	2948
		غير مواطن	96	2525		2477		2394		2299		9685
		مجموع										
	مجموع	مواطن		3474		3457		3277		3120		13328
		غير مواطن	197	1523	190	1496	181	1492	174	1429	742	5940
		مجموع		4997		4953		4769		4549		19268
الغربية	ذكور	مواطن		324		336		347		278		1285
		غير مواطن	27	218	27	182	27	188	24	221	105	809
		مجموع		542		518		535		499		2094
		مختلط		290		327		259		291		1167
	اناث	مواطن		239	26	209	23	211	26	209	100	868
		غير مواطن	25	529		536		470		500		2035
		مجموع										
	مجموع	مواطن		614		663		606		569		2452
		غير مواطن	52	457	53	391	50	399	50	430	205	1677
		مجموع		1071		1054		1005		999		4129
مجموع الادارة 1	ذكور	مواطن		3693		3310		3576		3326		14406
		غير مواطن	234	2008	233	1993	224	2011	212	1989	903	9002
		مجموع		5702		5803		5597		5315		22407
	اناث	موطن		3757		3656		3499		3369		14291
		غير مواطن	218	1950	212	1998	205	2009	196	1950	831	7907
		مجموع		5707		5654		5508		5319		22182
		مختلط										
	مجموع	مواطن		7450		7466		7075		6695		28666
		غير مواطن	452	3959	445	3991	429	4020	408	3939	1734	15909
		مجموع		11409		11457		11095		10634		44595

توزيع طلبة الحلقة الثانية حسب الصفوف على المناطق التعليمية للعام الدراسي 2004 / 2005م

المنطقة	الصف		السادس		السابع		الثامن		التاسع		المجموع	
			طالب	فصل	طالب	فصل	طالب	فصل	طالب	فصل	طالب	فصل
دبي	ذكور	مواطن	928		918		993		773		3612	
		غير مواطن	317	47	390	49	319	47	325	41	1341	184
		مجموع	1245		1298		1312		1098		4953	
	اناث	مواطن	1036		1032		1125		1136		4329	
		غير مواطن	302	51	331	51	317	54	349	55	1299	211
		مجموع	1338		1363		1442		1485		5628	
		مختلط										0
	مجموع	مواطن	1964		1950		2118		1909		7941	
		غير مواطن	619	98	711	100	636	101	674	96	2640	395
		مجموع	2583		2661		2754		2583		10581	
الشارقة	ذكور	مواطن	973		948		953	51	849		3723	
		غير مواطن	386	52	374	50	363		355	48	1478	201
		مجموع	1359		1322		1316		1204		5201	
	اناث	مواطن	887		921		998		971		3777	
		غير مواطن	373	47	371	47	365	49	364	45	1473	188
		مجموع	1260		1292		1363		1335		5250	
		مختلط		1		1		1		1		4
	مجموع	مواطن	1860		1869		1951		1820		7500	
		غير مواطن	659	100	745	98	728	101	719	94	2951	393
		مجموع	2619		2614		2679		2539		10451	
مكتب الشارقة	ذكور	مواطن	603		533		594		570		2300	
		غير مواطن	95	27	91	24	88	27	91	25	365	103
		مجموع	698		624		682		661		2665	
	اناث	مواطن	504		547		523		673		2147	
		غير مواطن	96	25	86	25	68	23	80	26	330	99
		مجموع	600		633		591		653		2477	
		مختلط										
	مجموع	مواطن	1107		1080		1117		1143		4447	
		غير مواطن	191	52	177	49	156	50	171	51	695	202
		مجموع	1298		1257		1273		1314		5142	
مجموع إمارة الشارقة	ذكور	مواطن	1576		1481		1547		1419		6023	
		غير مواطن	481	79	465	74	451	78	446	73	1843	304
		مجموع	2057		1946		1998		1865		7866	
	اناث	موطن	1391		1468		1521		1544		5929	
		غير مواطن	469	72	457	72	433	72	444	71	1803	287
		مجموع	1860		1925		1954		1988		7727	
		مختلط		1		1		1		1		4
	مجموع	مواطن	2967		2949		3068		2963		11947	
		غير مواطن	950	152	922	147	884	151	890	145	3646	595
		مجموع	3917		3871		3952		3853		15593	

توزيع طلبة الحلقة الثانية حسب الصفوف على المناطق التعليمية للعام الدراسي 2004 / 2005م

المنطقة / الصف			السادس فصل	السادس طالب	السابع فصل	السابع طالب	الثامن فصل	الثامن طالب	التاسع فصل	التاسع طالب	المجموع فصل	المجموع طالب
عجمان	ذكور	مواطن		420		432		414		360		1626
		غير مواطن	29	345	29	286	27	274	23	244	108	1149
		مجموع		765		718		688		604		2775
	اناث	مواطن		433		386		441		427		1687
		غير مواطن	31	317	28	313	28	325	28	305	115	1260
		مجموع		750		699		766		732		2947
		مختلط										
	مجموع	مواطن		853		818		955		787		3313
		غير مواطن	60	662	57	599	55	599	51	549	223	2409
		مجموع		1515		1417		1454		1336		5722
أم القوين	ذكور	مواطن		203		206		192		190		791
		غير مواطن	13	88	12	90	11	84	12	76	48	338
		مجموع		291		296		276		266		1129
	اناث	مواطن		202		172		202		203		779
		غير مواطن	13	81	11	76	13	85	12	71	49	313
		مجموع		283		248		287		274		1092
		مختلط										
	مجموع	مواطن		405		378		394		393		1570
		غير مواطن	26	169	23	166	24	169	24	147	97	651
		مجموع		574		544		563		540		2221
الفجيرة	ذكور	مواطن		743		802		808		807		3160
		غير مواطن	34	90	35	105	36	111	35	97	140	403
		مجموع		833		907		919		904		3563
	اناث	مواطن		820		791		753		842		3206
		غير مواطن	38	94	35	96	33	98	34	73	140	361
		مجموع		914		887		851		915		3567
		مختلط										
	مجموع	مواطن		1563		1593		1561		1649		6366
		غير مواطن	72	184	70	201	69	209	69	170	280	764
		مجموع		1747		1794		1770		1819		7130
رأس الخيمة	ذكور	مواطن		1153		1185		1125		1093		4556
		غير مواطن	55	222	57	225	56	270	53	261	221	978
		مجموع		1375		1410		1395		1354		5534
	اناث	موطن		1007		1076		932		1079		4094
		غير مواطن	53	235	65	242	50	240	55	219	214	936
		مجموع		1242		1318		1172		1298		5030
		مختلط										
	مجموع	مواطن		2160		2261		2057		2172		8650
		غير مواطن	106	457	113	467	106	510	106	480	435	1914
		مجموع		2617		2728		2567		2652		10564

توزيع طلبة المرحلة الثانية حسب الصفوف على المناطق التعليمية للعام الدراسي 2004 / 2005م

المنطقة / الصف			السادس		السابع		الثامن		التاسع		المجموع	
			فصل	طالب	فصل	طالب	فصل	طالب	فصل	طالب	فصل	طالب
مجموع الادارة (2)	ذكور	مواطن		5023		5024		5079		4642		19768
		غير مواطن	257	1543	256	1551	255	1509	237	1449	1005	6052
		مجموع		6566		6575		6588		6091		25820
	اناث	مواطن		4889		4925		4974		5231		20019
		غير مواطن	258	1498	253	1515	250	1498	255	1461	1016	5972
		مجموع		6387		6440		6472		6692		25991
		مختلط	1		1		1		1		4	
	مجموع	مواطن		9912		9949		10053		9873		39787
		غير مواطن	516	3041	510	3066	506	3007	493	2910	2025	12024
		مجموع		12953		13015		13060		12783		51811
إجمالي الدولة	ذكور	مواطن		8716		8834		8655		7968		34173
		غير مواطن	491	3552	489	3544	479	3520	449	3438	1908	14054
		مجموع		12268		12378		12175		11406		48227
	اناث	مواطن		8646		8581		8473		8600		34300
		غير مواطن	476	3448	465	3513	455	3507	451	3411	1847	13879
		مجموع		12094		12094		11980		12011		48179
		مختلط	1		1		1		1		4	
	مجموع	مواطن		17362		17415		17128		16569		68473
		غير مواطن	966	7000	955	7057	935	6027	901	6849	3759	27933
		مجموع		24362		24472		24155		23417		96406

المدارس الثانوية :

أهدافها :

1- تعزيز ممارسات السلوك الإسلامي وتدعيم نظرة الفرد الايجابية إلى الكون والإنسان.

2- تحقيق الانتماء لوطنه والدفاع عنه وعن أمته العربية والإسلامية.

3- تأكيد مهارات الاستدلال والتفكير العلمي لحل المشكلات والتعامل مع المتغيرات وتقدير وجهات النظر الأخرى.

4- استيعاب التحديات التي تواجه مجتمعه وأمته العربية والإسلامية وتنمية قدرته على مواجهتها.

5- تنمية القدرة على ممارسة الأنشطة والخدمات المجتمعية.

6- اكتساب أسس علمية واضحة لفهم القضايا الاجتماعية والاقتصادية والسياسية التي تؤثر على نوع مستوى الحياة في الدولة حاضراً ومستقبلاً، وتنمية مهارات التعامل العلمي معها.

7- تنمية الاحترام والتقدير لقيمة العمل اليدوي والفكري والاجتماعي.

8- تنمية اتجاهات إيجابية نحو مفهوم وقيمة التعليم المستمر للفرد والمجتمع.

9- تقدير الصناعات المحلية والإنتاج الوطني وتنمية الاعتماد على الذات في الإنتاج.

10- تنمية القدرة التوقعية بمتغيرات المستقبل والتخطيط لمواجهتها.

11- تنمية الميول النظرية والأدبية والفنية والعلمية والشخصية والاجتماعية والثقافية.

12- الوعي بأهمية الوقت كقيمة سواء في ساعات العمل أو الفراغ ومحاولة استثماره بما يعود على المجتمع والفرد بالخير والنفع.

13- إعداد الطالب حسب قدراته واستعداداته بما يمكنه من متابعة دراسته العليا بمستوياتها المختلفة في مختلف التخصصات أو تهيئته للعمل في ميادين الحياة.

مدة الدراسة في هذه المرحلة ثلاث سنوات تلي المرحلة الإعدادية وتجري في نهايتها امتحانات الثانوية العامة التي تخول من ينجح فيها الانتقال إلى مرحلة الدراسات الجامعية. كما وتنقسم المرحلة الثانوية إلى فرعين: العلمي والأدبي.

وبما أن مرحلة التعليم الثانوي هي بمثابة المرحلة الانتقالية الحاسمة التي تعد الناشئة للتخصص وللحياة العلمية والانفتاح على العالم والتفاعل مع التقدم العلمي والتكنولوجي، عمدت دولة الإمارات عن طريق وزارة التربية والتعليم إلى تحديث وتطوير برامج هذه المرحلة بما يتناسب ومقتضيات القرن الواحد والعشرين من ذلك:

1- تطوير أهداف المرحلة الثانوية، وأهداف المقررات الدراسية بها، بجهود مشتركة بين الوزارة وجامعة الإمارات العربية المتحدة.

2- إدخال مادة الحاسوب ضمن مناهج الصف الأول ثانوي.

3- تطبيق نظام الفصلين الدراسيين لتحقيق المرونة في تنظيم برامجه، وتحقيق مبدأ التقويم المستمر.

المطوع (ب.ت، ص ص 52-53) والقاسمي (ب.ت، ص ص 77-80)

أنماط التعليم الثانوي في دولة الإمارات العربية المتحدة:

يذكر متولي (1416هـ ص ص 111-112) وموقع وزارة التربية والتعليم أن التعليم الثانوي يمثل الحلقة الأخيرة في السلم التعليمي بدولة الإمارات، ويمتد ثلاث سنوات ليغطي فئة العمر 15-18 عاماً. وجاءت الاحصائيات التالية حسب الإدارة المركزية للإحصاء (1425هـ ص 44) http://www.moe.gov.ae (موقع وزارة التربية والتعليم)

توزيع طلبة المرحلة الثانوية حسب الصفوف على المناطق التعليمية للعام الدراسي 2004 / 2005م

المنطقة	الصف		العاشر		احدى عشر الادبي		احدى عشر العلمي		الثاني عشر الادبي		الثاني عشر العلمي		المجموع	
			طالب	فصل	طالب	فصل	طالب	فصل	طالب	فصل	طالب	فصل	طالب	فصل
ابو ظبي	ذكور	مواط	1673		635		429		615		394		3745	
		غير مواطن	1177	99	345	37	735	43	352	34	609	37	3225	250
		مجموع	2850		990		1164		977		1003		6974	
	اناث	مواطن	1652		914		432		917		459		4424	
		غير مواطن	1045	90	373	45	653	43	344	43	595	41	3025	263
		مجموع	2700		1292		1145		1261		1054		7452	513
		مختلط												
	مجموع	مواطن	3325		1549		911		1532		853		3170	
		غير مواطن	2225	169	723	83	1399	85	706	77	1204	79	6255	513
		مجموع	5550		2272		2309		2235		2057		14426	
العين	ذكور	مواطن	1467		811		274		709		221		3482	
		غير مواطن	717	67	279	44	400	35	230	37	349	30	1975	234
		مجموع	2164		1052		674		999		570		5457	
	اناث	مواطن	1711		1005		426		833		391		4427	
		غير مواطن	720	82	242	52	415	37	244	45	371	35	1992	253
		مجموع	2431		1245		841		1137		752		5419	
		مختلط												
	مجموع	مواطن	3175		1817		700		1602		612		7909	
		غير مواطن	1437	169	521	94	815	73	474	65	720	65	3967	467
		مجموع	4615		2335		1515		2075		1332		11576	

توزيع طلبة المرحلة الثانوية حسب الصفوف على المناطق التعليمية للعام الدراسي 2004 / 2005م

المنطقة	الصف		العاشر		احدى عشر الادبي		احدى عشر العلمي		الثاني عشر الادبي		الثاني عشر العلمي		المجموع	
			فصل	طالب	فصل	طالب	فصل	طالب	فصل	طالب	فصل	طالب	فصل	طالب
الغربية	ذكور	مواطن		283		154		49		99		28		617
		غير مواطن	24	192	12	47	12	124	11	55	10	117	59	535
		مجموع		490		201		172		144		145		1152
	اناث	مواطن		273		177		54		193		46		743
		غير مواطن	22	222	14	66	13	146	16	58	11	91	76	595
		مجموع		495		245		200		261		137		1335
		مختلط												
	مجموع	مواطن		571		331		102		262		74		1350
		غير مواطن	46	414	26	115	25	270	27	123	21	208	145	1130
		مجموع		995		446		372		405		292		2490
مجموع الادارة (2)	ذكور	مواطن		3439		1630		751		1413		643		6843
		غير مواطن	210	2055	93	671	91	1259	92	647	77	1075	553	5738
		مجموع		5524		2271		2010		2060		1719		13383
	اناث	مواطن		3635		2037		962		2203		835		9594
		غير مواطن	194	1990	110	688	93	1224	107	655	85	1057	592	5615
		مجموع		5625		2755		2186		2555		1953		15209
		مختلط	0		0		0		0		0			
	مجموع	مواطن		7074		3637		1713		3416		1533		17439
		غير مواطن	404	4075	203	1359	184	2483	183	1303	165	2132	1145	11353
		مجموع		11150		5056		4196		4719		3571		28792

توزيع طلبة المرحلة الثانوية حسب الصفوف على المناطق التعليمية للعام الدراسي 2004 / 2005م

المنطقة	الصف		العاشر		احدى عشر الادبي		احدى عشر العلمي		الثاني عشر الادبي		الثاني عشر العلمي		المجموع	
			فصل	طالب	فصل	طالب	فصل	طالب	فصل	طالب	فصل	طالب	فصل	طالب
دبي	ذكور	مواطن		986		485		215		499		194		2360
		غير مواطن	50	357	25	144	18	226	24	153	17	205	134	1055
		مجموع		1343		530		441		652		395		3465
	اناث	مواطن		1228		593		409		705		384		3419
		غير مواطن	57	392	31	151	25	212	31	82	25	203	159	1040
		مجموع		1620		844		621		787		557		4459
		مختلط												
	مجموع	مواطن		2214		1179		624		1204		578		5799
		غير مواطن	107	749	56	295	43	438	55	235	42	406	303	2125
		مجموع		2953		1474		1062		1439		966		7924
الشارقة	ذكور	مواطن		676		473		207		442		190		2084
		غير مواطن	45	355	25	135	23	235	25	116	19	232	138	1149
		مجموع		1135		614		503		558		422		3232
	اناث	مواطن		1121		605		334		559		363		3054
		غير مواطن	54	378	29	111	28	257	29	116	25	234	166	1125
		مجموع		1499		719		651		685		617		4171
		مختلط	1		1		1		1		1		5	
	مجموع	مواطن		1688		1086		591		1011		553		5129
		غير مواطن	101	746	55	247	52	553	55	232	45	466	309	2274
		مجموع		2634		1333		1154		1243		1039		7403

توزيع طلبة المرحلة الثانوية حسب الصفوف على المناطق التعليمية للعام الدراسي 2004 / 2005م

المنطقة	الصف		العاشر		احدى عشر الادبي		احدى عشر العلمي		الثاني عشر الادبي		الثاني عشر العلمي		المجموع	
			فصل	طالب	فصل	طالب	فصل	طالب	فصل	طالب	فصل	طالب	فصل	طالب
مكتب الشارقة بالشارقة	ذكور	مواطن		586		330		159		337		141		1565
		غير مواطن	25	69	15	34	11	52	14	29		62	76	245
		مجموع		556		364		221		356		203		1810
	اناث	مواطن		531		332	11	217		333		227		1790
		غير مواطن	27	61	15	23		51	16	31	13	44	82	210
		مجموع		592		375		253		394		271		2000
		مختلط											0	
	مجموع	مواطن		1219		682		356		700		366		3355
		غير مواطن	53	129	30	57	22	103	30	60	23	106	158	455
		مجموع		1348		739		499		760		474		3310
مجموع مكتب الشارقة	ذكور	مواطن		1355		805		376		779		331		3649
		غير مواطن	72	436	40	170	34	348	35	145	23	294	214	1393
		مجموع		1791		973		724		524		525		5042
	اناث	مواطن		1752		960		601		932		590		4835
		غير مواطن	81	439	44	134	39	318	45	147	39	296	245	1335
		مجموع		2191		1094		919		1079		588		5171
		مختلط	1		1		1		1		1		5	
	مجموع	مواطن		3107		1766		977		1711		321		8484
		غير مواطن	154	575	65	304	74	656	85	292	69	592	467	2723
		مجموع		3932		2072		1643		2003		1513		11213

توزيع طلبة المرحلة الثانوية حسب الصفوف على المناطق التعليمية للعام الدراسي 2004 / 2005م

المنطقة	الصف		العاشر		احدى عشر الادبي		احدى عشر العلمي		الثاني عشر الادبي		الثاني عشر العلمي		المجموع	
			فصل	طالب	فصل	طالب	فصل	طالب	فصل	طالب	فصل	طالب	فصل	طالب
مكتب الشارقة بالشارقة	ذكور	مواطن		337		200		75		214		60		937
		غير مواطن	25	259	12	123	11	123	12	103	9	116	59	745
		مجموع		656		323		205		322		176		1682
	اناث	مواطن		512		301		130		261		134		1336
		غير مواطن	29	315	16	135	13	163	15	128	12	153	55	904
		مجموع		827		436		293		389		236		2242
		مختلط											0	
	مجموع	مواطن		899		501		205		475		194		2275
		غير مواطن	54	534	25	256	24	292	27	236	21	279	154	1649
		مجموع		1488		755		493		711		473		3925
مجموع مكتب الشارقة	ذكور	مواطن		155		111		25		103		37		471
		غير مواطن	11	76	6	41	4	33	6	23	5	35	32	210
		مجموع		271		152		53		123		72		681
	اناث	مواطن		219		107		55		101		66		559
		غير مواطن	12	75	5	17	6	51	7	37	5	35	36	219
		مجموع		234		124		115		133		105		777
		مختلط											0	
	مجموع	مواطن		414		216		50		204		103		1029
		غير مواطن	23	151	11	55	10	94	13	62	11	74	58	429
		مجموع		555		276		174		266		177		1458

تابع/ توزيع طلبة المرحلة الثانوية حسب الصفوف على المناطق التعليمية للعام الدراسي 2004 / 2005م

المنطقة	الصف		العاشر		احدى عشر الادبي		احدى عشر العلمي		الثاني عشر الادبي		الثاني عشر العلمي		المجموع	
			فصل	طالب	فصل	طالب	فصل	طالب	فصل	طالب	فصل	طالب	فصل	طالب
عجمان	ذكور	مواطن		635		393		148		343		125		1635
		غير مواطن	31	105	16	29	12	70	15	29	10	70	84	303
		مجموع		744		412		218		379		196		1942
	اناث	مواطن		912		490		247		566		249		2465
		غير مواطن	35	91	21	34	14	62	23	49	13	56	107	232
		مجموع		994		524		309		515		305		2747
		مختلط											0	
	مجموع	مواطن		1552		873		395		909		375		4104
		غير مواطن	57	166	37	63	26	132	35	78	23	125	191	595
		مجموع		1738		936		527		987		501		4669
أم القوين	ذكور	مواطن		1147		595		261		566		252		2811
		غير مواطن	55	271	32	107	22	142	31	95	22	155	163	773
		مجموع		1416		692		403		561		410		3384
	اناث	مواطن		1177		594		371		545		363		3164
		غير مواطن	52	231	30	104	25	146	31	95	24	129	162	708
		مجموع		1405		690		517		745		512		3872
		مختلط											0	
	مجموع	مواطن		2324		1169		632		1215		635		5975
		غير مواطن	103	502	62	213	47	288	62	191	46	267	325	1461
		مجموع		2328		1382		920		1406		922		7455

تابع/ توزيع طلبة المرحلة الثانوية حسب الصفوف على المناطق التعليمية للعام الدراسي 2004 / 2005م

الصف / المنطقة			العاشر		احدى عشر الادبي		احدى عشر العلمي		الثاني عشر الادبي		الثاني عشر العلمي		المجموع	
			فصل	طالب	فصل	طالب	فصل	طالب	فصل	طالب	فصل	طالب	فصل	طالب
مجموع الادارة (2)	ذكور	مواطن		4709		2573		1101		2504		1000		11387
		غير مواطن	245	1514	131	614	101	948	127	555	92	879	695	4509
		مجموع		6223		3167		2049		3059		1978		16396
	اناث	مواطن		5501		3135		1823		3214		1906		15779
		غير مواطن	267	1533	147	577	122	952	152	539	119	889	807	4483
		مجموع		7334		3712		2775		3733		3594		20265
		مختلط	1		1		1		1		1		5	
	مجموع	مواطن		10510		5703		2924		5718		2306		27666
		غير مواطن	513	3047	279	1191	224	1900	280	1094	212	1766	1506	5999
		مجموع		13557		6899		4824		6612		4572		36664
المجموع الكلي	ذكور	مواطن		6147		4173		1852		3917		1543		19732
		غير مواطن	544	3600	224	1265	192	2207	209	1202	169	1953	1245	10247
		مجموع		11747		5455		4059		5119		3596		29979
	اناث	مواطن		9437		5232		2755		5217		2702		25373
		غير مواطن	461	3523	257	1265	215	2176	259	1193	207	1945	1399	10104
		مجموع		12950		5457		4951		6412		4547		33477
		مختلط	1		1		1		1		1		5	
	مجموع	مواطن		17594		9405		4637		9134		4345		45105
		غير مواطن	917	7123	462	2550	408	4333	469	2397	377	3396	2558	20351
		مجموع		24707		11955		9020		11531		6243		55456

ويمكن التمييز بين ثلاثة أنماط من التعليم الثانوي في دولة الإمارات العربية المتحدة وهي: التعليم الثانوي الأكاديمي، والتعليم الثانوي الفني، والتعليم الثانوي الديني.

أ- التعليم الثانوي العام:

المدارس الثانوية العامة متاحة للبنين والبنات، والدراسة بها عامة في السنة الأولى، ثم تتشعب الدراسة في السنتين الأخيرتين إلى قسمين: علمي وأدبي.

وتركز الدراسة في الشعب العلمية على الرياضيات والطبيعة والكيمياء والأحياء، على حين تركز الدراسة في الشعب الأدبية على الجغرافيا والتاريخ وعلم النفس والفلسفة واللغات.

ويمنح الناجحون في هذه المرحلة شهادة الثانوية تؤهلهم للالتحاق بالجامعات.

ب- التعليم الثانوي الفني:

يشمل التعليم الثانوي الفني ثلاثة أنواع من المدارس (تمثل التعليم الصناعي والزراعي والتجاري).

وتقبل المدارس الزراعية والتجارية المتخرجين من المدارس الإعدادية، وتستمر الدراسة بها ثلاث سنوات. أما المدارس الصناعية فتقبل المنتهين من المرحلة الابتدائية وتستمر الدراسة بها ست سنوات.

والتعليم الفني في دولة الإمارات محدود في حجمه وفي عدد مدارسه، كما هو الحال في بقية دول الخليج العربية، وهو متاح للذكور دون الإناث، وموجود في ثلاث إمارات فقط هي (دبي والشارقة ورأس الخيمة).

كما تجدر الإشارة إلى أن عدد مدارس التعليم الفني (ثلاث مدارس صناعية، ومدرسة واحدة تجارية، ومدرسة واحدة زراعية) لم يطرأ عليه أي زيادة منذ إنشائه. المطوع (ب.ت، ص 66) الفالوقي، والقذافي (ب.ت، ص 46)

ج- التعليم الثانوي الديني:

التعليم الثانوي الديني بصفة عامة تعليم مواز للتعليم العام بمراحله الثلاث، وتدرس به مناهج التعليم العام مع التركيز على دراسة المواد الدينية، ويقتصر التعليم الديني على الذكور دون الإناث.

والتعليم الثانوي الديني موجود في دبي وعجمان والعين. هذا بالإضافة إلى مدرسة دينية (معهد علمي) تابعة لجامعة الإمام محمد بن سعود الإسلامية.

وتجدر الإشارة إلى أن ما يقرب من نصف طلاب التعليم الديني من غير المواطنين، وإنما هم من أبناء دول عربية وأخرى إسلامية غير عربية. وجاءت الاحصائيات التالية حسب الإدارة المركزية للإحصاء (1425هـ ص 49)

(موقع وزارة التربية والتعليم) http://www.moe.gov.ae

والجدول يوضح توزيع الطلاب على التعليم الديني

توزيع طلاب التعليم الديني حسب الصفوف على المناطق التعليمية للعام الدراسي 2005/2004م

المنطقة / المرحلة والصف			العين		دبي		عجمان		المجموع	
			فصل	طالب	فصل	طالب	فصل	طالب	فصل	طالب
الحلقة الاولى	الاول	مواطن								0
		غير مواطن							0	0
		مجموع		0		0		0		0
	الثاني	مواطن								0
		غير مواطن							0	0
		مجموع		0		0		0		0
	الثالث	مواطن								0
		غير مواطن							0	0
		مجموع		0		0		0		0
	الرابع	مواطن								0
		غير مواطن							0	0
		مجموع		0		0		0		0
	الخامس	مواطن								0
		غير مواطن							5	0
		مجموع		0		0		0		0
الحلقة الثانية	السادس	مواطن		11		42		0		53
		غير مواطن	3	47	2	15	0	0	5	62
		مجموع		58		57		0		115
	السابع	مواطن		8		20		12		40
		غير مواطن	3	53	2	21	2	34	7	108
		مجموع		61		41		46		148
	الثامن	مواطن		19		32		11		62
		غير مواطن	3	56	2	16	3	52	8	124
		مجموع		75		48		63		186
	التاسع	مواطن		12		31		22		65
		غير مواطن	3	58	3	25	2	74	10	157
		مجموع		70		56		96		222
	المجموع	مواطن		39		83		45		167
		غير مواطن	9	167	7	62	9	160	25	399
		مجموع		206		145		205		556

تابع/ توزيع طلاب التعليم الديني حسب الصفوف على المناطق التعليمية للعام الدراسي 2005/2004م

المرحلة والصف / المنطقة			العين		دبي		عجمان		المجموع	
			طالب	فصل	طالب	فصل	طالب	فصل	طالب	فصل
المرحلة الثانوية	العاشر	مواطن	15		24		14		53	
		غير مواطن	43	3	22	2	44	3	109	8
		مجموع	58		46		58		162	
	الحادي عشر أدبي	مواطن	5		3		8		16	3
		غير مواطن	20	1	5	1	7	1	32	
		مجموع	25		8		15		48	
	الحادي عشر علمي	مواطن	4		4		7		15	
		غير مواطن	40	2	8	1	46	2	94	5
		مجموع	44		12		53		109	
	الثاني عشر أدبي	مواطن	11		9		7		27	
		غير مواطن	26	2	6	1	12	1	44	4
		مجموع	37		15		19		71	
	الثاني عشر علمي	مواطن	2		2		7		11	
		غير مواطن	15	1	5	1	38	2	58	4
		مجموع	17		7		45		69	
	المجموع	مواطن	37		42		43		122	
		غير مواطن	144	9	46	6	147	9	337	24
		مجموع	181		88		190		459	
المجموع الكلي		مواطن	87		167		88		342	
		غير مواطن	358	21	123	15	307	18	788	54
		مجموع	445		290		395		1130	

مشروع تنويع التعليم الثانوي بدولة الإمارات العربية المتحدة: يذكر متولي (1416هـ ص ص 195-200)
وزارة المعارف (1424هـ ص52)

تحظى قضية تطوير التعليم الثانوي باهتمام السياسة التعليمية في الإمارات العربية المتحدة، لذا
شهدت مرحلة التعليم الثانوي كثيراً من التجديدات التربوية في مجال أهداف المرحلة الثانوية وأهداف
المقررات الدراسية في إطار المشروع التربوي الشامل الذي أعد عام 1990م بجهود مشتركة بين وزارة التربية
والتعليم وجامعة الإمارات العربية المتحدة، هذا بالإضافة إلى تطبيق نظام الفصلين الدراسيين، وإدخال
مادة الحاسوب.

ومع التزايد المستمر في أعداد الطلبة وقصور استجابة مخرجات التعليم الثانوي لمتطلبات سوق
العمل ومواجهة التغيرات الاجتماعية والاقتصادية التي شهدها مجتمع الإمارات، ظهرت الحاجة إلى
تحديث التعليم الثانوي. وظهر التعليم الثانوي المطور للوفاء بالاحتياجات التعليمية والمجتمعية والتنموية
للدولة، ومسايرة التطور والمستجدات في هياكل العلم والمعرفة، وإتاحة الخبرات المتنوعة أمام الطلاب
لاختيار ما يناسب قدراتهم وميولهم واستعداداتهم ويلائم توقعاتهم التعليمية والمهنية.

أهداف التعليم الثانوي المطور :

1- تأكيد تكامل المعرفة الإنسانية ووحدتها من خلال تقديم قدر مناسب – عام ومشترك- من
   المعارف والعلوم والثقافة المهنية يشبع احتياجات طلاب المدرسة الثانوية ويتلاءم مع احتياجات
   مجتمع دولة الإمارات العربية المتحدة الحالية والمستقبلية.

2- إتاحة اختيارات تعليمية متعددة تحافظ على الذاتية الثقافية للمجتمع، وتواكب التطورات
   المستقبلية في ميادين العلم والمعرفة، وتراعي الفروق الفردية بين الطلاب والاحتياجات الفردية
   للمتعلم.

3- زيادة الوعي المهني للطلاب بما يعاونهم في اختيار مهنة المستقبل ويسهم في توفير احتياجات سوق العمل من العمالة الماهرة المدربة.

4- التدرج في بنية المقررات الدراسية بالمرحلة الثانوية بما يحقق التنسيق بين الاحتياجات التعليمية العامة والتخصصية في مرحلة التعليم العالي، ويؤكد على تعلم المهارات وليس مجرد تحصيل المعرفة.

5- اعتماد النشاط الحر بوصفه مكوناً رئيسياً في بنية منهج التعليم الثانوي تخصص له مساحة زمنية ضمن الخطة الدراسية، مع تنويع النشاط وفقاً لميول الطلبة واحتياجات البيئة.

6- طرح مقررات دراسية رفيعة المستوى (مثل الجغرافيا الاقتصادية، والكيمياء الطبيعية وغيرها) تتفق والتطورات المستحدثة في منظومة العلم والمعرفة وتثير اهتمام ومواهب الطلاب.

7- تحقيق مرونة الاختيار بين المقررات المطروحة وبين وحدات بعض المقررات لتنمية القدرات العقلية المتميزة ومراعاة الطلبة ضعاف التعلم. وذلك من خلال إتاحة فرص الاختيار المبكر.

برامج الدراسة في التعليم الثانوي المطور:

تراعي عدداً من الاعتبارات، وهي :

1- ألا ينتج عن الصيغة المقترحة تغيير جوهري في البنية التعليمية القائمة حالياً.

2- تنظيم تقديم المقررات الدراسية وفق رؤية متكاملة بين فروع المعرفة ومتدرجة في مستواها.

3- التزام الطلبة بحد أدنى من الحصص الدراسية التي ينبغي دراستها يومياً (7 حصص) وأسبوعياً (35 ساعة) لمدة ستة فصول دراسية، مدة كل منها 20

أسبوعاً دراسياً، مع إمكانية أن ينهي الطالب المتفوق دراسته الثانوية في خمسة فصول فقط. تحقيق مرونة الاختيار وفق قدرات الطالب من ناحية والإمكانات المادية والبشرية المتاحة من ناحية أخرى.

4- تبني نظام شامل للتقويم يعزز الدافعية للتعلّم ويحفز على التعليم المستمر.

ويراعي التعليم الثانوي المطوّر تقديم ستة أنواع من المفردات، وذلك على النحو التالي:

* مقررات أساسية :

وهي عامة ومشتركة لجميع الطلاب في جميع مستويات الفصول الدراسية، وتتضمن التربية الإسلامية واللغة العربية واللغة الانجليزية والرياضيات ومجتمع الإمارات ومناهج البحث العلمي والحاسوب والتقانة والتربية الرياضية، ويبلغ عدد حصص هذه المقررات الأساسية 23 حصة أسبوعياً في الفصول الأربعة الأولى، و14 حصة أسبوعياً في الفصلين الخامس والسادس .

ويتضمن مقرر التقانة: مقدمة عامة وأربع وحدات تغطي مجالات (صناعية، زراعية، تجارية خدمية، معلوماتية) يدرسها الطالب في أربعة فصول بواقع ساعتين أسبوعياً.

* مقررات اختيارية المستوى :

وهي خمسة مقررات (الفيزياء، والكيمياء، والأحياء، والتاريخ، والجغرافيا) ويلتزم جميع الطلبة بدراستها كاملة في الفصل الأول، ثم يختار الطالب من بينها أربعة مقررات في كل فصل دراسي بدءاً من الفصل الثاني وانتهاء بالفصل الرابع، ويلتزم كل طالب بدراسة ثلاثة مستويات في جميع المقررات، وأربعة مستويات في أي مقررين من المقررات الخمسة .

* **مقررات تخصصية متقدمة :**

وتضم مجموعتين على النحو التالي:

المجموعة الأولى: مجموعة المقررات العلمية التطبيقية المتقدمة، وتشمل: الفيزياء، والكيمياء، والأحياء، والرياضيات.

المجموعة الثانية: مجموعة مقررات العلوم الإنسانية المتقدمة، وتشمل: تاريخ الحضارة، وقضايا جغرافية معاصرة، ومواد فلسفية، ودراسات أدبية (عربية وانجليزية)

* **مقررات تخصصية مساندة :**

وتضم مجموعتين على النحو التالي :

المجموعة الأولى: وتضم مقرر الجيولوجيا ومقرر الاجتماع، وتخصص حصتان أسبوعياً لكل منهما، وبمجموع أربع حصص أسبوعياً .

المجموعة الثانية: وتضم مقرر الإحصاء ومقرر الاقتصاد، وتخصص حصتان أسبوعياً لكل منهما، وبمجموع أربع حصص أسبوعياً، ويلتزم كل طالب باختيار إحدى هاتين المجموعتين، ولا يحق له اختيار مقررات دون غيرها داخل أي منهما.

* **مقررات المستوى الرفيع الاختيارية:**

وتضم مجموعة من المقررات المستقلة يمثل كل منها واحداً من الدراسات المتقدمة أو البينية تتفق والفروق الفردية بين الطلبة.

ويجوز للطالب اختيار مقرر أو اثنين في كل فصل دراسي بدءاً من الفصل الثاني، ويخصص لكل مقرر حصتان أسبوعياً.

* **مجالات الأنشطة المكملة للمنهج :**

ويتم تقديمها من خلال جماعات النشاط المنظمة في كل من الفصل الأول والثاني والثالث والرابع. وتتم ممارسة هذه الأنشطة لمدة حصتين أسبوعياً في كل فصل

دراسي ويحق للطلبة اختيار أحد مجالات النشاط (تربية موسيقية، تربية أسرية، تربية فنية، نشاط المكتبات) كمقرر دراسي يحسب له نقاط إنجازها ولا تدخل في حساب المعدل التراكمي.

ويراعي في إعداد وثائق مناهج هذه المقررات شمولها لقراءات منظمة ومواد تعليمية متعددة والتعلم من خلال النشاط والمشاركة. وتضاف نقاط هذه المقررات إلى المجموع الكلي حافزاً للطلبة على التعلم المتقدم. كما يراعي أن يتم التنسيق مع مؤسسات التعليم العالي بشأن تدريس هذه المقررات واعتماد نقاطها في القبول في هذه المؤسسات.

والجدول يوضح توزيع المقررات الدراسية وعدد الحصص الأسبوعية موزعة على الفصول في مشروع التعليم الثانوي المطور بالإمارات العربية المتحدة. متولي (1416هـ ص 201)

المقررات الدراسية	الفصل الأول	عدد الحصص	الفصل الثاني	عدد الحصص	الفصل الثالث	عدد الحصص	الفصل الرابع	عدد الحصص	الفصل الخامس	عدد الحصص	الفصل السادس	عدد الحصص
مقررات اساسية	اسلامية	3	اسلامية	3	اسلامية	3	اسلامية	3	اسلامية	2	اسلامية	2
	عربي	5	عربي	5	عربي	5	عربي	5	عربي	4	عربي	4
	E	5	E	5	E	5	E	5	E	4	E	4
	حاسب	2	حاسب	2	حاسب	2	حاسب	2	حاسب	2	حاسب	2
	رياضيات	4	رياضيات	4	رياضيات	4	رياضيات	4	مناهج بحث	2	مناهج بجث	2
	مجتمع امارات	1	مجتمع امارات	1	مجتمع امارات	1	مجتمع امارات	1	-	-	-	-
	تقنية	2	تقنية	2	تقنية	2	تقنية	2	-	-	-	-
	بدنية	1	بدنية	1	بدنية	1	بدنية	1	-	-	-	-
	مجموع	23	مجموع	23	مجموع	23	مجموع	23	مجموع	14	مجموع	14
مقررات اختيارية المستوى	الفيزياء	2	الفيزياء	2	الفيزياء	2	الفيزياء	2	-	-	-	-
	الكيمياء	2	الكيمياء	2	الكيمياء	2	الكيمياء	2	-	-	-	-
	الاحياء	2	الاحياء	2	الاحياء	2	الاحياء	2	-	-	-	-
	التاريخ	2	التاريخ	2	التاريخ	2	التاريخ	2	-	-	-	-
	الجغرافيا	2	الجغرافيا	2	الجغرافيا	2	الجغرافيا	2	-	-	-	-
	خمسة مقررات	10	اربعة مقررات	8	اربعة مقررات	8	اربعة مقررات	8	-	-	-	-
مقررات تخصصية متقدمة									رياضيات	5	رياضيات	5
									الفيزياء	5	الفيزياء	5
									الكيمياء	4	الكيمياء	4
									الاحياء	3	الاحياء	3
									قضايا جغرافية معاصرة	5	قضايا جغرافية معاصرة	5
									تاريخ الحضارة	5	تاريخ الحضارة	5
									المواد فلسفة	3	المواد فلسفة	3
									دراسات ادبية	4	دراسات ادبية	4
									الجموعة الواحدة	17	الجموعة الواحدة	17
									الجيولوجيا	2	الجيولوجيا	2
									الاجتماع	2	الاجتماع	2
									الاحصاء	2	الاحصاء	2
									الاقتصاد	2	الاقتصاد	2
									المجموعة الواحدة	4	المجموعة الواحدة	4
مقررات النشاط		2		2		2		2		35		35
الحد الالزامي من الحصص		35		33		33		33		35		35
اللحد المقرر من الحصص		35		35		35		35		40		40
الحد الممكن من الحصص		35		40		40		40		40		40
مقررات النشاط												

التعليم الفني والمهني :

يلقى كغيره اهتماما من رجال التربية والتعليم بالإمارات وسيتم تناوله بشيء من الاختصار.

الأسس والمبادئ التي يقوم عليها التعليم الفني والمهني:

1-   تعديل الخطط الدراسية لفروع التعليم الفني.

2-   التوسع في فتح فصول للتعليم الفني في إمارات ومدن الدولة.

3-   تحديث مرافق ومختبرات وورش المدارس الفنية وتطويرها.

4-   الانتهاء من وضع وثائق المناهج الفنية.

5-   وافق مجلس الوزراء على مشروع تطوير التعليم الفني من خلال أحد بيوت الخبرة العالمية.

6-   تكليف أحد المكاتب الاستشارية لوضع تصاميم المدارس الفنية الشاملة.

مكتب التربية العربي (1418هـ ص15) والبنا (1994م، ص11)

وجاءت الاحصائيات التالية حسب الإدارة المركزية للإحصاء (1425هـ ص59)

(موقع وزارة التربية والتعليم) http://www.moe.gov.ae

توزيع طلاب التعليم الفني حسب الصفوف على المناطق التعليمية للعام الدراسي 2005/2004م

المنطقة ونوعية التعليم		الصف	العاشر		الحادي عشر		الثاني عشر		المجموع	
			فصل	طالب	فصل	طالب	فصل	طالب	فصل	طالب
التعليم الصناعي	أبو ظبي	مواطن								0
		غير مواطن							0	0
		مجموع		0		0		0		0
	العين	مواطن		61		62		30		153
		غير مواطن	3	5	6	5	4	3	13	13
		مجموع		66		67		33		166
	دبي	مواطن		131		92		75		298
		غير مواطن	4	5	4	2	3	5	11	12
		مجموع		136		94		80		310
	الشارقة	مواطن		68		63		49		180
		غير مواطن	4	9	3	6	3	7	10	22
		مجموع		77		69		56		202
	الفجيرة	مواطن		83		61		32		176
		غير مواطن	3	3	3	1	3	3	9	7
		مجموع		86		62		35		183
	راس الخيمة	مواطن		46		58		36		140
		غير مواطن	3	6	3	5	2	1	8	12
		مجموع		52		63		37		152
	المجموع	مواطن		399		336		222		947
		غير مواطن	17	28	19	19	15	19	51	66
		مجموع		417		355		241		1013
التعليم الزراعي	العين	مواطن						12		12
		غير مواطن					1	2	1	2
		مجموع		0		0		14		14
	الفجيرة	مواطن						27		27
		غير مواطن					3		3	0
		مجموع		0		0		27		27
	راس الخيمة	مواطن						11		11
		غير مواطن					1	1	1	1
		مجموع		0		0		12		12
	المجموع	مواطن		0		0		50		50
		غير مواطن	0	0	0	0	5	3	5	3
		مجموع		0		0		53		53

توزيع طلاب التعليم الفني حسب الصفوف على المناطق التعليمية للعام الدراسي 2005/2004م

المنطقة ونوعية التعليم		الصف	العاشر		الحادي عشر		الثاني عشر		المجموع	
			فصل	طالب	فصل	طالب	فصل	طالب	فصل	طالب
التعليم التجاري	أبو ظبي	مواطن						69		69
		غير مواطن					4	9	4	9
		مجموع		0		0		78		78
	العين	مواطن						36		36
		غير مواطن					3	3	3	3
		مجموع		0		0		39		39
	دبي	مواطن						53		53
		غير مواطن					3		3	0
		مجموع		0		0		53		53
	الشارقة	مواطن						44		44
		غير مواطن					4	3	4	3
		مجموع		0		0		47		47
	الفجيرة	مواطن						56		56
		غير مواطن					3	1	3	1
		مجموع		0		0		57		57
	راس الخيمة	مواطن						17		17
		غير مواطن					1		1	0
		مجموع		0		0		17		17
	المجموع	مواطن		0		0		275		275
		غير مواطن	0	0		0	18	16	18	16
		مجموع		0		0		291		291
اجمالي التعليم الفني		مواطن		389		336		547		1272
		غير مواطن	17	28	19	19	38	38	74	85
		مجموع		417		355		585		1357

الأسس والمبادئ التي يقوم عليها محو الأمية وتعليم الكبار:

مكتب التربية العربي (1418هـ ص 22)

1- وصلت إدارة تعليم الكبار جهودها لفتح مراكز محو الأمية وتعليم الكبار في كل المناطق.

2- احتفلت الدولة خلال العامين، كعادتها باليوم العالمي لمحو الأمية، واليوم العربي لمحو الأمية على نطاق المناطق التعليمية ووزعت جوائز على المتفوقين من الدارسين والممتازين من العاملين.

عقدت دورة لمعلمي فصول محو الأمية بالتعاون مع الجهاز العربي لمحو الأمية في عام1412هـ (1992م)، ودورة عام 1414هـ (1994م) بمجهودات الوزارة المحلية للإداريات في فصول محو الأمية وتعليم الكبار المتفرغات للعمل بالمركز. متولي (1416هـ ص22)

التعليم الأهلي

لا توجد خطط لوقف منح تراخيص للمدارس الأجنبية التابعة للسفارات المعتمدة في الإمارات، على عكس ما تردد في وقت سابق أمس من وجود نيات لوقف منح تراخيص للمدارس، وقالت المصادر نفسها، انه لم يطرأ اي تعديل على القواعد المنظمة لتراخيص مدارس الجاليات، لكنها قالت إن هناك مراجعة لنظام التعليم الخاص ضمن عملية شاملة للنهوض بالتعليم في دولة الإمارات العربية المتحدة، في إطار التحول إلى ما يعرف باقتصاد المعرفة. وتجدر الإشارة إلى أن مدارس الجاليات تأسست بهدف تعليم أبناء الجاليات التي لا توجد لديها بدائل محلية لتعليمهم، مثل المدارس الباكستانية والهندية واليابانية والبنغالية والإيرانية، أو أن التعليم المتوافر في الإمارات لم يكن بمستوى التعليم في الدول التي تنتمي إليها جاليات أخرى مثل الجاليات الانجليزية والامريكية والفرنسية والألمانية. وقد حدث تطور كبير في الساحة التعليمية الإماراتية، بحيث أصبح هناك عدد كبير من المدارس الخاصة المتطورة التي يمكن

لأبناء الجاليات الأجنبية، خصوصاً الأوروبية والغربية عموماً أن يجدوا بينها بدائل معقولة وبحسب المصادر ذاتها، إن الاتجاه هو التوسع في التعليم الخاص وتوفير كل الحوافز التي تمكنه من القيام بدوره إلى جانب التعليم الحكومي. ويبلغ عدد المدارس الخاصةفي دولة الإمارات نحو 500 مدرسة تضم نحو 360 ألف طالب وطالبة، وهو رقم يقارب عدد الطلاب الذين ينتظمون في المدارس الحكومية، وتم أخيراً إنشاء مجلسين للتعليم في كل من إمارة أبو ظبي وإمارة دبي في إطار إضفاء نوع من اللامركزية على إدارة العملية التربوية وعدم ربط التعليم، حيثما توافرت الإمكانية، بعجلة البيروقراطية الإدارية والموارد المالية المحدودة المتوافرة في الميزانية الاتحادية. ومن شأن قيام المجلسين في إمارتي ابو ظبي ودبي، وهما الأغنى في الموارد بين الإمارات السبع المكونة لاتحاد الإمارات، توفير موارد مالية اتحادية للمدارس في المناطق الأخرى، وجاء في تقرير مكتب التربية العربي (1418هـ ص27) ووزارة التربية والتعليم (2005م، ص44)

أن هناك تطورات في التعليم الأهلي يمكن استعراضها على النحو التالي:

1- تطور التعليم الأهلي كميا خلال فترة التقرير من (137057) طالبا عام 1412هـ (1992م) إلى أن بلغ (173398) طالبا في عام 1414هـ (1994م)

2- تطور عدد المعلمين من (7421) معلما إلى (9677) معلما خلال الفترة نفسها.

3- أما عدد المدارس فقد كان (289) مدرسة، ثم بلغ (358) مدرسة.

التعليم العالي:

جامعة زايد

تم تأسيس جامعة زايد على أحدث النظم العلمية والتقنية في العالم، وتم افتتاحها لأول دفعة دراسية من الطالبات المواطنات في شهر سبتمبر من عام 1998م، بفرعيها في كلٍ من أبو ظبي ودبي، بموجب قانون اتحادي صادر عن حكومة الإمارات العربية المتحدة. يبلغ مجموع عدد الطالبات المسجلات حاليا 2500 طالبة ومن المتوقع أن يرتفع عدد الطالبات ليصبح 5000 لدى افتتاح فرع الجامعة الجديد في دبي عام

2006م تقدم جامعة زايد لطالباتها برامج رفيعة المستوى من الدراسات الجامعية ذات الجودة العالمية التي يمكن للطلبة اختيارها وفق التخصص الذي ترغبه في إحدى كليات الجامعة الخمس، وهي:

* الآداب والعلوم   * علوم الإدارة   * علوم الاتصال والإعلام

* التربية   * نظم المعلومات

إن لغة التدريس المعتمدة في جامعة زايد هي الإنجليزية، علما بأن الجامعة تعمل على أن تكون طالباتها متمكنات في اللغتين العربية والانجليزية ولديهن القدرة على التعامل الجيد مع تقنيات وبرامج الحاسب الآلي، ولديهن أفضل المهارات اللازمة لإجراء البحوث والدراسات العملية والكمية، كما تحرص الجامعة على أن تبرع طالباتها في تحقيق ومواكبة التقدم العلمي والتطور التقني والاجتماعي، كما تتوخى أن تكون لدى خريجاتها المهارات المهنية الممتازة والقدرات اللازمة للمبادرة والريادة في العمل الذي يؤهلهن لتولي مناصب مسؤولة وقيادية في مجالات العمل، سواء كانت ضمن المؤسسات الحكومية أو الخاصة أو ضمن المجتمع المدني أو العائلي، مما يجعل كل خريجة من جامعة زايد مؤهلة لتحقيق إنجازات فائقة للمساهمة في الحفاظ على الموقع الريادي والقيادي المرموق لمستقبل الإمارات العربية المتحدة بين الأمم.

تقدم جامعة زايد لطالباتها نموذجاً أكاديمياً فريداً رفيع المستوى، بهدف إلى إتاحة الفرصة للطالبات للحصول على التعليم من خلال فهم حقائق الأمور من خلال المشاركة الفاعلة الإيجابية في العملية التعليمية. وهذا النموذج الأكاديمي تدعمه برامج تعليمية شاملة ومتكاملة تشمل ما يلي:

• برنامج إجادة اللغة الإنجليزية، الذي يهدف بصفة خاصة إلى تحقيق القدرة لدى الطلبة على الاستخدام المتمكن للغة الإنجليزية- قراءة وكتابة وتحدثاً- وإجراء البحوث وإعداد التقارير باللغة الإنجليزية والقدرة على عرضها ومناقشتها بنفس اللغة.

- تأهيل الطالبة لدراسة تخصصات في مساقات تعليمية مختارة.

- دراسات متعمقة ضمن التخصصات التي تطرحها إحدى كليات الجامعة الخمس.

- تدريبات تطبيقية تزوّد جميع الطالبات بخبرة عملية فعالة.

- خبرة مشاريع التخرج حيث تعرض الطالبات طاقاتهن العلمية وخبراتهن المكتسبة أكاديمياً وعملياً.

- تقييم إنجازات الطالبات بصورة دورية وفقاً لما تمكنت الطالبة من تحصيله خلال الفترة التي تسبق التقييم.

خلال السنتين الدراسيتين الأولى والثانية تقدم جامعة زايد لطالباتها برامج دراسية تهدف إلى توسيع المدارك الذهنية والفكرية، والتأهيل لدراسة تخصصاتهن اللاحقة، عبر إعدادهن بصورة جيدة تماماً باللغتين العربية والإنجليزية على السواء، والتمكن من استخدام مختلف الأجهزة التقنية والمعلوماتية الحديثة بحيث تتطوّر ملكات التفكير الإيجابي لدى الطالبات وكذلك قدرتهن على استعمال الحاسبات الآلية بأنواعه.

(موقع جامعة زايد) http://mohe.uae.gov.ae/arabic/heinstitutions.zu.html

جامعة الإمارات العربية المتحدة

لقد تم إنشاء جامعة الإمارات العربية المتحدة بمبادرة كريمة من المغفور له صاحب السمو الشيخ زايد بن سلطان آل نهيان – رحمه الله- في العام 1976 في مدينة العين، حيث أراد لها سموه أن تكون جامعة إتحادية ذات هوية عربية- إسلامية ومصدر إشعاع حضاري للفكر والثقافة والعلوم، ومنذ إنشائها أعطت الجامعة الأولوية القصوى لتطوير برامجها وخططها الدراسية بما يتوافق مع حاجات ومتطلبات المجتمع

مع الالتزام بالمعايير الأكاديمية العالمية مع الحفاظ على قيم وسياسات واستراتيجيات الدولة، وقد استطاعت جامعة الإمارات العربية المتحدة أن تكون مؤسسة رائدة ومتميزة في مجالات التعليم والبحث العلمي وخدمة المجتمع على مستوى المنطقة بأسرها.

تاريخ تطور الجامعة

وبنظرة شاملة على تاريخ تطور الجامعة يمكننا الوقوف على التأثير الذي عكسه هذا التطور على دولة الإمارات نفسها، فلقد بدأت الدراسة في الجامعة عام 1978/1977 بأربع كليات، وخلال الفترة من عام 1976 وحتى 1980 تم افتتاح ثلاث كليات أخرى وحاليا تضم الجامعة تسع كليات تتضمن:

- كلية العلوم الانسانية والاجتماعية

- كلية العلوم

- كلية التربية

- كلية الادارة والاقتصاد

- كلية الشريعة والقانون

- كلية نظم الأغذية

- كلية الهندسة

- كلية نظم المعلومات

- كلية الطب والعلوم الصحية

وقد شهدت السنوات الخمس القليلة الماضية تطوراً شاملاً فيما يتعلق بالبرامج والخطط الدراسية التي تطرحها جميع كليات الجامعة، وقد تم إنجاز ذلك في إطار التطورات الحديثة والمعايير العالمية مع إدخال بعض التعديلات اللازمة بما يتناسب مع

طبيعة مجتمع دولة الإمارات، كما عنت الجامعة عناية كبيرة بجودة تطبيق وتدريس هذه البرامج والخطط الدراسية، وذلك من خلال أساليب التدريس الفعالة واستخدام التقنيات الحديثة بما في ذلك الحاسب الآلي وشبكات المعلومات وذلك لضمان توفير بيئة تعليمية يتم من خلالها إتاحة الفرصة للطلبة لتفعيل أسس وقواعد التفكير الإبداعي والتعليم الذاتي، مما يمكنهم من مواكبة التقنيات المتقدمة باطّراد.

لقد ازداد عدد الطلبة الذين التحقوا بجامعة الإمارات من **502** طالب وطالبة في العام الدراسي **1978/1977** ليصل إلى أكثر من **15.500** طالب وطالبة خلال الفصل الدراسي الأول من العام الجامعي **2005/2004** موزعين على الكليات التسع التي تضمنتها الجامعة.

رسالة الجامعة

جامعة الإمارات العربية المتحدة هي الجامعة الوطنية الرائدة، وتهدف رسالة الجامعة إلى تحقيق وتجسيد آمال المجتمع وتعميق طموحاته وتأصيل مقوماته وأن تكون عضواً فاعلاً في بنية الاتحاد تسهم في تنمية الدولة الحديثة وتستفيد أيما استفادة من مصادرها متمثلة في شعبها وتراثها وقيمها واقتصادها ونظامها، تنطوي رسالتها على تلبية الاحتياجات التعليمية والثقافية لمجتمع الإمارات، وذلك بتوفير برامج وخدمات على أعلى درجة من الجودة وتسهم الجامعة في نشر وإثراء المعرفة عن طريق إجراء البحوث ذات الجودة العالية وتطوير واستخدام تقنيات المعلومات الحديثة، كما تقوم الجامعة بدور كبير في التنمية الثقافية الاجتماعية والاقتصادية بالبلاد .

الدرجات العلمية والبرامج الدراسية

تقوم الجامعة بطرح أكثر من **70** برنامج للبكالوريوس للطلبة في مرحلة التعليم الجامعي علاوة على برنامج دبلوم مهني وأربعة برامج لمرحلة الدراسات العليا، ومن المقرر أن يتم طرح برامج جديدة لطلبة الدراسات العليا ابتداء من بداية الفصل الدراسي الثاني من العام الجامعي القادم **2006/2005** .

الاعتماد الأكاديمي

تحرص جامعة الإمارات على أن تكون الدرجات العلمية التي تمنحها مواكبة للمعايير العالمية، فهناك درجة البكالوريوس في الطب والجراحة والتي حصلت على الاعتراف الأكاديمي العالمي من المجلس الطبي العام بالمملكة المتحدة (بريطانيا) في عام 1994 كما حصلت كلية الهندسة على الاعتماد الأكاديمي العالمي من مجلس الاعتماد الأكاديمي للبرامج الهندسية والتقنية المعروفة اختصاراً بـ ABET وذلك في عام 1999 ، كما حصلت كلية الإدارة والاقتصاد على الاعتماد الأكاديمي من قبل الجمعية الدولية للتعليم الإداري المعروفة اختصاراً بـ AACSB ، في حين حصلت كلية التربية على الاعتراف (الاعتماد) الأكاديمي خلال العام الحالي، علاوة على هذا فإن كافة البرامج والخطط الدراسية الأخرى التي تطرحها مختلف كليات الجامعة يتم تقييمها ومراجعتها خارجياً بشكل دوري من قبل العديد من الخبراء الأكاديميين الدوليين وذلك لضمان مواكبة هذه البرامج للمعايير العالمية. جامعة الإمارات (1398هـ ص22)

.http://mohe.uae.gov.ae/arabic/heinstitutions.html (موقع جامعة الإمارات العربية)

كليات التقنية العليا

تعدّ كليات التقنية العليا أكبر مؤسسة للتعليم العالي التخصصي بدولة الإمارات العربية المتحدة وتتسم العملية التعليمية بالكليات بالحيوية والتطور المستمر، ما يكسبها سمعة تعليمية ممتازة كمؤسسة رائدة، نظراً لتفوقها الأكاديمي وتميز برامجها الدراسية وهي تهدف إلى إعداد وتأهيل خريجيها للالتحاق بسوق العمل والاندماج في بيئته. ومنذ تأسيس أول أربع كليات للطلاب والطالبات في أبو ظبي والعين في العام 1988، شهدت الكليات تطوراً هائلاً حيث تم افتتاح كليات للطلاب والطالبات في دبي، ورأس الخيمة، والشارقة والفجيرة، وارتفع عدد الخريجين من 64 خريجاً وخريجة في العام 1992 الى ما يربو على 4000 خريج وخريجة في العام الحالي.

وفي العام الدراسي 2005/2004 بلغ إجمالي عدد الطلبة 15627 طالباً وطالبة(6236 طالباً و 391 9 طالبة) ان الاتفاقيات الاستراتيجية المبرمة بين مركز التفوق للبحوث التطبيقية والتدريب، وهو الذراع التدريبي لكليات التقنية العليا، وكبريات الشركات التجارية العالمية ومؤسسات التدريب المرموقة، تمكّن الكليات من تلبية احتياجات ومتطلبات جهاز العمل المحلية والإقليمية والعالمية بصورة فاعلة. وفي العام 1994 حصلت الكليات على ميدالية كومينيوس للإنجاز التعليمي المتميز من اليونسكو.

البرامج الدراسية التخصصية

تطرح كليات الطلاب والطالبات في أبو ظبي، والعين، ودبي، ورأس الخيمة، والشارقة، والفجيرة، مجموعة متنوعة من البرامج التخصصية في حقول الأعمال التجارية، وتكنولوجيا الاتصال الإعلامي، والتربية، وتكنولوجيا الهندسة، والعلوم الصحية، وتكنولوجيا المعلومات، وتهدف من الكليات إلى تلبية احتياجات المجتمع المحلي الذي تخدمه، وتلتزم بالمحافظة على أعلى مستويات التعليم والتعلّم .

وتركز البرامج المقدمة على التطوير المهني، حيث توفر المراكز المهنية في كل من الكليات للطلبة المعلومات الموضوعية والمواد اللازمة، وتنظم ورش العمل الهادفة إلى تنمية وصقل المهارات. وتعمل هذه المراكز أيضاً على توثيق الروابط بين الطلبة والخريجين والمدرسين وجهات العمل المختلفة، مع الحرص على الاستجابة إلى التغيرات السريعة في المجتمع المحلي.

عند إتمام معظم البرامج الدراسية، يحصل الدارسون على الدبلوم أو الدبلوم العالي، أو درجة البكالوريوس، وبالإضافة الى الدراسة النظرية والتدريب العملي التطبيقي، يتمتع خريجو الكليات بالمهارات الفنية والتقنية والمتقدمة التي تساعدهم على تحقيق النجاح في مهنهم المختارة.

(موقع كلية التقنية العليا http://mohe.uae.gov.ae/arabic/heinstitutions.hct.html)

محو الأمية وتعليم الكبار

الأسس والمبادئ التي يقوم عليها محو الأمية وتعليم الكبار :

1- واصلت إدارة تعليم الكبار جهودها لفتح مراكز محو الأمية وتعليم الكبار في كل المناطق.

2- احتفلت الدولة خلال العامين، كعادتها باليوم العلمي لمحو الأمية، واليوم العربي لمحو الأمية على نطاق المناطق التعليمية ووزعت جوائز على المتفوقين من الدارسين والممتازين من العاملين.

3- عقدت دورة لمعلمي فصول محو الأمية بالتعاون مع الجهاز العربي لمحو الأمية في عام 1412هـ (1992م) ودورة عام 1414هـ (1994م) بمجهودات الوزارة المحلية للإداريات في فصول محو الأمية وتعليم الكبار المتفرغات للعمل بالمركز: مكتب التربية العربية (1418هـ ص22)

وجاء في تقرير مسؤولي وزارة المعارف على الزيارات الدولية (1424هـ ص240)

أنه توجد الغرفة الفنية وهي مزودة بطاولات دائرية ووسائل تقنية حديثة (تلفون، فيديو، جهاز عرض شفافيات، مكتبة صغيرة، وخزانة لكتب الطلاب وحاجاتهم)

تعليم المرأة

يذكر المطوع (ب.ت، ص 88) ومكتب التربية العربي (1418هـ ص43) أنه يستند تعليم المرأة في دولة الإمارات إلى مجموعة من المرتكزات التشريعية والقانونية التي تؤدي إلى توفير المواطنة المؤهلة والمدربة التي تستطيع المساهمة في تنمية الوطن في المجالات كافة. وقد ساهمت دولة الإمارات في مناقشة اتفاقية القضاء على جميع أشكال التميز ضد المرأة التي أقرتها الأمم المتحدة وبالتالي تم التوقيع عليه. ومن مظاهر اهتمام الدولة بتعليم المرأة أن نسبة عدد الإناث في التعليم العام بالنسبة للذكور آخذة في التزايد المستمر، فبينما كانت النسبة عام 71/70 حوالي 39% تطورت إلى

حوالي 47% في العام الدراسي 87/86. ويدل هذا المؤشر على الصحوة التنموية التي رافقت قيام الاتحاد، ويدل أيضا على أن النظرة التقليدية بالنسبة لتعليم المرأة قد أخذت طريقها إلى الزوال.

النشاط المدرسي :

يشمل عدداً من المجالات العلمية والثقافية والكشفية والرياضية والفنية وعدداً من المسابقات منها على سبيل المثال مسابقات مسرحية خاصة بمناهج اللغة العربية.

1-   إقامة مسابقات على مستوى المدارس وعلى مستوى المناطق والدولة تحت شعارات الإنسان والمجتمع المحيط ومؤثراته.

2-   مسرحة المناهج، وتم استحداث عروض مسرحية عن المناهج الدراسية.

3-   مسابقات نصوص مسرحية تدور في محور التربية والتعليم.

4-   تقديم مسرحيات في الأيام والمناسبات العامة.

النشاط الكشفي :

1-   المشاركة في احتفالات العيد الوطني، المخيم الكشفي السنوي للأعوام 1412هـ و 1413و 1414هـ (1992 و 1993 و 1994م)

2-   المشاركة في أسبوع المرور، يوم التشجير العالمي، يوم المحافظة على البيئة للسنوات 1412هـ و 1412 و 1414 هـ (1992 و 1993 و 1994م)

3-   المشاركة في مسيرة تباً للمخدرات 1414هـ (1994م)

4-   دورة إعداد القادة والقائدات للمعلمين والمعلمات الجدد على مستوى الدولة في السنوات 1412هـ و 1413 و 1414هـ (1992 و1993 و1994م)

5- مسابقة التفوق الكشفي على مستوى الدولة والمناطق في السنوات 1412هـ و 1413 و 1414هـ (1992 و 1993 و 1994م)

6- دورة مساعدي قادة التدريب 1414هـ (1994م) مكتبة التربية العربي (1418هـ ص 61) ووزارة المعارف (1424هـ ص33)

مراكز البحوث التربوية :

1- قسم البحوث التربوية.

2- مركز البحوث التابعة لقيادة شرطة دبي.

3- مركز البحوث المتخصصة في جامعة الإمارات العربية المتحدة، مكتب التربية العربي (1418هـ ص87)

أهم الإصدارات التربوية :

1- مجلة التربية.

2- مجموعة البحوث التي تنجز، مكتب التربية العربي (1418هـ ص97)

أبرز التجارب الرائدة مكتب التربية العربي .

1- تعميم تعليم اللغة الإنجليزية اعتبارا من الصف الأول الابتدائي.

2- تعميم تعليم الحاسوب كمادة علمية في المرحلة الثانوية. غنيمة (1421هـ) (1418هـ ص 102) غنيمة (1421هـ ص23)

الإشراف التربوي :

نظرا لحاجة الميدان المدرسي للإشراف والمتابعة بشكل فعال ومؤثر، وحاجة إدارات المدارس إلى رفع الكفايات المهنية بشكل متطور وقيام التوجيه بدور وبأسلوب متفهم، أعيد التوجيه الإداري للإدارة المدرسية لسنة 1413/12هـ (1993/29م) وذلك بعد أن توقف في العام الدراسي 1408/1407هـ (1988/87م) لعدم فاعليته في السنوات السابقة. مكتب التربية العربي (1418هـ ص44) وتشير الإحصاءات الحديثة حسب موقع وزارة التربية والتعليم بدولة الإمارات العربية إلى أعداد المشرفين والمشرفات كما تتضح في الجدول التالي :

بيان بأعداد الموجهين والموجهات حسب الجنسية على المناطق التعليمية للعام الدراسي 2005/2004م

المنطقة التعليمية	الجنسية	الذكور	الاناث	المجموع
	م	7	35	42
أبو ظبي	غ م	47	20	67
	مج	54	55	109
	م	14	30	44
العين	غ م	43	18	61
	مج	57	48	105
	م	1		1
الغربية	غ م	28	7	35
	مج	29	7	36
	م	22	65	87
مجموع الادارة 1	غ م	118	45	163
	مج	140	110	250
	م	3	34	37
دبي	غ م	29	7	36
	مج	32	41	73
	م	8	30	38
الشارقة	غ م	29	7	36
	مج	37	37	74
	م	8	12	20
مكتب الشارقة	غ م	14	3	17
	مج	22	15	37
	م	16	42	58
مجموع امارة الشارقة	غ م	43	10	53
	مج	59	52	111
	م		20	20
عجمان	غ م	14	3	17
	مج	14	23	37
	م		4	4
ام القوين	غ م	16	2	18
	مج	16	6	22
	م	8	20	28
الفجيرة	غ م	16	4	20
	مج	24	24	48
	م	17	38	55
راس الخيمة	غ م	20	8	28
	مج	37	46	83
	م	44	126	202
مجموع الادارة2	غ م	138	34	172
	مج	182	192	374
	م	66	191	289
المجموع الكلي	غ م	256	79	335
	مج	322	302	624

التأهيل التربوي (إعداد المعلمين) :

يشير المطوع (ب.ت، ص ص 83-88) إلى أنه يقصد بالتأهيل التربوي في دولة الإمارات إعداد المعلمين من حملة الثانوية العامة الذين ينتمون إلى مهنة التدريس لإكسابهم مهارات وخبرات ومواقف جديدة تؤهلهم لتدريس مواد متخصصة أو لتدريس مرحلة معينة أو لمواصلة الدراسة في الجامعة والمعاهد العليا، والتدريب والتأهيل المستمر روح التربية المستدامة وأداتها الفعالة في سبيل تحقيق أهدافها التربوية السامية. ولذلك يحظى برنامج التأهيل التربوي باهتمام ودعم وزارة التربية والتعليم وكذلك باهتمام ودعم جامعة الإمارات العربية المتحدة.

أهم المبادئ والمنطلقات التي ارتكز عليها المخطط العام لبرنامج التأهيل التربوي:

1- ربط العملية التدريبية من جوانبها المختلفة بالمسؤوليات المهنية للمعلمين المستهدفين وبمتطلبات تلك المستويات من كفايات يحتاجها هؤلاء المعلمون.

2- الالتفات إلى الكفاية اللازمة ليؤدى المعلمون المستهدفون مسؤولياتهم الجديدة التي تفرضها مطالب التنمية التربوية للمجتمع المتعلم في إطار التنمية الاجتماعية الشاملة.

3- التوجيه نحو العمل حتى يكون للتدريب عائد مباشر على تطوير الممارسات المهنية للمعلمين المستهدفين بكل ما ينطوي عليه التوجيه من انعكاس على المواد التعليمية التي يزود بها المعلمون المتدربون وما يستخدم من أساليب ومواد تقويمية.

4- ربط المجالات العريضة للمناهج والموضوعات التفصيلية تحت كل مجال بالمسؤوليات العريضة للمعلم وما يتطلبه ذلك من منحنى ترابطي بين الأنظمة المعرفية ذات الصلة.

5- أن يكون للمعلم المتدرب دور فعال في التعليم بصورة مختلفة في إطار الأنشطة التدريبية التي يتيحها له البرنامج سواء في الدراسة الذاتية لما يزود به من مواد أو في الحلقات الدراسية التي يسهم فيها، أو في الأنشطة التي تنظم لها أو في عمليات التقويم المرحلي والختامي.

6- إتباع أساليب تدريب تنمي لدى المعلم المتدرب كفايات التربية المستدامة.

7- تحقيق التكامل بين الأنشطة التدريبية المختلفة المرتبطة بكل من موضوعات البرنامج على نحو يساعد على بلوغ الأهداف المقررة له.

8- استخدام أساليب وأدوات مناسبة للتقويم المستمر لإنجاز الأهداف المقررة لوحدات البرنامج وموضوعاته من قبل المعلمين المتدربين ولتزويدهم بتغذية راجعة هادفة ولتطوير البرنامج نفسه في أثناء تنفيذه.

9- مراعاة ظروف المتدربين داخل المدرسة وخارجها بما في ذلك مسؤولياتهم العائلية والاجتماعية عند تقرير عدد الساعات الأسبوعية للتدريب المباشر وما يرتبط بهذه الساعات من جهد يبذلونه في دراسة المواد التعليمية وتنفيذ الأنشطة العلمية ذات الصلة.

أهداف المشروع التدريبي للمعلمين

تركز السياسة التربوية في دولة الإمارات على توفير الكوادر الوطنية الجيدة في مهنة التدريس وفي الإدارات ومن منطلق أن المعلمين حملة شهادة الثانوية الذين ينتمون إلى مهنة التعليم لأول مرة بحاجة إلى تأهيل يمكنهم من القيام بأعباء الوظيفة التي يشغلونها ومن منطلق أن العلوم التربوية الحديثة وطرق التدريس تتطلب استخدام أساليب وتطبيقات تكنولوجيا من المهم التدرب عليها، لذلك قرر المسؤولون في وزارة التربية والتعليم أن يترجموا سياسة التربية في الدولة إلى واقع عملي فقاموا بتبني برنامج التأهيل التربوي.

وتتلخص أهداف المشروع فيما يلي:

1- تخريج كوادر تعليمية تواكب تطور الأساليب العلمية والتربوية الحديثة في ميدان التعليم تكون مؤهلة تأهيلا ثقافيا ومسلكيا يساعدهم في تطوير الممارسات الصفية وفي تحسين التربية المدرسية ومضاعفة العائد التربوي للعملية التربوية كما وكيفا.

2- رفع مستوى المعلمين مهنيا ليصل إلى مستوى مواز لزملائهم حملة دبلوم معهد المعلمين وعلى نحو يؤهلهم لتعليم المواد المقررة في المرحلة الابتدائية بصفة عامة ومادة تخصص كل منهم بصفة خاصة.

3- رفع المستوى الأكاديمي للمعلم المتدرب فيكون بذلك مؤهلا بعد تخريجه ليتابع دراسته في الجامعة وفق خطة اتفق عليها بين إدارة التدريب في الوزارة وكلية التربية في جامعة الإمارات لتوفير الكوادر الوطنية المؤهلة أكاديميا ومسلكيا.

4- ربط العاملين المواطنين في مجال التربية بمهنتهم والاعتزاز بها وتكوين علاقات مهنية سوية.

5- إغناء وتحديث الخامة المعرفية للعاملين في الحقل التربوي بما يتفق مع معطيات العصر.

بدأ التخطيط للمشروع بتعاون وتنسيق مستمر من قبل الإدارة العامة لإعداد المعلمين والتدريب في وزارة التربية والتعليم وكلية التربية في جامعة الإمارات وخبراء من منظمة اليونسكو.

تمت دعوة جميع المعلمين المواطنين حملة الشهادة الثانوية للالتحاق بالبرنامج، وقد اعتبرت الدعوة ملزمة للجميع حيث احتشد الجميع يوم 79/12/15 في جامعة الإمارات العربية في العين وأعلن معالي سعيد سليمان الوزير السابق للتربية والتعليم افتتاح المشروع.

وبعد ذلك تم تنفيذ البرنامج الدراسي في اليوم التالي للافتتاح في جميع مراكز التأهيل التربوي من خلال الدورة التمهيدية المكثفة الأولى التي استغرقت شهرا. وكان يوم 80/1/15 وهو بداية الفصل الدراسي الأول لجميع المراكز بالدولة وعددها تسعة.

المحتوى الدراسي للمشروع

يسير التأهيل حسب النظام التالي :

1- عقد دورة تمهيدية (مكثفة) لجميع المعلمين والمعلمات الجدد المعينين من حملة الشهادة الثانوية العامة. ومدة هذه الدورة شهر واحد. تنظم خلاله حلقات دراسية يبلغ عددها ست عشرة حلقة بمعدل (32) ساعة تدريسية، ويستهدف برنامج الدور مساعدة المتدربين على اكتساب مهارات ومواقف أساسية تتصل بالدراسة الذاتية وبالسياسة التربوية لدول الإمارات.

2- ينتقل المتدرب بعد الدورة التمهيدية إلى البرنامج الطويل الذي يستغرق سنتين تضمان أربعة فصول حسب نظام الساعات المعتمدة في جامعة الإمارات، إذ يمتد كل فصل دراسي إلى أربعة شهور تنظم فيها حلقات دراسية بواقع ثماني ساعات أسبوعيا وعلى يومين يتفرغ المتدربون في هذين اليومين جزئيا من الدوام المدرسي وذلك لتنفيذ الأنشطة التدريبية المقررة وفق برنامج زمني تعده إدارة التدريب والتأهيل التربوي لكل فصل.

3- تكون الدراسة مسائية وتنظم في كل من الفصول الأربعة على هيئة مسافات دراسية روعيت فيها مطابقتها للمساقات التي تعطى في جامعة الإمارات ذلك لإتاحة الفرصة أمام المتدربين لمتابعة دراستهم الجامعية بعد تخريجهم من التأهيل التربوي.

4- من ضمن محتويات برنامج التأهيل التربوي (المتابعة الميدانية للدارسين) التي تبدأ في الفصلين الدراسيين الثالث والرابع وهي تطبيق واقعي لما تعلمه الدارس في المساقات النظرية والمناقشات مع المربين.

طرق التدريس

1- يسير برنامج التأهيل التربوي في دولة الإمارات في تدريسه على نظام المساقات المعتمدة ونظام المساقات (الكورسات)

2- يحتوي كل مساق على مجموعة من التعيينات تختلف في كمها من حيث عدد التعيينات من تسعة تعيينات إلى اثني عشر تعيينا في بعض المساقات.

3- يكتب المساق الواحد مجموعة من أساتذة الجامعة وموجهي وزارة التربية والتعليم.

4- في العام الدراسي الواحد فصلان مدة كل فصل أربعة أشهر وكل فصل يحتوي على عدة مساقات.

5- يقوم بالتدريس في التأهيل التربوي مجموعة من أساتذة الجامعة وموجهي المواد التخصصية في وزارة التربية والتعليم.

6- الأسلوب المتبع في طرق التدريس يأخذ طابع المحاضرة والمناقشة.

الحوافز المعدة للمعلمين المتدربين

تشجيعا للمعلمين المتدربين على الانتظام الفعال في برنامج التأهيل التربوي حرصت الوزارة على توفير الحوافز التالية:

1- منح علاوة تشجيعية لكل معلم متدرب ينهي مساقات الفصلين الأول والثاني بنجاح.

2- منح كل معلم متدرب ينهي برنامج التأهيل التربوي كاملا بنجاح شهادة "دبلوم التأهيل التربوي" التي توازي ماديا وأدبيا في مستواها شهادة "دبلوم معهد المعلمين العالي"

3- وضع كادر خاص لحملة شهادة دبلوم التأهيل التربوي مشابه لكادر دبلوم معهد المعلمين.

4- اعتراف جامعة الأمارات العربية المتحدة بشهادة دبلوم التأهيل التربوي بشكل يمكن المعلم المؤهل الناجح من متابعة دراسته الجامعية بعد إعفائه من المساقات الدراسية التي أعطيت له في برنامج التأهيل التربوي حسب الساعات المعتمدة لكل مساق.

5- توظيف التقويم المستمر في تزويد المعلمين المتدربين بتغذية راجعة تطلعهم على مدى تقدمهم في إنجاز الأهداف المقررة وتوجههم إلى ما قد يحتاجونه من أنشطة تعزيزية .

الأسلوب المتبع في برنامج التأهيل التربوي في أثناء الخدمة

يتبع برنامج التأهيل التربوي بدولة الإمارات المنحى التكاملي المتعدد الوسائط الذي يمثل نسقا من التدريب يستهدف المعلمين وهم في موقع عملهم عن طريق وسائل عديدة متكاملة تتصف بالانفتاح والمرونة دون أن يترتب على ذلك أي تأثير في العمل المدرسي. ويختلف هذا المنحى عن المناحي التي تتبعها الجامعات ومعاهد إعداد المعلمين قبل الخدمة حيث لا يطلب من المتدرب التفرغ الكلي للدراسة. ويمتاز هذا النوع من التدريب بأنه يرمي إلى الإفادة من المعلم في عمله اليومي المدرسي والتفاعل بين تعليمه وبين تعلمه وهذه ميزة تربوية هادفة نحو رفع الكفاية المهنية وتحسين المستوى العلمي في الوقت نفسه للمعلم المتدرب.

كما يمتاز بميزة أخرى وهي أنه يستفاد من المعلمين المتدربين في المدارس دون حاجة الى تفرغهم لينقطعوا للدراسة وحدها، وسنتناول نبذة عن مكونات هذا النمط من التدريب.

مكونات التدريب

1- الدراسة الذاتية .

2- الإسهام الفعال في الحلقات الدراسية.

3- القيام بنشاطات التربية العملية الموجهة (المتابعة الميدانية)

4- التعلم بالوسائل السمعية والبصرية

5- أداء البحوث الإجرائية والتجارب الميدانية الموجهة لتحسين الممارسات التعليمية.

التقويم في أثناء البرنامج وفي نهايته (التقويم النامي والختامي) الفالوقي والقذافي **(ب.ت، ص66)** وزارة التربية والتعليم **(2004م، ص 35)**

المراجع

1- الإدارة المركزية للإحصاء 1425هـ، وزارة التخطيط، الإمارات، مطبعة الأمل، أبو ظبي.

2- الإعلام التربوي بوزارة التربية والتعليم، ب.ت، التعليم الزراعي، المطبعة العصرية، الإمارات .

3- الاتحاد النسائي للجمعيات، 1983م، مسيرة المرأة في الإمارات 12 عاماً من النجاح، وزارة الإعلام والثقافة، أبو ظبي.

4- البنا، حميد عبد القادر، 1994م، استراتيجية وطنية لتطوير المناهج المدرسية بدولة الإمارات العربية المتحدة، المجمع الثقافي، أبو ظبي.

5- الحميدي، عبد الرحمن بن سعد وآخرون، 1420هـ، أنماط التعليم العالي في دول مجلس التعاون الخليجي العربية، مطابع جامعة الإمام محمد بن سعود الإسلامية، الرياض.

6- الدائرة الثقافية 2003م، محو الأمية وتعليم الكبار بدولة الإمارات العربية حاضراً ومستقبلاً، أبو ظبي.

7- الزهير، سليمان بن عبد الرحمن 1996م، جهود دول مجلس التعاون لدول الخليج العربية في مجال محو الأمية وتعليم الكبار، ط3، دار مرامر.

8- السيد، إسماعيل وهبي وآخرون 2003م، واقع نظام التربية بدولة الإمارات، دبي.

9- الفالوقي، محمد والقذافي، رمضان، ب.ت، التعليم الثانوي في البلاد العربية، المكتب الجامعي الحديث، الاسكندرية.

10- القاسمي، خالد محمد 1996م، نشأة وتطور التعليم في دولة الإمارات العربية المتحدة، دار الثقافة العربية، الشارقة.

11- المطوع، حسين محمد، ب.ت، التعليم العام في دولة الإمارات العربية، جامعة الإمارات، دبي.

12- جامعة الإمارات، 1398هـ دليل جامعة الإمارات العربية المتحدة، الإمارات.

13- شاهين، رجاء 1985م، عمل المرأة بريء من كل الاتهامات، زهرة الخليج العدد 306، أبو ظبي.

14- غنيمة، محمد تولي، 1412هـ تمويل التعليم والبحث العلمي العربي المعاصر أساليب جديدة، الدار المصرية اللبنانية، القاهرة.

15- فريجات، غالب، 1989م، التخطيط التربوي في دولة الإمارات العربية المتحدة، المطبعة الاقتصادية، دبي.

16- كاظم، محمد إبراهيم، ب.ت، دراسات في قضايا التعليم الجامعي المعاصر، مج، مركز البحوث التربوية، قطر.

17- متولي، مصطفى 1416هـ تقويم التجارب المستحدثة في تنويع التعليم الثانوي في ضوء أهدافها، مكتبة التربية العربي لدول الخليج، الرياض.

18- مكتب التربية العربي لدول الخليج 1408هـ تطور التعليم في دول الخليج العربية، الرياض.

19- مكتب التربية العربي لدول الخليج 1418هـ التطور النوعي للتعليم في دول الخليج العربي خلال الأعوام 1412-1414هـ الرياض.

20- وزارة التربية والتعليم، 2005م، تطور التعليم الحكومي والخاص بالإمارات، الإمارات.

21- وزارة التربية والتعليم، 2004م، إحصائيات عن التعليم بالإمارات، الإمارات.

22- وزارة التربية والتعلم، 1425هـ كتاب الصف الثاني المتوسط، مطابع الاوفست، الرياض.

23- وزارة المعارف 1424هـ ملامح من نظم التعليم في بعض الدول من واقع تقرير الزيارات الدولية لمسؤولي المعارف، الإدارة العامة للبحوث، الرياض.

24- http://mohe.uae.gov.ae/arabic/heinstitutions.html (موقع جامعة الإمارات العربية)

25- http://mohe.uae.gov.ae/arabic/heinstitutions.hct.html (موقع كلية التقنية العليا)

26- http://mohe.uage.gov.ae/arabic/heinstitutions.zu.html (موقع جامعة زايد)

27- http://www.moe.gov.ae (موقع وزارة التربية والتعليم)

28- http://www.uae.gov.ae/mop (موقع وزارة الاقتصاد والتخطيط)

29- http://www.moudir.com (ملتقى التربية والتعليم)

(2)

نظام التربية والتعليم في مملكة البحرين

المرحلة الأولى: نظام التربية والتعليم البحريني منذ عام 1919م حتى 1969م

باختصار (الشيخ 1410/1990م : ص 163-300)

أولاً: قبل عام 1919م

كان التعليم قبل ذلك دينياً وأدبياً كما كان في البلدان المجاورة كالأحساء وساحل إيـران الجنـوبي وجهات البصرة وبلاد عمان الداخلية، إذ يلتحق بمعاهدة التي كانت عادة ملحقة بالمساجد، نخبة ممـن يتمون دراستهم الأولية بما يعرف بالكتاتيب المحلية فيتخصصون في مختلـف علـوم اللغـة العربيـة وآدابهـا والدين وأصول الفقـه والحـديث والتاريخ الإسلامي، كـما لم تخل البـلاد أبـدا في عصورها المختلفـة مـن شخصيات تفوقت في دراسة الرياضيات والفلك وفي المحاسبة مما كـان يحتاج إليه في مزاولة التجـارة وحسابات الغوص، وكان التعليم عند الكتاتيب "المطالعة" يجري في منازلهم وتتركز مناهج الدراسة عـلى قراءة القرآن الكريم الذي كان يقوم مقام كتاب المطالعة لتعليم الأولاد القراءة والكتابة. أما طرق التدريس التدريس فكانت تستند أساسا على وسيلتي التلقين والحفـظ، كـما كـان التعليم عنـد "المطاوعة" يجري مختلطا بجمع البنين والبنات، وقد ظل هذا النوع من التعليم قائما في البحرين حتى نهاية الأربعينات مـن القرن العشرين، ونتيجة للتبدل السياسي والاجتماعي في البلاد فقد ظهرت الحاجة إلى توفير الأفراد المؤهلين القادرين على تصريف شؤون البلاد الجديدة فقد أصبحت الكتاتيب غير قادرة على توفير هـذا النـوع مـن الأفراد (الشيخ 1410هـ/ 1990م: ص 163)

ثانياً: في الفترة 1919م-1930م

بدأ التعليم النظامي عام 1919م حيث أسست أول مدرسة للبنين في مدينة المحرق.

بيان بأسماء المدارس الأولى حسب التسلسل التاريخي

كما استنتجته الطالبة من دراسة (الشيخ **1410هـ/1990م: ص163-164)**

العام	اسم المدرسة	الإدارة	مناهج الدراسة
1919م	الهداية الخليفة بالمحرق		
1921م	الهداية في المنامة	مجلس الشيخ عبد الله ابن عيسى آل خليفة	مناهج سورية
1927م	الهداية في الحد		
	الهداية في الرفاع الشرقي		
1928م	الجعفرية في المنامة العلوية أول مدرسة للبنات بالمحرق	مجلس أهلي خاص	مناهج عراقية

- بدأت الحكومة منذ عام 1925 بصرف معونة شهرية لبعض المدارس لمساعدتها على تغطية نفقاتها، وقد تميزت تلك الفترة التي بدأت عام 1919م وانتهت بإشراف الحكومة على التعليم عام 1930م بالإقبال المتزايد على التعليم والتثقيف ليس على الدورات النهارية بل سرعان ما تأسست النوادي الأدبية وألحقت بها الفصول الليلية والدراسات الخاصة للمراحل المختلفة من التعليم فتكونت مجموعة من دور العلم والثقافة تتناول فيها الآراء وتناقش فيها قضايا الأدب والتاريخ والإصلاحات الاجتماعية وبعض الموضوعات والمشكلات السياسية العامة.

- وقد صاحب هذه المرحلة التردد في كل خطوة نحو المستقبل، فعلى الرغم من تخرج العديد من التلاميذ من مدارس تلك المرحلة مكونة شبيبة مثقفة مستنيرة لا تتأخر عن توسيع نطاق معلوماتها وآفاق ثقافتها بالمطالعة والبحث والتنفيذ إلا أن التعليم في المدارس نفسها لم يحافظ على مستوى محدد منذ البداية فكان يرتفع في فترة بمستواه إلى نهاية المرحلة الثانوية أو ما يعادلها كما يهبط إلى ما لا يقل عن مستوى نهاية المرحلة الابتدائية.

- لم يكن الإقبال على المدارس بصورة عامة في فترة الثلاثينات كبيراً فلم يزد عدد التلاميذ في مدارس المنامة والمحرق والحد والرفاع عن 500 تلميذ كما أن مشكلة الغياب والانقطاع عن الدراسة من أكثر المشكلات التي عاني منها التعليم وكان ذلك بسبب مواسم الغوص وطول شهر رمضان وانتقال الأهالي إلى مناطق المصايف وفي كثير من الأحيان يتم تقديم الامتحانات النهائية مما يعني أن الدراسة الحقيقية خلال العام المدرسي لا تتعدى خمسة شهور.

- تميزت تلك الفترة بتغير المناهج التي كانت متأثرة بالمناهج السورية والعراقية إلى مناهج لبنانية كما أنها كانت عرضة للتغير بين حين وآخر وكان يجري توزيعها على التلاميذ بيعا وكان الاهتمام بالتعليم مقصورا على النوع العلمي النظري وكان نقل التلاميذ من فرقة إلى أخرى لا يعتمد على النجاح في جميع المواد فحسب بل يشترط الحصول على معدل عام مناسب في المجموع لجميع المواد وكان عدد الحصص الأسبوعية 34 حصة يقوم بتدريسها المدرس والمدير على حد سواء وكان ذلك أعلى من عدد المدرسين فيلجأ حينذاك إلى جمع فصلين في بعض المواد مثل التربية الرياضية والنشيد والخط والإملاء.

- تميز التعليم في آخر الثلاثينات بالركود وقد ساعد على ذلك الأزمة الاقتصادية التي سادت العلم آنذاك وقد بدأت الأزمة تنفرج باكتشاف وتصدير النفط .

- ارتفعت الميزانية المخصصة للمعارف من 30 ألف روبية عام 1928 إلى أكثر من مليون روبية.

شهدت حركة واسعة لتدريب المعلمين تتركز في انتداب مدرسين ذوي مؤهلات عالية من الخارج ورفع مستوى المعلمين وشملت القوانين والأنظمة والمناهج الدراسية والامتحانات والفحوص والأنشطة المدرسية.

ونظراً للصعوبات المالية والإدارية التي واجهت اللجنة الأهلية المشرفة على التعليم عمدت الحكومة عام 1930م الى تولي مسؤولية إدارة هذه المدارس ووضعها تحت إشرافها المباشر وبذلك نزعت من مجلس المعارف مهمته التنفيذية وأصبحت استشارية فقط.

أهداف التعليم العام :

1- رفع المستوى التعليمي للموطنين.

2- توفير العدد المناسب من الموظفين الحكوميين في القطاعات المالية والتجارية وفي قطاع التدريس من جهة أخرى.

ثانياً: في الفترة 1938م – 1945م

في عام 1938م استقدمت الحكومة الخبير "اندريان فالانس" لدراسة أحوال التعليم في البحرين وإرشادها إلى كيفية تحسينه وتطويره وقد وضع هذا الخبير تقريراً مطولاً عن أحوال التعليم في البلاد نذكر فيه أن التعليم الابتدائي خاصة المناطق الريفية يواجه مشكلات مختلفة أهمها:

سوء صحة التلاميذ وعدم دوامهم المنتظم في الدراسة، تسرب التلاميذ من المدارس بأعداد كبيرة، ازدحام الفصول الدراسية، نقص في استخدام طرق التدريس الحديثة.

وقد اقترح فالانس سلّما لنظام التعليم في البحرين يتكون من ثلاث مراحل:

المرحلة الأولى: وتسمى المرحلة التحضيرية.

المرحلة الثانية: وتسمى المرحلة المتوسطة.

المرحلة الثالثة: وتسمى المرحلة النهائية.

إصلاحات التعليم :

- وضع مناهج دراسية جديدة .

- البدء ببرنامج لتدريب معلميه.

- افتتاح أول مدرسة ثانوية سميت بالكلية كما شهدت هذه الفترة.

- افتتاح القسم الداخلي بالمنامة.

- إيفاد أول بعثة تعليمية إلى البحرين من فلسطين في فترة الانتداب البريطاني.

- اتفق مع مصر بإيفاد أول بعثة تعليمية مصرية إلى البحرين وكان ذلك عام 1945/44 .

تتابع كل من المستر ويكلن والمستر ويلي في خلافة المستر فالانس في إدارة المعارف إلى أن عين الأستاذ احمد العمران مديرا للتربية والتعليم، وكان ذلك عام 1946/45م ليكون أول مواطن بحراني يحتل هـذا المركـز القيادي.

التعليم الثانوي في البحرين :

إن بداية التعليم الثانوي في البحرين ترجع إلى سنة 1940م عندما شـعرت الحكومـة بـأن تطور أنماط النمو الاقتصادي والاجتماعي يتطلب إعدادا تعليميا ومهنيا يتجاوز مستوى التعليم الابتدائي الـذي بـدأ بصـفته النظاميـة منـذ سنة 1919م فاستحداث صناعة النـفط في الثلاثينـات ونمـو تجـارة العبـور (الترانزيت) وتوسع القطاع التجاري،والنمو في أجهزة الحكومة المختلفة بالإضافة إلى تزايد الـوعي بأهميـة التعليم لدى المواطنين، كل هذه العوامل وغيرهـا أسـهمت في تلبيـة الحاجـة إلى تطـوير التعليم الابتـدائي القائم على مستوى أعلى عرف بالتعليم الثانوي، وكانت المدرسـة الثانويـة المسـماة "بالكليـة" تضم عنـد افتتاحها حوالي 45 طالبا يتوزعون على فصلين دراسيين، أما التعليم الثانوي للبنات فقـد تـأخر حـوالي 10 سنوات على التعليم الثانوي للبنين، وقد افتتحت أول فصول للتعليم الثانوي للبنات سنة 1952/51.

وربما تكون نظرة المجتمع المحافظة تجاه تعليم البنت تعليما أعلى من المرحلة الابتدائية أحد الأسباب في تأخر استحداث هذا التعليم بالنسبة للبنات، كذلك ربما تكون نظرة المجتمع أيضا نحو حاجة البنت إلى العمل بعد تخرجها سبباً آخر في هذا السياق كذلك قد تكون الإمكانات المادية المتاحة أعطت الأولوية لأسبقية التعليم الثانوي للبنين:

التعليم الصناعي :

وفي عام **1936م** افتتحت أول مدرسة صناعية وكانت في عامها الأول تتألف من فصلين للتجارة الحق احدهما بمدرسة الهداية بالمنامة وقد أضيف لها فرعان احدهما للبرادة والأخر للحدادة وذلك في عام 1937 وقد خصصت بناية مستقلة في المنامة لهذه الفروع الثلاثة إلا أنها فصلت إداريا عن المعارف وألحقت بدائرة الكهرباء، وقد غلب على مناهج الدراسة في هذه المدرسة الجانب العملي والمهني أكثر من الجانب الصناعي ويرجع ذلك لانعدام الآلات والمكائن فيها والاعتماد كليا على الأدوات اليدوية المعروفة التي يستعملها أي نجار أو حداد وهدفت المدرسة الصناعية إلى إعداد فئة من الفنيين من العمال شبه المهرة لتلبية احتياجات صناعة النفط وإدارات الأشغال والكهرباء.

رابعاً: في الفترة 1950-1969م

- تم توحيد جهازي تعليم البنين والبنات .
- تم إلحاق الفصول التحضيرية بالفصول الابتدائية في مرحلة تعليمية واحدة.
- عالجت المديرية مشكلة الرسوب في المدرسة الابتدائية باستحداث لوائح وقوانين للامتحانات الخاصة والعامة.

أما ما يخص المناهج فقد شكلت اللجان التطويرية إدخال الجديد من العلم عليها.

أما ما يخص التعليم الثانوي فقد تم تمديده إلى خمس سنوات وبدأ في الوقت نفسه التفكير في فصل المرحلة الثانوية عن مرحلة جديدة تسمى الإعدادية .

بناء على توصيات تقرير الخبيرين الأجهزة لمراقبة التعليم الابتدائي ومراقبة الامتحانات وجهاز الباعث ومراقبة شؤون التفتيش الإداري. وزع التعليم الثانوي إلى مرحلتين الإعدادية والثانوية . وقد استحدثت شعبة لإعداد معلمي المرحلة الابتدائية.

وقد أدخل التعليم الصناعي في مرحلة التعليم الثانوي وإلغاء منح المكافآت.

وفي عام 1961/60م تولت مديرية التربية والتعليم الإشراف المباشر على التعليم الديني.

وفي عام 1967/1966م تم إلغاء قسم المعلمين وقسم المعلمات، وعند افتتاح معهدي المعلمين والمعلمات منح الدبلوم العالي للمعلمين عام 1968 أول دفعة تخرجت من المعهد .

المرحلة الثانية: نظام التربية والتعليم البحريني منذ عام 1967م حتى 2004م

التخطيط التربوي في البحرين

إن بداية التفكير بالتخطيط التربوي في البحرين كان في عام **1967م**، حين أنشئت وحدة إدارية بهذا الخصوص تحولت لمستوى إدارة عام **1972م.**

وفي عام **1983م** أعيد تنظيم الإدارة وأوكلت إليها مهام الخطط والبرمجة واقتصاديات التعليم. لقد تغيرت مهام جهاز التخطيط بالبحرين مع الإصلاحات الإدارية المتعاقبة، وبخاصة الاستفادة من اقتراحات خبراء اليونسكو في أكتوبر **1982م**، ضمن مهمة المنظمة في تطوير النظام التربوي.

ولقد توجه التخطيط في بداياته للعناية بالتطورات الكمية وبظاهرة التوسع في التعليم، لذلك كان كل اهتمامات التخطيط في السبعينات العمل على تأمين الدراسة لكل طفل بحريني، وقد تطلب التركيز على دور الإحصاء التربوي وتدفق المعلومات والتقديرات الكمية والإسقاطات البيانية لتحديد حجم التوسعات المطلوبة لاستيعاب كل الطلاب.

ولم تتضح ملامح التخطيط النوعي إلا مع نهاية الثمانينات، فلم تكن هناك خطة تربوية طويلة الأجل واضحة المعالم ومحددة الأهداف، وكانت الدولة تعتمد في تخطيطها على أسلوب إعداد الخطط قصيرة الأجل ذات العلاقة بقضايا محدودة يتطلب إنجازها خلال فترة زمنية قصيرة، وهو أمر تلازم مع غياب خطة تنموية شاملة بعيدة المدى للدولة .

لقد اهتم التخطيط في البحرين خلال الفترة (1976-1991م) بالخارطة التعليمية التي هدفت من بين ما هدفت إليه التعرف على واقع المؤسسات التعليمية، وحصر لمواقعها ولإمكاناتها، ووضع تصورات لاحتمالات النمو السكاني على مدى (15) عاما، الاهتمام بالخارطة التعليمية كأداة من أدوات التخطيط أثبتت التجارب

أنها مفيدة جداً، وقد استخدمت في أكثر من دولة عربية، خصوصا في الدول التي تعاني من النمو السكاني والاتساع الجغرافي، ومشكلات توافر الخدمات التعليمية وصعوبة توصيلها لكل الناس. اهتم التخطيط في البحرين بعدد من القضايا التي تشكل أولويات تربوية منها خطة تفريع التعليم الثانوي، وأهمية دور التعليم الفني والمهني، وإدخال تخصصات اخرى في نظام التعليم الثانوي لها صفة التعليم التطبيقي مثل الفندقة والتمريض والثروة الحيوانية والزراعية والأنسجة والملابس. وبدأ نظام التفريع الثانوي في البحرين من العام الدراسي (1980-1981م)

وفي اتجاه العمل من أجل بحرنة جهاز التدريس في المرحلتين الإعدادية والثانوية فقد اتجهت الدولة لوضع خطة للبعثات والمنح الدراسية للحصول على تخصصات جامعية في التربية، كذلك وضعت خطة أخرى لبحرنة جهاز التوجيه التربوي، فضلا عن خطة تدريب وتأهيل المعلمين والعمل على رفع كفاءتهم في حقل التدريس علميا وتربويا .

إن أكثر الخطط التي أشغلت جهاز التعليم كانت خطة محو أمية المواطنين بحلول عام 2000م، وقد تضمنت برامج محو الأمية مجالات التوعية الإعلامية، والتدريب، والمناهج والمقررات الدراسية والتعليم المستمر، وتقديرات الراسبين. وقد وصلت نسبة الأميين لإجمالي السكان عام (1986م-1987م) حوالي 26.4% وتشير تقارير وزارة التربية البحرينية إن مفهوم التخطيط التربوي قد تطور بشكل كبير نتيجة لعدد من العوامل منها:

• إنشاء مركز البحوث التربوية والتطوير الذي أخذ على عاتقه إجراء الدراسات حول مشكلات التعليم ومشاركته مع جهاز التخطيط التربوي لمعالجة المشكلات من خلال إعداد الخطط اللازمة.

• التحول من الكم إلى الكيف حيث وصلت نسبة الالتحاق بالمرحلة الابتدائية 100% حيث حتمت الأوضاع الاهتمام بالمشاكل النوعية.

- تحقيق درجة من الاكتفاء التربوي الذاتي بتوفير الكفاءات التربوية اللازمة للتعليم مـن معلمـين وإداريين ومخططين وغيرهم جعل التفكير يتجه نحو نوعية التعليم الـذي يجـب أن يقـدم للمواطنين.

- نضوج فكرة العمل الجماعي والاستراتيجية الديمقراطية الاستشارية التي جعلت الخطط التربوية تتركز على القرارات المسؤولة والمشاركة الجماعية.

- انتشار الوعي التخطيطي والإدراك الـواعي إن عمليـات التخطيط الفعلي تفـترض إدارة وعزمـا وتدخلا يستتبع تغيرا وتجديدا هادفا يؤدي بطبيعته لنقلات نوعية وإصلاحات مرغوبة، وهو مـا تشـير إليـه الخطـة الدراسـية (1989-1990م) – (1994-1995م) التـي تؤكد إن الخطة هـي "منظومـة متكاملـة مـن التـدابير المحـددة في الزمـان والمكان والمرجعيـة، والتـي يتوقع ضرورة اتخاذها بقصد تطويع الواقع أو تجاوزه من أجل ضمان تحقيق هـدف معـين مشـتق مـن غايـة غالبا تكون إفرازا طبيعيا لفلسفة الدولة في القطاع المعني بالخطة.

ومع ذلك فقد واجه التخطيط التربوي جملـة مـن المشـكلات انحصرت في ضعف مواكبـة المسـتجدات، ومحدودية الموارد المتاحة لإدخال إصلاحات كبيرة، والفجوة بين النظرية والتطبيق، فضلا عـن المشـكلات الناجمة عن تقويم الخطط ومتابعتها. الشراح (1423هـ 2002م) ص ص 137-141، نقـلا مـن الرميحـي (1991م)

معالم نظام التربية والتعليم في سنة 1970م :

- تم تشكيل اللجنة المشتركة لدراسة واقع النظام التعليمي في سنة 1970 وهي لجنة مشتركة مـن دوائر التربية التعليم والمالية والتنمية لدراسة واقع النظام التعليمـي وتحسينه بصورة أفضـل، وكان أهم توصيات اللجنة:

- أن يوجه العدد الأكبر من خريجي التعليم الإعدادي إلى مراكز التدريب.

- أن يقتصر القبول في التعليم الثانوي بفروعه من خريجي الإعدادي.

- أصبحت مديرية التربية والتعليم تعرف باسم وزارة التربية والتعليم.

- شهد التعليم توسعاً كبيراً من ناحية الكم .

صدرت الخطة الخماسية (1970م-1975م) لوزارة التربية والتعليم ومن أهداف الخطة:

- خفض نسبة القبول في التعليم الثانوي العام.

- إدخال تفريعات جديدة في التعليم الثانوي كالفندقة والسياحة والعلوم الصحية والتمريض والثروة الزراعية والحيوانية والأنسجة والملابس والطباعة.

- تحويل عدد من خريجي الإعدادي من البنين إلى مراكز التدريب المهني بوزارة العمل والشؤون الاجتماعية.

- أصبحت نسبة الاستيعاب بالنسبة للتعليم الابتدائي حوالي 86% ممن هم في سنة التعليم.

- كان نصيب البنت من هذا التوسع التعليمي كبيراً نسبياً فالإحصائيات أشارت إلى معدلات النمو السنوي للسنوات الخمس الأول من السبعينات فاقت معدلات النمو.

مشكلات يواجهها التعليم :

- نقص المدرسين

- ضعف كثير منهم

- ازدحام الفصول الدراسية

- نقص الأبنية المدرسية

- تخلف المناهج الدراسية عن مواكبة كثير من الحاجات المتجمدة

- نقص الوسائل التعليمية المناسبة.

أهم مظاهر نظام التربية والتعليم في سنة 1980م

- حدث أكبر تطوير في بنية التعليم الثانوي خلال أواخر السبعينات وأوائل الثمانينات وهو تفريغ التعليم الثانوي، وقد واكب هـذه الخطـة تطوير مـواز آخر في محتوى التعليـم الثانوي هـو استحداث تشعيبات رئيسية في فرعي العلوم والآداب.

- أدت خطة تفريع التعليم الثانوي التي أعطت ثقلا أكبر للقبول في التعليم الثانوي إلى انخفـاض في أعداد المقبولين في التعليم الثانوي كما تم عام 1970م تشكيل لجنة عرفت باسم لجنة تطوير مناهج التعليم التجاري نظراً للأهمية المتنامية للتعليم التجاري.

- تميزت السنوات العشر الأخيرة بنشاط تربوي وجهود مركزة لتطوير التعليم بدولة البحرين، فقـد تركزت هذه الجهود في إعادة النظر في العديد مـن الـبرامج والـنظم التعليميـة بمراحل التعليم المختلفة لكي تلبي احتياجات المتعلمين احتياجات التنمية الشاملة بالدولة.

- أوضحت نتائج لقاء المسؤولين عـن التـدريب والتوجيـه التربـوي بـدول الخليج العربيـة، عقد بالبحرين عام 1407هـ-1987م أن التوجيه انتقل لإدارة المناهج مما يعني أن عمليـات التوجيـه أصبحت تنصب على المنهج بمفهومه الشامل وعلى هذا فإن الأسس التي يعتمد عليها التوجيه في دولة البحرين أصبحت كما يلي:

1- رفع الكفاءة المهنية للمعلم ومساعدته على النمو الذاتي.

2- مساعدة المعلم على تفهم المشكلات التي قد يواجهها والأساليب المناسبة للتغلب عليها.

3- تقويم تطبيق المناهج الدراسية في الميدان ونقل نتائج التقويم لمركز تطوير المناهج.

4- نقل المستحدثات التي تتبناها الوزارة في مجال تطوير تدريس المادة للميدان والعمل على نشرها.

5- نقل المبتكرات في مجال تدريس المادة في المدارس لجهاز تطوير المناهج.

6- متابعة أداء المعلم في مجال تدريسه وإجراء تقويم فني له.

أما بالنسبة للأساليب التي تتبع في التوجيه فهي:

اللقاءات الدورية وأهداف هذه اللقاءات، فريق المادة والمهام التي يقوم بها المنسق في المرحلتين الابتدائية والإعدادية (المتوسطة) والمدرس الأول بالمرحلة الثانوية، المشاغل التربوية داخل المدرسة، اللقاءات الفردية أو الجمعية، النشرات التربوية، الدروس التوضيحية، تبادل الزيارات بين المدرسين، الدورات التدريبية والزيارات الصفية.

أما بالنسبة لتنظيم عملية التوجيه التربوي فإنه ينقسم لمرحلتين:

التقويم التشخيصي التطويري.

التقويم الحكمي الختامي من **1-3** سنوات وفق استمارة معينة. الحبيب (**1417هـ/ 1996م**)

معالم التطور في نظام التربية والتعليم 1922م-1980م

- بدأت الوزارة بتطوير البنية التنظيمية لجهاز الوزارة بتوسعة هذا الجهاز واستحداث وحدات جديدة مثل التخطيط التربوي وإدارة التعليم الفني والمهني وإدارة المناهج.
- نشطت الجهود في توفير التأهيل والتدريب المناسب للإدارة المدرسية.
- إنشاء أول جهاز في الوزارة انتهت به مسؤولية المناهج الدراسية.
- وقد ظهر اتجاه جديد في عمليات تطوير المناهج الدراسية يقضي بالاعتماد على الكوادر المتخصصة المتفرغة.

- ساد فترة ما قبل السبعينات نقص في الأبنية المدرسية وارتفاع كثافة الفصول الدراسية لتصل في بعض الأحيان إلى 60 طالباً في الصف الواحد.

- أخذت الوسائل التعليمية نصيبها في السنوات الأخيرة ضمن الجهود التطويرية ومن أبرز ما تم استخدامه الفيلم التعليمي المتحرك والثابت والشرائح العملية التربوية.

- أما تعليم الكبار ومحو الأمية فلم ينل اهتماما واضحا إلا في السنوات الأولى من السبعينات.

- اتخذ قرار بمد مرحلة التعليم الإعدادية من سنتين إلى 3 سنوات وقد اتخذ هذا القرار بنية توفير تعليم أساسي وإلزامي لمدة أطول للمتعلمين وتطوير المناهج للمرحلة الإعدادية بإدخال بعض المواد الدراسية الضرورية مثل التربية من أجل المهنة.

- تطوير معهدي المعلمين والمعلمات ليصبحا كلية للتربية ومد الدراسة فيها إلى أربع سنوات لإعداد مدرس المراحل التعليمية الثلاثة.

التطور النوعي في المناهج ونظم التقويم والامتحانات خلال السبعينات والثمانينات الميلادية :

تتولى إدارة المناهج بوزارة التربية والتعليم المسؤولية التامة في وضع المناهج والمقررات كما يتم الاستعانة بتمثيل الإدارات التعليمية والتخطيط التربوي والتدريب وخبرات من خارج الوزارة وجهود لجان تطوير التعليم الابتدائي والتعليم الثانوي.

مهام قطاع المناهج والتدريب :

- تخطيط ومتابعة وتطوير مناهج مختلف المواد الدراسية بالمراحل التعليمية الثلاثة وتقديمها وتطوير النمو المهني للمدرسين.

- وضع مشروعات الأهداف العامة للمناهج الدراسية وترجمة الأهداف التربوية إلى سلوكية.

- تقويم نمو التلاميذ التحصيلي ووضع مقاييس مقننة لقياس جميع جوانب هذا النمو.

- وضع مشروع الخطط الدراسية وتصميم وحدات المناهج المختلفة لجميع المراحل التعليمية .

- اقتراح مشروعات أنظمة التقويم والامتحانات.

- معاونة المدارس في وضع معايير الامتحانات الدورية وامتحانات النقل.

- تحليل نتائج الامتحانات العامة للإفادة منها في تقويم المناهج وأساليب التقويم.

- القيام بدراسات لتقويم أساليب ونتائج تشغيل المرافق المدرسية مثل المختبرات والمكتبات.

- تحديد المواصفات الفنية للوسائل التعليمية المستخدمة في المدارس.

- تصميم وإنتاج الوسائل التعليمية ومعاونة المدارس على إنشاء وتنمية أقسام لهذه الوسائل.

- تزويد المدارس بالأفلام التعليمية وبرامج الإذاعة والتلفزيون التعليمية.

- متابعة استخدام الوسائل التعليمية في المدارس والعمل على تطويرها.

- المشاركة في تخطيط وإعداد وتنفيذ البرامج التدريبية في مجال التقنيات.

- القيام بصيانة أجهزة الوسائل التعليمية وإعداد أدلة فنية بطرق تشغيل استخدام هذه الأجهزة.

- تعرف الحاجات التدريبية لموظفي وزارة التربية والتعليم بمن فيهم العاملون بالمدارس.

- تصميم برامج التدريب التي تنظمها الوزارة.

- اختيار المتدربين بالتشاور مع المراكز والإدارات المعنية.

- تنفيذ دورات محلية وخارجية لموظفي الوزارة.

- تقويم البرامج التدريبية التي يلتحق بها موظفو الوزارة.

- تقديم المشورة للإدارات والأقسام داخل الـوزارة في مجـال تخطيط بـرامج التـدريب وتنفيـذها وتقويمها.

معالم التطور في مناهج التعليم العام :

منذ عام 1974 تم إقرار المنهج المطور للرياضيات المعاصرة بالمرحلة الابتدائية وتحديد مسارات العمل واختيار طرق التدريس ووسائل التعليم بعد تدريب كافة مدرسي المادة.

وفي عام 1975 صدر قرار وزاري بتعديل الخطة الدراسية للمرحلة الابتدائية حيث زيد عدد الحصص المقررة لكل مادة دراسية وفي العام نفسه صدر قرار تـدريس اللغـة العربيـة وفي عـام 1978 بـدأ تطبيق المنهج المطور للعلوم والتربية الفنية والاقتصاد المنزلي في عام 1979 .

وفي عام 1980 بدأ تطبيق المناهج المطورة للتربية الدينية والمواد الاجتماعية والتربية الرياضية.

وفي عام 1976 تقرر البدء في الاستعداد لمـد الدراسـة في المرحلـة الإعداديـة إلى 3 سـنوات وعـلى ضوء الأهداف العامة للمرحلة الإعدادية وخطتها الدراسية أعيدت صياغة المناهج الدراسية للمرحلة وكـان ابرز ما استهدفته ما يلي:

1- معالجة مشكلة اكتظاظ محتوى المناهج القديمة.

2- زيادة الوقت المخصص لدراسة العلوم.

3-   إدخال بعض المجالات العملية التي يكتسب الطلبة من خلالها المهارات اليدوية النافعة.

4-   الاهتمام بمساعدة الطلبة لاكتشاف استعداداتهم الدراسية وميولهم نحـو أنـواع الأعـمال التـي يرغبون الالتحاق بها.

وفي عام 1980 أقرت الخطة الدراسية المعدلة لفرعي التعليم العـام (العلمـي والأدبي) وكذلك التجاري وبدأ معها تطبيق المناهج المطورة التي كانت ابرز خصائصها ما يلي:

1-   صياغة مناهج تتفق مع فلسفة التفريع والتشعيب التي أدخلت على التعليم الثانوي.

2-   تحديث محتوى المقرر التي كانت في الأصل مصرية وموضوعية أصلا للاستخدام في مصر.

3-   إدخال المواد الاختيارية ضمن الخطة الدراسية لإتاحة الفرصة أمـام الطلبـة لاكتسـاب خـبرات يميلون إليها .

أولاً: تطوير منهج المرحلة الابتدائية

يأتي اهتمام الوزارة بتطوير التعليم الابتدائي باعتباره اللبنة الأولى من التعليم الأساسي والركيـزة الأساسية لإعداد الطلبة في المراحل التعليمية اللاحقة متمثلاً في القرار الوزاري رقـم (138/م ع ن/ 2004م) بتشكيل لجنة عليا لإعداد مشروع تطوير التعليم الابتدائي برئاسة الوكيل المسـاعد للتعليم العـام والفنـي وتضم اللجنة مجموعة من مديري الإدارات ورؤساء الأقسام ومستشارين وخبراء تربويين حيـث حـددت المهام الموكلة إليهم وفق منهجية علمية تربوية تعليمية منظمة.

وقد انطلقت الوزارة في عملها نحو التطوير سعياً إلى تحقيق نقلة نوعية في المرحلة الابتدائية من التعليم الأساسي مستندة في ذلك إلى رؤية التعليم مستقبلاً مستخدمة التخطيط السليم وموظفة التقنيات الحديثة. لذا، فإن الوزارة تسعى ضمن برنامجها الشامل لتطوير التعليم الأساسي بدءا من المرحلة الابتدائية باعتبارها القاعدة الأساسية واللبنات الهامة الأولى في السلم التعليمي، ولذلك تحرص باستمرار على توفير كل متطلبات هذه المرحلة بما يجعلها تتفاعل مع التطورات التكنولوجية وتواكب العصر بتغيراته المتسارعة والتفجر المعرفي الهائل.

التطور في مناهج المرحلة الابتدائية :

أ- الملامح العامة لمنهج التعليم الابتدائي :

إن منهج التعليم الابتدائي يستمد صفاته وأسسه من مشروع الأهداف العامة للتربية وأهداف التعليم الأساسي بالبحرين، ويقوم أساساً على تحقيق الترابط والتكامل بين المواد، وتوفير الخبرة المتكاملة للتلميذ في مواقف تعليمية أشبه بتلك الخبرة التي يواجهها في مواقف حياته المختلفة.

الأسس العامة لبناء مناهج المرحلة الابتدائية :

- تربية التلميذ تربية إسلامية.

- التركيز على المهارات الحركية للتلميذ وتلبية حاجاته.

- مراعاة جميع جوانب النمو ومطالبه.

- الاهتمام بزيادة حصيلة التلميذ اللغوية في كلماته أو في تعبيراته.

- العناية بالتربية الجمالية، وتنمية الذوق الفني لكل ما يحيط بالتلميذ.

- تخطيط محتوى المنهج انطلاقا من الطفل وبيئته.

- إتاحة الفرص أمام التلميذ للوقوف على الحقائق والقيام بالربط بين العلاقات للوصول إلى النتائج في ضوء ما لديه من معلومات.

- اختيار خبرات التعليم بما يتفق مع نظريات وسيكولوجية التعليم ويتناسب مع المستويات المختلفة.

- عرض الخبرات بشكل يساعد المدرس على إعطاء المعلومات بصورة متكاملة ومترابطة ومنظمة.

- توفير الثقافة التكنولوجية البسيطة وتقديم خبرات تعين التلميذ على حل مشكلاته والتعامل الذكي مع منجزات التكنولوجيات المحيطة به في حياته اليومية.

- العناية بتوجيه التلميذ على حب الطبيعة، وتنمية الملاحظة الدقيقة، والتدريب على التجربة العملية، واستخدام الأساليب التي تبعث في نفوس التلاميذ الرغبة والابتكار.

- تنمية جانب الانطلاق في التفكير لدى التلميذ وتشجعه على ممارسة أساليب التفكير السليم الذي تساعده على تنظيم أفكاره وعرضها بصورة سليمة واضحة .

الكتب والمواد التعليمية المطلوب توفرها لتطبيق المنهج المطور للتعليم الابتدائي:

تؤكد الأهداف العامة للمنهج على تنمية قدرة الطالب على التعليم الذاتي والتحرك من هذا المنطلق يستوجب عدم الاقتصار على الكتاب المدرسي بل الاستفادة من المصادر المطبوعة والمرئية والمسموعة كافة داخل المدرسة وخارجها والتي تتفق وأهداف المنهج الدراسي وتناسب مستوى الطالب.

وقد قامت إدارة المناهج بتحديد الحد الأدنى الذي يجب توفره من مواد تعليمية على أمل أن تسعى المدرسة إلى تعزيز هذه المواد عن طريق المكتبة والمختبر والمتحف والمصادر المناسبة الأخرى كدليل المعلم، كتاب الطالب، كراسات التدريب المختلفة وأشرطة الاستماع والوسائل التعليمية والصور والمجسمات والمواد الخام والأجهزة الموسيقية وأدوات وأجهزة التربية الرياضية.

التقويم :

إن الوظيفة الرئيسية للتقويم في مرحلة التعليم الابتدائي هي تشخيص نمو الأطفال وتقدمهم في الدراسة، حتى يساعد ذلك في تعرف العوامل المؤثرة فيهم ايجابيا وسلبا، فيسهل اتخاذ الخطوات المناسبة للرعاية والوقاية والعلاج.

وللقيام بهذه الوظيفة لا تقتصر عملية التقويم على أداء الاختبارات بل تتسع لتشمل الأساليب التي تقيس مختلف جوانب نمو الطفل الجسمية والعقلية والانفعالية والاجتماعية، والهدف المراد بلوغه من وراء التقويم، وعلى الرغم من تعدد أساليب التقويم واختلافها من الضروري جدا أن يتم التقويم دائما كعملية مستمرة متناسقة الخطوات.

ثانياً: تطوير المرحلة الإعدادية

استند تطوير هذه المرحلة من السلم التعليمي في مملكة البحرين إلى بعض المبادئ ذات الأهمية في هذا العمل التربوي وهي إشاعة التعليم الإلكتروني واستخدام التقنية، وإشاعة التعليم الذاتي، الاهتمام بالقيم والأخلاق الإسلامية والتأكيد على دعائم التربية الأربع (التعليم للكينونه، التعليم للحياة، التعليم للعيش، والتعليم للعمل) إلى جانب تعزيز مفاهيم الديمقراطية والسعي لدمج عمليتي التدريس والتدريب في مواقع العمل.

وقد تمت ترجمة هذه التوجهات إلى برامج كبرى وهي على النحو التالي:

1- برنامج تطوير الإدارة التربوية والمدرسية.

2- برنامج تطوير المناهج والتقويم.

3- برنامج رفع كفاءة المعلمين وسائر العاملين في المرحلة الإعدادية.

4- برنامج تطوير تقنية المعلومات.

التطور في مناهج المرحلة الإعدادية :

أصبحت مدة الدراسة بالمرحلة الإعدادية 3 سنوات بدلا من سنتين منذ عام 1978/77 وقد هدفت وزارة التربية والتعليم من هذه المرحلة إلى تحقيق ما يأتي:

1-   الارتفاع بمستوى ودرجة النمو المتكامل للتلاميذ في هذه المرحلة جسميا وعقلياً ووجدانياً واجتماعياً.

2-   الاستمرار في تزويد التلاميذ بمزيد من الحقائق والمناهج والمعارف والخبرات في صورتها العصرية وفي المجالات التي سبقت بالمرحلة الابتدائية دعما وتعميقا لها.

3-   الاستمرار في ترسيخ شعور التلاميذ بالانتماء إلى بلدهم.

4-   الاستمرار في العمل على تأهيل احترام التلاميذ للعمل اليدوي وتذوق الإنتاج.

5-   العمل على تأكيد الاتجاه بانفتاح أبناء البحرين على دول الخليج العربي بخاصة.

وكان من أهم الاتجاهات التي قام عليها بناء منهج المرحلة الإعدادية ما يأتي:

1-   توضيح الأهداف السالفة الذكر وتمثيلها للاتجاهات العلمية والتربوية المعاصرة.

2-   توجيه المزيد من العناية بالبيئة والمجتمع.

3-   تحقيق الشمولية بمفهوم المنهج.

4-   توزيع جديد للمناهج يطابق مدة المرحلة وتطهيرها.

ومن أبرز المشروعات المستحدثة في مجال مناهج المرحلة الإعدادية هي إدخال المجالات العملية بهدف اكتشاف استعدادات وقدرات وميول التلاميذ وتوجيههم نحو ما يناسبهم من الدراسة في المرحلة الثانوية وكذلك تهيئة الجو المناسب والوسائل الممكنة التي

تساعد التلاميذ على الإحاطة بعالم العمل في البيئة واكتساب أسس المهارات العملية في مجالات الأشغال والفنون والأعمال الحرفية البسيطة حسب قدراتهم وميولهم.

وتتكون الخطة الدراسية للدراسة الإعدادية من عدد حصص الخطة الدراسية كما في البيان التالي:

المقررات	الصف الأول		الصف الثاني		الصف الثالث	
	ف1	ف2	ف1	ف2	ف1	ف2
مقررات الثقافة العامة:						
التربية الدينية	2	2	2	2	2	2
اللغة العربية	4	2	4	4	4	4
اللغة الانجليزية	4	2	4	4	4	4
الرياضيات	4	2	4	4	4	4
العلوم	2	2	2	2	2	2
المواد الاجتماعية	2	2	2	2	2	2
التربية الفنية	1	1	1	1	1	1
اقتصاد منزلي	1	1	1	1	1	1
التربية الرياضية	2	2	2	2	2	2
مجموع عدد حصص مقررات الثقافة العامة	22	22	22	22	22	22
مقررات البرنامج الأساسي:						
مقدمة في الأعمال التجارية (البريد وبدالة الهاتف)	4	-	-	-	-	-
الاتصالات في المنشآت	4	4	-	-	-	-
تنظيم الملفات والسجلات	4	4	-	-	-	-
الاستنساخ والبضاعة	-	4	4	-	-	-
عرض البضائع	-	-	2	2	2	-
أعمال البيع	2	2	2	-	-	-
أعمال التحصيل	-	-	2	2	2	-
تخزين البضائع	-	-	-	-	2	4
التطبيق الميداني	-	-	-	6	-	6
مجموع عدد حصص مقررات البرنامج الأساسي	14	14	10	10	10	10
مقررات البرنامج الفرعي الديكور الداخلي	-	-	4	4	4	4

ثالثاً: تطوير منهج المرحلة الثانوية

يهدف التعليم الثانوي في البحرين إلى الارتقاء بنمو الطـلاب جسـمياً وعقلياً وخلقياً واجتماعياً وقومياً بما يجعلهم أفراداً ناضجين ومواطنين صـالحين، وتزويـدهم بمـا يحتاجونـه مـن معـارف وخـبرات في العلوم والآداب والفنون لتمكينهم مـن مواصلة دراسـتهم بمرحلـة التعليـم العـالي والجـامعي، وإعـدادهم لممارسة الحياة العامة عن طريق تزويدهم بالقيم السليمة والاتجاهات العلمية وأساليب التفكير المنطقـي وطرق مواجهة الحياة العصرية وحل مشكلاتها. (مصطفى متولى، 1416هـ ص109)

كانت الأفكار والخبرات المطروحة في السبعينات لتطوير التعليم الثانوي تتجسد في الاتجاهـات الثلاثة التالية:

1- الاتجاه نحو المدرسة الشاملة.

2- الاتجاه نحو التنويع والتشعيب.

3- الاتجاه نحو المدرسة البوليتكنيكية.

وقد تحددت الأهداف المطلوب تحقيقها بالمرحلة الثانوية

1- استمرار تحقيق النمو المتكامل للطالب.

2- تنمية الكفاية الأسرية.

3- تنمية حب العمل المنتج لدى الطالب.

4- تنمية الشعور بالمواطنة وتحمل المسؤولية.

5- استثمار أوقات الفراغ وتنمية القدرة على التعليم المستمر.

6- إعداد الكفايات العلمية والمهنية لتحقيق أهداف التنمية الاقتصادية والاجتماعية بالبحرين.

ومن أبرز مميزات الخطة الدراسية للتعليم الثانوي ما يأتي:

1- استحداث فروع جديدة بها وهي العلوم الصحية والتمريض، والفندقة، قسم الأنسجة والملابس، الثروة الحيوانية والسمكية.

2- تعزيز الالتحاق بالتعليم الفني والمهني وخفض نسبة الالتحاق بالتعليم الأكاديمي العام.

3- استحداث شعب داخل فرع الآداب وهي اللغات، الاقتصاد، والأعمال المكتبية، والفنون الجميلة والاقتصاد المنزلي، واستحداث شعب داخل فرع العلوم وهي الكيمياء والتاريخ الطبيعي، الفيزياء والرياضيات.

4- استحداث مواد اختيارية في الخطة الدراسية حيث تتاح الفرصة أمام الطالب لاختيار مادة منها في كل عام دراسي.

5- إدخال مواد مهنية في الخطة - ضمن المواد الاختيارية- وهي الالكترونيات، الكهرباء وإصلاح السيارات، والآلة الكاتبة.

6- تخصيص جزء من اليوم الدراسي للأنشطة اللاصفية لكي يتاح للطالب مزيدا من الفرص لممارسة هواياته.

7- تخصيص جزء من اليوم الدراسي لدروس التقوية والعلاج لمن يحتاجها.

8- بدء التفريع في التعليم العام من السنة الأولى الثانوية لتخفيض العبء على الطلاب.

9- تمديد اليوم المدرسي بحيث يستغل الوقت الإضافي في الأنشطة اللاصفية المقررة للمنهج الدراسي.

تجربة تفريع التعليم الثانوي في البحرين :

استجابة لسرعة التطور الكمي والكيفي في المعرفة في عصر التقدم العلمي والتكنولوجي، وتكيفا مع الظروف والتغيرات المجتمعية التي شهدتها دولة البحرين، وانطلاقا من الدور الذي تقوم به التربية في تنشئته وإعداد القوى البشرية ومن دينامية

التطور والبحث عن أفضل البدائل لتحقيق الأهداف، تشكلت لجنة تطوير التعليم الثانوي بـوزارة التربية والتعليم عام 1977م التي قامت باستطلاع آراء المسؤولين في وزارات العمل والشؤون الاجتماعيـة والصحة والتنمية الصناعية، كما استطلعت آراء المدرسين والدارسين وأصحاب العمل وغـيرهم مـن المعنيـين بتطوير التعليم الثانوي.

وتجسدت الأفكار المطروحة في ثلاثة اتجاهات هي: الاتجاه نحو المدرسة الشاملة، والاتجاه نحو التنويـع والتشـعيب، والاتجاه نحـو المدرسـة البوليتكنيكيـة، وفي إطار الظروف الاجتماعيـة والاقتصـادية والثقافية للمجتمع البحريني رأت لجنة تطوير التعليم الثانوي أن الاتجاه نحو التنويع والتشـعيب أفضل البدائل وأكثرها استجابة لمطالب المجتمع البحريني. (مصطفى متولى، 1416هـ ص148)

أهداف تجربة تفريع التعليم الثانوي

تشتق الأهداف العامة للتعليم الثانوي ومناهجه وخططه الدراسية في تجربة التفريع والتنويـع من مجموعة من المصادر يمكن إجمالها

أ- خصائص المجتمع البحريني بوصفه جزءاً من الأمة العربية الإسلامية يسعى إلى تحقيق التنمية الشاملة.

ب- اتجاهات العصر وخصائصه التي تتميز بالتقدم العلمي والتكنولوجي السـريع ومـا يفرضه ذلك مـن ضرورة التأكيد على التعليم الذاتي والتربية المستمرة.

ج- خصائص نمو طلاب المرحلة الثانوية وميولهم وحاجاتهم.

د- الأهداف التربوية للمرحلة الثانوية كما حددتها المنظمة العربية للتربية والثقافة والعلوم وكما حـددها مكتب التربية العربي لدول الخليج.

هـ- الجهود التـي بـذلتها وزارة التربيـة والتعلـيم في السـنوات العشرـ الماضية في مجال تطوير الأهـداف التربوية.

وفي ضوء تلك المصادر يمكن تحديد الأهداف التي تسعى تجربة تفريع التعليم الثانوي وتشعيبه في البحرين إلى تحقيقها:

أ- تنمية الشعور بالمواطنة وتحمل المسؤولية من خلال إدراك المفاهيم الأساسية للإسلام كمنهج شامل للحياة وإدراك الدور الحضاري للأمة العربية الإسلامية والاعتزاز بالانتماء إليها وإدراك الروابط التي تجمع دول مجلس التعاون ومتطلبات تنميتها والتحديات التي تواجهها.

ب- إعداد الكفايات العلمية والمهنية لتحقيق أهداف التنمية الاقتصادية والاجتماعية وذلك بتنمية حب العمل المنتج وربط مخرجات التعليم بحاجات التنمية في المجتمع البحريني.

ج- استمرار تحقيق نمو الطلاب جسميا وعقليا واجتماعيا وروحيا بشكل سليم متكامل يساعدهم على أن يكونوا منتجين فكريا وعمليا.

د- اكتساب المفاهيم والمعلومات والمهارات التي تشجع الطلاب على الملاحظة الدقيقة والتحليل والنقد والتجديد والابتكار وتمكنهم من مواصلة الدراسة الجامعية والنجاح في الحياة.

هـ- إتقان مهارات التعليم الذاتي وتنمية القدرة على التعليم المستمر والاعتماد على النفس في البحث والاطلاع.

و- اكتساب المفاهيم والاتجاهات والميول التي تمكن الطلاب من الإفادة من وقت الفراغ بما يساعد على تنمية إمكاناتهم وقدراتهم وإشباع ميولهم ورغباتهم. (مصطفى متولى، **1416هـ ص 149-151)**

تقويم تجربة تفريع التعليم الثانوي في البحرين :

تشير تقارير وزارة التربية والتعليم في البحرين إلى أن نظام التفريع والتشعيب قد خضع منذ تطبيقه في العام الدراسي **1982/81م** للدراسة والتقويم، وعقدت الوزارة الندوات والحلقات الدراسية التي قادها معالي وزير التربية والتعليم وشارك فيها

مسؤولون وخبراء من داخل الوزارة وخارجها، وقد أكدت هذه اللقاءات والندوات أن تفريع وتشعيب التعليم الثانوي "كان خطوة طبيعية لتطوير التعليم الثانوي، ومع ما يحققه من تضييق الفجوة بين أنواع التعليم والاهتمام بالجانب العملي وتوفير الخلفية العلمية. إلا أنه لا يمثل النموذج الأمثل الذي تتطلع إليه وزارة التربية والتعليم لإعداد أبنائها للعيش في القرن الواحد والعشرين.

وقد تبين من هذه الندوات التقويمية مؤشرات تطوير التعليم الثانوي تطويراً شاملاً في محتواه ووسائله وبنيته تجعله أكثر قدرة على تحقيق الأهداف التربوية، ونتيجة لهذا الحوار تم الاتفاق على تطوير المناهج بمفهومها الشامل تطويراً نوعياً لتجويد عملية التعليم "وتنظيم المناهج في شكل مقررات دراسية تمتاز بالتنوع والتكامل والتتابع، بالإضافة إلى الاعتماد على الساعات المعتمدة في بناء الخطط الدراسية ونظام التقويم".

هذا وقد قام بإنشاء هذه المدرسة لجنة من الأهالي برعاية المغفور له الشيخ عبد الله بن عيسى ـ آل خليفة وزير المعارف السابق بمساعدة التبرعات التي جمعت لهذا الغرض. وفي عام 1926م قامت اللجنة الأهلية المشرفة على التعليم آنذاك بتأسيس المدرسة الثانوية للبنين في مدينة المنامة.

ولم تكن الفتاة في البحرين بمنأى عن التعليم، فقد سنحت لها فرصة التعليم النظامي بعد أن استشعر الأهالي بضرورة التعليم للبنات كضرورته للبنين، ونظراً للصعوبات المالية والإدارية التي واجهت اللجنة المشرفة على التعليم عمدت الحكومة عام 1930م إلى تولي مسؤولية هذه المدارس ووضعتها تحت إشرافها المباشر. (مصطفى متولي، 1416هـ)

المرحلة الثالثة: نظام التربية والتعليم البحريني في عام 2005م

ميثاق العمل الوطني

في الذكري الأولى للتصويت على ميثاق العمل الوطني وتحديدا في الرابع عشر من فبراير **2002** أعلن الشيخ حمد بن عيسى آل خليفة تحول بلاده إلى مملكة دستورية، وإجراء كافة التعديلات الدستورية التي أقرها ميثاق العمل الوطني. وكان ميثاق العمل الوطني قد طرح للاستفتاء عليه في الرابع عشر من فبراير **2001** ونال تأييد **98.4%** من الشعب البحريني، وقد جاء الميثاق في معظم بنوده تأكيداً على ما ورد في دستور عام 1973 ، وزاد عليه في نقطتين هما تحول البحرين من إمارة إلى مملكة دستورية، والأخذ بنظام المجلسين لتولي المهام التشريعية مجلس منتخب والأخر معين.

وفي حفل التوقيع على التعديلات الدستورية أعلن الشيخ حمد بن عيسى آل خليفة أن الانتخابات المحلية للبلاد سوف يتم إجرائها في التاسع من مايو من عام 2002، بحيث يعقبها إجراء انتخابات برلمانية في **24** أكتوبر من عام **2002**، وسوف تشارك المرأة بشكل كامل في تلك الانتخابات وذلك لأول مرة في تاريخ البلاد، وأضاف الشيخ "حمد" أثناء الحفل الذي بثته بثاً مباشراً العديد من القنوات الفضائية العربية "إننا حريصون على استعادة الحياة الديمقراطية في أسرع وقت ممكن من أجل مجد البحرين ورخائها وتقدمها" وبمجرد إعلان الملك "حمد" عن قيام الملكية وموعد إجراء الانتخابات البرلمانية، طاف البحرينيون المبتهجون في شوارع معظم المدن والقرى احتفالاً بتلك المناسبة، حيث لم يكن متوقعاً الانتهاء من تنفيذ بنود ميثاق العمل الوطني قبل عام **2004** .

وبموجب التعديلات التي تمت على الدستور سوف يكون للبحرين هيئة تشريعية ذات مجلسين، أحدهما ينتخب من جانب الشعب والآخر مجلس شورى من الخبراء تقوم الحكومة بتعيينهم ثم إجراء الانتخابات الخاصة بالمجلس المنتخب.

البعد الاجتماعي للميثاق الوطني

حرص الميثاق على مراعاة البعد الاجتماعي في سياسات التنمية وأن تقوم الدولة بمسؤولياتها الاجتماعية بشكل كامل، وهذا ما يبدو من جهودها في مجال التعليم والإسكان والبطالة والصحة وغيرها، ويمكن عرض أهم المؤشرات العاكسة لهذا الأمر في عام 2001 كالآتي:

- زيادة حجم المساعدات الاجتماعية للأسر الفقيرة إلى 4.3 مليون دينار بزيادة قدرها 626.325 ألف دينار أي ما نسبته 16.9% من الميزانية، كما تم تخفيض رسوم التعليم الجامعي وتخفيض رسوم الكهرباء والشؤون البلدية، وتخفيض الرسوم الجمركية، وصرف راتب شهر للموظفين.

- بلغت تكلفة جملة تخفيض أقساط الاسكان التي صدر إعفاء بشأنها من قبل أمير البلاد الشيخ حمد بن عيسى آل خليفة، نحو 172 مليون دينار، استفادت منها 30 ألفاً و 174 أسرة بحرينية موزعة على البيوت والقروض الإسكانية وشقق التملك، كما وافقت لجنة الإسكان والإعمار برئاسة ولي العهد على مشروع إنشاء 4 مدن سكنية جديدة عصرية وحديثة، وستقع هذه المدن الأربع في مناطق: شرق المحرق، وشمال البحرين، وشرق سترة وغرب مدينة حمد، وتستوعب 50 ألف أسرة بحرينية قوامها 250 ألف نسمة، وقد روعي في اختيار مواقع هذه المدن التوزيع الجغرافي، واحتياجات سكان المناطق المختلفة في البحرين.

- تعد جهود الدولة في مواجهة البطالة خلال عام 2001 هي الأكثر بروزاً وتعبيراً عن نهجها في إعطاء البعد الاجتماعي في سياسات التنمية أهمية كبيرة، وفي هذا السياق، أقر مجلس الوزراء البحريني في 2001/4/30 "البرنامج الوطني لتدريب وتوظيف البحرينيين باعتماد مالي قدره 25 مليون دينار بحريني وسيتم بمقتضى هذا المشروع الوطني الضخم والطموح تأهيل وتدريب وتوظيف

المواطنين الباحثين عن عمل، حيث تم تأمين راتب للعاطلين قدره 70 ديناراً للأعزب ومائة دينار للمتزوج.

- احتلت البحرين المرتبة الأولى عربياً والثانية إسلاميا بعد سلطنة بروناى في دليل التنمية البشرية لعام 2001، والذي صدر عن الأمم المتحدة في 2001/7/10 والمرتبة الأربعين عالمياً متقدمة عن المرتبة واحد وأربعين في عام 2000 .

مارس 2002 المجلد (3) العدد (3) www.Bahrain Brief

أول قانون للتعليم في مملكة البحرين :

صدر عن ملك مملكة البحرين الشيخ حمد بن سلمان آل خليفة أول قانون للتعليم في البلاد والذي ينص على أن التعليم حق تكفله مملكة البحرين لجميع المواطنين، وأن تنبثق فلسفة التعليم من قيم الدين الإسلامي والانتماء العربي. كما نص القانون على أن التعليم الأساسي حق لكل طفل يبلغ السادسة من عمره، وأن يكون التعليم مجانيا من الأول الابتدائي وحتى نهاية المرحلة الثانوية. قد أكد القانون لمراعاة الاتجاهات العالمية فيما يتعلق بالثقافة العلمية والتعليم الذاتي والوعي بحقوق الإنسان والمحافظة على البيئة والأخذ بالتوجهات المستقبلية في مجالات التعليم والتعلم والتدريب والتعليم المستمر مدى الحياة ورعاية الموهوبين وتوفير التعليم والبرامج المناسبة لذوي الاحتياجات الخاصة وغير ذلك من مقومات التعليم.

مارس 2002 المجلد (3) العدد (3) www.Bahrain Brief

إعادة هيكلة الوزارة

صدر مرسوم ملكي رقم (53) لسنة 2005 بإعادة تنظيم وزارة التربية والتعليم وجاء في المرسوم: أنه يعاد تنظيم وزارة التربية والتعليم لتكون على النحو الآتي:

أولاً: وزير التربية والتعليم وتتبعه :

- إدارة العلاقات العامة والإعلام.

- إدارة شؤون المنظمات واللجان.

ثانياً: وكيل الوزارة لشؤون التعليم والمناهج ويتبعه :

1- الوكيل المساعد للتعليم العام والفني وتتبعه :

- إدارة التعليم الابتدائي.

- إدارة التعليم الإعدادي.

- إدارة التعليم الثانوي.

- إدارة التعليم الفني والمهني.

2- الوكيل المساعد للتعليم الخاص والمستمر وتتبعه :

- إدارة رياض الأطفال.

- إدارة التعليم الخاص.

- إدارة التعليم المستمر.

- إدارة الشؤون الجامعية.

3- الوكيل المساعد للخدمات التربوية والأنشطة الطلابية وتتبعه:

- إدارة التربية الخاصة.

- إدارة المكتبات العامة.

- إدارة الخدمات الطلابية.

- إدارة التربية الرياضية والكشفية والمرشدات.

4- الوكيل المساعد للمناهج والإشراف التربوي وتتبعه :

- إدارة المناهج

- إدارة تقنيات ومصادر التعلم

- إدارة الامتحانات

- إدارة الإشراف التربوي

ثالثاً: وكيل الوزارة للموارد والخدمات ويتبعه :

1- الوكيل المساعد للموارد البشرية وتتبعه :

- إدارة الموارد البشرية

- إدارة التدريب والتطوير المهني

2- الوكيل المساعد للموارد المالية والخدمات وتتبعه :

- إدارة الموارد والتجهيزات

- إدارة الموارد المالية

- إدارة الخدمات

3- الوكيل المساعد للتخطيط والمعلومات وتتبعه :

- إدارة نظم المعلومات

- إدارة التخطيط والمشاريع التربوية

- إدارة البعثات والملحقيات

الهيكل التنظيمي العام لوزارة التربية والتعليم في مملكة البحرين

المصدر/ الموقع الإلكتروني لوزارة التربية والتعليم في مملكة البحرين

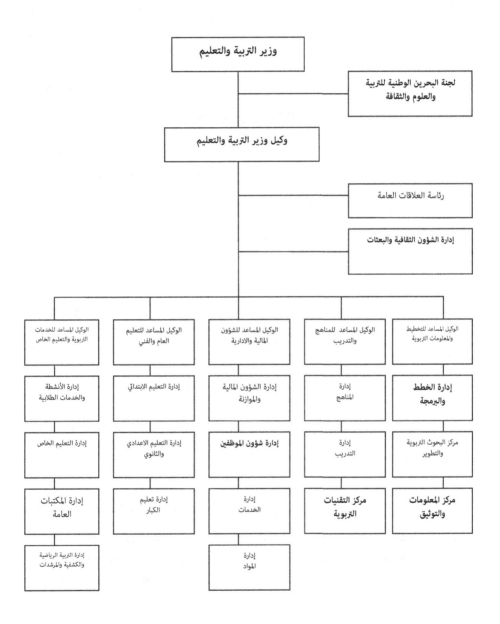

أولاً: نظام التعليم العام في عام 2005م

المصدر / الموقع الإلكتروني لوزارة التربية والتعليم في مملكة البحرين

السلم التعليمي في دولة البحرين

التعليم ما قبل المدرسة

التعليم الأساسي

التعليم الثانوي

السلم التعليمي في دولة البحرين

<table dir="rtl">
<tr><th>الصفوف</th><th>السن</th><th colspan="7"></th></tr>
<tr><td>12</td><td>17</td><td colspan="6">التعليم الثانوي</td><td rowspan="12">التعليم الديني (الابتدائي والإعدادي والثانوي)</td></tr>
<tr><td>11</td><td>16</td><td colspan="2">العام</td><td rowspan="2">التجاري</td><td rowspan="2">الصناعي</td><td colspan="2">التطبيقي</td></tr>
<tr><td>10</td><td>15</td><td>الأدبي</td><td>العلمي</td><td>الإعلان</td><td>الأنسجة</td></tr>
<tr><td>9</td><td>14</td><td colspan="6" rowspan="3">التعليم الأساسي
الحلقة الثالثة (الإعدادية)</td></tr>
<tr><td>8</td><td>13</td></tr>
<tr><td>7</td><td>12</td></tr>
<tr><td>6</td><td>11</td><td colspan="6" rowspan="3">الحلقة الثانية (الابتدائية)</td></tr>
<tr><td>5</td><td>10</td></tr>
<tr><td>4</td><td>9</td></tr>
<tr><td>3</td><td>8</td><td colspan="6" rowspan="3">الحلقة الأولى (الابتدائية)</td></tr>
<tr><td>2</td><td>7</td></tr>
<tr><td>1</td><td>6</td></tr>
</table>

التعليم ما قبل المدرسة

تسبق هذه المرحلة مرحلة التعليم الابتدائي ويلتحق بها الأطفال الذين تقل أعمارهم عن سن القبول في المرحلة الابتدائية وتنقسم إلى فترتين هما:

فترة الحضانة: وهي للأطفال من سن الرضاعة إلى الثالثة من العمر.

فترة رياض الأطفال: وهي للأطفال من سن الثالثة إلى السادسة من العمر، ويخرج التعليم في هذه المرحلة عن نطاق السلم التعليمي النظامي، حيث تتم إدارته من قبل القطاع الخاص، ومع ذلك تشرف وزارة التربية والتعليم على رياض الأطفال التي تتبع في

عملها النظم والتعليمات الصادرة من الوزارة. أما دور الحضانة فهي من مسؤولية وزارة العمل والشؤون الاجتماعية.

التعليم الأساسي :

ينقسم التعليم الأساسي إلى مرحلتين هما :

1- المرحلة الابتدائية

تمثل هذه المرحلة أولى درجات السلم التعليمي النظامي في الدولة وتشمل الفئات العمرية من **12-6** سنة، وتمتد الدراسة بها لمدة ست سنوات، وتنقسم هذه المرحلة بدورها إلى حلقتين هما:

- الحلقة الأولى :

وتضم الصفوف الثلاثة الأولى من التعليم الابتدائي، ويطبق في جميع مدارسها تقريباً نظام معلم الفصل، ويقوم في ظل هذا النظام معلم واحد بتدريس جميع المواد ما عدا التربية الموسيقية والتربية الرياضية.

- الحلقة الثانية:

وتضم الصفوف الثلاثة العليا، ويطبق في مدارسها نظام معلم المادة، حيث يدرس كل مادة دراسية معلم متخصص ومؤهل تأهيلاً تربوياً.

وتشتمل مناهج الحلقتين الأولى والثانية من التعليم الأساسي على مواد إلزامية مشتركة تضم: التربية الإسلامية، واللغة العربية، واللغة الإنجليزية، والعلوم والتكنولوجيا، والرياضيات، والمواد الاجتماعية، والتربية الرياضية، والتربية الأسرية، والتربية الفنية، والأناشيد والموسيقى كما هي مبينة في الخطط الدراسية في المدارس الحكومية.

أما بشأن نظام التقويم فيطبق نظام التقويم التكويني الذي يهدف إلى توصيل المتعلم إلى درجة إتقان كفايات محددة للمواد الدراسية المختلفة من خلال عملية تعليم

وتشخيص وتصحيح مستمرة ومتواصلة بحيث تكون نتيجتها وصول التلميذ إلى تعلم كل المطلوب في الكفاية. ويعتمد المعلم في تقويمه على أدوات وأساليب متنوعة، كالملاحظة المنظمة، والتدريبات اليومية، والأنشطة المخططة، والمشروعات الفردية والجماعية، والاختبارات التشخيصية والتجميعية، وتكون نسب النجاح المطلوبة هي 60% من النهاية العظمى، وقد عمم هذا النظام على جميع المدارس الابتدائية.

وبالنسبة لفصول الحلقة الثانية فمعظمها تقريباً يطبق فيها النظام السابق ذكره. أما المدارس الأخرى فيطبق فيها نظام مشابه في أدواته وأساليب تقويمه، إلا أن نسبة النجاح المطلوبة هي 50% من النهاية العظمى لكل مادة دراسية وتعطي للطالب في صفوف الحلقة الأولى أو الثانية فرصة إعادة التقييم في حالة رسوبه في بعض المواد الدراسية ولمزيد من التفاصيل حول نظام التقويم التربوي في التعليم الأساسي أنظر التشريعات والأنظمة .

تمثل هذه المرحلة أولى درجات السلم التعليمي النظامي في الدولة، وتشمل الفئات العمرية من 6-12 سنة، وتمتد الدراسة بها لمدة ست سنوات وتنقسم هذه المرحلة بدورها إلى حلقتين هما :

الحلقة الأولى: وتضم الصفوف الثلاثة الأولى من التعليم الابتدائي، ويطبق في جميع مدارسها تقريباً نظام معلم الفصل، ويقوم في ظل هذا النظام معلم واحد بتدريس جميع المواد ما عدا التربية الموسيقية والتربية الرياضية.

الحلقة الثانية: وتضم الصفوف الثلاثة العليا، ويطبق في مدارسها نظام معلم المادة، حيث يدرس كل مادة دراسية معلم متخصص ومؤهل تأهيلاً تربوياً.

وتشتمل مناهج الحلقتين الأولى والثانية من التعليم الأساسي على مواد إلزامية مشتركة تضم: التربية الإسلامية، واللغة العربية، واللغة الإنجليزية، والعلوم والتكنولوجيا، والرياضيات، والمواد الاجتماعية، والتربية الرياضية، والتربية الأسرية، والتربية الفنية، والأناشيد والموسيقى.

أما بشأن نظام التقويم، فيطبق نظام التقويم التكويني الذي يهدف إلى توصيل المتعلم إلى درجة إتقان كفايات محددة للمواد الدراسية المختلفة من خلال عملية تعليم وتشخيص وتصحيح مستمرة ومتواصلة بحيث تكون نتيجتها وصول التلميذ إلى تعلم كل المطلوب في الكفاية. ويعتمد المعلم في تقويمه على أدوات وأساليب متنوعة، كالملاحظة المنظمة، والتدريبات اليومية، والأنشطة المخططة، والمشروعات الفردية والجماعية، والاختبارات التشخيصية والتجميعية. وتكون نسب النجاح المطلوبة هي 60% من النهاية العظمى. وقد عمم هذا النظام على جميع المدارس الابتدائية.

وبالنسبة لفصول الحلقة الثانية فمعظمها تقريباً يطبق فيها النظام السابق ذكره، أما المدارس الأخرى فيطبق فيها نظام مشابه في أدواته وأساليب تقويمه، إلا أن نسبة النجاح المطلوبة هي 50% من النهاية العظمى لكل مادة دراسية ويعطى الطالب في صفوف الحلقة الأولى أو الثانية فرصة إعادة التقييم في حالة رسوبه في بعض المواد الدراسية.

2- المرحلة الإعدادية :

تعتبر المرحلة الإعدادية الحلقة الثالثة والأخيرة من التعليم الأساسي، وتضم الفئة العمرية من 12-14 سنة، ومدة الدراسة بها ثلاث سنوات، ويشترط للالتحاق بهذه المرحلة النجاح في الصف السادس الابتدائي ويطبق في هذه المرحلة نظام المعلم المادة، حيث يدرس كل مادة دراسية معلم متخصص ومؤهل تأهيلاً تربوياً.

وتشتمل مناهج الحلقة الثالثة من التعليم الأساسي مواد إلزامية مشتركة تضم: التربية الإسلامية، واللغة العربية، واللغة الإنجليزية، والعلوم والتكنولوجيا، والرياضيات ، والمواد الاجتماعية، والمجالات العملية، والتربية الرياضية.

ويتم تقويم التلاميذ في الحلقة الثالثة من التعليم الأساسي من خلال الملاحظة المنظمة، والتدريبات اليومية، والتطبيقات، والأنشطة المخططة، والمشروعات الفردية والجماعية، واختبار منتصف الفصل الدراسي وامتحان نهاية الفصل. وتكون النسب

المطلوبة للنجاح **50%** من النهاية العظمى لكل مادة دراسية، ويحق للطالب دخول امتحان الدور الثاني في حالة رسوبه في إحدى المواد وذلك حسب شروط وضوابط يحددها نظام التقويم والامتحانات بهذا الشأن، كما يحق للطالب إعادة الصف في حالة رسوبه مرة واحدة مع توفير الدروس العلاجية له، كما يسمح للراسبين في هذه الحلقة التقدم للامتحان حسب نظام الانتساب من المنازل. ويمنح من اجتاز الامتحان بنجاح شهادة إتمام التعليم الإعدادي.

وابتداء من العام الدراسي **2000/1999م** بُدئ بتطبيق نظام التقويم التربوي في التعليم الأساسي في المرحلة الاعدادية.

الخطة الدراسية للتعليم الأساسي :

المواد الدراسية	الأول	الثاني	الثالث	الرابع	الخامس	السادس	السابع	الثامن	التاسع
التربية الإسلامية	3	3	3	2	2	2	2	2	2
اللغة العربية	9	9	8	7	7	7	6	6	6
اللغة الإنجليزية	-	-	2	5	5	5	5	5	5
الرياضيات	5	5	5	5	5	5	5	5	5
العلوم والتكنولوجيا	2	2	2	3	3	3	4	4	4
المواد الاجتماعية	1	1	2	2	2	2	3	3	3
التربية الأسرية	-	-	-	1	1	1	-	-	-
التربية الفنية	2	2	2	2	2	2	-	-	-
* الدراسات العملية	-	-	-	-	-	-	3	3	3
التربية الرياضية	2	2	2	2	2	2	2	2	2
الأناشيد والموسيقى	1	1	1	1	1	1	-	-	-
المجموع	25	25	27	30	30	30	30	30	30

تشمل الدراسات العملية الاقتصاد المنزلي والتربية الفنية والمجالات العملية، الأرقام أعلاه تمثل عدد الحصص الأسبوعية، مدة الحصة الدراسية خمسون دقيقة، تضم الخطة الدراسية للحلقة الثالثة من التعليم الأساسي – المرحلة الاعدادية- ثلاث

حصص إضافية في الأسبوع لتصبح عدد الحصص الأسبوعية في هذه المرحلة ثلاثاً وثلاثين حصة بدلاً من ثلاثين حصة تخصص لرفع مستوى التحصيل الدراسي وتعزيز عمليات التعلم والتعليم، وتوزع هذه الحصص الثلاث على ثلاثة أيام في الأسبوع.

3- المرحلة التعليم الثانوي

تعتبر هذه المرحلة مكملة لمرحلة التعليم الأساسي، ومرحلة جديدة للطالب إذ تعده لدخول الجامعات والمعاهد العليا أو الانخراط المباشر في سوق العمل. ومدة الدراسة بها ثلاث سنوات دراسية مقسمة إلى ستة فصول دراسية (ثلاثة مستويات) ويشترط فيمن يُقبل بالفصل الدراسي الأول من التعليم الثانوي أن يكون حاصلاً على شهادة إتمام الدراسة الإعدادية أو ما يعادلها.

ويطبق في هذا المرحلة نظام الساعات المعتمدة الذي يقدم خيارات واسعة من المواد الدراسية والمساقات التي تتيح للطالب مواءمة الدراسة التي تتفق مع أهدافه المستقبلية.

وفي ظل هذا النظام للطالب حرية اختيار الدراسة في إحدى المسارات التالية: العلمي، أو الأدبي، أو التجاري، أو الصناعي، (أو شعبة الأنسجة والملابس للبنات) أو قسم التدريب المهني للبنين، ويمكن للطالب أن ينتقل من مساق إلى آخر وذلك بالاعتماد على المساقات المشتركة بين أكثر من تخصص.

وتعتمد الخطة الدراسية في المرحلة الثانوية – نظام الساعات المعتمدة- على مجموع الساعات المعتمدة اللازمة للحصول على الشهادة العامة، مدتها **156** ساعة معتمدة للمسارات العلمي والأدبي والتجاري والأنسجة و **210** ساعة معتمدة للمسار الصناعي، موزعة بنسب محددة على أربع مجموعات من المساقات هي على النحو التالي:

المساقات المشتركة:

وهي مساقات تمتاز بالتنوع والتكامل وتأمين حد أدنى من الثقافة العامة يدرسها جميع الطلبة وتحوي القدر الكافي من المعلومات والمهارات والاتجاهات التي تساعد الطلبة على الاستمرار في التعليم والتعلم ذاتياً، ونسبتها 45% من متطلبات الدراسة بالتعليم الثانوي للمسار العلمي والأدبي والتجاري والأنسجة و 23.8% للمسار الصناعي.

المساقات التخصصية :

وهي مجموعة المساقات التي يكون الطالب ملزماً بدراستها في المسار الواحد ونسبتها في المسار العلمي والأدبي والتجاري 39% وفي مسار الأنسجة 64.8% وفي المسار الصناعي 57.2% .

المساقات التخصصية الاختيارية :

وهي مساقات تخصصية تكون موجهة إلى التوسع والتعمق في تخصص معين، أو متصلة بحقل من حقول المعرفة، ونسبتها في المسار العلمي والأدبي والتجاري 8% وفي مسار الأنسجة 11.4%، وفي المسار الصناعي 19% .

المساقات الاختيارية :

وهي مساقات تهدف إلى إثراء المنهج وإشباع رغبات الطلبة وميولهم، وتحقيق التوازن والتكامل بين المساقات الأخرى الأساسية والتخصصية، ونسبتها 8% في المسار العلمي والأدبي والتجاري. ويتكون الجدول اليومي المدرسي من ست حصص دراسية في جميع المدارس الثانوية، مدة كل حصة 50 دقيقة. وتبين صفحة الخطط الدراسية في المدارس الحكومية توزيع الساعات المعتمدة لمجموعة المساقات التي تلزم لإنهاء الدراسة الثانوية في كل مسار.

ويعتمد نظام التقويم في التعليم الثانوي على ما يلي:

التقويم الداخلي التكويني التشخيصي المستمر الذي يقوم به المعلم على مدار الفصل الدراسي ويخصص له 30% من العلامة الكلية للطالب في المادة الدراسية، يتم احتسابها بناء على الامتحانات والاختبارات الأدائية الصفية من شفهية وتحريرية.

التقويم الداخلي للطالب على مستوى المدرسة حيث يشارك فيه المعلمون المختصون بتدريس مادة محددة في المدرسة بإشراف المدرس الأول وذلك عبر تحديد امتحان يؤديه الطالب في منتصف الفصل الدراسي ويخصص له 20% من العلاقات الكلية للطالب.

التقويم الخارجي ويخصص له 50% من العلامة الكلية للطالب وتقوم به الوزارة بالتنسيق مع المدارس وذلك عبر امتحان موحد تشرف عليه لجان دورية للمدارس تؤلفها الوزارة من خارج المدرسة ويشترك في اللجان اختصاصيون وموجهون واختصاصيو المناهج ومدرسون أوائل حيث يقومون بتفقد المدارس بشكل دوري وتنظيم الامتحانات التجميعية التلخيصية.

وتحدد متطلبات للنظام التقويمي النسبة المطلوبة للنجاح مرحلياً في كل مادة دراسية بـ (50%) من العلامة الكلية، شرط أن يحقق الطالب (20%) من مجموع علامات التقويم الداخلي، ونفسها في التقويم التجميعي الذي تجريه الوزارة آخر الفصل الدراسي.

ويحصل الطالب على شهادة إتمام الدراسة الثانوية بشرط حصوله على معدل تراكمي نهائي يبلغ كحد أدنى (50%) من العلامة القصوى مع استيفائه سائر متطلبات إنهاء الدراسة.

وتقوم الوزارة باعتماد النظام النسبي في احتساب نتائج الطلبة، حيث يتم احتساب علامات الطالب في المائة ولمزيد من التفاصيل حول نظام التقويم التربوي في التعليم الثانوي يمكن مراجعة نظام الساعات المعتمدة ونظام التقويم التربوي في التعليم الثانوي الصناعي.

متطلبات الدراسة في التعليم الثانوي :

* توزيع الساعات المعتمدة لمجموعة المساقات المشتركة لجميع المسارات:

المجال	عدد الساعات المعتمدة	عدد الحصص
اللغة العربية	18	270
اللغة الإنجليزية	18	270
التربية الإسلامية	8	120
العلوم	6	90
الرياضيات	6	90
المواد الاجتماعية	6	90
التربية الرياضية	6	90
التربية الأسرية	2	30
المجموع	70	1050

* **المسار التجاري :**

المجال	عدد الساعات المعتمدة	عدد الحصص
اللغة العربية	18	270
اللغة الإنجليزية	18	270
التربية الإسلامية	8	120
العلوم	4	60
الرياضيات	6	90
المواد الاجتماعية	4	60
التربية الرياضية	6	90
التربية الأسرية	2	30
المجموع	66	990

*** المسار الصناعي الفني والتطبيقي :**

المجال	عدد الساعات المعتمدة	عدد الحصص
اللغة العربية	8	120
اللغة الإنجليزية	18	270
التربية الإسلامية	4	60
المواد الاجتماعية	6	90
التربية الرياضية	4	60
الحاسوب	8	120
علاقات صناعية	2	30
المجموع	50	990

3- مجالات المساقات الاختيارية (الحرة):

يختار الطالب مجموعة من المساقات الاختيارية التالية بحيث لا يقل مجموع الساعات التي يدرسها من هذه المجموعة من المساقات عن 12 ساعة معتمدة لكل من المسار العلمي والمسار الأدبي و 6 ساعات معتمدة للمسار التجاري و 8 ساعات معتمدة لكل من شعبة الأنسجة والملابس وشعبة الإعلان المطبوع بحيث تقدم مساقات المواد الاختيارية حسب ظروف وإمكانات كل مدرسة وتكون هذه المساقات ضمن المجالات التالية:

عدد الساعات المعتمدة	المساقات
28	**مساقات في العلوم والتكنولوجيا**
16	**مساقات في الفنون الجميلة**
8	**مساقات في التربية الرياضية**
10	**مساقات عامة**

كما يمكن للطالب في أي مسار أن يأخذ مساق المسار الآخر ضمن المساقات التخصصية أو التخصصية الاختيارية واحتسابه ضمن المساقات الاختيارية بشرط ألا يكون لهذا المساق متطلبات مسبقة لم يدرسها الطالب قبل تسجيله في المساق المطلوب وذلك عندما تتوافر الإمكانات في المدرسة.

ثانياً: نظام التعليم الديني

الخطة الدراسية في التعليم الديني: التعليم الابتدائي، والتعليم الإعدادي الديني، التعليم الثانوي الديني ، التعليم الابتدائي الديني:

الصفوف الثلاثة الأولى / نظام معلم الفصل :

الثالث الابتدائي	الثاني الابتدائي	الأول الابتدائي	المواد الدراسية
6	6	6	المواد الدينية القرآن الكريم، التوحيد، الفقه، السيرة
24	24	24	المواد العامة اللغة العربية، الرياضيات، العلوم، الاجتماعيات، التربية الفنية والعملية، التربية الرياضية
30	30	30	المجموع

الصفوف الثلاثة العليا للتعليم الابتدائي الديني :

السادس الابتدائي	الخامس الابتدائي	الرابع الابتدائي	المواد الدراسية
3	3	3	القرآن الكريم
1	1	1	الحديث الشريف
1	1	1	التوحيد
2	2	2	الفقه
1	1	1	السيرة
8	8	8	مجموع المواد الدينية
8	8	8	اللغة العربية
5	5	5	اللغة الإنجليزية
5	5	5	الرياضيات
3	3	3	العلوم
2	2	2	الاجتماعيات
2	2	2	التربية الفنية والعملية
2	2	2	التربية الرياضية
27	27	27	مجموع المواد العامة
35	35	35	المجموع الإجمالي

التعليم الإعدادي الديني :

الثالث الابتدائي	الثاني الابتدائي	الأول الابتدائي	المواد الدراسية
2	2	2	القرآن الكريم
1	1	1	التفسير
1	1	1	التجويد
1	1	1	الحديث الشريف
1	1	1	التوحيد
2	2	2	الفقه
1	1	1	السيرة
9	9	9	مجموع المواد الدينية
7	7	7	اللغة العربية
5	5	5	اللغة الإنجليزية
5	5	5	الرياضيات
3	3	3	العلوم
3	3	3	الاجتماعيات
2	2	2	التربية الفنية والعملية
1	1	1	التربية الرياضية
26	26	26	مجموع المواد العامة
35	35	35	المجموع الاجمالي

التعليم الثانوي الديني :

الثالث الابتدائي	الثاني الابتدائي	الأول الابتدائي	المواد الدراسية
1	1	2	القرآن الكريم
2	2	2	التفسير
2	2	2	الحديث الشريف
3	2	2	التفسير
2	2	2	الحديث الشريف
2	1	1	التوحيد
3	3	3	الفقه
11	9	10	مجموع المواد الدينية
10	11	10	اللغة العربية
5	5	5	اللغة الإنجليزية
-	-	2	الرياضيات
-	-	2	العلوم
3	3	3	الاجتماعيات
-	1	-	علم الاجتماع
-	1	-	علم الاقتصاد
1	1	-	علم النفس
1	1	-	الفلسفة
1	-	-	المنطق
1	1	1	التربية الرياضية
2	2	2	المجالات العملية
24	26	25	مجموع المواد العامة
35	35	35	المجموع الإجمالي

ثالثاً: نظام التعليم الخاص

تُعد إدارة التعليم الخاص بوزارة التربية والتعليم الجهة المشرفة على قطاع المؤسسات وتقوم هذه الإدارة بالتنسيق مع إدارات الوزارة الأخرى بتقديم الدعم والتعلمية الخاصة والمساعدات الفنية إلى جميع المؤسسات التعليمية الخاصة مثل المساعدة في إيجاد العاملين من مدرسين ومدرسات، وتقديم الكتب المقررة لمواد اللغة العربية والتربية الإسلامية وتاريخ وجغرافية البحرين، وتخصيص اختصاصيين من الوزارة لتوجيه مدرسي المواد المذكورة أعلاه.

وتضم المؤسسات التعليمية الخاصة أنواعاً مختلفة هي كالتالي:

دور الحضانة:

وهي مؤسسات تخضع لإشراف ورقابة وزارة العمل والشؤون الاجتماعية، وتضم الأطفال الذين لا تتجاوز أعمارهم سن الثالثة، وتتبع دور الحضانة الجمعيات النسائية والخيرية ومنها ما يتبع مؤسسات فردية .

رياض الأطفال :

تتنوع رياض الأطفال في البحرين، فهناك ما يتبع جمعيات نسائية وخيرية، وأخرى تتبع أفراداً وغيرها ملحقة كمرحلة تعليمية بالمدارس الخاصة، ويلتحق بها الأطفال من سن 3-6 سنوات.

المدارس الخاصة :

تختلف هذه المدارس الخاصة باختلاف النظم التعليمية التي تنتهجها والجهات التي تتبعها الهيئات الاستشارية التربوية، ولهذه الهيئات دورها الواضح في تحديد المسار التربوي الخاص لكل مؤسسة تعليمية، وتقسم المدارس الخاصة في البحرين إلى نوعين أيضا هما.

المدارس الخاصة الوطنية : وهي المدارس التي يتم إنشاؤها وإدارتها من قبل المواطنين البحرينيين أو بالاشتراك مع غير البحرينيين بقصد التعليم والتثقيف وفقاً للمناهج الوطنية أو استناداً إلى المناهج التي تجيزها الوزارة تحت إشرافها وتخدم بالدرجة الأولى الطلبة البحرينيين، وتضم هذه المدارس المراحل التعليمية المختلفة بدءاً من مرحلة الروضة فالابتدائية فالإعدادية فالثانوية، وتطبق هذه المدارس نظام ثنائي اللغة حيث يُعنى في تدريس المواد الدراسية باللغتين العربية والإنجليزية.

المدارس الخاصة الأجنبية: وهي المدارس التي يتم إنشاؤها وإدارتها وتمويلها أشخاص أو مؤسسات أجنبية موجودة في دولة البحرين أو بالاشتراك مع أشخاص بحرينيين بقصد التعليم والتثقيف وفقاً لمناهج وإشراف تربوي أجنبي وتمنح شهادات بلد المنشأ التي هي امتداد له وتخدم بالدرجة الأولى الطلبة الأجانب، وتضم هذه المدارس أيضا المراحل التعليمية المختلفة بدءاً من مرحلة الروضة فالابتدائية فالإعدادية فالثانوية، وتدرس اللغة العربية في جميع المدارس الخاص الأجنبية التي تقبل الطلبة العرب إلى جانب دروس التربية الإسلامية لجميع الطلبة المسلمين.

مدارس الجاليات الأجنبية :

وهي المدرسة التي يتم إنشاؤها وتمويلها من قبل الجاليات الأجنبية في دولة البحرين بقصد تعليم أبنائها فقط.

المعاهد والمراكز التعليمية

تتنوع المعاهد التعليمية في برامجها وتبعيتها، فمنها ما يتبع مؤسسات تجارية ومنها ما يتبع أفراداً من المواطنين البحرينيين، وتقدم هذه المعاهد والمراكز برامج تدريبية في اللغات الأجنبية، وعلوم الحاسب الآلي، والطباعة الإلكترونية، والمهارات المتنوعة في الاتصالات والإدارة والتجارة .. وغيرها.

ولكل مؤسسة تعليمية خاصة مناهجها وخططها الدراسية ومقرراتها وكتبها المدرسية الخاصة بها التي تقوم بإعدادها وموافاة وزارة التربية والتعليم بها لاعتمادها، وللوزارة

الحق في تعديل أو إيقاف أية مناهج أو كتب تتعارض مع القيم الدينية والقومية والوطنية للبلاد وتشرف إدارة التعليم الخاص على مناهج اللغة العربية والتربية الإسلامية والمواد الاجتماعية في المدارس الخاصة حيث تقوم الوزارة بتخصيص اختصاصيين من الوزارة لتوجيه مدرسي هذه المواد.

وتلتزم المؤسسة التعليمية الخاصة بالمناهج والكتب التي توافق عليها الوزارة فيما يتعلق بمقررات اللغة العربية للطلبة العرب، والتربية الإسلامية لطلبة المسلمين، وتاريخ وجغرافية البحرين لجميع الطلبة، ويكون الحد الأدنى المقرر لتدريس هذه المواد في المراحل التعليمية المختلفة إذا كانت مدرسة أجنبية على الشكل التالي:

- ست حصص لغة عربية أسبوعياً للصفوف الثلاثة الأولى من التعليم الابتدائي.

- ست حصص لغة عربية أسبوعياً لبقية الصفوف الابتدائية والإعدادية والثانوية.

- حصة واحدة للتربية الإسلامية أسبوعياً للطلبة المسلمين في جميع المراحل التعليمية.

- ويكون تدريس المواد الاجتماعية لجميع الطلبة حسب ما تقرره الوزارة.

رابعاً: نظام التعليم غير النظامي

تتولى إدارة تعليم الكبار التابعة لوزارة التربية والتعليم تنظيم برامج تعليمية لفئتين من فئات المجتمع هما فئة الأميين وفئة تضم المتحررين الجدد من الأمية بنجاح ولديهم الرغبة في متابعة الدراسة من خلال المراحل الدراسية اللاحقة وهي مرحلتي المتابعة والتقوية، هذا بالإضافة إلى برامج التعليم المستمر التي تقدم لجميع فئات المجتمع وفيما يلي وصف موجز لهذه البرامج.

1- محو الأمية

تمتد الدراسة ببرامج محو الأمية وتعليم الكبار إلى ست سنوات دراسية مقسمة على المراحل التالية:

مرحلة محو الأمية :

تعد هذه المرحلة الأساس للذين لا يعرفون القراءة والكتابة، ومدة الدراسة بها سنتان دراسيتان، تدرس فيها مواد التربية الإسلامية واللغة العربية والرياضيات وتعادل الصف الرابع الابتدائي من التعليم النظامي.

مرحلة المتابعة :

تعادل هذه المرحلة الصف السادس الابتدائي من التعليم النظامي، ومدة الدراسة بها سنتان دراسيتان أيضاً، ويلتحق بها من حصل على شهادة إتمام مرحلة محو الأمية وتهدف هذه المرحلة إلى تعزيز المهارات الأساسية التي تعلمها الدارس في مرحلة محو الأمية، وذلك ضماناً لعدم ارتداده إلى الأمية ثانية ويحصل الدارس بعدها على شهادة إتمام الدراسة التي تعادل إتمام الصف السادس من المرحلة الابتدائية النظامية ويدرس في مرحلة المتابعة مواد التربية الإسلامية واللغة العربية والرياضيات والعلوم واللغة الانجليزية والاجتماعيات، وهي نفس المواد المقررة على الصفين الخامس والسادس من المرحلة الابتدائية بالتعليم النظامي،وذلك بعد تقنينها لتتناسب واحتياجات الدارسين الكبار.

مرحلة التقوية :

وتلي مرحلة المتابعة، وتعادل المرحلة الإعدادية من التعليم النظامي، ويلتحق بها الدارسون الذين أنهوا مرحلة المتابعة ويرغبون في مواصلة الدراسة أو الذين انقطعوا عن الدراسة النظامية لسبب أو لآخر ويطبق في هذه المرحلة محتوى منهج الحلقة الثالثة من التعليم الأساسي النظامي المرحلة الاعدادية- نفسه بعد تقنين- هذا المحتوى ليتضمن أساسيات مفرداته لتعطى في سنتين بدلاً من ثلاث بحيث يوازي التعليم الأساسي، وتدرس في هذه المرحلة ست مواد هي:

- التربية الإسلامية

- اللغة العربية

- اللغة الإنجليزية

- الرياضيات

- العلوم

- الاجتماعيات / التاريخ والجغرافيا

2- التعليم المستمر

تنظيم إدارة تعليم الكبار العديد من البرامج والتي تدخل ضمن برامج التعليم المستمر للكبار

وتشمل:

اللغات:

- اللغة الإنجليزية بعدة مستويات

- تعليم اللغة العربية لغير الناطقين بها

- اللغة الفرنسية بعدة مستويات

- اللغة الألمانية

- اللغة اليابانية بعدة مستويات

دورات متخصصة لرفع الكفاءة المهنية والفنية والتثقيفية التربوية والتي منها :

- ميكانيكا السيارات وإصلاح وصيانة بعض الأجهزة الكهربائية

- إدارة المكتبات وخدماتها

- فهرسة وتصنيف المكتبات

- صيانة أجهزة وشبكات الحاسوب

- التجارة الإلكترونية

- برامج محو الأمية الحاسوبية

- طرق تدريس اللغة العربية والرياضيات لأولياء أمور تلاميذ الحلقة الأولى من المرحلة الابتدائية

دورات متخصصة لرفع الكفاءة المهنية لمعلمات رياض الأطفال: وتتفاوت مدة الدورة الدراسية الواحدة من برنامج لآخر، حيث تتراوح المدة ما بين 30 إلى 120 ساعة حسب نوع البرنامج .

خدمات الإرشاد الاجتماعي والصحي والنفسي والمهني

الإرشاد الاجتماعي

أدخلت وزارة التربية والتعليم خدمة الإرشاد الاجتماعي المدرسي منذ أكثر من ثلاثة عقود، وبالرغم من البداية البسيطة، فإن الخدمة الاجتماعية المدرسية وبعد هذه الفترة الزمنية قد قطعت شوطاً ممتازاً في تقديم الخدمات الاجتماعية المتنوعة والشاملة للمدارس، وباختصار شديد في مجال الخدمة الاجتماعية المدرسية يمكن الإشارة إلى الأمور التالية المتعلقة بالدور الموجه للطلبة: حيث يلعب الإرشاد الاجتماعي المدرسي دوراً أساسياً من خلال الخدمات والبرامج المتنوعة والهادفة إلى تحقيق أهداف التربية الحديثة والتي تركز على تنمية شخصية الطلبة من جميع الجوانب حسب إمكاناتهم وقدراتهم واستعداداتهم، وتزويد المدارس بأعداد كبيرة من المرشدات والمرشدين الاجتماعيين المؤهلين بمعدل مرشد اجتماعي لكل (300) طالب حيث وصل العدد الحالي إلى (403) بمعدل 1-5 مرشدين اجتماعيين بالمدرسة إلى جانب عمل العديد من الأنشطة والفعاليات الموجهة إلى الطلبة مثل ورش عمل متعلقة بكيفية حماية الطلبة من التحرشات الجنسية وتوعية الطلبة بأهمية العمل التطوعي، وكذلك الندوات الخاصة بتنمية المواطنة – رفع دافعية التعليم لدى الطلبة وتقديم البرامج والأنشطة الموجهة لمرحلة المراهقة مثل كيفية التعامل مع الطلبة المراهقين وأيضاً برنامج نحو مراهقة آمنة- موجهة إلى المعلمين وأولياء الأمور.

الإرشاد الصحي

تعمل هذه الوحدة على تقديم خدمات وبرامج صحية – أدوار توعوية متعلقة بالصحة العامة، وذلك عن طريق الممرضات (في بعض المدارس) أو عن طريق المرشدات والمرشدين الاجتماعيين بالمدارس أو من ينوب عنهم.

كما تم التنسيق مع المراكز الصحية في إعداد وتنظيم المهرجانات وورش العمل والمحاضرات التوعوية لطلبة المدارس وللعاملين بالميدان المدرسي كالإسعافات الأولية - فحص الأسنان-التوعية بداء السكري- فحص النظر- الغذاء السليم- أمراض الدم الوراثية- الصحة السلامة المهنية وجميع هذه البرامج تهدف إلى رفع مستوى الوعي الصحي والثقافة الصحية هذا إلى جانب متابعة الممرضات بالتنسيق مع قسم خدمات الصحة المدرسية بوزارة الصحة وتوزيع استبيان حول تقييم تجربة الممرضات.

الإرشاد المهني

من أهم مهام وحدة الإرشاد المهني هو إعداد خطة متكاملة لتزويد المرشدين الاجتماعيين والمرشدين المهنيين (في بعض المدارس الثانوية) بالمهارات والتطبيقات العملية لتطبيق أسلوب الإرشاد المهني لجميع مراحل التعليم الابتدائي والإعدادي والثانوي وكذلك الالتقاء المباشر بالطلبة لتزويدهم بالمعلومات الأساسية من أجل مساعدتهم في اتخاذ القرار حول نوع التعليم في المرحلة الثانوية أو المهنة المناسبة والتخصص المناسب بعد المرحلة الثانوية أو لتعريفهم بالمهن المستقبلية والوسائل التعليمية لتحقيقها (المرحلة الابتدائية).

وتتركز أعمال الإرشاد المهني في توعية الطلبة والطالبات حول كيفية اختيار المسارات المناسبة لطموحهم وميولهم بالمرحلة الإعدادية، وإعداد دليل الإرشاد المهني لنظام توحيد المسارات والخطة القصيرة الأجل وطويلة الأجل للارشاد الأكاديمي والمهني، تدريب المديرين المساعدين في مجال الإرشاد الطلابي والمهني في جميع مراحل التعليم بالتنسيق مع إدارة التدريب هذا إلى جانب توعية أولياء الأمور بأهمية التشاور مع أبنائهم وبناتهم لمستقبلهم التعليمي والمهني، والعمل على إعداد خطة إرشادية للتوجيه المهني للمرحلة الابتدائية، وإعداد مسوحات وإحصاءات حول توجهات الطلبة المستقبلية للمسارات التعليمة.

الإرشاد النفسي

قامت وحدة الإرشاد النفسي العام الدراسي المنصرم بتقديم مجموعة من الخدمات النفسية للطلبة في المؤسسة المدرسية والتي من أهمها :

دراسة أكثر من (226) مشكلة نفسية وسلوكية دراسية واردة من المؤسسة المدرسية مع إعداد البرامج التربوية المناسبة في المدرسة والبيت.

تحويل أكثر من (76) مشكلة نفسية وسلوكية حادة إلى الوحدات الطبية النفسية بالمملكة للاستشارة والعلاج ومن ثم إعادة التأهيل والدمج في المؤسسة المدرسية.

تقديم أكثر من (384) استشارة تربوية في مجال الخدمات النفسية والسلوكية والاجتماعية للمربين وأولياء الأمور ومؤسسات المجتمع المدني.

تقديم أكثر من (40) محاضرة تربوية (إنمائية، وقائية، علاجية) للطلبة والعاملين في الإرشاد الاجتماعي المدرسي والمربين في المؤسسة المدرسية.

تنفيذ برنامج تأهيل لأكثر من (203) من العاملين في الإرشاد الاجتماعي للخدمات النفسية والتربوية في المؤسسة المدرسية.

إعداد وتنفيذ ورشتين في (المهارات الحياتية للطلبة والتدخل المبكر لاكتشاف المشاكل النفسية والسلوكية للطلبة) استفاد منها أكثر من (40) من العاملين في الإرشاد والاجتماعي المدرسي.

تحويل أكثر من (35) حالة طالب إلى برامج تربوية وتأهيلية أخرى مثل محو الأمية وتعليم الكبار- مركز التأهيل المهني- التدريب المهني المسائي الانتساب للمنازل- معاهد الإعاقة العقلية وذلك بسبب الفصل من المدرسة لتكرار الرسوب أو عدم الرغبة في التعليم لكبر السن أو التسرب من المدرسة لأسباب اجتماعية أو صحية أو اقتصادية.

معالم التطور الكمي والنوعي في نظام التربية والتعليم البحريني عام 2005م :

1- أعداد الطلبة في المدارس :

يبلغ العدد التقريبي للطلبة في جميع المراحل الدراسية في العام الدراسي **2006/2005م** بحدود **124.448** طالبا وطالبة، يتوزعون على 203 مدرسة حكومية، فيما يبلغ عدد الطلبة المستجدين 8687 منهم **4635** طالبا و**4052** طالبة.

ومن المتوقع أن يبلغ عدد الطلبة المستفيدين من مشروع جلالة الملك حمد لمدارس المستقبل هذا العام حوالي **12.213** أي نسبة **41%** من إجمالي طلبة التعليم الثانوي، فيما يستفيد **34%** من مجمل طلبة الأول الابتدائي من مشروع تعليم اللغة الانجليزية في مقابل **18%** العام الدراسي الماضي.

2- الميزانية

اعتمدت ميزانية وزارة التربية والتعليم لعام **2006** بزيادة قدرها **10%** للعامين الدراسيين، وذلك لتغطية زيادة أعداد الفصول والطلبة والعاملين والزيادة السنوية في رواتب العاملين بالوزارة وتغطية متطلبات الترقي من خلال كادر المعلمين الجديد وزيادة نفقات المواصلات للطلبة والعاملين، وزيادة عدد البعثات والتوسع في المشاريع التطويرية للوزارة والتوسع وتوفير المنشآت والخدمات التعليمية المختلفة.

3- القوى البشرية

بعد توظيف **400** معلم ومعلمة جدداً من الخريجين البحرينيين للعام الدراسي الجديد، تجاوز العدد الإجمالي للعاملين بالوزارة **16** ألفا، أغلبهم من أعضاء الهيئات الإدارية والتعليمية.

4- الإنشاءات:

المباني والإنشاءات:

لضمان توافر مختلف الظروف التي تكفل بدء الدراسة بكل المدارس بسلاسة وانضباط أنهت وزارة التربية والتعليم الأعمال الإنشائية في موعدها المحدد بغرض استيعاب الزيادة في أعداد الطلبة، وقامت بإنشاء ستة مبان أكاديمية في كل من مدرسة سلماباد الابتدائية للبنات، جو الابتدائية الإعدادية للبنات، الدير الابتدائية للبنين، الخليج العربي الابتدائية للبنات، صلاح الدين الابتدائية للبنين، والقيروان الإعدادية للبنات، هذا إلى جانب إنشاء تسعين فصلاً دراسياً منها 20 فصلاً مصنعاً موزعة على عدد من المدارس والمناطق وإنشاء ثمانية مختبرات للتصميم والتقانة والعلوم والتربية الأسرية في عدد من المدارس بالإضافة إلى صالتي محاكاة والعديد من المباني الإدارية والمرافق وتزويد المدارس باحتياجاتها الأساسية وذلك في إطار استيعاب التطور النوعي المطلوب والتطوير في البيئة المدرسية.

5- أعمال الصيانة الشاملة

أنجزت وزارة التربية والتعليم بالتعاون مع الجهات المختصة بالدولة أعمال الصيانة الدورية الشاملة لـ 50 مدرسة بمختلف المراحل الدراسية بواقع 32 مدرسة ابتدائية و18 مدرسة إعدادية ثانوية حسب خطة الصيانة الدورية التي تشمل في كل سنة عددا من المدارس، حيث بلغت تكلفتها الإجمالية مليوناً وثمانمائة ألف دينار شاملة البنية الأساسية وأعمال الصيانة بأنواعها المختلفة. وقد شملت هذه الصيانة الأعمال الكهربائية من إصلاحات وتطوير للتمديدات والتركيبات الكهربائية واستبدال القواطع القديمة لـ 125 مدرسة بتكلفة قدرها 27.326 ألف دينار، والأعمال المدنية لتطوير المباني الأكاديمية والإدارية بالمنشآت التعليمية لجميع المدارس بما تتضمنه من تطوير للمختبرات وترفيع للأسوار وتحسين لشروط المباني بتكلفة قدرها 213.588 ألف دينار، هذا إلى جانب التكلفة السنوية لصيانة وإصلاح 22 ألف من المكيفات العادية والمجزأة و55 وحدة من المكيفات المركزية لجميع المدارس،

بالإضافة للتكلفة السنوية لصيانة وإصلاح آلات التصوير والسحب، وبغرض توفير بيئة مدرسية صحية اهتمت الوزارة بأعمال التنظيفات لتشمل 203 مدرسة و31 مبنى إدارياً بتكلفة بلغت حوالي مليونين وأربعمائة دينار بحريني.

6- توفير المواصلات للطلبة والمعلمين

أعدت الوزارة كعادتها خطة مفصلة لتوفير المواصلات وفق الشروط والمعايير المحددة لذلك قامت إدارة الخدمات بالتأكد من ضمان توفير هذه الخدمة لحوالي 32 ألف طالب وطالبة، حيث تم تخصيص 550 حافلة بأحجام متباينة وبتكلفة تزيد على ثلاثة ملايين دينار، كما تشمل جهود الوزارة توفير 110 حافلات لنقل المعلمين ومنتسبي الوزارة إلى جانب متطلبات نقل الطلبة ضمن برامج الزيارات التعليمية والتربوية.

7- الكتب الدراسية

من منطلق الحرص على توفير الكتب المدرسية بين يدي الطلبة منذ اليوم الأول من العام الدراسي الجديد وضعت إدارة المناهج خطة لتأليف وتعديل الكتب المدرسية وطباعتها تبدأ في سبتمبر 2004 وتستمر حتى فبراير 2005، حيث قامت الوزارة بطباعة ما يزيد على مليوني نسخة من الكتب المدرسية للمراحل التعليمية الثلاث بكافة تفريعاتها شاملة 565 عنوانا مختلفا بتكلفة إجمالية بلغت حوالي مليونين و250 ألف دينار بحريني، علما بأن ما يقارب 85% من الكتب هي من إعداد فرق المناهج المحلية ويتم شراء 15% الباقية التي يكون معظمها كتبا لمواد اللغة الإنجليزية.

وتطرح الوزارة هذا العام عددا من العناوين الجديدة مثل كتب المواطنة للصف الأول ابتدائي والرابع الابتدائي والأول الإعدادي، وكتاب "التربية للمواطنة- النظام السياسي" للمرحلة الثانوية، هذا بالإضافة إلى كتب توحيد المسارات في مجالات الرياضيات واللغة الانجليزية والتربية الفنية والتربية الرياضية والحاسوب، هذا إلى جانب إعداد المواد التعليمية الخاصة بالمنهج التكاملي المطروح بصورة تجريبية للحلقة الأولى من المرحلة الابتدائية.

كما ويبلغ إجمالي الكتب الجديدة 49 كتابا للمراحل الدراسية الثلاث موزعة على النحو التالي: سبعة كتب للتعليم الصناعي، و15 كتابا للتعليم العام، و5 كتب للتعليم التجاري، و8 كتب للمرحلة الابتدائية و14 كتابا للمرحلة الإعدادية.

عناوين جديدة للكتب :

تطرح الوزارة هذا العام 1426هـ-1427هـ عددا من العناوين الجديدة مثل كتب المواطنة للتعليم الأساسي وكتاب "التربية للمواطنة- النظام السياسي" للمرحلة الثانوية، هذا بالإضافة إلى كتب توحيد المسارات ومناهج الحاسب الآلي للمراحل الدراسية الثلاث.

حقيبة مناهج اللغة الانجليزية للمرحلة الابتدائية :

تم إطلاق حقيبة مناهج اللغة الانجليزية من الأول الابتدائي التي تضم كتبا للصفين الأول والثاني بجانب القصص الإثرائية والكراسات المعززة.

تطوير كتب التربية الإسلامية واللغة العربية في التعليم الأساسي

الجدير بالذكر أن التطوير والتعديل قد طال هذا العام كتب التربية الإسلامية واللغة العربية في التعليم الأساسي إلى جانب استحداث مناهج الحاسب الآلي للمراحل الدراسية الثلاث.

المكتبات العامة

تشرف إدارة المكتبات العامة بوزارة التربية والتعليم على تسع مكتبات عامة منتشرة في مناطق مختلفة في البلاد، وتقدم خدماتها المتنوعة لجميع أبناء المجتمع البحريني بمختلف فئاته، وقد افتتحت أول مكتبة عامة في البلاد سنة 1946م وهي مكتبة المنامة العامة.

ونظراً للدور الفاعل الذي تلعبه في الحياة الثقافية والفكرية والتربوية، فقد أصبحت منذ عام 1975 مكتبة إيداع للمطبوعات البحرينية ومطبوعات الأمم المتحدة.

ووفقاً لاهتمام حكومة البحرين بافتتاح المزيد من المكتبات العامة في البلاد، فقد تم افتتاح مكتبة المحرق العامة في عام 1969م وتحمل اسمها إلى مكتبة بنك البحرين الوطني العامة بالمحرق اعتباراً من أبريل عام 1997م كما تم افتتاح مكتبة مدينة عيسى العامة في عام 1972م. وفي عام 1976 افتتحت أربع مكتبات عامة في كل من سترة والرفاع والحد وجدحفص وافتتحت في عام 1979 مكتبة عراد، وفرع المكتبة العامة بمركز السلمانية الطبي.

- مكتبة بنك البحرين الوطني العامة بالمحرق

- مكتبة التوثيق التربوي

- مكتبة لجنة البحرين الوطنية للتربية والعلوم والثقافة

نبذة عن مكتبة لجنة البحرين الوطنية للتربية والعلوم والثقافة

تأسست مكتبة لجنة البحرين الوطنية للتربية والعلوم والثقافة مع تشكيل اللجنة الوطنية عام 1967م لخدمة الدارسين والباحثين وطلاب الجامعات والمدارس والمواطنين والمقيمين بالبحرين ومن يود الاستفادة من موجودات المكتبة.

المشروعات التطويرية في عام 1427/1426هـ

تبدأ وزارة التربية والتعليم في مستهل عام 1426-1427هـ في تطبيق المرحلة الثانية لعدد من المشروعات التطويرية المهمة، منها على وجه الخصوص:

مشروع جلالة الملك حمد لمدارس المستقبل :

في إطار تنفيذ مشروع جلالة الملك حمد لمدارس المستقبل، ركزت الوزارة جهودها هذا العام على تدريب العاملين في المدارس الإعدادية والابتدائية تمهيدا للتوسع في المشروع خلال العام الدراسي 2006-2007 حيث تم تجهيز مدارس المرحلة الأولى من المشروع التي تغطي كافة المحافظات وكلا الجنسين.

البنية التحتية :

تم تقدير الكلفة المالية ورصد الميزانيات بمساعدة خبير من اليونسكو كما تم طرح تجهيزات المدارس ومكونات البنية التحتية وإنشاء صف إلكتروني بجميع تجهيزاته في كل مدرسة مطبقة للمشروع وتشبيك جميع الصفوف والمرافق.

الانتهاء من تدريب 5330 متدرباً من الهيئات التعليمية والإدارية حتى الآن لنيل شهادة الرخصة الدولية لقيادة الحاسوب ICDL وتوفير الحواسيب المحمولة للمعلمين الناجحين في الدورات التدريبية.

تم الاهتمام بإنشاء مركز خدمة بيانات Data Center مؤقت لتحميل وتشغيل المنظومة الإلكترونية، والشروع في إنشاء مركزي خدمة البيانات الرئيسي والاحتياطي إضافة إلى دمج قواعد بيانات الوزارة الخاصة بالطلبة والمدارس والمراحل والمعلمين بقواعد بيانات منظومة التعلم الإلكتروني وإنشاء شبكة اتصالات سريعة لربط المدارس وإدارات الوزارة بالبوابة التعليمية من خلال دعم شركة بتلكو.

تفعيل المنظومة :

وفي إطار تحويل المناهج إلى مادة إلكترونية جرى إتمام تحويل 140 كتاباً من كتب المرحلة الثانوية إلى كتب إلكترونية توضع على المنظومة، وإنتاج عدد من المواقع الإثرائية مع بدء أكتوبر من أصل 2240 موقعاً سيتم إنتاجها للمناهج.

أما فيما يتعلق بالمحتوى الإلكتروني فقد تم تشكيل فريق ضبط جودة المحتوى الإلكتروني، وفريقا آخر لتطوير التوظيف التربوي لمنظومة التعليم الإلكتروني يقوم بإعداد سيناريوهات تطبيق التعلم الإلكتروني في الميدان التعليمي.

البدء في تنفيذ المرحلة الثانية من مشروع توحيد المسارات

بعد نجاح تنفيذ المرحلة الأولى من تطبيق مشروع توحيد المسارات الأكاديمية في التعليم الثانوي تبدأ وزارة التربية والتعليم في مستهل العام الدراسي الجديد 2006/2005م في البدء بتنفيذ المرحلة الثانية من المشروع في خمسة مدارس ثانوية جديدة بالإضافة إلى مدرستي المرحلة الأولى، فيكون عدد المدارس المطبقة للمشروع في العام الدراسي القادم سبع مدارس ثانوية، حيث يتم التوسع في توحيد المسارات ضمن المدارس المطبقة لمشروع جلالة الملك حمد لمدارس المستقبل لما يتوافر بها من إمكانيات سوف تسهم في إنجاح التجربة، والمدارس المطبقة هي مدرسة أحمد العمران الثانوية للبنين ومدرسة الرفاع الشرقي الثانوية للبنين ومدرسة الرفاع الغربي الثانوية للبنات ومدرسة سترة الثانوية للبنات ومدرسة سار الثانوية للبنات.

وسوف يبلغ عدد الطلبة المستفيدين من مشروع توحيد المسارات في العام الدراسي 2006/2005م (2832) طالباً وطالبة (1433 بنين، 1399 بنات) أي بنسبة 13.5% من إجمالي طلبة التعليم الثانوي العام والتجاري. كما سيتم البدء بتطبيق مساق خدمة المجتمع من العام الدراسي الحالي 2006/2005م في مدرستي الهداية الخليفية الثانوية للبنين ومدينة عيسى الثانوية للبنات، لأول مرة في التعليم الحكومي في مملكة البحرين وينتظر أن يساهم التوسع في تنفيذ هذا المشروع في تطوير النظام

الحالي في التعليم الثانوي ليحقق قدراً كافياً من المرونة، والمساهمة في تجويد مخرجات التعليم الثانوي بما يتلاءم واحتياجات سوق العمل ومتطلبات الالتحاق بالتعليم العالي.

مشروع المدارس المعززة للصحة

بمبادرة مشتركة بين وزارتي التربية والتعليم والصحة تم إطلاق "مشروع المدارس المعززة للصحة" في المملكة الذي لاقى تشجيعاً وتعاطفاً من قبل المسؤولين نظراً لكونه مظلة تنطوي تحتها كل الخدمات والبرامج الصحية التي تقوم بها الإدارات في الوزارتين وفي جميع مؤسسات المجتمع المحلي المهتمة بالصحة المدرسية بشكل مباشر أو غير مباشر، وهكذا قامت وحدة الإرشاد الصحي بوزارة التربية والتعليم باختيار 11 مدرسة في محافظة المحرق كبداية للمرحلة الأولى لتطبيق هذا البرنامج.

مشروع تدريس اللغة الإنجليزية من الصف الأول الابتدائي

تم تحديد 40 مدرسة ابتدائية لتطبيق المشروع منها 20 انطلقت منذ العام الدراسي الماضي ويتم التوسع بإضافة 20 مدرسة جديدة روعي عند اختيارها أن تشمل جميع محافظات المملكة، مع الأخذ بتنوع المنطقة داخل المحافظة الواحدة، والتوزيع المتساوي بين مدارس البنين والبنات طبقاً لعدد المدارس الابتدائية للمحافظة، ووجود المعلمين المتدربين.

كما سيتم التدريس وفقاً لهذا البرنامج بواقع خمس حصص أسبوعياً، وقد حددت البرامج التعليمية والمهارات، ويتطلب تنفيذ المنهج إضافة حصة يومياً على الجدول المدرسي لطلبة الصف الأول الابتدائي، ليصبح مجموعها ست حصص بدلاً من خمس، ويكون موعد انصرافهم في الساعة الواحدة وعشر دقائق.

هدف المشروع :

يهدف المشروع بصورة عامة إلى تمكين الطلبة من استخدام أساسيات اللغة الإنجليزية كلغة ثانية، وتنمية قدراتهم على توظيفها قراءة وكتابة حيث يسهل تعلم

اللغة الإنجليزية المبكر في تعلم الطلبة تقنيات الاتصال مع العالم باستخدام شبكة الإنترنت، كما يجعل العملية التربوية أكثر سلاسة ومرونة عند تطبيق مدارس المستقبل، الأمر الذي يدعم خطط وزارة التربية والتعليم في سعيها إلى التحديث الدائم لعناصر العملية التعليمية.

9- رعاية الموهوبين:

افتتاح مركز الموهوبين يمثل العمل في إنشاء مركز خاص لرعاية الموهوبين نقلة نوعية في التعليم، لأنه يقدم خدمة لفئة متميزة في المجتمع سوف يكون لها أكبر الأثر في استثمار طاقات الطلبة، حيث من المتوقع أن يتم استلام مبنى المركز خلال الفصل الدراسي الأول للعام الحالي، وعلى إثر ذلك يجري العمل على صياغة آلية للمركز وإعداد خطة لتوعية جميع فئات المجتمع بأهداف المركز وبرامجه.

الجدير بالذكر أنه جرى العام الدراسي الماضي التنسيق مع جامعة الخليج العربية لاختيار الاختبارات المناسبة للكشف عن الموهوبين، وتم تطبيق الاختبارات على مجموعة من الطلبة التي تكون نواة المركز والبالغ عدد أعضائها 22 من الطلبة.

10- التوسع في برامج التربية الخاصة

أ- برنامج دمج ذوي التخلف العقلي البسيط ومتلازمة دون في المدارس الحكومية

ضمن اهتمام وزارة التربية والتعليم بتوفير خدماتها لمختلف فئات الطلبة تم رفع عدد المدارس التي تطبق برنامج ذوي التخلف العقلي البسيط ومتلازمة دون في ثلاث مدارس تم اختيارها حسب مناطق سكن الطلبة الذين يرغبون في الانتفاع من البرنامج وتواصل التعاون مع إدارة المناهج لإعداد مناهج خاصة بهذه الفئة من الطلبة هذا إلى جانب تشكيل لجنة لتحويل طلبة الدمج الذين بلغوا سن 13 فما فوق إلى المراكز التأهيلية .

ب- برنامج رعاية الطلبة المتفوقين والموهوبين سعت إدارة التعليم الابتدائي إلى توفير الظروف الملائمة لإنجاح برنامج رعاية الطلبة الموهوبين والمتفوقين من خلال زيادة عدد

المدارس المطبقة للبرنامج إلى 25 مدرسة، ابتعاث 4 دارسات إلى جامعة الخليج العربي لدراسة دبلوم الدراسات العليا في مجال التفوق العقلي والموهبة، إدخال قائمة السمات السلوكية كإحدى أدوات الكشف، إلى جانب التركيز على مهارات البحث العلمي باعتباره أحد البرامج المقدمة للطلبة المنضمين للبرنامج وتقديم محاضرات مكثفة للمراحل التعليمية الثلاث في الموهبة والتفوق بالإضافة للتنسيق مع برنامج غلوب في العام الدراسي الجديد.

ج- التوسع في برنامج صعوبات التعلم الذي سعى إلى تقديم الخدمات للطلبة وتطوير مهارات المعلم ورفع الكفاءة لدى الاختصاصيين والمعلمين ولذلك تمت زيادة عدد الاختصاصيين المؤهلين في المدارس في العام الدراسي الحالي، وجرت زيادة عدد الطلبة المستفيدين وتنظيم ورش عمل حول التدريس العلاجي وأثر التعزيز على الطلبة وتعديل السلوك لديهم وترشيح ثلاث مدرسات لدراسة الدبلوم العالي للتربية الخاصة بجامعة الخليج العربي.

11- التطوير في التعليم الصناعي

إن السعي من أجل تنمية الموارد البشرية ورفع كفاءة العمل وتجويد مخرجات التعليم الصناعي لتكون في مستوى يواكب المستويات العالمية يعتبر من أبرز التحديات التي تواجه القائمين على خطة التطوير، ولعل من أهم البرامج التي يجري الاهتمام بها خلال المرحلة المقبلة:

برنامج التدريب المهني المطور :

فقد استحدث هذا البرنامج بجهد مشترك من وزارتي العمل والتربية والتعليم لإتاحة فرصة مناسبة أمام الطلاب المتسربين من مراحل التعليم المختلفة بسبب تكرار رسوبهم للحصول على تدريب تخصصي على إحدى المهن التي يحتاجها سوق العمل، ويتم تنفيذ البرنامج خلال الفترة المسائية بمدارس التعليم الثانوي الصناعي الأربع حيث تتوافر في كل منها مجموعة من التخصصات المهنية تشمل: نجارة الأثاث والديكور،

اللحام والفبركة، إصلاح وصباغة السيارات، الأعمال الصحية، التبريد وتكييف الهواء، وصيانة محركات الديزل.

يستمر البرنامج على مدى عامين دراسيين ويتم التركيز خلالهما على تدريب الطالب على إتقان الكفايات الأساسية للمهنة التي التحق بها، مع إتاحة حيز مناسب للارتقاء بمستوياته المعرفية والثقافية من خلال دراسة مجموعة من مقررات الثقافة العامة والحاسوب.

يجري حالياً تطوير محتوى البرنامج بالتعاون مع معهد المدينة والنقابات بحيث يحصل الخريج على مؤهل مهني موصف دولياً، يتيح له الفرصة للارتقاء في مجال الوظيفة، ومتابعة التدريب بعد التخرج، ويلتحق بالبرنامج سنويا ما يقارب من 300 متدرب.

التقويم الشامل لجودة التعليم في مملكة البحرين

في إطار مشروعات التطوير والتجديد، أعدت وزارة التربية والتعليم بالتعاون مع برنامج الأمم المتحدة الإنمائي بمملكة البحرين وبالتعاقد مع المعهد الدولي للتخطيط بباريس التابع لمنظمة اليونسكو، مشروعاً لتقويم جودة النظام التعليمي في مملكة البحرين بصورة شاملة تمهيداً لإعادة تخطيط التعليم ليصبح أكثر كفاءة وأكثر قدرة على تلبية احتياجات التنمية الشاملة في البحرين من خلال الإسهام الفعال في إعداد القوى البشرية القادرة على تلبية حاجات المجتمع.

يهدف المشروع إلى إجراء دراسات تشخيصية ميدانية تتناول ثلاثة محاور رئيسة هي:

المحور الأول: تقويم جودة التعليم من خلال تعريف مفهوم جودة التعليم، وتقويم فاعلية المناهج التعليمية وطرائق التدريس ونظام تقويم الطلبة وتدريب المعلمين، وذلك من وجهة نظر مديري المدارس والمعلمين والطلبة والإداريين بالوزارة وأولياء الأمور.

المحور الثاني: فحص السياسات والتخطيط الاستراتيجي عن طريق دراسة طبيعة التغيير الاجتماعي والاقتصادي والسياسي والتغييرات العالمية ومدى أهمية التخطيط الاستراتيجي في التعليم، والحاجة إلى رؤية تربوية وتعليمية شاملة.

المحور الثالث: تقويم الكفاية التنظيمية على مستوى التنسيق والاتصال بين مختلف الإدارات والوحدات بوزارة التربية والتعليم، وانتهاج اللامركزية لفائدة المؤسسات التعليمية، وأيضاً على مستوى سياسة تنمية الموارد البشرية ومدى فاعليتها، وتقويم مدى ملاءمة آليات ضبط كلفة التعليم المستخدمة في وزارة التربية والتعليم.

مجالات الدراسة :

تكونت للغرض سبع فرق عمل وطنية بإشراف خبراء دوليين لإجراء دراسات ميدانية في سبعة مجالات هي:

1- السياسات والبحوث والتخطيط الاستراتيجي

2- التنسيق والاتصال والمعلومات التربوية

3- طرائق التدريس وتدريب المعلمين ومديري المدارس

4- المناهج والقياس والتقويم

5- التعليم المستمر

6- المشاركة المجتمعية واللامركزية

7- كلفة التعليم والتمويل

إجراءات فرق العمل:

أعدت فرق العمل أدوات للدراسة الميدانية، وحددت العينات، وتمت عملية التطبيق الفعلية لهذه الأدوات، وأجريت عملية التفريغ والتحليل للبيانات المجمعة مما سمح للخبراء الدوليين بكتابة تقاريرهم، كل فيما يخصه، ثم حرر المنسق الدولي

تقريره العام، انطلاقاً من تقارير الخبراء وبالرجوع إلى وثائق رسمية وتقارير أخرى، حيث تقدم التقرير العام بجملة من التوجهات والإجراءات العملية لتحسين جودة التعليم في المجالات المشمولة بمشروع التقويم.

افتتاح مركز القياس والتقويم :

مركز القياس والتقويم جهاز للتقويم والضبط النوعي لكل أنشطة وبرامج ومشاريع وزارة التربية والتعليم، يتابع ويقوم مدخلاتها، وعملياتها، ومخرجاتها، ومستويات الأداء فيها.

وبعد إعلان نتائج دراسة التوجهات الدولية في الرياضيات والعلوم أو ما يعرف بـ **Times 2003** م والتي حقق فيها طلبة البحرين مركزاً متقدماً بين الدول العربية، فإن المركز واستعداداً لـ **Times 2007** م قد بدأ في إعداد بعض الفقرات الاختيارية في العلوم والرياضيات، كما يقوم حالياً بإجراء الإحصائيات الدقيقة لاختيار العينة التي ستشارك في الدورة القادمة لهذه الدراسة. كما أنه قام ببناء الاختبارات الوطنية للحلقة الثانية من المرحلة الابتدائية، وإجراء دراسة تقويمية للمساقات الإثرائية التطبيقية في إطار مشروع توحيد المسارات الأكاديمية.

تنمية القوى البشرية

نظام التدريب التربوي

ما زال نظام التدريب يسير (وفقاً للقرار الوزاري الصادر بتاريخ 1994/1/15)

مفهوم التدريب والتعليم المستمر :

هو متابعة الدراسة المنظمة تحت إشراف إدارة التدريب في إحدى المؤسسات الأكاديمية أو المهنية أو المشاركة في المؤتمرات والمشاغل التربوية التي تنظمها، أو توافق عليها وزارة التربية والتعليم.

جهة التنفيذ :

إدارة التدريب بوزارة التربية والتعليم هي الجهة المسؤولة عن تنفيذ سياسة الوزارة التدريبية المتعلقة بتطوير الكفايات التربوية والمهنية للهيئة التعليمية والفنية بوزارة التربية والتعليم .

مسؤوليات إدارة التدريب :

تختص إدارة التدريب في هذا الإطار بما يأتي :

- تحديد الاحتياجات التدريبية.

- تخطيط النشاطات التدريبية.

- تنفيذ النشاطات التدريبية منفردة أو متعاونة مع مؤسسات تربوية سواء في الداخل أو الخارج.

- متابعة وتقويم نشاطات التدريب ونتائجه، ورصدها، وتوثيقها، والاستفادة من نتائجها.

- الإشراف على تطبيق نظام التعليم المستمر للمعلمين والمديرين وغيرهم من العاملين التربويين والفنيين في وزارة التربية والتعليم.

أسلوب التنفيذ :

تقدم الإدارات والأجهزة الأخرى احتياجاتها من البرامج والدورات والمشاريع التدريبية التربوية والفنية، وكلفتها بحسب الأولوية في بداية إعداد الميزانية الجديدة، وترصدها في الكشف الخاص بحصر الاحتياجات التدريبية، وتسلمها إلى إدارة التدريب. وعلى ضوء هذه المعلومات والسياسة العامة للوزارة تقوم إدارة التدريب بوضع خطة عمل للتدريب لإقرارها قبل تقديمها ضمن الميزانية.

إلزامية التدريب :

يعتبر التدريب جزءاً من مستلزمات الوظيفة، وتعتبر الدورات التدريبية القصيرة والطويلة المختلفة التي تقرها لجنة البعثات والتدريب، ويكلف بحضورها العاملون في وزارة التربية والتعليم، ملزمة لهم، ومن ضمن متطلبات وظائفهم، وتطورهم المهني.

لا يجوز للموظف المرشح لحضور دورة تدريبية قصيرة أو طويلة الامتناع عن حضورها إلا بعذر شرعي تقبله لجنة البعثات والتدريب.

دليل البرامج التدريبية :

صدر دليل البرامج التدريبية للعام الدراسي 2006/2005 والذي يحتوى على:

- المقدمة وفريق الإعداد
- الجدول الزمني للبرنامج
- قواعد عامة
- البرامج التربوية
- البرامج الإدارية

- برامج تطوير رياض الأطفال

- البرامج التقنية

- برامج أخرى

كادر المعلمين الجدد :

يبدأ هذا العام 2006/2005م التطبيق الفعلي لمعايير كادر المعلمين في الترقي الوظيفي بعد مرحلة التسكين التي مر بها العام المنصرم، حيث يعد تطوير كادر المعلمين أولوية أساسية جاءت استجابة لتطلعات المعلمين في النمو المهني والمادي، ودعما لمتطلبات تنفيذ المشروعات التطويرية التي تحتاج مهارات عالية وأداء مهنيا متميزاً من الهيئات الادارية والتعليمية في المدارس لتحسين مخرجات التعليم. كما يهدف الكادر الجديد إلى تحسين أوضاع المعلمين وتحقيق قدر أكبر من رضاهم الوظيفي وضمان تمكنهم ومتابعتهم للمستجدات في مجالات تخصصهم بما يضمن قيامهم بمهماتهم التربوية بصورة أشمل وأقوى .

تدريب المعلمين وتأهيلهم

أعدت الوزارة خارطة جديدة للتدريب والتمهين في إطار تنفيذ متطلبات كادر المعلمين الجديد بعد انتهاء مرحلة التسكين، تتضمن 72 برنامجاً تدريبياً في المواد الأساسية والإدارة وطرق التدريس بالإضافة إلى عدد من البرامج المستحدثة، التي تتعلق بالجودة والتخطيط وسوف تكون موجهة إلى جميع منتسبي الوزارة من أجل رفع كفاءتهم الإنتاجية، حيث يتم تنفيذ هذه الخطة بالتعاون مع جامعة البحرين والمؤسسات التدريبية الوطنية.

كما يجري خلال العام الدراسي الجديد استكمال التدريب في برنامج الرخصة الدولية لقيادة الحاسوب ICDL لبقية العاملين بالمدارس الإعدادية وهي 30 مدرسة، تضاف لها 40 مدرسة ابتدائية في مرحلة لاحقة، ويتوقع أن يبلغ عدد المتدربين في العام الدراسي القادم وفقاً لخطة مشروع جلالة الملك حمد لمدارس المستقبل ما

يقارب خمسة آلاف متـدرب، هـذا وسـوف تشـمل الخطـة الخاصـة بهـذا المشـروع الكبـير بـرامج نوعيـة ومتقدمة بالتنسيق مع ميكروسوفت سوف يستفيد منها كل الذين سوف يجتازون اختبار الرخصة الدوليـة لقيادة الحاسوب ومنها مثلاً: ICDL advance (360 متـدرب) Intel Teach to the Future (2000 متـدرب) وبـرامج تدريبيـة متخصصـة في مجـال الملتيميـديا وتصميم صـفحات الإنترنـت والصـيانة وإدارة الأنظمـة والشبكات والبرمجة (950 متدرباً) .

أهداف التعليم في البحرين ومهماته في المرحلة الراهنة

التطوير النوعي للتعليم في البحرين :

قد تكون هناك بعض المؤشرات السلبية هي التي حفزت وزارة التربية والتعليم على إدخال بعض التحسينات على النظام التعليمي ابتداءً من مطلع الثمانينات. وواقع الأمر أن المساحة الجغرافية الصغيرة للبلاد وقلة عدد سكانها، بالإضافة إلى وعي المسؤولين في وزارة التربية والتعليم بضرورة تحسين الواقع التعليمي جعل البحرين بمثابة مختبر تربوي لتجريب المستجدات التربوية، والكشف عن مدى فاعليتها.

ولا شك أن التغييرات النوعية التي طالت القطاع التعليمي قد تركت في نهاية المطاف مفعولاً إيجابياً على مسيرة التعليم في البحرين. غير أن عدم الدراسة الوافية للمشاريع التربوية التي توخت إحداث نقلة نوعية في التعليم، وعدم تهيئة البيئة التربوية المناسبة لتنفيذ هذه المشاريع، بالإضافة إلى عدم الاتكاء على خبرات تربوية عربية أو عالمية رصينة تضع الخطط التربوية الجديدة في إطارها المناسب، كل ذلك أوجد العراقيل أمام تجسيد المستجدات التربوية بصورة سليمة على أرض الواقع، وأدى في بعض الأحيان إلى التخلي عنها.

تجربة نظام معلم الفصل

فلنبدأ على سبيل المثال بتجربة نظام معلم الفصل وهو أحد المشاريع التربوية الرائدة التي كانت ستحقق نقلة نوعية في تطوير التعليم. لقد كان إدراج نظام معلم الفصل بالمرحلة الابتدائية محاولة طليعية لتقديم التربية المتكاملة لجميع تلاميذ الصف عن طريق قيام معلم أو معلمة بعينها بمهمة تعليم أحد الصفوف الابتدائية الثلاثة الأولى، والانتقال مع تلاميذ الصف إلى المستوى التالي حتى نهاية الصف الثالث الابتدائي.

وقد حشدت كلية التربية بجامعة البحرين التي تم إنشاؤها في عام 1986م جميع القوى والإمكانات المتوفرة لديها لإعداد معلم الفصل من خلال توفر برنامج

الإعداد المناسب ورفده بآخر المستجدات على الصعيد التربوي. وقد روُعي استخدام أسلوب التكامل أثناء تقديم مقررات البرنامج بغية إعداد الطالب للتدريس على أساس الوحدات التعليمية المتكاملة بدلاً من المواد المنفصلة، مع التأكيد على التعليم الفردي، وعلى نشاط المتعلم الذاتي. ولهذا الغرض تم تطوير أبنية المدارس الابتدائية وفقاً لمستلزمات النظام الجديد.

وبدأت تجربة هذا النظام في بعض المدارس قبل أن يتم تعميمه على جميع الصفوف مع بداية العام الدراسي **1993/92م** وحقق النظام نجاحاً ملموساً فيما يتصل بإكساب التلاميذ الصغار مهارات القراءة والكتابة والحساب مع التركيز على إلمامهم باللغة العربية غير أن انعدام التخطيط في مجال التعليم دفع المسؤولين في عام 1997م إلى التخلي عن دعم برنامج إعداد نظام معلم الفصل، ووقف العمل به بدعوى عدم إمكانية استيعاب خريجي كلية التربية في المدارس الابتدائية.

مشروع التقويم التكويني

وهناك أيضاً مشروع التقويم التكويني الذي استهدف تطوير نظام التقويم المعمول به في المدارس البحرينية. ويرتكز التقويم التكويني على المتابعة التشخيصية - التصحيحية المستمرة للمتعلم حتى التأكد من حصول التعلم على أساس أن جميع الطلبة قادرون على التعلم، وإن مهمة المعلم إحداث التعلم والتأكد من حصوله لدى جميع المتعلمين. والتقويم التكويني بهذا المفهوم يتدخل في سيرورة التعليم والتعلم، ويصوبها على عكس التقويم النهائي الذي يُطبق عند نهاية عمليات التعليم.

وقد حفز هذا المشروع المعلمين على متابعة الطلبة للتحقق من إتقانهم لمهارات التعلم المنشودة بعد كل وحدة تعليمية، وتصويب الأخطاء قبل الانتقال إلى الوحدة الدراسية التالية، والتعرف على صعوبات التعلم ومعالجتها قبل استفحالها بيد أن الممارسة العملية اليومية في المدارس توضح أن تطبيق المشروع لا يزال يعاني من العديد من الثغرات أهمها عدم وجود البيئة المدرسية الملائمة لتطبقه بصورة فاعلة. فاكتظاظ

الصفوف بالتلاميذ في مختلف المراحل الدراسية، وفي المرحلة الابتدائية على الأخص، لا يزال يشكل عائقاً رئيساً أمام التوظيف الناجح لهذا الأسلوب التقويمي.

وهناك بطبيعة الحال عوامل أخرى لا تقل أهمية نذكر منها عدم قدرة المعلم على متابعة تقدم التلاميذ في التعلم بسبب كبر حجم نصابه، وضعف متابعة المشرف لأداء المعلم بفعل الكم الهائل للمعلمين الذين يتولى الإشراف عليهم، وعدم وضوح آلية المتابعة لدى المعلمين، واختلافها من مدرسة لأخرى، وانشغال المعلم بأعمال إدارية وتنظيمية متعددة تشغله عن متابعة مهامه الأساسية وغيرها من الأسباب.

مشروع التقويم التربوي الحقيقي

وثمة مثال ثالث يتجسد في مشروع التقويم التربوي الحقيقي الذي أكد على ضرورة قيام المعلم باستخدام وسائل متعددة لتقويم أداء الطالب. لقد تم طرح هذا المشروع والترويج له في عام 1995م من خلال المؤتمرات والندوات التربوية، وتم تجييش همم المعلمين لوضعه على صعيد الممارسة الميدانية الفعلية. إلا أن الارتحال في وضع المشروع، وعدم إكساب المعلم مهارات تطبيقيه من خلال التدريب المطلوب، أدى إلى ضعف مردود المشروع الذي لم يرق في معظم الأحيان إلى مستوى التطبيق الفعلي في المدارس البحرينية.

هذا لا يعني بطبيعة الحال أن طرح المشاريع التربوية لم يؤد إلى تحريك المياه الراكدة في الحقل التعليمي، وضخ الدم في شرايينه. إلا أن غياب الخطة الشمولية لتطوير نظام التعليم، والتسرع في طرح المشاريع بدون دراسة مسبقة لجدواها، وبدون استحداث آليات محددة لمتابعة تنفيذها، أدى إلى تقلص فاعلية الإصلاح التعليمي ومردوده.

حول ضرورة الإصلاح الشامل للتعليم:

إن إحدى السلبيات التي صاحبت تطورت التعليم في السنوات المنصرمة تمثلت في عدم وجود خطة إصلاحية شاملة للتطوير. كانت هناك مجموعة من الإجراءات

التصحيحية والتطويرية، لكنها لم ترتكز على رؤية استراتيجية شاملة قادرة على رؤية الغابة خلف الأشجار المتراصة. وقد اصطدمت هذه الخطوات الإصلاحية بصخرة الممارسات التربوية التقليدية فجاءت النتائج دون مستوى طموحات المسؤولين.

كانت الخطوات الإصلاحية بعيدة عن حاجات المعلم الآنية، وخصوصا حاجاته الاجتماعية، فمن الصعوبة بمكان التعويل على نجاح الإجراءات العلاجية في مسيرة التعليم بدون تعديل أوضاع المعلم، وتعزيز مكانته في المجتمع.

لنأخذ مثلا الكادر التعليمي بصيغته الحالية يلتحق المعلم المتخرج من الجامعة بمهنة التدريس، ويعين في الدرجة التعليمية الثالثة، ويوضع تحت الاختبار لمدة عام واحد، ثم ينقل تلقائياً إلى الدرجة التعليمية الرابعة. لكنه يظل في هذه الدرجة فترة طويلة غير محددة حتى تحين فرصة تعيينه في الدرجة التعليمية الخامسة حسب سنوات الخدمة، وبين هاتين الدرجتين يظل المعلم بانتظار فرصة الترقي لأمد غير محدود.

وحتى لو افترضنا أنه نال لقب "المعلم المتميز" بعد جهود مكثفة تبقى هناك مسألة غياب التشريعات التربوية الصريحة التي يمكن أن تساعد على تحسين وضعه الوظيفي، وترقيته إلى درجة متقدمة بعد مرور فترة زمنية معينة على تعيينه. فهناك الكثير من المعلمين المتميزين في المدارس، وهم يتطلعون إلى تعديل أوضاعهم الوظيفية لكن انعدام الآليات التي تساعدهم على تحقيق ذلك يجعلهم يصابون بالإحباط، ويؤثر سلباً على إنتاجيتهم.

إن المسألة الأهم تتخلص في ما يقدمه المعلم لطلبته في غرفة الصف، الوضع الحالي يبين أن المعلم يكتفي بشرح الدرس، وتوجيه بعض الأسئلة في نهاية الحصة للتأكد من إتقان الطلبة للمهارات المتضمنة في موضوع الدرس. إن المعلم قلما يضع بالحسبان تنمية مهارات التفكير، وتشجيع الفضول المعرفي لدى التلاميذ، وقيادتهم نحو استخدام جديد للمعرفة أو المهارة بقصد الإبداع أو الاكتشاف أو الإنتاج الفريد.

لن نبحث الآن في الأسباب التي قادت إلى تحجيم دور المعلم في تنمية مهارات التفكير العليا لدى الطالب، لكننا سوف نركز على إمكانات المعلم في تقديم تعليم أفضل لطلبته. إن هذا مرهون بدرجة ثقافة المعلم وبرؤيته للتدريس والتعلم. فالمعلم الذي يمتلك أفقاً ثقافياً واسعاً يستطيع أن ينمي لدى طلبته حب الإطلاع، ويفسح مجالاً أكبر للحوار الثقافي في الدرس، ومجالاً أرحب للتفكير والتأمل والبحث. كما أن المعلم الذي استطاع التحرر من قيود المنهج، وتمكن من التعاطي مع التدريس بوصفه عملاً إبداعياً، وليس فعلاً روتينياً مملاً همه الأساسي توصيل المعلومة بأي شكل كان، هذا المعلم يستطيع أن يؤسس مناخاً تربوياً يحفز الطلبة على الاشتغال الذهني والحوار الجاد بعيداً عن الإجابات الجاهزة سلفاً.

السؤال الهام الذي يطرح نفسه: لماذا لم يتمكن المعلم من إحداث تأثير ثقافي وسلوكي وحضاري سواء على الطلبة أو في المجتمع رغم كل المشاريع التربوية التي توخت تجويد التعليم وتحسين مخرجاته؟

إن الإجابة عن هذا السؤال تقتضي ربط التعليم بالحياة السياسية والثقافية للبلاد، فمع تراجع نفوذ القوى العلمانية، وبالمقابل نمو شوكة القوى المحافظة في منتصف الثمانينات تشكل وضع ثقافي محدد أصبح المعلم في ظله مجرد صدى لتوجهات فكرية أو مذهبية ضيقة النطاق خلقت لديه اتجاهات سلبية ازاء المهنة، وجعلت اهتمامه بتطوير ذاته فكرياً وثقافياً في تراجع مستمر، هذا إن وجد هذا الاهتمام أصلاً. زد على ذلك أن المشاريع التربوية الرامية إلى تصحيح مسارات التعليم لم تجسد الحاجات التدريبية والتطويرية الفعلية للمعلم التي تفرضها مهمات عمله اليومي ومستلزمات نجاحه وفاعليته.

هذا الوضع أدى في مجمله إلى ضعف تفاعل المعلم مع المشاريع التطويرية التي سعت الوزارة إلى إقناع المعلمين بجدواها من خلال المؤتمرات التربوية المتعاقبة، وقد ترافق ذلك مع سلبية المعلم تجاه التدريس وميله إلى تلقي الأوامر والتوجيهات الإدارية التي توضح له طرق التدريس وكيفية استخدام المواد التعليمية دون أن يكون هناك

تنمية ذاتية للمعرفة أو الأساليب أو تبادل الخبرة أو تدارس الصيغ الجديدة في طريق التعلم. وساهم في ترسيخ هذا الوضع واقع البيئة المدرسية الذي كان يحد من تطلعات المعلم نحو التطوير الذاتي، ورغبته في التغيير والإبداع. فالمعلم المرهق بنصاب كبير، والمقيد من جهة بأعباء المنهج الدراسي المكثف، ومن جهة أخرى بأصفاد الكادر الوظيفي للمعلمين الذي يجمد فيه الرغبة في التجديد والتطوير الذاتي، مثل هذا المعلم يظل متقوقعاً في دائرة تخصصه الضيق ومن الصعب عليه الانطلاق إلى فضاءات أكثر رحابة واتساعاً. لكل هذه الأسباب تضاءل الدور التربوي التنويري للمعلم في المجتمع، وقد وجد ذلك أثره السلبي في تدني مخرجات التعليم، وتخريج أجيال من الطلبة غير قادرة على التواصل مع هموم المجتمع، والتفاعل مع قضاياه الملحة. وقد تكون هذه الأسباب هي التي أعاقت قيام جمعية توحّد صفوف المعلمين رغم كل الجهود المخلصة المبذولة لأجل تحقيق هذا الهدف.

إن هذا يطرح مجدداً مسألة تفعيل التربية الوطنية والتربية الثقافية بحيث تكون متناغمة ومتكاملة مع برامج تأهيل المعلم، وتعمل على إخراج المعلم إلى الفضاء الاجتماعي الأوسع بكل أطيافه السياسية والثقافية. وينبغي أن تكون هذه التوجهات جزءاً من الإصلاح الشامل للعملية التعليمية – التعلمية.

نحو تفعيل البعد الثقافي والاجتماعي في التعليم:

أكد سعادة الدكتور محمد بن جاسم الغتم وزير التربية والتعليم وجود الحاجة إلى صياغة رؤية جديدة للتعليم في البحرين تستلهم الماضي بأبعاده المختلفة، وتستوعب الحاضر بعمق وصولاً إلى وضع تصور شامل للمستقبل نابع من توجهات القيادة السياسية، وطموحات المجتمع البحريني وحاجاته الأساسية التي تتفق مع متطلبات العصر، ومتطلبات سوق العمل المحلي والخليجي إضافة إلى التوجهات التربوية العالمية.

ويرى سعادة الوزير أنه يجب النظر إلى التربية من منظار أوسع بوصفها دعامة وأساساً للتنمية البشرية فالإنفاق على التعليم لا يحمل صبغة اجتماعية فحسب بل هو أيضا استثمار اقتصادي وسياسي مدر للفوائد على المدى البعيد. كما أن مهمة التعليم هي

نقل الثقافة من جيل إلى جيل، وتزويد المجتمع بالكفاءات التي يحتاجها مستقبلاً، لذا توجب على التربية أن تراعي سرعة التحولات التكنولوجية الحالية، وأن تعمل على إعداد أفراد قادرين على التطور وعلى التكيف مع عالم متغير، والإمساك بزمام الأمور.

إن هذه الرؤية للتعليم تستند إلى توجه يرى الحاضر بعيون المستقبل، ويؤسس لواقع يحتم التعامل مع مستجدات العصر بعقل مرن يسعى للمزاوجة بين غايات التوجهات التربوية العالمية في ضوء تنامي ثورة المعلومات والاتصالات، وديناميكية التحولات الديمقراطية العميقة التي جعلت البحرين تتبوأ مكانة مرموقة بين الأمم المتحضرة، وتأسيس وعي تعليمي متميز يدرك طبيعة المهام الملقاة على عاتق وزارة التربية والتعليم في المرحلة الراهنة، ويحسن قراءتها بآفاق مستقبلية.

لقد تركز الاهتمام بالتعليم في الفترة المنصرمة من المنظور الاقتصادي، أي منظور إسهام التعليم في التنمية البشرية. وقد تعزز هذا التوجه بعد حصول البحرين للمرة الثانية على المرتبة الأولى بين الدول العربية في التنمية البشرية رغم بقاء مؤشر التعليم على حالته، والفرصة الآن مواتية لإيلاء مزيد من الاهتمام بالبعد الثقافي والاجتماعي في التعليم.

إن الاهتمام بالتربية الثقافية يتطلب إعادة تفعيل الجوانب الثقافية في الموقف التعليمي عن طريق التركيز على البعد الثقافي في المادة الدراسية، وإتاحة الفرصة للطلبة للتحاور والتطارح في الشؤون الثقافية العامة، وحثهم على إجراء البحوث الثقافية الميدانية بغرض استلهام تجربة التطور الثقافي في البحرين، والتعرف على نتاجات الأدباء والفنانين والمثقفين والمبدعين البحرينيين في مجال القصة والرواية والمسرح والفنون التشكيلية.

وتحقيق هذا الهدف يستوجب تهيئة المعلم للقيام بدور الموجه والباحث الذي يستحث الطلبة على دراسة التجارب الثقافية والتعلم منها لغرض بناء خلفية ثقافية متينة لدى الطالب تمكنه من مواكبة التطورات على الصعيد الثقافي محلياً وعالمياً،

والمساهمة في الفعل الثقافي المتعاظم في البلاد في ظل الإصلاحات الديمقراطية الحالية ويتطلب ذلك العمل على إعداد المعلم - المثقف القادر على أداء هذه المهمة بالصورة المنشودة، وسنأتي على ذكر ذلك تفصيلاً فيما بعد .

أما البعد الاجتماعي للتعليم فيتمثل في ربط التعليم بحاجات المجتمع الآنية والمستقبلية، والتفكير في كيفية الاستفادة من طاقات المجتمع، وتسخيرها لخدمة الوطن والمواطن. وهذا يعني على مستوى الممارسة التربوية إيجاد آلية من جانب المعلم لربط المناهج ببيئة الطالب وواقعه اليومي، والمواءمة بين محتوى المناهج الدراسية وحاجات المجتمع. ويتصل ذلك بدور المعلم والمنهج في ترسيخ القيم الاجتماعية الإيجابية كالتعاون، والوفاء، والإخلاص، والتضحية، وغيرها من القيم الرفيعة التي لا غنى عنها لأي مجتمع ينشد التطور.

وهناك بعد لا يقل أهمية عن البعدين السابقين، ونقصد به التربية الوطنية، إن بنود الدستور والميثاق الوطني ستظل حبراً على الورق إذا لم ينكب المعلمون على شرح فحواها ومغازيها الهامة للطلبة، وحثهم على الاسترشاد بها في ممارساتهم اليومية في المدرسة وخارجها. إن تعميق انتماء الطالب لوطنه يتطب في بادئ الأمر مساعدته على التعرف على تاريخ وطنه، واستيعاب المحطات والمنعطفات الأساسية التي مرت بها البلاد، واستلهام العبر المتضمنة في المسيرة التاريخية للوطن، وتحديد دوره في التحولات المجتمعية الكبيرة.

كما أن تعميق الانتماء للوطن يعني إسداء العون اللازم للطالب كي يتمكن من الاندماج الفعلي في المجتمع بعيداً عن هويته الطائفية أو القبلية أو العقائدية، وينصهر في الإطار الاجتماعي بحيث يكون مسؤولاً عن مصير وطنه، وبحيث لا ينسى واجباته وهو يطالب بحقوقه، ولا يغفل مسؤوليته عند مطالبته بالحرية. هكذا تكون المواطنة مفهوماً واسعاً يمزج بين الحقوق والواجبات، وبين مسؤولية المواطن إزاء مجتمعه، ومسؤولية المجتمع تجاه أفراده.

التعليم العالي في البحرين

قانون التعليم العالي:

صدر عن حضرة صاحب الجلالة الملك حمد بن عيسى آل خليفة عامل البلاد المفدى قانون التعليم العالي الذي نص على إنشاء أول مجلس للتعليم العالي في المملكة يختص بالشؤون المتعلقة بالتعليم العالي والبحث العلمي في الدولة، يتشكل بمرسوم ملكي يتولى رئاسته وزير التربية والتعليم ويضم في عضويته عشرة أعضاء على الأقل.

إنشاء مجلس التعليم العالي والأمانة العامة سوف يتيحان متابعة أفضل للشؤون الجامعية وتنظيم التعليم العالي وضبط اللوائح والأنظمة التي تحكمه في الحاضر والمستقبل.

أكد الدكتور حسين عبد الله بدر السادة وكيل التربية والتعليم انه تنفيذا لتوجيهات الدولة في مجال تشجيع التعليم العالي بكل أنواعه وتقديم كل التشجيع لإقامة مؤسسات التعليم العالي والمعاهد بمملكة البحرين، تقوم وزارة التربية والتعليم بتقديم التسهيلات الضرورية التي تساعد على الاستثمار في هذا المجال. تلبية للحاجات المتزايدة للتعليم العالي، سمح للقطاع الخاص بالاستثمار في هذا المجال عن طريق الترخيص لإنشاء جامعات وكليات خاصة وفتح فروع جامعات عالمية تقدم برامج أكاديمية متخصصة تلبي احتياجات السوق العمل في المملكة، وتأتي هذه التطورات كجزء من أهداف الحكومة الرشيدة الرامية لتقديم برامج تعليمية عالية الجودة تضاهي المستويات العالمية وتواكب متطلبات التنمية الاقتصادية.

بعد إنشاء الأمانة العامة للتعليم العالي، إن وزارة التربية والتعليم، تباشر حاليا بالتنسيق مع ديوان الخدمة المدنية الإعداد لتأسيس هذه الأمانة التي ستتولى تنفيذ نصوص وتوجهات هذا القانون، مؤكدا من ناحية ثانية بأن قانون التعليم العالي الذي صدر مؤخرا قد نص على إنشاء أمانة عامة للتعليم العالي، وهي عبارة عن تنظيم إداري

يتوقع أن يتضمن عددا من الإدارات والأقسام المختصة في مجالات الترخيص والاعتمادية والبرامج الأكاديمية والخدمات الجامعية، مما سيتيح للوزارة متابعة أفضل للشؤون الجامعية وتنظيم التعليم العالي وضبط اللوائح والأنظمة التي تحكمه في الحاضر والمستقبل، وذلك حفاظا على المستوى العلمي لهذا النوع من التعليم وتشجيع الاستثمار فيه.

إن القانون الجديد سوف يتيح أيضا انشاء مجلس للتعليم العالي الذي يختص بالشؤون المتعلقة بهذا النوع من التعليم، ويتولى إعداد السياسة العامة للتعليم العالي والبحث العلمي، واقتراح إنشاء مؤسسات التعليم العالي الحكومي في المملكة وإقرار حقول التخصص في مختلف المستويات التي تدرس فيها والتعديلات التي تطرأ عليها، ووضع الأسس العامة المتعلقة بقبول الطلبة في مؤسسات التعليم العالي، وكذلك بحث واقتراح تعديل قوانين وانظمة التعليم العالي في ضوء تطور السياسات العامة في المملكة، بالإضافة إلى النظر فيما يواجه التعليم العالي من صعوبات واقتراح الوسائل الكفيلة بتذليلها في حدود الإمكانيات، والترخيص بإنشاء مؤسسات التعليم العالي الخاص في إطار الخطة العامة للتعليم، إصدار اللوائح والقرارات المنظمة للشؤون المالية والإدارية المتعلقة بالتعليم العالي، كما سيتيح صدور القانون للوزارة إنشاء أمانة للتعليم العالي على هيكل الوزارة تتولى الإشراف الإداري على الشؤون الجامعية.

نظراً لتزايد أعداد الخريجين من الثانوية العامة والتوسع في افتتاح مؤسسات التعليم العالي الخاص، ظهرت الحاجة إلى إصدار مثل هذا القانون الذي يضع القواعد والمعايير الواضحة التي تحدد أسس العمل لتلك المؤسسات، بالإضافة إلى إيجاد جهة تتولى تنظيمه وعلى تخصصاتها العلمية ومناهجها الدراسية وأعضاء هيئات التدريس بهدف تحسين أدائها وجودتها ورعاية أبناء الوطن الدارسين فيها، ونظراً للتطور الهائل الذي طرأ على التعليم العالي، من حيث بنيته وبرامجه، نتيجة لتنوع الحاجات المجتمع، وللتقدم السريع لتكنولوجيا المعلومات والاتصال وتزايد قابليتها للتطبيق على شتى وظائف التعليم العالي واحتياجاتها، فقد كان لابد من سرعة الاتجاه إلى ضبط عمل

مؤسسات التعليم العالي الخاص، وفق القانون الذي بات اليوم يتيح المتابعة والمحاسبة بشكل أفضل. مؤكدا وكيل الوزارة في ختام تصريحه، أن إنشاء مؤسسات التعليم العالي الخاص يحقق العديد من الايجابيات، التي منها على سبيل المثال لا الحصر تحقيق المزيد من تكافؤ الفرص بين المواطنين في الخدمات التعليمية في مجال التعليم العالي وتحقيق التنافس بين مؤسسات التعليم العالي بما يؤدي إلى جودة المخرجات والمساهمة في تزويد المجتمع باحتياجاته من التخصصات المختلفة التي تلبى تحديات التطور الاجتماعي ومتطلبات التواصل مع الاتجاهات والمدارس العالمية في مجال التعليم العالي وإثراء تجربة البحرين بايجابيات التجارب المقارنة، كما تساهم الجامعات الخاصة إلى جانب المؤسسة التعليمية الوطنية العليا في ترقية المجتمع البحريني من حيث بناء مجتمع المعرفة، حيث تسهم في إنتاج المعرفة المتخصصة في مجالات عديدة وعلوم مختلفة خاصة.

(موقع وزارة التربية والتعليم في مملكة البحرين www.Education.gov.bh)

مشاركة القطاع الخاص في إنشاء مؤسسات التعليم العالي :

تم اختيار بعض الجامعات والكليات الجامعية الأجنبية الخاصة لمملكة البحرين لفتح فروعها فيها، ودخول بعض المستثمرين المحليين، بالشراكة مع ذوي الخبرة، مجال الاستثمار في التعليم العالي والجامعي الخاص وذلك في ظل تشجيع ودعم من الدولة لرؤوس الأموال الوطنية والمستثمرين الأجانب على الاستثمار في هذا المجال باعتباره توجها عالميا يساعد على فتح مجالات المعرفة والعلم والتقنية أمام الراغبين وبما ينعكس إيجابا على توفير متطلبات سوق العمل من ذوي التأهيل العلمي والمهارات والتخصصات الدقيقة.

ونظراً إلى أن مشروع قانون التعليم العالي لم يقر حتى الآن وهو المتضمن التنظيم القانوني للترخيص لمؤسسات التعليم الجامعي والعالي الخاصة ومراقبتها ومتابعتها. ونظراً إلى أن المرسوم بقانون رقم 25 لسنة 1988 بشأن المؤسسات التعليمية والتدريبية الخاصة لا ينطبق على مؤسسات التعليم الجامعي والعالي الخاصة .

لذا نتساءل: ما الجامعات والكليات وغيرها من مؤسسات التعليم العالي الخاصة التي تعمل حاليا في المملكة، وما هي المرجعية القانونية لمباشرتها عملها، وهل صدرت لها تراخيص لمزاولة أعمالها، وما الذي اضافته المناهج الدراسية التي تدرس في هذه الجامعات والكليات الخاصة والأهلية إلى ما يدرس في جامعة البحرين وهل تتفق هذه المناهج مع المعايير الدولية، وهل توجد مراجعة فنية لها؟ وما الاستعدادات التي اتخذتها الوزارة لصدور قانون التعليم العالي الذي أصبح وشيكا وذلك على صعيد إعادة هيكلة قطاعات وإدارات الوزارة، وكذلك على المستويين المادي والبشري من الكوادر المؤهلة للقيام بالدور المنوط بالوزارة والأمانة العامة لمجلس التعليم العالي فيما يتعلق بمؤسسات التعليم العالي؟

فيما يلي رد وزير التربية والتعليم الدكتور ماجد النعيمي على السؤال:

أولاً: أهمية مشاركة القطاع الخاص في إنشاء مؤسسات التعليم العالي:

تحظى جامعة البحرين في مملكة البحرين بدعم سخي من لدن صاحب الجلالة الملك حمد بن عيسى آل خليفة ملك مملكة البحرين الرئيس الأعلى للجامعة من حكومته الرشيدة بقيادة صاحب السمو الشيخ خليفة بن سلمان آل خليفة رئيس الوزراء الموقر ودعم وتشجيع من صاحب السمو الشيخ سلمان بن حمد آل خليفة ولي العهد الأمين القائد العام لقوة دفاع البحرين ويصب هذا الدعم في إطار توجيهات القيادة الرشيدة بالاهتمام بالتعليم العالي ومخرجاته.

وللحاجات المتزايدة لفرص التعليم العالي من قبل مخرجات الثانوية العامة سمح للقطاع الخاص بالاستثمار في مجال التعليم العالي عن طريق إنشاء جامعات وكليات خاصة وأفرع جامعات عالمية تقدم برامج أكاديمية متخصصة تلبي احتياجات سوق العمل في المملكة من الكفاءات البحرينية المؤهلة والمدربة، وتأتي هذه التطورات كجزء من أهداف الحكومة الرشيدة الرامية لتقديم برامج تعليمية عالية الجودة تضاهي المستويات العالمية وتواكب متطلبات التنمية الاقتصادية. كما يرجع الاهتمام بمساهمة القطاع الخاص في مجال التعليم العالمي إلى إدراك أنه على الصعيد العالمي لم يعد بمقدور الحكومات وحدها تولي مسؤولية تمويل التعليم العالي مع العلم بأن القطاع الخاص هو المستفيد الرئيسي من مخرجات التعليم العالي.

ومن ثم أصبحت مشاركة القطاع الخاص في التعليم العالي أمراً ضروريا لاستكمال مسيرة تطوير التعليم كما ونوعا، وخاصة أن مملكة البحرين وانطلاقا من حرصها على التنمية البشرية، أصبحت تهتم بالتعليم العالي كهدف استراتيجي لتطوير الجانب النوعي لدى الفرد البحريني الذي سيتحمل المسؤولية الكاملة في إدارة شؤون المؤسسات الحكومية والخاصة. ولهذا فإن مملكة البحرين تشجع قيام مؤسسات للتعليم العالي الخاص ليس فقط لاستيعاب التوسع الكمي في أعداد الراغبين في استكمال تعليمهم العالي، وإنما أيضا للاهتمام النوعي بجودة البرامج

الأكاديمية التي تقدمها تلك المؤسسات وكذلك لاستقطاب جامعات وأفرع جامعات عالمية ذات سمعة علمية معترف بها دوليا.

ثانياً: ما الجامعات والكليات وغيرها من مؤسسات التعليم العالي الخاصة التي تعمل حاليا في المملكة، وما هي المرجعية القانونية لمباشرتها عملها؟ وهل صدرت لها تراخيص لمزاولة أعمالها؟ وما الذي أضافته المناهج الدراسية التي تدرس في هذه الجامعات والكليات الخاصة والأهلية إلى ما يدرس في جامعة البحرين وهل تتفق هذه المناهج مع المعايير الدولية، وهل توجد مراجعة فنية لها؟

أ- مؤسسات التعليم الخاص التي تعمل في المملكة :

الجامعة العربية المفتوحة، والجامعة الأهلية، ومعهد بيرلا الدولي، والجامعة الخليجية (كلية الخليج الجامعية سابقا) والكلية الجامعية البحرين، وجامعة "أما" الدولية- البحرين، ومعهد نيويورك للتكنولوجيا.

ب- المرجعية القانونية لنشاط مؤسسات التعليم العالي الخاص:

1- شروط الترخيص:

تعتبر شروط الترخيص الممنوح لتلك المؤسسات هي الإطار الحاكم لنشاط هذه المؤسسات بحيث يتعين على هذه المؤسسات مباشرة نشاطها في إطار القواعد والشروط التي تضمنها الترخيص الممنوح لها والشروط المعمول بها حاليا لمنح تراخيص إنشاء مؤسسات التعليم العالي الخاص في المملكة هي:

أ- تقدم بيان تفصيلي يتضمن ما يلي: أهداف المشروع وجدواه الاقتصادية، واسم المؤسسة، والكليات والأقسام، والشهادات والمؤهلات التي تمنحها، وعدد الفصول والسنوات الدراسية، والنظام الأكاديمي (على مستوى السنة الدراسية-الفصول الدراسية)، وأدوات التقويم، وشروط القبول، ومقر المؤسسة، وبرامج الدراسة في المؤسسة، واعتمادية البرامج، والتوأمة إن وجدت، وعدد الطلاب المتوقع قبولهم خلال

العام الأول، ونسبة البحرنة في المؤسسة وقاعات الدراسة والمرافق الأخرى، ومصادر التمويل، والأنشطة الأخرى للمؤسسة، والهيكل التنظيمي للمؤسسة.

ب- تقديم ضمان بنكي.

ج- تقديم الميزانية المقترحة.

2- توجيهات مجلس الوزراء :

توجيهات مجلس الوزراء بشأن السياسة العامة للتعليم العالي: وفقا لأحكام المادة الـ 47 من الدستور فإن مجلس الوزراء الموقر هو المختص برسم السياسة العامة للحكومة ومنها السياسة العامة في مجال التعليم العالي، ومن ثم فإن توجيهات مجلس الوزراء وقراراته تعد مرجعية للوزارة في متابعة شؤون مؤسسات التعليم العالي الخاص ليكون نشاط هذه المؤسسات ضن السياسة العامة للحكومة في مجال التعليم العالي وفي إطارها.

أوجه الإضافة التي قدمتها مؤسسات التعليم العالي الخاص المرخص لها بالعمل في المملكة

من النواحي الاجتماعية والعلمية والثقافية يؤدي إنشاء مؤسسات التعليم العالي الخاص إلى العديد من الإيجابيات أهمها:

1- تحقيق المزيد من تكافؤ الفرص بين المواطنين في الخدمات التعليمية في مجال التعليم العالي.

2- تحقيق التنافس بين مؤسسات التعليم العالي بما يؤدي إلى جودة مخرجات هذا التعليم.

3- المساهمة في تزويد المجتمع باحتياجاته من التخصصات المختلفة التي تلبي تحديات التطور الاجتماعي ومتطلبات التواصل مع الاتجاهات والمدارس العالمية

في مجال التعليم العالي وإثراء تجربة البحرين بإيجابيات التجارب المقارنة، واعتبار ذلك إحدى أدوات تطوير وإنماء نظام التعليم العالي في المملكة.

ذلك أن مؤسسات التعليم العالي الخاص المرخص لها بالبحرين تنتمي إلى مؤسسات عالمية في مجال التعليم العالي ولكل مؤسسة سمعتها الخاصة بها في ممارسة التعليم العالي ومن خلال هذه الممارسة سيتم إثراء تجربة المملكة في مجال التعليم العالي بالتجارب الدولية بما يمكن المملكة من الاستفادة من تجارب الآخرين والحصول على إيجابيات هذه التجارب وما هو يعظم من مخرجات التعليم العالي في المملكة.

4- ستؤدي زيادة عدد خريجي التعليم العالي إلى المساهمة في تعظيم وتدعيم قيم الحوار والتسامح الاجتماعي حيث يؤثر هؤلاء الخريجون بما تلقوه من علم ومعرفة متنوعين في تنمية اتجاه المجتمع نحو التفكير العلمي البناء والسلوك المعتمد على الحوار واحترام الآخر والتعايش المشترك.

5- تساهم الجامعات الخاصة إلى جانب المؤسسة التعليمية الوطنية العليا في ترقية المجتمع البحريني من حيث زرع مجتمع المعرفة المكثفة حيث تسهم في إنتاج المعرفة المتخصصة في مجالات عديدة وعلوم مختلفة، وخاصة أننا اليوم نعيش في عصر المعرفة التي تتضاعف بوتيرة سريعة.

6- إن تحديات العصر الذي نعيشه مع بداية الألفية الثالثة هي في جوهرها تحديات علمية وتكنولوجية وثقافية، وهو ما يعطي أهمية كبرى للبحث العلمي كوسيلة فعّالة لمواكبة تطورات العصر ومستجداته والمشاركة الإيجابية في بناء المستقبل الانساني، ولا يخفى على أحد أهمية البحث العلمي بالنسبة إلى الجامعة بل تعتبر الجامعة هي المعقل الحقيقي والفعلي للبحث العلمي، ووجود مجموعة من الجامعات الخاصة وأفرع من الجامعات العالمية المعترف بها دوليا في مملكة البحرين سوف يسهم في الارتقاء بالبحث العلمي في المملكة.

7- إن التقدم المتسارع في مجالات المعرفة كذلك تسارع المتغيرات في مجالات الاقتصاد من شأنهما أن يحتما علينا تجديد وتطوير معارفنا ومهاراتنا بل العمل على إنتاج المعرفة بأشكالها المختلفة - المعرفة الاجتماعية والمعرفة الذاتية والمعرفة المادية – وتبادل تلك المعارف والتكامل فيما بينها وتفعليها وإنتاجها أصبح من الأهداف الأساسية في تكوين أي جامعة ويجب أن تضطلع بهذا الدور داخل مجتمعها وفي محيطه الإقليمي والدولي، وبلا شك فإن الجامعة الوطنية تقوم بهذا الدور على الوجه الصحيح، إلا أن وجود جامعات خاصة سوف يسهم ويساعد في إنتاج المعارف المتخصصة بحسب قدرتها وتخصصها في مجالات المعارف المختلفة.

8- إن تنوع أعضاء هيئة التدريس من خلال تعدد الجامعات يتيح المجال أمام الطلبة للتزود بمختلف أنواع المعرفة وإثراء معلوماتهم بحسب ميولهم، كما أن تعدد الجامعات يتيح لأولياء الأمور العديد من الخيارات في اختيار الجامعة التي يرغبون في أن يلتحق بها أبناؤهم .

من الناحية الاقتصادية :

1- تخفيف الضغط عن ميزانية المملكة في مجال الإنفاق العام على التعليم العالي: تسهم مؤسسات التعليم العالي الخاص في تحقيق التكامل مع مؤسسات التعليم العالي الحكومي من ناحية الكم لتخفيف الضغط عن جامعة البحرين في التخصصات المناظرة، ومن ناحية الكيف وذلك بإنشاء تخصصات غير موجودة بجامعة البحرين ويؤدي إنشاؤها إلى إشباع احتياجات المجتمع من مخرجاتها وهو ما يؤدي إلى تخفيف الضغط عن ميزانية المملكة في مجال الانفاق العام على التعلم العالي.

2- تستوعب مؤسسات التعليم العالي الخاص مع جامعة البحرين أبناء الوطن الراغبين في استكمال تعليمهم العالي هو ما يؤدي الى تقليص عدد الطلبة الذين يتم استكمال تعليمهم في مؤسسات تعليمية عالية خارج البلاد، الأمر

الذي يؤدي إلى الحد من الانفاق خارج البحرين، وهو ما يعود بالنفع على الاقتصاد الوطني.

3- لا شك أن التربية والتعليم لهما دور متميز في تحقيق التنمية، حيث تتفق أوساط الفكر التربوي على أن الإنسان هو أهم مورد للتنمية، ولذلك تهتم الدول بالتنمية البشرية. والتعليم الجامعي في مملكة البحرين يأتي على قمة السلم التعليمي فهو ضرورة لتكون العناصر البشرية بالمعرفة العلمية والقدرات والمهارات التي تتطلبها عمليات التنمية الشاملة والجامعات الخاصة بلا شك سوف تسهم في تنمية وبناء الموارد البشرية الوطنية، وهو ما يجعلها تسهم مساهمة فعالة في تحقيق أغراض النمو الاقتصادي والاجتماعي، وذلك من خلال ما تقدمه من برامج أكاديمية تعني بتطوير قدرات الطلبة الدارسين لديها، وبالتالي تخريج كوارد وطنية متخصصة ومتدربة تدريبا راقيا يلبي احتياجات مؤسسات المجتمع الحكومية ومؤسساته الخاصة.

4- إن وجود الجامعات الخاصة يدخل ضمن سياسة تشجيع الاستثمار لدعم الاقتصاد الوطني، خاصة وأن هناك العديد من الأشقاء من خارج المملكة يدرسون في تلك الجامعات. كما أن تشجيع الاستثمار وفتح الجامعات الخاصة من الأمور التي ينص عليها دستور مملكة البحرين، حيث يجيز الدستور في المادة الـ (7) للأفراد والهيئات إنشاء الجامعات الخاصة.

5- تشير العديد من الدراسات إلى تزايد احتياجات دول مجلس التعاون لدول الخليج العربية إلى الجامعات لكي تستوعب الأعداد التي تتخرج سنويا في المدارس بدول المجلس، ومن ثم فإن إنشاء مؤسسات للتعليم العالي الخاص في المملكة سيساهم في تلبية هذه الاحتياجات، وهو ما يعني أن وجود الجامعات الخاصة أصبح يمثل ضرورة علمية وفرصا استثمارية.

6- إن وجود العديد من الجامعات الخاصة سوف يسهم في تعزيز الدور الذي لعبته البحرين في التاريخ كمركز إشعاع تعليمي وثقافي بالمنطقة.

ثالثا: الرد على الجزء الثاني من السؤال ونصه: "وما هي الاستعدادات التي اتخذتها الوزارة لصدور قانون التعليم العالي الذي أصبح وشيكا وذلك على صعيد إعادة هيكلة قطاعات وإدارات الوزارة، وكذلك على المستويين المادي والبشري من الكوادر المؤهلة للقيام بالدور المنوط بالوزارة والامانة العامة لمجلس التعليم العالي فيما يتعلق بمؤسسات التعليم العالي؟" فإن الوزارة تقدم ردها على النحو التالي:

1- فيما يتصل بإعادة هيكلة الوزارة:

أ- ورد بالوثيقة التطويرية المستقبلية للتربية والتعليم النص على إعداد هيكل إداري جديد للوزارة وقد وافق مجلس الوزراء الموقر على هذه الوثيقة في 2003/4/13م.

ب- تم تشكيل لجنة على مستوى عال بالوزارة لإعداد مشروع الهيكل الإداري الجديد للوزارة وقد انتهت اللجنة من إعداد هذا المشروع في صيغته الأولية.

ج- تم الاتفاق مع اليونسكو على التعاون في مراجعة هذا الهيكل لوضعه في صيغته النهائية وقد تم عرض المشروع الأولي للهيكل على مسؤولي اليونسكو لدراسته والإفادة بالرأي في شأنه.

د- ستعمل الوزارة على توظيف خبراتها وإمكانياتها في مجال التعليم العالي لتمكين الأمانة العامة لمجلس التعليم العالي من القيام بمهامها واختصاصاتها بعد إقرار القانون.

هـ- الاهتمام بشؤون التعليم في الهيكل الجديد وفي هذا الصدد تؤكد الوزارة أنها عازمة على أن يكون الهيكل الإداري الجديد لها مجسدا اهتمامها بالتعليم العالي.

و- الوزارة لديها خطة لإعداد وتأهيل العديد من الكوادر البشرية في مجال التعامل مع مؤسسات التعليم العالي، وخصوصا أن لها خبرة طويلة تراكمية في التعاون مع مؤسسات التعليم العالي ومشاركتها في العديد من لجان الاعتماد الأكاديمي. وفي هذا الصدد تؤكد الوزارة أنها ستعمل على تدعيم القطاع المعني في الوزارة بشؤون

التعليم العالي من النواحي المادية والبشرية والخبراتية اللازمة لقيامه بمهامه واختصاصاته على أكمل وجه من أجل الارتقاء بجودة التعليم العالي.

ز- تؤكد الوزارة أن موضوع الجودة من الأمور التي توليها أهمية كبيرة ولذلك فإنها ستوفر الجهات المعنية بشؤون التعليم العالي سبل التعاون مع جهات الاعتماد الأكاديمي المختلفة للاستفادة من خبراتها في تجويد مخرجات مؤسسات التعليم العالي وفقا لمعايير الاعتماد الأكاديمي المعتمدة دوليا سواء فيما يتصل بالبرامج التعليمية أو ما يتصل بمؤسسات التعليم العالي التي تقدم هذه البرامج.

إمكانيات الوزارة

2- فيما يتصل بتوفير الإمكانيات المادية والبشرية اللازمة للقيام بالاختصاصات والمهام المقررة للوزارة والأمانة العامة لمجلس التعليم العالي بشأن مؤسسات التعليم العالي يتوافر لوزارة التربية والتعليم خبرة واسعة في مجال إدارة شؤون التعليم العالي، وذلك من خلال إشرافها على شؤون التعليم العالي ومتابعتها لسير العمل به ومن خلال مظاهر ذلك ما يلي:

أ- تقوم إدارة الشؤون الثقافية والبعثات بمتابعة شؤون مؤسسات التعليم العالي.

ب- وزير التربية والتعليم هو رئيس مجلس أمناء جامعة البحرين وهو المسؤول سياسيا عن شؤون التعليم العالي أمام مجلسي الشورى والنواب.

ج- تمثل وزارة التربية والتعليم منذ سنوات عديدة في لجنة وزراء التعليم العالي والبحث العلمي لدول مجلس التعاون والمنظمة العربية للتربية والثقافة والعلوم والمنظمة الإسلامية للتربية والعلوم والثقافة والمنظمات الدولية.

د- وزير التربية والتعليم هو الذي يمثل المملكة في اجتماعات وزراء التربية والتعليم العالي في الدول الخليجية والدول العربية.

هـ- مدير إدارة الشؤون الثقافية والبعثات بوزارة التربية والتعليم عضو في هيئة الاعتماد الاكاديمي لدول مجلس التعاون الخليجي.

و- إدارة البعثات تقوم بعمل أمانة اللجنة الوطنية لتقييم المؤهلات العلمية.

ز- وكيل وزارة التربية والتعليم يتولى رئاسة اللجنة الوطنية لتقييم المؤهلات العلمية.

ح- يصدر وزير التربية والتعليم قرار معادلة وتقويم المؤهلات العلمية الأجنبية والوطنية، وذلك بناء على المرسوم بقانون رقم (19) لسنة **1995م** في شأن تقويم المؤهلات العلمية الذي ينص في مادته الأولى على أن المؤهلات العلمية الأجنبية التي تمنحها الجامعات والمعاهد والمدارس الأجنبية يصدر بمعادلتها بالمؤهلات الوطنية أو بتقويمها علميا، إذا لم يكن لها نظائر من المؤهلات الوطنية، قرار عن وزير التربية والتعليم بناء على اقتراح لجنة تسمى (اللجنة الوطنية لتقويم المؤهلات العلمية) وتشكل برئاسة وكيل وزارة التربية والتعليم، ويصدر بتشكيل اللجنة بناء على ترشيح الجهات المعنية قرار عن وزير التربية والتعليم.

ط- تشرف الوزارة على مكاتب الخدمات التعليمية للدارسين في الخارج، وذلك بناء على المرسوم بقانون رقم (2) لسنة **1997م**.

ك- يوجد بوزارة التربية والتعليم مركز متخصص يعرف باسم مركز المعلومات الجامعية يخدم الطلبة خريجي الثانوية الراغبين في الدراسة بالخارج ويمدهم بالمعلومات الأساسية عن الجامعات الخليجية والعربية والعالمية ويساعدهم في توصيل أوراقهم الثبوتية إلى تلك الجامعات للحصول على القبول ويكون حلقة وصل بين الطلبة والجامعات إلى جانب أنه يقدم معلومات دقيقة عن الجامعات العربية والعالمية ونوع التخصصات المتوافرة في تلك الجامعات.

وفقا لمشروع قانون التعليم العالي فإن اللوائح والقرارات المنفذة لهذا القانون يصدرها وزير التربية والتعليم بعد موافقة مجلس التعليم العالي. وتؤكد الوزارة وبما تراكم لديها من خبرات في مجال التعليم العالي أنها قد أعدت الدراسات اللازمة بشأن اللوائح والقرارات المنفذة لهذا القانون التعليم العالي وبخاصة ما يتصل بالاختصاصات

التنفيذية لمجلس التعليم العالي سواء في مجال الترخيص لمؤسسات وغير ذلك من الجوانب الأكاديمية لتلك المؤسسات.

ونظرا إلى أن تشكيل مجلس التعليم العالي يتوقف على إصدار قانون التعليم العالي فإن وزارة التربية والتعليم تؤكد أنها ستبادر فور إقرار قانون التعليم العالي وإصداره وتشكيل مجلس التعليم العالي إلى عرض هذه اللوائح والقرارات على مجلس التعليم العالي بعد وضعها في صيغة نهائية تتوافق مع أحكام قانون التعليم العالي بعد إقراره لاستكمال إجراءات إصدارها . (موقع مجلس الشورى مملكة البحرين، اخبار الخليج)

خطة البعثات والمنح الطلابية للعام الدراسي 2004/2003م

تعتمد لجنة البعثات والتدريب خطة البعثات والمنح الدراسية، وتأتي هذه الخطة لتلبى احتياجات مملكة البحرين ووزارة التربية والتعليم بوجه خاص في تخصصات لدعم سياسة البحرنة في الوزارة لتلبية احتياجات الوزارة في مجالي التعلم التجاري والصناعي، كما تم توجيه البعثات إلى جامعة البحرين حيث التخصصات المطلوبة متوفرة في هذه الجامعة، وقد أعدت وزارة التربية والتعليم خطة أخرى بنفس التوجه لطلبة المدارس الخاصة، وبذلك يكون عدد البعثات والمنح لهذا العام على النحو التالي: 526 بعثة مخصصة للمدارس الحكومية 100 بعثة مخصصة للمدارس الخاصة ، 69 منحة مخصصة للمدارس الحكومية.

وقد شرعت إدارة الشؤون الثقافية والبعثات بإجراء كل الترتيبات للتسجيل للبعثات والمنح وذلك في الفترة من يوم الاثنين 16 يونيو 2003 الى 18 يونيو 2003م بمدرسة أم سلمة الإعدادية للبنات.

كما تم تحديد النسبة المطلوبة للتقدم إلى البعثات والمنح بـ 90% فأكثر بالنسبة إلى خريجي جميع المسارات بالمدارس الحكومية، أما المدارس الخاصة فقد حددت النسبة بـ 90% فأكثر بالنسبة إلى المدارس التي تعمل بنظام المعدل التراكمي أو

الحاصلين على تقدير امتياز، وتجدر الاشارة إلى أن هناك 250 بعثة دراسية قد خصصت لأبناء العاملين ومنتسبي وزارة التربية والتعليم بجامعة البحرين بناء على معايير هي:

- أن يكون بحريني الجنسية

- أن لا تقل مدة خدمة الموظف عن 10 أعوام من العمل المستمر.

- أن تكون تقارير أداء الموظف أو المعلم لا تقل عن جيد.

- أن لا يكون المعلم أو المعلمة قد استفاد من هذه البعثات سابقا.

- أن يكون لدى الطالب قبول بجامعة البحرين.

- أن يكون الموظف أو المعلم مستمراً بالخدمة حتى تاريخ تقدمه لطلب البعثة.

- أن يستفيد الموظف أو المعلم من هذا النظام لمرة واحدة فقط خلال سنوات خدمته بالوزارة.

- لا يشمل هذا النظام طلبة الدراسات العليا.

بعض مؤسسات التعليم العالي الخاصة

1- جامعة الخليج العربي في البحرين

إن فكرة إنشاء جامعة خليجية مشتركة وموحدة في منطقة الخليج العربي كانت فكرة متأصلة لدى قادة هذه الدول ومثقفيها منذ بداية الانفتاح على التعليم الجامعي، وانطلاقا من رغبة دول الخليج العربية في تعزيز التعاون والتكامل بينها وتقويته في مجالات التعليم العالي والبحث العلمي والتنمية، بما يتفق وتطلعات أبناء هذا الجزء من الأمة العربية والإسلامية إلى نهضة شاملة وتقدم حضاري رائد يعيد للأمة أمجادها ويؤكد دورها في المساهمة في مسيرة الحضارة الإنسانية باعتبارها مزيجا من الأمة العربية بعقيدتها الإسلامية السامية وقيمها الأصيلة.

إنطلاقا من الدور الأساسي الذي يقوم به التعليم العالي والجامعي بصفة خاصة في توفير إحتياجات المجتمع من المتخصصين والخبراء في شتى المجالات العلمية والمهنية، ولتشابه الظروف الثقافية والاجتماعية والاقتصادية وما تواجهه المنطقة من تحديات حضارية وما يربطها من وشائج تاريخية ومن تطلعات مشتركة نحو مستقبل أفضل، كل هذا حفز المنطقة إلى خلق نوع من التلاحم والوحدة الفكرية والعلمية لأبنائها، والتي يمكن أن يكون أحد أدواتها إنشاء جامعة الخليج العربي وإنطلاقا من هذه الثوابت فقد قرر المؤتمر العام لمكتب التربية العربي لدول الخليج في دورته الرابعة للمؤتمر العام لوزراء التربية والتعليم والمعارف لدول الخليج العربي التي عقدت بدولة البحرين بتاريخ 6 و 7 جمادي الأولى 1399هـ الموافق 3 و4 أبريل 1979م، إنشاء "جامعة الخليج العربي" وأن تكون المنامة عاصمة البحرين مقرا للجامعة.

والدول الخليجية المؤسسة للجامعة هي:

- دولة الإمارات العربية المتحدة

- مملكة البحرين

- دولة الكويت

- المملكة العربية السعودية

- سلطنة عمان

- دولة قطر

ومن أبرز سمات هذه الجامعة – والتي تضم حاليا كلية للدراسات العليا وكلية الطب والعلوم الطبية- أنها نمط غير متكرر أو منافس للجامعات القائمة بل هي تكمل هذه الجامعات، إذ تقدم كلية الدراسات العليا برامج جديدة غير قائمة في هذه الجامعات، وهي ذات طبيعة تطبيقية تتطلبها خطط التنمية بالدول الأعضاء، وتتميز هذه البرامج بتعدد وبينية التخصصات (Multi and Interdisciplinary) كما تتميز كلية الطب بأنها تتبع في التدريس المنهج الطبي التكاملي الإبداعي Learning Problem Based, Self Directed Learning وهو من أحدث مناهج التعليم الطبي وتتبعه عدة جامعات عريقة نظرا لما ثبت من فعاليته وكفاءته العالية في إعداد الأطباء وتنمية قدراتهم أثناء الدراسة وبعد التخرج .

كلية الدراسات العليا :

مجال التقنية: برنامج إدارة التقنية، التقنية الحيوية، علوم الصحراء والأراضي القاحلة، مجال الدراسات التربوية: تخصص التفوق العقلي والموهبة، صعوبات التعلم، التخلف العقلي.

2- فرع الجامعة العربية المفتوحة في البحرين

نتيجة للنجاح الذي حققه برنامج الخليج العربي لدعم منظمات الأمم المتحدة الإنمائية (أجفند) في مجال التنمية البشرية، انبثقت فكرة الجامعة العربية المفتوحة لدى سمو الأمير طلال بن عبد العزيز، رئيس أجفند، من واقع متابعة سموه لما يواجهه قطاع التعليم في الوطن العربي من مشكلات معقدة تنذر بتداعيات خطيرة تعوق قدرات الأمة في النهوض برسالتها الحضارية وتحقيق تنمية بشرية متوازية.

وقد استحوذ هذا الهم القومي على تفكير سموه وهو يستقرئ آثار هذه المشكلة وأبعادها على مستقبل الأمة، فقاد سموه حواراً واسع النطاق مع جهات تربوية عديدة وأشخاص معنيين بقضية التعليم بغية تجاوز هذا الواقع، واستشراف آفاق أرحب في ظل مشروع تعليمي مواكب لمتطلبات العصر.

من هذا المنطلق، بدأت اتصالات سموه مع معالي الأمين العام لجامعة الدول العربية، وأصحاب المعالي وزراء التعليم العالي العرب، طارحاً فكرة البحث في إمكانية إنشاء جامعة عربية مفتوحة ومعلناً عن استعداده لرعاية وتمويل كل جهد عربي يهدف لبلورة الفكرة. وقد لاقت مبادرة سموه تفهماً واهتماماً عربيين وأحيطت بالتقدير والاحترام على المستويات العلمية وأفسحت لها وسائل الإعلام العربية مساحات واسعة مما يشير إلى مدى الاهتمام بأن تبلغ هذه المبادرة مداها وتحقق أهدافها.

الحاجة إلى الجامعة العربية المفتوحة :

في نهايات القرن العشرين، ومع بزوغ فجر القرن الحادي والعشرين، بدأت مؤسسات التعليم العالي، من جامعات وكليات ومعاهد، في كثير من بلدان العالم تراجع أهداف وتوجهات التعليم العالي بما في ذلك إيجاد بدائل رائدة لطرح فرص التعليم بشكل أكثر يسراً واتساعا وجاء ذلك إثر بروز معالم واضحة تشكل أطراً عامة وأخرى خاصة في التعرف على تحديات المستقبل في مجال التعليم العالي، مما تبعه لدى البعض وضع استراتيجيات محددة لمواجهة هذه التحديات ونقل معاهد التعليم العالي إلى مستويات متقدمة. ولعل أحد أهم مخرجات البحث عن طرق بديلة لتقديم التعليم العالي يكمن في تكوين إطار رصين ومنظم لما بات يُعرف بالتعليم المفتوح أو التعلم عن بعد، والذي يهدف إلى تقديم تعليم عال متميز موجه لخدمة قاعدة عريضة من طالبيه.

إن التحديات التي تواجه التعليم العالي والعجز المستمر الذي تعانيه الجامعات والمعاهد العربية العليا في استيعاب آلاف الطلبة المتخرجين من المدارس الثانوية أصبح من أبرز المشكلات وأهمها على الإطلاق. ومن جهة أخرى؟ فإنه من الصعب تجاهل

أوضاع المعلمين في المدارس العربية، فأغلبهم بأمس الحاجة لتطوير مهاراتهم التربوية وصقلها لتتلاءم مع الطرق الحديثة للتربية والتعليم، خاصة إذا ما أخذنا بالاعتبار أن عدداً كبيراً من المعلمين في الوطن العربي يحمل مؤهلاً علمياً أقل من درجة البكالوريوس . أما المرأة العربية فلا يزال التقدم الذي طرأ على تطوير مستواها العلمي غير كاف، حيث إن القيود الاجتماعية والثقافية تعيق مشاركتها الفاعلة والإيجابية إلى جانب الرجل في تنمية وطنها، فالنظام الأبوي لا يزال يسيطر ويحد من التقدم الثقافي للمرأة في وطننا العربي.

ولقد بينت الدراسة التي أجرتها الشركة التي كلفت إعداد دراسة جدوى إنشاء الجامعة العربية المفتوحة في عام 1998، أن هنالك فجوة بين العرض والطلب على مقاعد التعليم العالي في البلدان العربية تقدر بحوالي (600.000) طالب من خريجي المرحلة الثانوية، كما أن هناك طلباً متزايداً على التعليم العالي من أولئك الذين انخرطوا في سوق العمل دون الحصول على المؤهل الجامعي (ومنهم فئة المعلمين)، وأصبحت لديهم الرغبة في الدراسة الجامعية لاكتساب المعلومات والمهارات المطلوبة لتحسين أدائهم في وظائفهم وأعمالهم، كما أن هنالك أعداداً كبيرة من الخريجين الجامعيين العاملين الذين يحتاجون إلى دراسة ما استجد في حقول تخصصهم من المعارف وأساليب التقنية الحديثة، لا بل وهناك فئة منهم يحتاجون إلى إعادة التأهيل لتعديل تخصصاتهم أو تغييرها في ضوء حاجات سوق العمل.

رسالة الجامعة وأهدافها :

تسعى الجامعة العربية المفتوحة إلى إتاحة فرص التعليم العالي والتعليم المستمر، عن طريق التعليم عن بعد باستخدام تقنية المعلومات والاتصالات الحديثة لكل مواطن عربي راغب فيه وقادر عليه، سواء في المدن أو المناطق الريفية والنائية وبخاصة المرأة العربية، ضمن حدود معقولة من الكلفة الإضافية التي يتحملها المجتمع العربي، وذلك للإسهام في إعداد الطاقات البشرية العربية المؤهلة في المجالات التي تتطلبها خطط التنمية الوطنية والقومية وإجراء البحوث وإعداد الدراسات وتقديم

الاستشارات في هذه المجالات والإسهام بصورة عامة في رفع المستوى الثقافي والاجتماعي والعلمي لدى المواطن العربي.

البرامج الأكاديمية :

لقد تم إجراء دراسة ميدانية في إحدى عشرة دولة عربية شملت حوالى خمسة آلاف طالب وخمسمائة من أصحاب العمل وذلك لاستطلاع آرائهم حول عدد من البنود المتعلقة بإنشاء الجامعة العربية المفتوحة، ومنها التخصصات الدراسية المطلوبة، ونتيجة لهذه الدراسة فإن الجامعة العربية المفتوحة سوف تبدأ بالتخصصات التالية:

- إدارة الأعمال بفروعها المختلفة.

- علوم الحاسب الآلي وتقنية المعلومات.

- اللغة الإنجليزية.

- تدريب المعلمين وإعدادهم .

وتتنوع البرامج التي تقدمها الجامعة ضمن هذه التخصصات لتشمل البرامج التي تؤدي إلى درجة البكالوريوس بالإضافة إلى برامج التأهيل والتدريب والتعليم المستمر، وسوف تقوم الجامعة تباعا بتقديم برامج وتخصصات علمية وتقنية ومهنية أخرى وفق دراسة الحاجات المستجدة لمتطلبات سوق العمل في البلاد العربية .

المواد التعليمية :

هي مجموعة من المقررات التي أعدت خصيصا لطلاب الجامعة العربية المفتوحة إذ تشمل الكتاب المقرر ومواد قرائية مساعدة ودفاتر عمل تساعد الطالب على اختيار مدى استيعابه للمادة، بالإضافة إلى تجهيزات خاصة للتدريب العملي (ولا سيما فيما يتعلق بمواد التقنية والعلوم).

المواد التعليمية المسموعة والمرئية:

تشمل شرائط مرئية ومسموعة بالإضافة إلى برامج إذاعية وتلفزيونية تساعد الطالب على استيعاب المادة بشكل أوسع وأعمق.

المواد الحاسوبية:

لقد أصبح الحاسب الآلي جزءاً لا يتجزأ من وسائل التعليم الحديث بشكل عام، والتعليم عن بعد بشكل خاص، حتى أصبح من المحتم على الطالب معرفة كيفية استعمال القواعد الأساسية للحاسب الآلي لكي يتمكن من تطبيقها في البرامج المرافقة للمواد التعليمية، ويشمل ذلك المواد المعدة على الأقراص الحاسوبية بالإضافة إلى المواد التي تبث عبر شبكة الاتصالات الدولية (الإنترنت)

وسائل التعليم في الجامعة العربية المفتوحة :

البحث المسموع والمرئي في اتجاه واحد:

ستستخدم الجامعة العربية المفتوحة خدمات البث المرئي والمسموع حيث يستطيع الطلاب الإطلاع على المحاضرات عبر البث التلفزيوني والإذاعي (اتجاه واحد)، أو التفاعل مع المحاضر عن طريق الصوت (اتجاهين) والصورة (اتجاه واحد).

البحث المسموع والمرئي في اتجاهين:

ستستخدم الجامعة العربية المفتوحة محطات الـ (VSAT) وهي محطات طرفية صغيرة جدا لغرض تقديم تقنية الاتصال المتبادل عن طريق الصورة المرئية.

شبكة الاتصالات الدولية (الإنترنت) والبريد الإلكتروني:

تعمل الجامعة العربية المفتوحة على نشر عدد من موادها التعليمية عبر شبكة الإنترنت بحيث يتمكن الطلاب الملتحقون بالجامعة من الإطلاع على هذه المواد باستخدام الحواسيب الشخصية، هذا بالإضافة إلى إمكانية اتصال الطلاب فيما بينهم والاتصال بين الطلاب والجامعة عن طريق استخدام البريد الالكتروني.

المراكز الدراسية:

ستؤمن الجامعة العربية المفتوحة قنوات اتصال مع طلابها من خلال مراكزها الدراسية المنتشرة في جميع البلدان العربية التي ترخص فيها الجامعة. وسيتم تزويد الطلاب من خلال هذه المراكز مباشرة وبواسطة البريد بالمواد التعليمية المطبوعة والمسموعة والمرئية.

كما سيتمكن الطلاب من الاستفادة من مختبرات المراكز المزودة بالأجهزة السمعية والبصرية، والحواسيب الشخصية، وذلك بالإضافة إلى اللقاءات الصفية تحت إشراف معيدين يتم تدريبهم على أساليب التعليم المفتوح وبواقع معيد لكل عشرين متعلماً.

الدراسة المقيمة :

سوف تستفيد الجامعة العربية المفتوحة من البنية التحتية في الجامعات القائمة من مبان وتجهيزات وذلك خارج أوقات العمل الخاص بتلك الجامعات لإقامة الندوات والمحاضرات النظرية والتطبيقات العملية من خلال المختبرات، والورش، وذلك لمدد قصيرة تتراوح بين يوم وأسبوع، ويعرف هذا النوع من التعليم (بالدراسة المقيمة).

مجموعات التعلم الذاتي:

سوف تشجع الجامعة العربية المفتوحة طلابها على إنشاء مجموعات التعلم الذاتي، حيث يعمل الطلبة ضمن كل مجموعة على تبادل الدعم والمشورة فيما بينهم وذلك من خلال الاجتماعات النظامية أو الاتصال عبر الهاتف، أو البريد الإلكتروني وغيرها من وسائل الاتصال.

التقييم في الجامعة العربية المفتوحة :

سوف تتبنى الجامعة نظام التقييم المتواصل الذي يبدأ مع بداية الفصل الدراسي (الاختبارات الدورية، والتقارير، والمشاريع) وينتهي بإجراء الامتحانات الفصلية أو النهائية. ومن أهم مميزات الجودة التي ستركز عليها الجامعة العربية المفتوحة قيام

أعضاء هيئة التدريس في المركز الرئيسي بإعداد الامتحانات النهائية وإرسالها إلى فروع الجامعة ومراكزها لتعقد في آن واحد، ثم يتم تصحيح الإجابات بإشراف مركزي باستخدام أحدث الوسائل التربوية والتقنية في التقييم، بحيث يتم كله بالأساليب المنضبطة التي تستخدم في الجامعات القائمة.

دعم الحكومات العربية:

نتيجة للتوصل مع وزراء التعليم العالي العرب فقد طلبت خمس دول عربية استضافة المقر الرئيسي للجامعة، كما طلبت أربع دول أخرى فتح فروع للجامعة فيها، وفي ضوء التسهيلات التي تقدمت بها الدول الخمس التي طلبت استضافة المقر الرئيسي للجامعة، اتخذ قرار في 9 ديسمبر عام 2000م، باختيار دولة الكويت مقراً رئيساً للجامعة، وفي 9 يناير 2001م، تم التوقيع في الكويت على مذكرة تفاهم بين برنامج الخليج العربي لدعم منظمات الأمم المتحدة الإنمائية ودولة الكويت لاحتضان المقر الرئيسي للجامعة. ولقد تم التنسيق مع وزراء التعليم العالي في البلدان العربية بحيث يتم ترخيص الجامعة العربية المفتوحة في كل بلد عربي تفتح الجامعة فيه فرعاً لها وبالتالي ستسعى الجامعة لتحقيق معايير الاعتماد والاعتراف بالشهادات وفق الأسس المقررة في ذلك البلد.

حجم الإنفاق المتوقع :

إن التحليل المالي الذي قامت به الشركة المكلفة بإعداد دراسة الجدوى افترض أنه سيتم فتح الجامعة في ست دول عربية كخطوة أولى. ولقد تم الأخذ بهذا الافتراض للاعتقاد بأن نجاح الجامعة يكمن في تركيزها على نشاطها في مناطق إقليمية محدودة ومحصورة مما سيؤهلها إلى أن تكون قاعدة قوية بحيث يمكن الارتكاز عليها والانتشار بعدها إلى باقي الدول العربية.

وعليه، فقد تم الافتراض أن الهيكل المالي للجامعة العربية المفتوحة سيبدأ بتكلفة إجمالية تقدر بحوالي 32 مليون دولار أمريكي، سيتم توفيرها عن طريق برنامج الخليج العربي لدعم منظمات الأمم المتحدة الإنمائية.

التعاون مع الجامعات القائمة في البلدان العربية:

إن الجامعة العربية المفتوحة ليست بديلاً بأي شكل من الأشكال للجامعات القائمة، وإنما هي مساندة لها، وتعمل في إطار آخر وفق رؤى وسياسات ومناهج ووسائل مختلفة لإيصال العلم الحديث إلى طالبيه حيثما كانوا في منازلهم وأماكن عملهم، وانه من الضروري أن يتم التنسيق بين الجامعة العربية المفتوحة والجامعات القائمة لتبادل الآراء والخبرات والمصالح المشتركة، بشكل عام وخاصة في المجالات التالية:

- الاستفادة من أعضاء هيئة التدريس والمعيدين في الجامعات القائمة للعمل غير متفرغين في الجامعة العربية المفتوحة، ويشمل ذلك المشاركة في إعداد المواد التعليمية والمشاركة في إجراء البحوث التطبيقية التي تخدم المجتمع بالإضافة إلى المشاركة في الإشراف على المراكز التعليمية.

- الاستفادة من البنية التحتية في الجامعات القائمة من حيث استخدام مرافقها وتجهيزاتها لخدمة الطلبة في المراكز الدراسية وذلك بعد ساعات الدوام الرسمي وأثناء عطلة نهاية الأسبوع، ويتم ذلك بصورة تعاقدية بين الجامعة العربية المفتوحة والجامعات القائمة.

- استفادة الجامعات القائمة من المواد التعليمية التي تعدها الجامعة العربية المفتوحة لكونها مواد وضعت للتعلم الذاتي وبالتالي يستخدمها الطالب الجامعي في الجامعات القائمة للتعلم خارج أوقات المحاضرات المبرمجة وذلك بواسطة أشرطة الفيديو، أو أقراص الحاسب، أو البث المرئي، أو الإنترنت.

التعاون مع الجامعة البريطانية المفتوحة :

تُعد الجامعة البريطانية المفتوحة من أعرق الجامعات في العالم التي تستخدم أسلوب التعليم المفتوح، ولقد حققت نجاحاً بارزاً بين الجامعات البريطانية إذ أنها أصبحت ضمن قائمة الجامعات البريطانية الخمس عشرة الأوائل، وحققت مؤخراً الترتيب الأول في مجال علوم الأرض. ولقد تم التعاون بين الجامعة العربية المفتوحة والجامعة البريطانية المفتوحة بحيث:

- تعتمد الجامعة في المرحلة الأولى من مراحل إنشائها على ترخيص المواد التعليمية من إنتاج الجامعة البريطانية المفتوحة، وستقوم في المراحل اللاحقة على إنتاج المواد التعليمية الخاصة بها.

- تعتمد الجامعة البريطانية المفتوحة الدرجات العلمية والشهادات التي تصدرها الجامعة العربية المفتوحة وذلك من خلال برنامج مقنن للاعتماد يتضمن الإشراف على تنفيذ البرامج الأكاديمية وتقويمها من خلال الزيارات الميدانية الدورية التي يقوم بها المختصون من المؤسسة البريطانية لاعتماد الجامعات المفتوحة.

شروط القبول:

- النجاح في امتحان شهادة الدراسة الثانوية أو ما يعادلها.

- النجاح في امتحان القبول أو المقابلة الشخصية التي تجريها الجامعة أو استيفاء أي شرط آخر للقبول يوافق عليه مجلس أمناء الجامعة.

بدء الدراسة :

تتضمن الخطة التنفيذية للجامعة أن تبدأ الدراسة في ست دول عربية تكون دولة الكويت مقراً رئيساً للجامعة وتنشأ فروع لها في الدول الخمس الأخرى وهي:

- المملكة العربية السعودية .

-    الجمهورية اللبنانية.

-    المملكة الأردنية الهاشمية.

-    جمهورية مصر العربية.

-    مملكة البحرين.

وقد بدأت الدراسة في شهر أكتوبر 2002م .

مرحباً بطلابنا القادمين :

كواحدة من مؤسسات التعليم العالي المفتوح، فإن الجامعة العربية المفتوحة تؤكد لطلابها القادمين أنها تلتزم بتقديم برامج دراسية ذات مستوى عال ومتميز، وستسعى الجامعة إلى إنشاء مناخ تعليم ييسر التواصل بين الطلبة والمدرسين من جهة، وبين الطلبة أنفسهم من جهة أخرى. وبذا تعتزم الجامعة أن تجعل طلابها عناصر فاعلة في العملية التعليمية نحو إثراء الخبرة التعليمية لديهم .

تتوجه الجامعة العربية المفتوحة بالتحية لطلاب المستقبل، وتعدهم ببذل كل جهد ممكن لتكون لهم بوابة تفتح منافذ أوسع إلى فرص المستقبل.

المراجع

- الإبراهيم، عبد الرحمن حسن (1410هـ-1990م): التعليم العام في مجلس التعاون الخليجي، وزارة التربية والتعليم بالبحرين.

- الحبيب، فهد إبراهيم (1417هـ-1996م): التوجيه والإشراف التربوي في دول الخليج العربية، مكتب التربية العربية لدول الخليج، الرياض.

- الموسوي، نعمان محمد صالح، أستاذ القياس والتقويم التربوي المشارك، كلية التربية، جامعة البحرين، موقع المنبر الديمقراطي التقدمي، البحرين.

- السليطي، أحمد علي (1975م): التخطيط للتعليم والتدريب في البحرين من منظور القوى العاملة: بحث مقدم لندوة تنمية الموارد البشرية في الخليج العربي، البحرين.

- الشراح، يعقوب أحمد (1423هـ-2002م): التربية وأزمة التنمية البشرية، مكتب التربية العربية لدول الخليج، الرياض.

- الرميحي، محمد (1404هـ-1984م): معوقات التنمية الاجتماعية والاقتصادية في مجتمعات الخليج العربي المعاصرة، الكويت، شركة كاظمة للنشر والتوزيع والترجمة.

- متولي، مصطفى محمد (1416هـ-1995م): تقويم التجارب المستحدثة في تنويع التعليم الثانوي في ضوء أهدافها، مكتب التربية العربي لدول الخليج، الرياض.

- مصطفى، إبراهيم مصطفى (1422هـ-2002م): موسوعة دول العالم، المنصورة، مصر، دار الغد الجديد.

المواقع الإلكترونية:

- الموقع الالكتروني لوزارة التربية والتعليم في مملكة البحرين.

- الموقع الالكتروني لمجلس الشورى في مملكة البحرين.

- الموقع الالكتروني للجامعة العربية المفتوحة في مملكة البحرين.

- الموقع الالكتروني لجامعة الخليج العربي في مملكة البحرين.

- الموقع الالكتروني بوابة المرأة.

- موقع المنبر الديمقراطي التقدمي، البحرين.

- www.BahrainBrief

(3)

نظام التربية والتعليم
في عُمان

مراحل تطور التعليم في سلطنة عُمان

1- المرحلة التعليمية الأولى من (1871م-1970م)

كان التعليم قبل عام 1970م بطيئاً ويعتمد في معظمه على الكتاتيب والمساجد وغيرها، وأول مدرسة نظامية عرفتها عُمان خلال القرن الحالي كانت في عام 1914م، وأنشئت المدرسة السعيدية في مسقط عام 1940م، كما أنشئت قبلها المدرسة السعيدية في عام 1931م، في صلالة (وزارة الإعلام، 1995).

كما أورد (الشنفري، 1999 عن الخصيبي، 1994) أن التعليم الأهلي في عمومه يعتمد على ثلاثة أشكال أولاً أروقة المساجد التي يقوم العلماء فيها بتدريس الفقه والحديث وعلوم العربية كالنحو والبلاغة، وثانياً الكتاتيب أو المعلم او المطوّع حيث يتم تدريس القرآن الكريم وحفظ آياته، ثالثاً بعض المدارس الأهلية التي قام بإنشائها بعض المدرسين، حيث يتم الاتفاق بين الأهالي التلاميذ وبين المدرس، على أن يقوم المدرس بتعليم الطالب القراءة والكتابة والحساب، بما يستطيع أن يمارس بهذه المعلومات شؤون الحياة المختلفة، وكان يقوم بهذه الطريقة التجار والقادرون من أهالي مسقط.

وقد ذكر (الشنفري، 1999 عن أيكمان، 1980) أن المدارس القرآنية هي الوسيلة الوحيدة للتعليم حتى عام 1970م، ولقد انتشرت هذه المدارس في معظم القرى والأقاليم رغم تباين مستوياتها من منطقة لأخرى، وكانت الحلقات الدراسية تعقد في المساجد أو في بيوت الضيافة أو في الهواء الطلق، والمدارس العمانية، لا تختلف عن المدارس القرآنية، في جميع أنحاء العالم الإسلامي، ولكنه من الضروري والأهمية أن يعطي وصفاً دقيقاً للمدارس العمانية، كانت حلقات الدراسة تعقد طيلة أيام الأسبوع، ما عدا يومي الخميس والجمعة وكانت حصة الدراسة اليومية، تبدأ من الصباح حتى العصر تتخللها استراحتان.

ويوضح الشنفري، **1999** عن الخصيبي **1994**) أن من تلك المدارس، مدرسة مسجد الخور **1871م**، ومدرسة الزواوي في مغب في نفس العام ومدرسة بيت الوكيل عام **1888م** ومدرسة بوذينه **1930م**، والمدرسة السلطانية الأولى والثانية من **1930** وحتى **1936م** والمدرسة السعيدية بصلالة **1931م**، والمدرسة السعيدية بمسقط 1940م وأخيرا المدرسة السعيدية بمطرح هذا على سبيل المثال، لا على سبيل الحصر، حيث كانت في مجملها مدارس بسيطة، وفق إمكانياتها المتواضعة.

بعد هذا العرض الذي يلقي الضوء على التعليم في عمان خلال الفترة من عام **1871م** وإلى عام 1970م، يمكننا الوقوف على مدى الاهتمام بالتعليم الديني الذي كان منتشرا في كافة القرى والمدن العمانية، متخذا من المساجد وبعض البيوت أمكنة لتلقينه وتدريسه، وكانت ركائز هذا التعليم هي مواد: القرآن الكريم والتوحيد والفقه ومواد اللغة العربية، ومع ذلك فإن هذه المدارس لم تأخذ بالنظم التعليمية الحديثة، والأساليب والطرق التعليمية المعاصرة، سوى المدارس النظامية الثلاث الأخيرة، ولكن جهودها كانت متواضعة، لا تتناسب مع احتياجات البلاد لمواكبة الحياة المعاصرة في القرن العشرين (وزارة التربية والتعليم، **1985**)

ويورد (الشنفري **1999** عن الشيزاوي **1991**) أنه من خلال الإطلاع على ماضي التعليم في عمان، وأهم المدارس وبيوت التعليم التي كانت تقوم بمهمة التعليم في الفترة من عام **1871** وحتى عام **1970م**، تبينت لنا الحقائق التالية:

أولاً: إن نمط التعليم الذي كان منتشرا في عمان قبل النهضة الحديثة، كان قاصرا على تحفيظ القرآن الكريم وعلوم الدين واللغة العربية كالقراءة والكتابة، ثم أدخلت بعض المواد الأخرى، كالحساب والعلوم والصحة والدراسات الاجتماعية، بصورة مبسطة فيما بعد .

ثانياً: إن الأماكن التي كانت تدرس فيها هذه العلوم أبعد ما تكون عن تسميتها مدارس، فقد كان بعضها مساكن أو ما يشبه المساكن بيوت من السعف.

ثالثاً: أنه حتى عام **1970م** الذي وصلت فيه كثير من البلاد العربية شأوا بعيدا في مجال التعليم والتعلم، وقطعت شوطا كبيرا، فإنه لم يكن في عمان سوى ثلاث مدارس ابتدائية للبنين سبق الحديث عنها.

رابعاً: إن عدد طلاب هذه المدارس لم يتجاوز **909** من التلاميذ، ينحصرون ما بين التمهيدي والصف السادس الابتدائي، وكلهم من الذكور، ولم يكم للإناث حظ من التعليم في هذه المرحلة إلا للنزر البسيط منهن.

أهم الصعوبات التي أدت إلى تردي أوضاع التعليم في سلطنة عُمان في الفترة من **1871-1970م** أهمها:

1- سياسة الباب المغلق والذي كانت تعاني منه السلطنة، في الفترة ما قبل 1970م والذي جعل السلطنة في منأى عن العالم الخارجي، ولا يجانبنا الرأي، إن قلنا كذلك عزلة داخلية بين مناطق السلطنة الشائعة نتيجة لصعوبة الحركة لعدم وجود وسائل مواصلات، وعدم السماح بالسفر إلى الخارج، إلا بالعدد البسيط من الناس.

2- وعورة الأرض وتضاريس السلطنة الصعبة، والتي تتكون في معظمها من جبال وأودية في بعض المناطق، وصحارى واسعة في مناطق أخرى حالت دون تنقل المواطنين بين مناطق السلطنة المختلفة.

3- كثرة المنازعات والخلافات القبلية والتي أسهمت في زعزعة الاستقرار في السلطنة، وحالت تلك الأوضاع دون الاهتمام بالتعليم.

4- قلة الناس القادرين على القيام بمهمة التعليم، مما أبقى التعليم مقتصراً على بعض بيوت العلم، والمساجد، والكتاتيب، وعدد نزير من المدارس المتواضعة في إمكانياتها وطاقاتها، حيث كان التعليم مقتصراً على التعليم الديني متمثلاً في القرآن الكريم والحديث، واللغة العربية (قراءة وكتابة) والحساب والمواد الاجتماعية.

5- عدم وجود مناهج دراسية رسمية، واقتصار التعليم على المرحلة الابتدائية، والتركيز فيها على التعليم الديني واللغة العربية وبعض العمليات الحسابية والمواد الاجتماعية.

لقد أولت الحكومة التعليم اهتماماً خاصاً، كما عملت وزارة التربية والتعليم على تحقيق الأهداف والغايات التي أجيزت للتعليم منذ بداية النهضة العمانية في عام 1970م بينما كانت هناك المرحلة الثانية، والتي بدأت من 1970 وانتهت في 1975م، وقد ركزت تلك المرحلة على الانتشار السريع للمدارس والتعليم، في كافة ربوع السلطنة، بدونما حساب للإمكانيات، ثم بدأت الخطط الخمسية بخطط علمية منظمة ومقننة،فكان الإنجاز يتم في ضوء أهداف ومرامي الخطط الخمسية الموضوعية للتنمية في البلاد، وقد استطاعت وزارة التربية والتعليم أن تحقق أهدافاً استراتيجية قصيرة المدى تمثلت في خططها الخمسية، التي نفذت من 1976م وحتى 2002م، وعددها ست خطط، ونحن الآن في الخطة الخمسية السادسة، والتي بدأت في عام 2001 وحتى عام 2005م وهذه الخطط الخمسية التعليمية، ما هي إلا ترجمة للتعليمات السامية لتوجيهات قائد المسيرة التعليمية السلطان قابوس، وإنفاذاً للأسس التعليمية التي ألقاها في خطاباته والمضامين التربوية العامة التي ارتضاها، وخطها جلالته لتكون فلسفة ومنهجاً للتعليم في السلطنة. (اللجنة الوطنية العمانية للتربية والثقافة والعلوم، 2001)

2- المرحلة التعليمية الثانية من 1970-1975 :

وهذه المرحلة سبقت عملية التخطيط العلمي للنظام التعليمي في السلطنة، فقد شهدت هذه المرحلة عملية الانتشار السريع للتعليم، أملته ظروف البداية وحرص جلالته، على نشر التعليم، بأسرع ما يمكن وفق الإمكانيات المتوفرة في ذلك الوقت قال جلالته في عام 1972: "المهم هو التعليم ولو تحت ظلال الشجر" (النطق السامي، 1990، 19)

وقد قبلت الوزارة في هذه المرحلة استخدام الخيام وسعف النخيل والمباني المستأجرة، كما سمحت للأهالي ببناء المدارس نظراً لقلة الإمكانيات لدى الدولة.

وقد تبنت وزارة التربية والتعليم هذه المسؤولية، ورصدت الدولة الميزانية لتلبية الاحتياجات التعليمية الأولية لتلك المرحلة، ولم تكن بالسلطنة سوى ثلاث مدارس قبل فجر النهضة **1970م**، تضم **909** طلاب من الذكور، حيث كان التعليم قبل ذلك حكراً على الذكور، والفتاة لم يكن لها أي نصيب يذكر في التعليم.

وما كاد العام الخامس ينتهي **76/75** ، وهو نهاية هذه المرحلة حتى أصبح عدد الطلاب في مدارس التعليم العام (**55752**) طالباً وطالبة، في (**207**) مدرسة، وعدد المعلمين (**2230**) معلماً ومعلمة. كما اهتمت هذه المرحلة بتعليم المعوقين وفتحت صفوف ملحقة بإحدى المدارس في مسقط. (دائرة الإحصاء، **1976**)

3- المرحلة التعليمية الثالثة: (1976-1980م) :

اتسمت حركة التعلم في هذه المرحلة بانتهاج أسلوب علمي في مواجهة أمور التعليم وقضاياه، لبداية دخول السلطنة في مرحلة جديدة من مراحل النهضة العمانية، مرحلة تقوم على التخطيط العلمي، وذلك بصدور خطة التنمية الخمسية، وقد ورد ضمن الأهداف العامة لسياسة التنمية، أهداف تتعلق بخطة التعليم وفق مبدأ (الاهتمام بتنمية الموارد البشرية المحلية) حتى تتمكن من القيام بدورها كاملاً في الاقتصاد الوطني، ولقد وضع النظام التعليمي، على عتبة اتجاهات التنمية العمانية الشاملة. (اللجنة الوطنية العمانية للتربية والثقافة والعلوم، **2001**)

وقد هدفت الخطة الخمسية الأولى (**1976-1980**) إلى :

- مواصلة نمو الخدمة التعليمية .
- تنويع التعليم، فقد تم إنشاء مدرستين إعداديتين، نموذجيتين ذواتي طابع مهني، إحداهما للبنين والأخرى للبنات.

بالاضافة إلى تعدد المعاهد المتخصصة أمام الحاصلين على الإعدادية بافتتاح معهد نزوى الزراعي، والبدء في التعليم الثانوي التجاري للبنين وإنشاء معاهد المعلمين والمعلمات، علاوة على المعهد الإسلامي الثانوي، الذي افتتح **1974/73** ، وبدأ بالمرحلة الابتدائية، ثم تطور بعد ذلك إلى المرحلة الثانوية (اللجنة الوطنية العمانية للتربية والثقافة والعلوم، **2001**)

- تحسين نوعية التعليم: باستبدال المدارس غير الثابتة المستأجرة بمدارس مبنية بالمواد الثابتة وإضافة المكتبات والمختبرات بتلك المدارس وورش النشاط المهني.

وقد بلغت أعداد المدارس في عام **1980/79م**، وهو آخر أعوام الخطة الخمسية الأولى (**370**) مدرسة، ضمت (95376) طالباً وطالبة. وبلغت أعداد الطلاب الجامعيين بالخارج في مختلف التخصصات عام **1977/76**، (**509**) طالباً وطالبة وفي نهاية الخطة **1981/80** بلغت أعدادهم (**939**) طالباً وطالبة في مختلف التخصصات. (دائرة الإحصاء، **1980**)

4- المرحلة التعليمية الرابعة: من (1981-1985) :

اتجهت هذه الخطة إلى العمل على تحقيق التوازن بين نشر التعليم وتنويعه، ففي مجال نشر التعليم: تحدد اتجاه السياسة التعليمية في المراحل التعليمية:

المرحلة الابتدائية: وفقاً لمبدأ "التعليم لمن يحتاجه" حيث تنتشر المدارس الابتدائية، في معظم مناطق السلطنة، ويتحدد التوسع في المستوى التعليمي وفق الطلب الاجتماعي على التعليم. (وزارة التربية والتعليم، 1982)

وقد أورد الشنفري 1999 عن عبد النبي، 1989 أن المرحلة الإعدادية: تعتبر امتداداً طبيعياً وحداً أدنى للتعليم المتاح للمواطن العماني، وقد وضعت الخطة على أساس استيعاب الطلاب ممن يواصلون تعليمهم في هذه المرحلة مع التنسيق بين التعليم العام ومراكز التدريب المهني.

التعليم الثانوي: كان اتجاه الخطة الثانية، هو العمل على مواصلة تنويع مدارس هذا المستوى إلى (ثانوي عام- إسلامي- تجاري- صناعي- زراعي- معاهد المعلمين والمعلمات) والتي تم تعديل نظام القبول بها وتحويلها إلى كليات متوسطة لإعداد المعلمين والمعلمات، تقبل الحاصلين على الثانوية العامة، ومدة الدراسة بها سنتان وذلك اعتباراً من العام الدراسي **1985/84.**

وقد اهتمت هذه الخطة بالأمور التالية:

- الاهتمام بنوعية التعليم من خلال الاهتمام بالمبنى المدرسي واستكمال المرافق التعليمية. والاهتمام بالمعلم من خلال تحسين الرواتب، وتوفير برامج تجديدية وتدريبية لرفع كفاءة اداء المعلم ومهارته، وإعطاء الحوافز كعلاوات التدريس للمعلم العماني.(وزارة الاعلام، **1981**).
- استكمال تأمين المناهج الدراسية.
- الاهتمام بتعليم المعوقين، وذلك بفتح مدرسة الأمل للصم والبكم عام 81/80 كما تم فتح مدرسة للتربية الفكرية **عام 1985/84**، إيماناً من الوزارة بأن تنال هذه الفئة من المواطنين قدراً من التعليم والتدريب. (وزارة الاعلام، **1981**).

وفي نهاية الخطة الخمسية الثانية **1986/85**، بلغت اعداد الطلبة (**221694**) طالباً وطالبة، في (**606**) مدرسة ومعهد، كما بلغ عدد المعلمين (**10131**) معلماً ومعلمة. (دائرة الاحصاء، **1986**).

5- المرحلة التعليمية الخامسة 1986 - 1990:

هدفت هذه الخطة إلى تحقيق مبدأ التوازن بين الكم والكيف، والتوازن بين المراحل التعليمية، وبين الإنفاق والعائد، وتأمين وظائف هيئات التدريس.

كما هدفت هذه الخطة الى تحقيق قدر أكبر ممكن من التزام التعليم بمتطلبات التنمية الشاملة، وتلبية الاحتياجات الفعلية. (جامعة السلطان قابوس، 1999) .

كما حرصت هذه الخطة على تحقيق الأهداف التالية:

- استكمال مشروعات الخطة الخمسية الثانية.

- التركيز على إستراتيجية الارتقاء والتحسين النوعي للتعليم، وتعزيز استخدام التوسع في التعليم، لمواجهة الزيادة الطلابية. (وزارة التربية والتعليم، 1990).

- تحسين مستوى تعليم المعوقين .

- الاقتصاد في تكلفة المنشآت المدرسة.

- توفير المنشآت والمرافق التربوية اللازمة، (وزارة التربية والتعليم، 1986).

وقد بلغت أعداد الطلبة في نهاية الخطة الخمسية الثالثة أي في عام 1991/90م (360066) طالباً وطالبةً، في (805) مدرسة، ومعهد، وكلية، وأصبح عدد المعلمين في 1991/90، (15587) معلماً ومعلمة، منهم (4379) من المعلمين العمانيين. (دائرة الاحصاء ، 1990).

6- المرحلة التعليمية السادسة: 1990 حتى 1995:

وقد تبنت الخطة الخمسية الرابعة الأهداف التالية:

مواصلة التحسين النوعي للتعليم، وذلك من خلال :

- إحلال المباني المدرسية غير الملائمة تربوياً بأخرى صالحة.

- مواصلة رفع كفاءة المعلم العماني.

- تطوير مناهج التعليم التقني .

- الاهتمام بموضوع تكنولوجيا التعليم.

- رفع مستوى المعاقين.
- مواصلة إدخال الحاسوب في دوائر الوزارة.
- مواصلة الجهود المبذولة في ميادين البحث التربوي، وذلك بإنشاء مركز البحوث والتقنيات التربوية.
- نشر التعليم: وذلك على مستوى المراحل الثلاث الابتدائية والاعدادية الثانوية.
- الاقتصاد في تكلفة المنشآت المدرسية (المباني)، وذلك بنشر أنماط المباني المدرسية قليلة التكاليف.
- توفير المناخ المناسب لاستقرار المعلم بإيجاد السكن الملائم له.
- تأمين الوظائف: فقد هدفت هذه الخطة الى زيادة أعداد المعلمين العمانيين.
- وقد بلغت الأعداد الكلية للطلبة في نهاية الخطة الرابعة (**490482**) طالباً وطالبة. في (**965**) مدرسة ومعهد.
- وبلغت أعداد المعلمين في نهاية العام الدراسي **1996/95** (**22504**) معلماً ومعلمة، منهم (**12030**) من المعملين العمانيين. وقد مضى تأمين المعلمين خلال الخطة الرابعة بخطى حثيثة. (دائرة الاحصاء، **1996**).

7- المرحلة التعليمية السابعة: (1995 - 2000م):

فقد اتخذت الوزارة منحى جديداً يرمي الى تطوير التعليم، بشكل يجعله متمشياً مع متطلبات العصر وتطلعات المستقبل، واحتياجات التنمية في البلاد. فجاء الاهتمام بالنوعية وإعداد جميع الخطط وتوفير كل الامكانيات لتحقيق هذه الأهداف.

وتطوير التعليم يبدأ من خلال برنامج يشمل : (وزارة التربية والتعليم، **1996**)

- إلغاء المدارس الابتدائية التي تعمل في الفترة المسائية من خلال بناء المدارس جديدة أو بناء إضافات بالمدارس القائمة. ·

- تدريس اللغة الانجليزية من الصف الأول الابتدائي.

- تطوير مناهج جميع المواد الدراسية.

- تدريب المعلمين على تدريس المناهج المطورة.

- تطبيق نظام المعلم الأول لكل مادة إذا توفر عدد من معلمي المادة لا يقل عن ثلاثة.

- تدريب الفنيين المسؤولين عن تشغيل مراكز مصادر التعلم بالمدارس.

- رفع كفاءة العاملين بالمدرسة من خلال التدريب والتأهيل.

- تخفيض الكثافة في الفصول الدراسية بحيث لا تتجاوز 30 تلميذاً، بصفوف المرحلة الأولى من (1-4) و 35 بصفوف المرحلة الثانية من (5-10).

- إدخال الحاسوب بالمدارس.

وتهدف هذه الخطة الى تحقيق ما تنهجه الوزارة من سياسة لتطوير التعليم، حتى تواكب التطوير والتحديث المنشود، في كافة مناحي الحياة العمانية، والرغبة في تحقيق الاكتفاء الذاتي وتنويع النشاط الاقتصادي، ومواكبة التطوير التقني، وما يستلزم ذلك من تحديد لأهداف تربوية جديدة ضرورية، لإعداد المواطنين للحياة، والعمل حسب الظروف الجديدة التي تفرضها التوجهات الاقتصادية العالمية الحديثة.

وفي هذه المرحلة والسلطنة تتأهب لمجابهة تحديات المستقبل، شرعت وزارة التربية والتعليم في تطبيق نظام التعليم الأساسي، والذي يهدف الى تطوير التعليم وتحسين نوعيته.

وتخفيض تكلفته مع التركيز على أهمية الحصول على عائد تربوي كبير، بحيث يعمل النظام التعليمي على إعداد الطالب إعداداً متكاملاً للحياة العلمية في القرن الحادي والعشرين.

ويمثل العام الدراسي **2001/2000م** السنة الأخيرة من سنوات الخطة الخمسية التي تظهر بعض ملامحه من الأرقام التالية:

بلغت اعداد المدارس: (**993**) مدرسة.

وبلغت اعداد الطلبة : (**554845**) طالباً وطالبة.

كما بلغت اعداد المعلمين: (**26416**) معلماً ومعلمة (دائرة الاحصاء، **2001**).

ثانياً: أنواع التعليم في سلطنة عمان:

ينقسم التعليم في سلطنة عمان، إلى الآتي :-

- **التعليم ما قبل الابتدائي:** وتوفره بعض المؤسسات الحكومية ومدارس التعليم الخاص، وهو عبارة عن مرحلة دور الحضانة ورياض الأطفال المختلفة التي تقبل الأطفال دون سن التعليم الابتدائي وتندرج تحت إشراف وزارة الشؤون الاجتماعية:

وتنقسم إلى قسمين: الروضة والتمهيدي، حيث تنتشر في معظم ولايات السلطنة.

رياض أطفال، واللعب، وتقبل الأطفال من سن الثالثة في مرحلة الروضة حتى الوصول لسن الخامسة حيث تبدأ مرحلة التمهيدي لمدة سنة واحدة وتعتبر مراحل غير أساسية وذلك لأنها لا تدخل من ضمن مراحل التعليم العام، ولا يتطلب من الطالب إنهائها لدخول المراحل الأساسية في التعليم.

WWW.forat.4t.com

- **التعليم العام:** ويضم مراحل التعليم الثلاث (الابتدائية والاعدادية والثانوية) وتلتحق به الأعداد الكبرى من الطلاب والطالبات. ملحق (أ) يوضح عدد المدارس في السلطنة للعام الدراسي **2004/2003** .

1) **المرحلة الابتدائية:** ويلتحق بها الأطفال في عمر لا يقل عن سن السادسة ولا يزيد عن الثامنة، ومدة الدراسة في هذه المرحلة ست سنوات ينتقل بعدها الطلاب إلى المرحلة الثانية، وهي ما تعرف بالمرحلة الاعدادية، وتهدف المرحلة الابتدائية إلى مساعدة الأطفال على النمو المتكامل بتقديم القدر الكافي من المهارات والكفايات والمعارف والاتجاهات، التي تجعلهم قادرين على فهم العلاقات الاجتماعية والبيئة والاقتصادية السليمة، كما وتؤهلهم لمواصلة الدراسة في المرحلة الاعدادية: ينتقل الطلاب الناجحون في الصف السادس الابتدائي، إلى الصف الأول الإعدادي من هذه المرحلة، التي مدة الدراسة بها ثلاث سنوات، وهي عبارة عن مرحلة تتوسط بين المرحلة الابتدائية والمرحلة الثانوية، وتهدف الى تلبية حاجات الطلاب، وما يتفق وخصائص الفئة العمرية من الشباب في مرحلة المراهقة المبكرة والعمل على توجيه وتنمية ميول الطلاب وفق قدراتهم واستعداداتهم وتزويدهم بالمعارف والاتجاهات والمهارات والكفاءات الأساسية للثقافة العامة كما تؤهلهم للاستمرار في التعليم في المرحلة الثانوية.

2) **المرحلة الثانوية:** ينتقل الناجحون من المرحلة الاعدادية إلى الصف الأول الثانوي، لينخرطوا في التعليم الثانوي الذي مدته ثلاث سنوات، ووظيفة التعليم الثانوي، هي تعزيز النمو المتكامل عند الطلاب عقليا واجتماعيا وروحيا وصقل وتنمية مهارات التفكير العلمي لديهم ودفعهم إلى التعلم الذاتي، وإعدادهم للحياة العملية والمواطنة الواعية ومواصلة الدراسة العليا في المعاهد والجامعات. (اللجنة الوطنية العمانية للتربية والثقافة والعلوم، **2001**).

وقد أخذت السلطنة عام (**89/88**) بنظام الفصلين الدراسيين للعام الدراسي الواحد، بعد أن أمضت سنوات عديدة تعمل بنظام العام الدراسي الكامل كوحدة واحدة لتقييم الطلاب، وذلك بالصفين الأول والثاني الثانوي وبالصف الثالث الثانوي في العام الدراسي (**89-1990**) ويتم تقسيم السنة الدراسية إلى فصلين دراسيين كل فصل (**16**) اسبوعاً، لا تدخل فيها أيام الامتحانات، (وزارة التربية والتعليم، **1988**).

3) **التعليم الأساسي:** وهو تعليم موحد توفره الدولة لجميع اطفال السلطنة ممن هم في سن المدرسة، ومدته عشر سنوات، يقوم على توفير الاحتياجات التعليمية الأساسية من المعلومات والمعارف والمهارات، التي تمكن الطلاب من الاستمرار في التعليم والتدريب، وفقا لميولهم، واستعداداتهم وقدراتهم، التي يهدف هذ التعليم الى تنميتها لمواجهة تحديات وظروف الحاضر وتطلعات المستقبل في إطار التنمية المجتمعية الشاملة. (المديرية العامة للمناهج ، **2001**).

وقد ظهر مصطلح التعليم الأساسي ، على إثر حركة التعليم القومي في الهند منذ أوائل هذا القرن وارتبط ارتباطا وثيقا بالحركة الوطنية للاستقلال.

غير أن مفهوم التعليم الأساسي لم يبرز إلا عندما أعلن (المهاتما غاندي) عنه أمام المؤتمر التعليمي في " واردا " بالهند في أكتوبر عام **1937**، حيث قال: " إنني وطدت العزم منذ مدة طويلة على إدخال اتجاه جديد في التعليم، خاصة بعد أن كشفت عن مدى فشل التعليم، في عدد كبير من الطلاب الذين وفدوا لرؤيتي بعد حضوري من جنوب أفريقيا. (فتحي وسلامة وناصف وهاشم، **1998**).

ومن مزايا تقسيم السلم التعليمي حسب ما توصل إليه في مؤتمر الرؤية المستقبلية للاقتصاد العماني **2020**م، إلى تعليم أساسي ومدته **10** سنوات، وتعليم ثانوي، ومدته سنتان، كما أنه يقلل من عملية تسرب الطلاب من جهة ومن جهة أخرى فإنه يكفل استمرارية الدراسة لجميع الطلاب حتى الصف العاشر، بما يساعد في سد منابع الأمية ويرفع من مدارك ومعارف الطلاب المتخرجين فيه، وبتدريب بسيط يمكنهم من الانخراط في سوق العمل.

يتم توفير الوسائل التعليمية المتنوعة لكل مرحلة تعليمية وفق متطلبات المناهج المختلفة، ومد المكتبات المدرسة باحتياجاتها من الكتب اللازمة.

توجه الوزارة عناية خاصة للأنشطة المدرسية المتنوعة سواء النشاط الثقافي أو الرياضي أو الاجتماعي أو الكشفي أو المسرحي، بما تعده من وسائل مختلفة تحفز الطلاب على المساهمة في هذه الأنشطة. (المديرية العامة للمناهج، **2001**).

وفي العام الدراسي **1999/98م**، تم تطبيق نظام التعليم الأساسي، والذي مدته عشر سنوات في **(17)** مدرسة، في الحقيقة الأولى من التعليم الأساسي بالسلطنة، وتضم تلك المدارس **(11400)** طالباً وطالبة. وقد بلغ عدد مدارس التعليم الأساسي في العام الدراسي **2001/2000م** **(101)** مدرسة، تضم 49216 طالباً وطالبة. (دائرة الاحصاء، **2001**).

4) التعليم الخاص: بدأ التعليم الخاص في عمان منذ العام الدراسي 1977/76 وأصبح موازياً للتعليم الحكومي، وقد أصبح الإقبال عليه كبيراً. أصدرت وزارة التربية والتعليم عدة قرارات وزارية منظمة لإنشاء وإدارة المدارس الخاصة، من متابعتها ومساعدتها ودعمها وذلك كالآتي:

إن المدارس الخاصة تحصل من الوزارة على الكتب الدراسية المقررة لجميع تلاميذها بتخفيض 25% من ثمن تكلفتها

1- كما تقوم الوزارة بتدريب معلمي المدارس الخاصة جنباً الى جنب مع نظرائهم المعلمين بمدارس الوزارة في المشاغل التربوية التي تقام بين الحين والآخر.

2- أشرفت الوزارة على طباعة مجموعة من المناهج الموحدة لرياض الأطفال، وتوزيعها على المدارس الخاصة بسعر التكلفة.

3- أصدرت الوزارة دليل العمل بالمدارس الخاصة، بهدف نشر المزيد من الوعي والمعرفة بين المواطنين العمانيين والهيئات الخاصة الراغبين في المساهمة في هذه الخدمة التربوية.

4- وبناء على توصية من مجلس التنمية قدمت الوزارة ورقة عمل تتضمن اقتراحاً بدعم المدارس الخاصة بمعونات مادية. وقد أصبح عدد مدارس التعليم الخاص

في العام الدراسي **2001/2000** (**132**) مدرسة وتضم (**23850**) طالباً وطالبة. (دائرة الاحصاء، **2001**).

5) **التربية الخاصة:** أنشأت الوزارة قسما للتربية الخاصة، بدأ نشاطه عام **1975/74م**، بإيفاد بعض المعوقين للدراسة في الخارج في المعاهد الخاصة بهم، وفي نفس العام، تم افتتاح فصل للصم والبكم، وقد تم افتتاح مدرسة الأمل للصم والبكم بمسقط عام **1981/80م**، وزودت بقسم داخلي عام **1985/84م**. ملحق رقم (أ) يوضح عدد طلاب المدارس الخاصة للعام الدراسي **2004/2003**.

وقد ازدادت الأعداد خلال الخطط الخمسية الماضية، فبلغ عدد هذه المدارس في العام الدراسي **2001/200**، (**3**) مدارس، وتضم (**548**) طالباً وطالبة.

6) **محو الأمية وتعليم الكبار:** وتنقسم إلى مرحلتين: محو الأمية لتعليم كبار السن مدتها عامان دراسيان إلى الصف الرابع.

وتبدأ المرحلة الثانية بالصف الخامس الابتدائي، ويمتد التعليم في مراكز تعليم الكبار حتى نهاية المرحلة الثانوية.

وقد حظي تعليم الكبار ومحو الأمية باهتمام بالغ، من قبل وزارة التربية والتعليم تنفيذا للتوجيهات السامية، فقامت بفتح مراكز محو الأمية، وتعليم الكبار في جميع مناطق السلطنة، وأقبل المواطنون على هذا النوع من التعليم، بلغت أعداد الدراسين في مراكز محو الأمية في العام الدراسي **2001/2000م**، (**5520**) دارساً ودارسةً .

التعليم التقني: ويشمل النوعيات التالية:

1- **التعليم الثانوي التجاري**: توجد مدرسة ثانوية تجارية للذكور بمسقط، وقد بدأ إدخال هذا التعليم عام **1980/79** ويقبل به الحاصلون على الشهادة الإعدادية العامة، ويمنح الخريجون منها الشهادة الثانوية التجارية.

وقد طبق نظام الفصلين الدراسيين في المرحلة الثانوية التجارية بالقرار الوزاري رقم (**88/65**)، حيث تم تقسيم السنة الدراسية إلى فصلين دراسيين، مدة الفصل الدراسي (**16**) أسبوعاً، لا تدخل فيه أيام العطل. (وزارة التربية والتعليم، **1988**). وقد توقفت الدراسة في التعليم التجاري في العام الدراسي **1999/98م**.

2- التعليم الثانوي الزراعي: وقد بدأ عام **1980/79م**، ويقبل به الحاصلون على الشهادة الإعدادية العامة، ويمنح الخريجون الشهادة الثانوية الزراعية، ويوجد معهد واحد في المنطقة الداخلية. وعلى ضوء القرار الوزاري رقم (**88/67**) تم تقسيم العام الدراسي إلى فصلين دراسيين مدة الفصل الدراسي الواحد (**16**) أسبوعا لا تدخل فيها أيام الامتحانات. وقد توقف هذا النوع من التعليم في العام الدراسي (**1994/93**) (وزارة التربية والتعليم، **1988**).

3- التعليم الثانوي الصناعي: تم افتتاح المدرسة الثانوية الصناعية في العام الدراسي **1984/83م** بمنطقة الباطنة، ويقبل به الحاصلون على الشهادة الإعدادية العامة، ويمنح الخريجون الشهادة الثانوية الصناعية.

وفي العام الدراسي (**1989/88**)، صدر قرار وزاري بتقسيم العام الدراسي إلى فصلين دراسيين، حيث يتم تقسيم السنة الدراسية إلى قسمين منفصلين يطلق على كل قسم منهما فصل دراسي ومدة الفصل (**16**) أسبوعاً، لا تدخل فيها أيام الامتحانات.

وانتهت الدراسة في التعليم الثانوي الصناعي في العام الدراسي **1999/98**. (وزارة التربية والتعليم، **1988**).

8- التعليم العالي في السلطنة:

أ- الكليات التقنية: تم إنشاء الكلية الفنية الصناعية في مسقط عام **1984م**، ولغايات تمكين التعليم الفني من تلبية الاحتياجات التنموية المتزايدة للقوى العاملة الفنية، تم زيادة عدد الكليات الصناعية بالسلطنة الى خمس كليات، وذلك بتحويل اربعة معاهد للتدريب المهني الحكومي في كل من نزوى والمصنعة وإبرا وصلالة، إلى

كليات فنية صناعية، حيث باشرت هذه الكليات بقبول الفوج الأول، اعتباراً من العام الدراسي 1994/93م، فزاد استيعاب التعليم الفني في الكليات من (1422) طالباً وطالبة، في العام 1995/94م، إلى حوالي (4000) طالب وطالبة، في العام الدراسي 2000/1999م (دليل الخريجين للكلية الصناعية، 1999).

وهي تقبل الحاصلين على الشهادة الثانوية العامة أو الصناعية أو التجارية أو الزراعية، ومدة الدراسة بها ثلاث سنوات بعد الثانوية، ويمنح الخريج منها درجة الدبلوم وفق التخصص الذي تخرج منه.

ب- **كليات التربية:** وهي تقبل الحاصلين على الشهادة الثانوية العامة، ومدة الدراسة بها اربع سنوات يمنح الخريجون منها درجة البكالوريوس في التربية حسب التخصص الذي تخرجوا منه.

بلغ إجمالي الطلبة والطالبات الملتحقين بها في العام الدراسي 2000/99 (8720) طالباً وطالبة. (وزارة التعليم العالي، 1999).

ج- **كلية الشريعة والقانون:** بدأت الدراسة بها في العام الدراسي 98/97، وقد بلغ عدد طلابها في العام الدراسي 2000/99، (351) طالباً وطالبة، منهم (89) طالبة. ومدة الدراسة بها اربع سنوات يمنح الخريجون منها درجة البكالوريوس. (وزارة التعليم العالي، 1999).

د- **جامعة السلطان قابوس:** وقد تم افتتاحها في عام 1986، وتعتبر جامعة السلطان قابوس وفقاً لأحكام المرسوم السلطاني رقم 1986/9م، مؤسسة علمية للتعليم العالي والبحث العلمي وذات شخصية اعتبارية عامة واستقلال مالي وإداري، وتدار شؤونها العلمية والإدارية والمالية والقانونية وفقا لأحكامه.

بدأت جامعة السلطان قابوس بـ (511) طالباً في سبتمبر 1986م في خمس كليات هي: التربية والعلوم الاسلامية، الطب، الهندسة، العلوم، الزراعة، فقد تضاعف عدد الطلاب ليصل إلى حوالي عشرة آلاف طالب وطالبة في العام الدراسي

2001/2000م، موزعين علـى سبع كليـات، حيـث تـم افتتـاح كليـة الآداب عـام 1987م، وكليـة التجـارة والاقتصاد في عام 1993م مـن أجـل تـوفير التخصصـات المطلوبـة التـي تحتاجهـا التنميـة الوطنيـة. (وزارة الاعلام، 2001) .

وتقوم الجامعة الآن بمنح درجة الماجستير في عدد مـن التخصصـات في كليـات التربيـة والزراعـة والعلوم. كما تم افتتاح مستشفى جامعة السلطان قابوس 1990م، وشيد داخل الحرم الجامعي، وهـو مـن أهم مستشفيات السلطنة، ويضم مختلف الأقسام والأجنحة ومزود بأحدث الأجهزة والأطباء، ويأتي الهدف من إنشاء المستشفى لتدريب الكوادر الطبية والفنية من خريجي كلية الطب، وتقـديم خدمات علاجيـة لأبناء السلطنة، ويحظى بسمعة عالية داخل السلطنة وخارجها. (دليل الجامعات في دول الخليج العربيـة، 1991، ص 489 – 492) .

مفهوم التعليم الأساسي

طرحت فكرة توفير القدر الضروري من التعليم لكل فرد خـلال الخمسـينات والسـتينات وذلك بمفهـوم التربيـة Basic . وظهـر مفهـوم التعلـيم الأسـاسي (Fundamental Education) الأساسـية خـلال السبعينات، وما زال يتم تداوله بهذا المسمى إلى يومنا هذا. ومن الضروري، مـن هـذا Education السـياق، أن يتم التفريق بين هذين المفهومين، لفك الاشتباك والتداخل في المفهوم والوظيفة.

التربية الأساسية Fundamental Education

وهي ترتبط بالجهود التي بذلت في الستينات – وما قبلها – في مجال تعليم الكبار، وفي وصـف التربية عند غاندي. ويقصد البعض بالتربية الأساسية: التعليم الذي يقدم للكبار بصفة أساسية ممن لم تتح لهم فرصة الالتحاق بالتعليم العام، ويتأثر هـؤلاء بمـا دعـت اليـه حركـت التربيـة الأساسية مـن الاهتمام بالتربية الوظيفية وبرامجها الخاصة بمحو الأمية.

وقد كانت البرامج التي سعت لتنفيذها العديد من دول العالم الثالث بهدف التوسع في الخدمة التعليمية ونشرها قد ركزت على التعليم النظامي.

ويلاحظ أن التركيز خلال تلك الفترات الزمنية على المناطق الريفية التي تتركز فيها الأمية، والتي قامت فيها هجرات واسعة إلى المدن، مما كان له أثر سلبي على جهود التنمية في هذه الدول. ولهذا يفسر ـ بعض الكتاب اتجاه التربية الأساسية في تلك الفترة بأنها امتداد وتجديد للدور الاجتماعي والتربوي في البيئة الريفية من منظار أكثر طموحاً فهو بمثابة تعليم لإعادة تنظيم المجتمعات الريفية من خلال هذا النوع الذي يزود الأفراد بالمهارات التي تعود الى تغيير هذه المجتمعات وإعادة تنظيمها.

التعليم الأساسي Basic Education

يطلق مصطلح التعليم الأساسي على نظم تعليمية بديلة غير تقليدية للمرحلة الابتدائية، أو على أسلوب مصمم خصيصاً ليلائم ظروف المنطقة التي يوجد بها، وحسب ظروف كل منطقة، أو كل دولة ويعرف البنك الدولي التعليم الأساسي باعتباره محاولة لتلبية الاحتياجات الأساسية للمجموعات الكبرى من السكان الذين لم تتح لهم فرصة الحصول على الحد الأدنى من الفرص التعليمية، فهو مكمل وليس منافس للتعليم الأساسي الرسمي والهدف منه توفير تعليم وظيفي، مرن قليل التكلفة للذين لا يستوعبهم التعليم الرسمي أو فآتتهم فرصة، والحد الأدنى من الاحتياجات التعليمية رغم صعوبة تحديدها، إلا أن البنك الدولي حددها بأنها رزمة الاحتياجات التعليمية في حدها الأدنى التي ينبغي ان يحصل عليها الجميع بالمقارنة بالدخل الأدنى المقبول للأسرة.

وفي نظر اليونسيف فإن التعليم الأساسي هو "مدخل للتعليم المطلوب للمشاركة في النشاطات الاقتصادية والاجتماعية والسياسية، وهي تشمل : محو الأمية الوظيفية (مهارات القراءة والكتابة والعد) والمعارف والمهارات اللازمة للنشاط الاجتماعي، وتخطيط الأسرة، وتنظيمها، والعناية بالصحة والنظافة الشخصية، ورعاية الأطفال، والتغذية، والخبرات اللازمة للإسهام في أمور المجتمع كمواطن.

ويكون التعليم الأساسي في تونس على سبيل المثال، حلقة قائمة بذاتها تدوم تسع سنوات، ويحتضن الناشئة ابتداء من سن السادسة ويرمي إلى تكوينها بشكل ينمي قدراته الذاتية ويضمن لها بلوغ درجة دنيا من المعرفة والتكوين تؤمن عدم التردي إلى الأمية ويمكنها إما من مواصلة التعليم في الدرجة الموالية وإما الالتحاق بالتكوين المهني أو الاندماج في المجتمع.

مفهوم التعليم الأساسي Basic Education

يمكن تحديد صبغة التعليم الأساسي التي تم الأخذ بها في السلطنة على أنه "تعليم موحد لجميع أبناء السلطنة، مدته عشر سنوات، ويقوم على توفير الحد الأدنى من الاحتياجات التعليمية الأساسية للأفراد، يقدم لهم القدر الأساسي من المعارف والمهارات التي تمكنهم من الاستمرار في التعليم او التدريب وتهيئتهم مهنياً للالتحاق بسوق العمل، وفقاً لميولهم واستعداداتهم وإمكاناتهم، وهو تعليم يقوم على تنمية القدرة لدى الأفراد على مواجهة تحديات وظروف الحاضر... والاستعداد من أجل المستقبل في إطار التنمية المجتمعية الشاملة (التعليم الأساسي، مارس 1999م).

ويشتمل التعليم الأساسي على مرحلتين متكاملتين

المرحلة الأولى: وتهدف إلى تمكين المتعلم من أدوات المعرفة ومساعدته على تنمية ذهنه وذكائه العملي وحسه الفني ومؤهلاته البدنية واليدوية وتربيته دينيا ومدنيا .

المرحلة الثانية: وتهدف إلى دعم التدريب الذي تلقاه التلميذ في المرحلة الأولى، وتمكنه من تدريب عام يدعم قدراته الذهنية ويصقل مهاراته العلمية ويحتوي سلم التعليم الأساسي في السلطنة على حلقتين :

- الحلقة الأولى: تبدأ من الصف الأول الأساسي، وتنتهي بالصف الرابع الأساسي، وهي مختلطة (ذكور وإناث) مع تأنيث الهيئة التدريسية في هذه الحلقة وذلك حتى تكون المدرسة امتدادا للأسرة، ولتخفيف مشاعر الابتعاد عن الأم.

- الحلقة الثانية: تبدأ من الصف الأساسي، وتنتهي بالصف العاشر الأساسي، لكل جنس مدرسته الخاصة به.

ثم تلي مرحلة التعليم الأساسي مرحلة التعليم الثانوي ومدتها سنتان، وبذلك يكتمل السلم التعليمي للتعليم العام في السلطنة (دليل التعليم الأساسي **1997م**) .

توجيهات السلطنة نحو التعليم الأساسي

قد اعتمد الأخذ بصيغة التعليم الأساسي في السلطنة على عدد من التوجهات التي يمكن إيضاحها في ما يلي

- الرؤية المستقبلية للاقتصاد العماني: (**2020م**) حيث أكدت على تنمية الموارد البشرية، وتأهيلها بأسلوب جيد وكفء رفعاً لكفاءتها الانتاجية، وزيادة مشاركتها في الاقتصاد العماني، والتعامل مع التطورات المتسارعة في المجال التكنولوجي.

- قرار مجلس الوزراء في جلسته المنعقدة خلال الفترة من **10** الى **13** يونيو **1995م** بتحديد الأهداف الرئيسية لخطة تطوير التعليم العام، والتأكيد على المضي قدماً في نشر التعليم في جميع مناطق البلاد... والعمل على إرساء قواعد التعليم الأساسي وما يتطلبه من تجهيزات واستعدادات حتى يمكن تخريج طلاب معدين للالتحاق بسوق العمل، من خلال التعليم الفني والتدريب المهني، والاستمرار في تلقي التعليم في مراحل عليا .

- خطة الإصلاح وتطوير التعليم بسلطنة عمان (سبتمبر **1995م**) حيث أعطت هذه الخطة أولوية التطوير للتعليم الأساسي باعتباره تعلم مدته عشر سنوات، ويعرف بأنه تعليم للجميع يوفر للطلاب المعارف والمهارات الأساسية التي تمكنهم من الاستمرار في مرحلة التعليم الثانوي، أو الالتحاق بمؤسسات التعليم الفني والتدريب المهني، ويستهدف بمفاهيمه تنمية قدرات الطالب، التي قد تتطلبها الظروف المستقبلية، والقدرة على مواجهة التحديات والتكيف المستمر على المستوى الفردي والقومي .

- النظام الأساسي للدولة، الصادر بالمرسوم السلطاني رقم (96/101م) وما أكده في مادته الثالثة عشرة على ضرورة الاهتمام بتنمية الوارد البشرية، والعملية التعليمية والتثقيفية كمنطق أساسي للتنمية المجتمعية الشاملة بسلطنة عمان.

- بيان وزير التربية والتعليم، أمام مجلس الشورى في السابع من يناير 1997م، حيث تناول التوجهات الاستراتيجية لتطوير التعليم بالسلطنة بدءاً بتعليم المرحلة الأولى، والأخذ بنظام التعليم الأساسي، في السنوات القادمة، وفق خطة علمية تبدأ بالتجريب، وتنتهي بالتعميم في كل انحاء وولايات السلطنة ليكون تعليماً مدته عشر سنوات، يوفر الاحتياجات الأساسية من التعليم للمواطنين، ويعمل كأساس تبنى عليه المهارات والمعارف المطلوبة للعمل، أو الاستمرارية في التعليم او التدريب الإضافي مستهدفاً :

- التقليل من نسبة التسرب بين الطلاب

- استمرارية الدراسة لجميع الطلاب حتى الصف العاشر

- سد منابع الأمية، ورفع مدارك ومعارف الطلاب

- مواكبة التعليم بالسلطنة، لما جدت من تطورات وتحولات تعليمية بالدول المتقدمة

- تحديد التعليم ورفع كفاءته، في ضوء تحديات العصر- ومتطلباته (دائرة التدريب والتأهيل، 1998م).

مبررات قيام التعليم الأساسي

يشهد المجتمع العماني كغيره من المجتمعات المعاصرة تطورات متسارعة ومستمرة في مختلف مناحي الحياة مما يقتضي أن يكون التطور التربوي ممارسة دائمة تتأثر بتلك التطورات وتساهم بشكل أساسي في صنعها، في هذا الإطار تأخذ سلطنة عمان بمفهوم التعليم الأساسي لعدد من المبررات أهمها:

1- ضرورة الجمع بين المراحل الأولى من التعليم في مرحلة موحدة لتقليل الهدر والفاقد التربوي.

2- غلبة الجانب النظري على التعليم العام بشكله الحالي في مراحله الأولى وافتقاره إلى ربط ذلك بالجانب العملي.

3- الحاجة إلى تطوير العليم ورفع كفاءته في ضوء تحديات العصر ومتطلباته وتطلعات المستقبل.

4- استجابة لتوصيات المؤتمرات التربوية التي دعت إلى تبني مفهوم التعليم الأساسي خلال السنوات الأخيرة.

5- تأكيد الاستراتيجية تطوير التربية العربية على السعي نحو تعميم التعليم الأساسي وتطوير محتواه وبنيته بما يتيح له المرونة والتنوع المناسبين. (التعليم الأساسي ، مارس 1999م) .

6- دعوة مؤتمر الرؤية المستقبلية للاقتصاد العماني (عمان 2002) الى إعداد موارد بشرية عمانية متطورة ذات قدرات ومهارات تستطيع مواكبة التطور التكنولوجي وإدارة التغيرات التي تحدث فيه بكفاءة عالية وكذلك مواجهة الظروف المحلية والعالمية المتغيرة باستمرار وبما يضمن المحافظة على القيم الاسلامية والعادات والتقاليد العمانية الحميدة.

7- قرار مجلس الوزراء في جلسته المنعقدة خلال الفترة من 10-الى 13 يونيو 1995 بتحديد الأهداف الرئيسية لخطة تطوير التعليم العام، والتأكيد على المضي- قدماً في نشر- التعليم في جميع مناطق البلاد... والعمل على إرساء قواعد التعليم الأساسي وما يتطلبه من تجهيزات واستعدادات حتى يمكن تخريج طلاب معدين للالتحاق بسوق العمل، من خلال التعليم الفني والتدريب المهني، والاستمرار في تلقي التعليم في مراحل عليا.

8- خطة الإصلاح وتطوير التعليم بسلطنة عمان (سبتمبر 1995م) حيث أعطت هذه الخطة اولوية التطوير للتعليم الأساسي باعتباره تعلم مدته عشر سنوات، ويعرف بأنه تعليم للجميع يوفر للطلاب المعارف والمهارات الأساسية التي تمكنهم من الاستمرار في مرحلة التعليم الثانوي، او الالتحاق بمؤسسات التعليم الفني والتدريب المهني... ويستهدف بمفاهيمه تنمية قدرات الطالب، التي قد تتطلبها الظروف المستقبلية، والقدرة على مواجهة التحديات والتكيف المستمر على المستوى الفردي والقومي.

9- النظام الأساسي للدولة، الصادر بالمرسوم السلطاني رقم (96/101م) وما أكده في مادته الثالثة عشرة على ضرورة الاهتمام بتنمية الموارد البشرية، والعملية التعليمية والتثقيفية كمنطق أساسي للتنمية المجتمعية الشاملة بسلطنة عمان. (www.almualem.net)

أهداف التعليم الأساسي:

يهدف التعليم الأساسي بشكل عام إلى تنمية مختلف جوانب شخصية المتعلم تنمية شاملة متكاملة في إطار مبادىء العقيدة الإسلامية ومقومات الهوية الثقافية العمانية، وغرس الانتماء الوطني والعربي والإسلامي والإنساني لدى المتعلم وتنمية قدرته على التفاعل مع العالم المحيط به، كما يسعى التعليم الأساسي الى إكساب المتعلم المهارات اللازمة للحياة وذلك بتنمية كفايات الاتصال والتعلم الذاتي والقدرة على استخدام أسلوب التفكير العلمي الناقد والتعامل مع العلوم والتقنيات المعاصرة، إضافة إلى ذلك يهدف التعليم الأساسي إلى إكساب المتعلم قيم العمل والانتاج والاتقان والمشاركة في الحياة العامة والقدرة على التكيف مع مستجدات العصر والتعامل مع مشكلاته بوعي ودراية والمحافظة على البيئة واستثمار مواردها وحسن استغلال وقت الفراغ. (التعليم الأساسي، مارس 1999م).

ويمكن أن نحدد أهداف التعليم الأساسي في سلطنة عمان حسب النقاط التالية:

1- تنمية مختلف جوانب شخصية المتعلم تنمية شاملة متكاملة في إطار مبادىء العقيدة الإسلامية والثقافية العمانية .

2- غرس الانتماء الوطني والعربي والإسلامي والإنساني لدى المتعلم وتنمية قدرته على التفاعل مع العالم المحيط به.

3- إكساب المتعلم المهارات اللازمة للحياة وذلك بتنمية كفايات الاتصال والتعلم الذاتي والقدرة على استخدام أسلوب التفكير العلمي الناقد والتعامل مع العلوم والتقانات المعاصرة.

4- إكساب المتعلم قيم العمل والانتاج والاتقان والمشاركة في الحياة العامة والقدرة على التكيف مع مستجدات العصر والتعامل مع مشكلاته بوعي ودراية والمحافظة على البيئة واستثمار مواردها وحسن استغلال وقت الفراغ.

5- التقليل من نسبة التسرب بين الطلاب.

6- سد منابع الأمية، ورفع مدارك ومعارف الطلاب. (alaq11.jeeran.com).

مراحل التعليم الأساسي

المرحلة الأولى: وتهدف إلى تمكين المتعلم من أدوات المعرفة ومساعدته على تنمية ذهنه وذكائه العملي وحسّه الفني ومؤهلاته البدنية واليدوية وتربيته دينيا ومدنيا. وفي سلم التعليم الأساسي في السلطنة تسمى:

الحلقة الاولى: حيث تبدأ بالصف الأول الأساسي، وتنتهي بالصف الرابع الأساسي.

المرحلة الثانية: وتهدف إلى دعم التدريب الذي تلقاه التلميذ في المرحلة الأولى. ويطلق عليها في سلم التعليم الأساسي بالسلطنة بـ الحلقة الثانية: إذ تبدأ بالصف الخامس الأساسي، وتنتهي بالصف العاشر الأساسي، لكل جنس مدرسته الخاصة به. ثم تلي مرحلة التعليم الأساسي مرحلة التعليم الثانوي ومدتها سنتين، وبذلك يكتمل السلم التعليمي للتعليم العام في السلطنة.

خطط التعليم الأساسي alaq11.jeeran.com

المادة	الصف وعدد الحصص الأسبوعية				المجموع
	الأول	الثاني	الثالث	الرابع	
تربية اسلامية	6	6	6	5	23
لغة عربية	12	12	10	7	41
لغة انجليزية	5	5	5	5	20
رياضيات	7	7	7	7	28
علوم	3	3	3	5	14
اجتماعيات	0	0	2	3	5
تربية رياضية	2	2	2	2	8
تربية فنية	2	2	2	2	8
تربية موسيقية	1	1	1	1	4
المهارات الحياتية البيئية	1	1	1	1	4
تقنية معلومات	1	1	1	2	5
جملة الحصص	40	40	40	40	160

مناهج التعليم الأساسي : تطوير المناهج الدراسية:

انطلاقا من إعداد الفرد العماني لسوق العمل وإكسابه المهارات والمعارف والقيم التي تؤهله إلى الاعتماد على ذاته في الوقت المعاصر ومواجهة تحديات المستقبل، فقد بدأت الوزارة في الإعداد لتطوير مناهج التعليم العام بدءا من مرحلة التعليم الأساسي، وصولا إلى التعليم الثانوي، وسوف يتم التطوير في مسارين:

المسار الأول: ويهتم بتدريس التربية الإسلامية بوصفها المادة المتصلة بالعقيدة والحياة وتربية النشء، واللغة العربية لكونها اللغة القومية التي يجب أن يجيدها الطلاب إجادة تامة، وباللغة الانجليزية التي هي بمثابة النافذة المطلة على ثقافات الآخرين وعلومهم،

حيث ستدرّس من الصف الأول بدلا من تدريسها من الصف الرابع، وكذلك المواد الاجتماعية والبيئة التي تساعد الطالب على تنمية الهوية الذاتية والوطنية . بالإضافة إلى المهارات الحياتية، التي تهتم بالمهارات المهنية والحرفية لكل بيئة عمانية.

المسار الثاني: وسيهتم بتطوير مناهج العلوم والرياضيات وطرق تدريسها، كما سيشمل على مواد علمية حديثة هامة لم تجد طريقها إلى المناهج من قبل، إذ ستستخدم أساليب تعليمية أجود في تدريس مواد العلوم تعتمد على التعلم بالتجارب العملية ومركزه التعلم حول الطفل بدلا من محورته حول المعلم كما سيتم الاهتمام بتدريس الرياضيات بالنواحي التحليلية والتركيبية وإتاحة الفرصة للطالب لتنمية التفكير العلمي والمنطقي.

إضافة مواد حديثة:

تحتوي الخطة الدراسية للتعليم الأساسي على مواد دراسية مستحدثة مثل:

- تقنية المعلومات: وهي تزود تلاميذ الحلقة الأولى بالمهارات الأساسية التي تؤهلهم للتعامل مع أجهزة وبرامج الحاسوب.

- الحاسوب : حيث سيتم تزويد طلاب صفوف الحلقة الثانية بالمهارات اللازمة للتعامل مع أجهزة وبرامج الحاسوب.

- المهارات الحياتية البيئية: وهي مادة تدخلها لأول مرة الوزارة في الخطة الدراسية من أجل إكساب الطالب القدرة على ممارسة المهنة التي تتوافق مع البيئة التي يعيش فيها.

إنشاء مركز مصادر التعلم:

لم يصبح مصدر المعارف والمعلومات هو الكتاب فقط، الذي بسببه تم إنشاء المكتبة المدرسية، بل هناك وسائط إلكترونية أصبحت تعين في الحصول على المعلومات، بل وتساعد على إجراء التجارب العلمية والقيام بالبحوث المختلفة في يسر تام؛ لذا تم إنشاء مراكز مصادر التعلم المزودة بالأجهزة اللازمة لدعم المناهج التعليمية، حيث تتوفر فيها متطلبات التعلم من: كتب مرجعية وإثرائية، أجهزة حاسوب

للاستخدام كوسائل تعليمية ومرجعية لتوفير المعلومات والبيانات بدلا من الاعتماد فقط على المعلومة المكتوبة بكتب المكتبة، وسائل تعليمية وتوضيحية لتعزيز الفهم والاستيعاب، تجهيزات مختبرية لممارسة التجارب العملية البسيطة.

توفير المختبرات المدرسية:

يعدّ إجراء التجارب من قبل الطلاب تدريبا عمليا على استخدام الأجهزة المختلفة، مما يكسب الطالب المهارة اليدوية والدقة، لذلك تعمل الوزارة على توفير أطقم تعليمية في كل صف من صفوف الحلقة الأولى من مرحلة التعلم الأساسي **(1-4)** وفي الصفوف **(5-6)** على أن يوفر قسم للعلوم بمراكز مصادر التعلم. أما الصفوف **(7)** و **(8)** و **(9)** فسوف توفر مختبرات متعددة الأغراض، وللصف العاشر سيخصص مختبر كامل التجهيزات متعدد الأغراض. وللمرحلة الثانوية سيتم توفير مختبرات متخصصة لكل مادة من مواد العلوم: الحاسوب، الفيزياء، الكيمياء، الأحياء. (دليل التعليم الأساسي **1997م**).

خطط التعليم الأساسي

خطة تطبيق المناهج المطورة: تم تطبيق كافة المناهج المطورة في الصفين الأول والثاني الأساسيين خلال العام الدراسي **1999/89م** (ما عدا تقنية المعلومات والمهارات الحياتية)، وستكون خطة تطبيق المناهج كالتالي:

www.almdares.net

خطة تطبيق المناهج المطور لمادة اللغة الانجليزية			خطة تطبيق المناهج المطور للمواد الأخرى	
السنة الدراسية	الصف	الخطة الخمسية	الصف	الخطة الخمسية
98/1999م	الأول + الثاني + الثالث	الخامسة	الأول + الثاني	الخامسة
99/2000م	الرابع	الخامسة	الثالث	الخامسة
00/2001م	الخامس	الخامسة	الرابع	الخامسة
01/2002م	السادس	السادسة	الخامس	السادسة
02/2003م	السابع	السادسة	السادس	السادسة
03/2004م	الثامن	السادسة	السابع	السادسة
04/2005م	التاسع	السادسة	الثامن	السادسة
05/2006م	العاشر	السادسة	التاسع	السادسة
06/2007م	=	=	العاشر	السادسة

وقد تم تقسيم المواد الدراسية إلى مجالات، إذ يتولى تدريس كل مجال معلم يعرف بـ " معلم مجال "، حيث سيكون في الحلقة الأولى من مرحلة التعليم الأساسي ثلاثة أنواع، هم: معلم مجال التربية الاسلامية واللغة العربية والدراسات الاجتماعية، معلم مجال العلوم والرياضيات ومعلم متخصص في مادة اللغة الانجليزية .

إطالة العام الدراسي الى المستويات العالمية

يتكون العام الدراسي في السلطنة من فصلين دراسيين يبلغ مجموع أيامهما (**160** يوما) تستغرق الامتحانات والإجازات والأنشطة غير التعليمية منها أياماً عديدة. ويقدر الوقت المخصص للتعليم منه في السنة بحوالي (**120** يوما) فقط، وبمقارنته مع الوقت المماثل للتعليم في دول أخرى نجد أنه يقل كثيرا عنها فعلى سبيل المثال - لا الحصر - نجد أن طول العام الدراسي في اليابان (**240** يوما)، وفي استراليا (**200**

يوم)، وفي العديد من الدول الأوروبية (200 يوم)، وفي ألمانيا (من – 226 الى 240 يوما)، (وفي كنـدا 205 أيام) تقريبا، فمن هذا المنطلق ومن أجل التمكن من التطوير الشامل للمناهج والكتـب وأسـاليب وطرق تدريس وتأهيل المعلم والارتقاء بمستوى الطلاب؛ فقد أصبح العام الـدراسي في السـلطنة حـوالي 180 يومـا. (وزارة المعارف ، 127 ، 124 ، 130).

تطوير الخطة الدراسية:

- تم زيادة طول العام الدراسي الحالي من 32 أسبوعا الى 36 أسبوعا في نظام التعليم المطور .

- تم زيادة عدد الساعات الدراسية الذي سيتخرج في نظام التعليم المطور بحيث يكون قد تلقـى 9600 ساعة دراسية خلال دراسته للصفوف العشرـ في مرحلة التعليم الأساسي. بينما الطالب الذي ينهي عشر سنوات دراسية بالنظام الحالي يكون قد تلقى خلالها 5693 ساعة دراسية، أي بفارق زمني يعادل 3907 ساعة؛ وهذه تعادل 4640 حصة دراسية إضافية عـلى عـدد حصص الخطة الدراسية الحالية.

- تم زيادة زمن الحصة الدراسية من 35 دقيقـة الى 40 دقيقـة، كـما زيـد عدد الحصص مـن 30 حصة في الأسبوع الى 40 حصة في الخطة الدراسية الجديـدة. (وزارة المعـارف، 127 ، 1424 – 130) بحيث يكون برنامج اليوم الدراسي كالتالي: www.almdarwss.net

جدول برنامج اليوم الدراسي

الحصة	توقيت الصيف من - الى	توقيت الشتاء من - الى
الطابور	7.25 - 7.15	7.40 - 7.30
الأولى	8.05 - 7.25	8.20 - 7.40
الثانية	8.50 - 8.10	9.05 - 8.25
الثالثة	9.35 - 8.55	9.50 - 9.10
الفسحة	9.50 - 9.35	10.05 - 9.50
الرابعة	10.30 - 9.50	10.45 - 10.05
الخامسة	11.15 - 10.30	11.30 - 10.50
السادسة	12.00 - 11.20	12.15 - 11.35
الفسحة الثانية	12.20 - 12.00	12.35 - 12.15
الحصة السابعة	1.00 - 12.20	1.15 - 12.35
الحصة الثامنة	1.45 - 1.05	2.00 - 1.20

هذا ويوضح الجدول التالي مقارنة بين الخطة المقترحة والخطة الحالية وفقا لعدد الحصص لعشر سنوات دراسية حسب عدد الحصص:

www.almdares.net

الفرق	عدد الحصص بالخطة الحالية	عدد الحصص بالخطة المقترحة	المادة	الرقم
196	1568	1764	التربية الاسلامية	1
620	2368	2988	اللغة العربية	2
872	928	1800	اللغة الانجليزية	3
1064	1600	2664	رياضيات	4
712	1088	1800	العلوم	5
276	768	1044	الدراسات الاجتماعية	6
64	512	576	التربية الرياضية	7
184	320	504	التربية الفنية	8
36	288	324	التربية الموسيقية	9
256-	256	-	النشاط المهني	10
64 -	64	-	النشاط العملي	11
360	-	360	المهارات البيئية	12
180	-	180	تقنية المعلومات	13
396	-	396	الحاسوب	14
4640	9760	14400	المجموع	

ويوضح الجدول التالي مقارنة بين الخطة المقترحة والخطة الحالية وفقا لعدد الساعات لعشر سنوات دراسية : www.almdares.net

الفرق	عدد الحصص بالخطة الحالية	عدد الحصص بالخطة المقترحة	المادة	الرقم
261	915	1176	التربية الاسلامية	1
611	1381	1992	اللغة العربية	2
659	541	1200	اللغة الانجليزية	3
843	933	1776	رياضيات	4
565	635	1200	العلوم	5
248	448	696	الدراسات الاجتماعية	6
85	299	384	التربية الرياضية	7
149	187	336	التربية الفنية	8
48	167	216	التربية الموسيقية	9
149-	149	-	النشاط المهني	10
37-	37	-	النشاط العملي	11
240	-	240	المهارات البيئية	12
120	-	120	تقنية المعلومات	13
264	-	264	الحاسوب	14
3907	5693	9600	المجموع	15

هيكل مدارس التعليم الاساسي :

بدء تطبيق التعليم الأساسي في العام الدراسي الحالي م وبالحلقة الأولى وفي سبع عشرة مدرسة، ثم 42 مدرسة في العام الدراسي 2000/99م، يزيد عددها تدريجيا كل عام من أجل تعميم النظام المطور للتعليم . وستكون البنية التحتية الثابتة للهيكل لكل مدرسة :

- في المباني :

* تتكون مدرسة الحلقة الأولى من التعليم الأساسي من (16) الى (30) شعبة كحد اقصى ولا يجوز تجاوز الثلاثين شعبة . ويتحكم في ذلك الموقع الجغرافي والكثافة السكانية الرافدة للمدرسة .

* ستزود كل مدرسة – إضافة إلى مرافقها المعتادة – بمركز لمصادر التعلم وهو عبارة عن غرفة ذات طابع مشترك تستغل لدعم جميع المواد الدراسية .

-في الطاقة الاستيعابية للطلاب : جهزت مدارس الحلقة الأولى من التعليم الاساسي لتكون طاقاتها الاستيعابية كما يلي:.

*480 الى 900 طالبا كحد اقصى ، ويقبل الطلاب بالصف الاول في مدارس الحلقة الاولى من التعليم الاساسي طبقا للأسس الموضحة بدليل مدارس التعليم الاساسي .

* معدل كثافة الشعبة الواحدة (30) طالبا :

-في الطاقة التشغيلية (القوى البشرية) :

تتكون الهيئة التدريسية والادارية والعمالية في المدرسة المكتملة الفصول من الآتي.

1. مدير المدرسة

2. مساعد مدير المدرسة

3. معلم مجال اول للمواد التالية: مجال التربية الاسلامية واللغة العربية والدراسات الاجتماعية ، مجال العلوم والرياضيات ، مادة اللغة الانجليزية.

فعدد المعلمين الاوائل للمجالات 3 معلمين بالمدرسة يكون الواحد منهم تابعا فنيا لموجه المادة ، وإداريا لمدير المدرسة . ويكون نصيبه من الحصص 20 حصة في الأسبوع . اما عدد معلمي المجال فيتراوح ما بين 25 الى 28 معلما طبقا لعدد الشعب بالمدرسة . اي انه لكل شعبة تخصص نسبة 1،55 معلما للمجال تقريبا ، ونصاب معلم المجال 28 حصة في الاسبوع .

4. معلم مسؤول من مركز مصادر التعليم .

5. معلم انشطة يقوم بتدريس التربية الفنية ومادة المهارات الحياتية البيئية .

6. فني مركز مصادر التعليم والحاسوب .

7. اخصائي اجتماعي .

8. مسؤول اداري .

9. منسق .

10. ثمانية من العمال .

11. ثلاثة من الحرس .(هيكل مدارس التعليم الاساس 1998م).

ثالثاً : مبادئ الفلسفة التربوية في سلطنة عمان :

تنبثق فلسفة التربية في السلطنة، من اتجاهات المجتمع العماني وسماته وخصائصه، ويمكن تمييزها في النقاط الآتية :

1. سلطنة عمان وطن عربي اسلامي، والشعب العماني، قوة اجتماعية متماسكة جاءت نتاجا لتفاعل متصل، عبر قرون طويلة بين هذين العنصرين المتكاملين،

وبهذا التفاعل تتأكد أصالة المجتمع العماني ، وتبرز خصائصه التي يتميز بها في عالم اليوم.

2. تراث سلطنة عمان، نما عبر العصور المتلاحقة، مما اكسب شعبها خصائصه التاريخية والثقافية المميزة ، لذا فالشعب العماني يتمسك بأصالته وتراثه ويعي رسالته الحضارية وعيا لا يتزعزع، وسيظل كذلك في حاضره ومستقبله كما كان في ماضيه. (بهوان ، 1985) .

3. الايمان والعلم والعمل، وبها يتمكن المجتمع من استغلال موارده وثرواته وتنميتها، بما يكفل لأفراده الرخاء والعيش الكريم، وهو شرف وحق وواجب لكل قادر من أفراد المجتمع للعمل بأمانة وصدق .

4. تسخير كل الجهود وتجنيد كافة الطاقات، في سبيل خلق مجتمع حديث البنيان قادر على تحمل مسؤولياته وواجباته الكاملة . (وزارة التربية والتعليم، 1992)

5. التنمية الشاملة من قبل الدولة مقصد وغاية ، تكرس الجهود والإمكانات لبلوغها مستعينة بالتخطيط الواعي، والبحث العلمي، وإعداد الكوادر العمانية الفنية اللازمة في كل المجالات .

6. اعتبار التعليم استثماراً بشريا ، وهو وسيلة مهمة لترقية الفرد في المجتمع والوصول إلى المكانة السامقة المنشودة .

7. ارتكاز المجتمع العماني على الأسرة، فالسلطنة تعمل على تكاملها وحمايتها من عوامل الضعف والتفكك .

8. يعتبر الشباب عصب الأمة، لذا فالسلطنة توليهم اهتماما خاصا من الرعاية والعناية ، وعليهم تقوم مسؤولية تقدمها وحمايتها .

9. محاربة الاستعمار ، واطماع الصهيونية، وافساد مخططاتها والاصرار على المحافظة على الحقوق العربية كاملة .

10. ان السلطنة تعمل على تحقيق التعاون العالمي ، على اساس الحرية والعدل والمساواة كما تعمل على المشاركة ،لتطوير الحضارة العالمية واثراء التراث الانساني (دائرة تطوير المناهج ، 1992) .

كما تراعي هذه الفلسفة المبادئ الآتية :

1. تحقيق النمو المتكامل للفرد : وذلك بتنشئة الفرد تنشئة متكاملة فكريا وعاطفيا وروحيا واخلاقيا ،والتربية تتخذ منه مبدأ موجها تسعى الى تحقيقه.

2. التحرر الاجتماعي : والتربية تسعى إلى تحرير طاقات الفرد والجماعات ، من رواسب الجهل والتخلف ،كما تولى اهتماما خاصا بالمرأة لتحتل مكانتها اللائقة بها ،لأنها نصف المجتمع .

3. تحديث المجتمع العماني: وتعمل التربية على أن يكون لدى الفرد الميل الإيجابي، لتقبل الجديد النافع في عالم اليوم، مع قدرته على فهمه وحسن استخدامه بما يعود عليه وعلى المجتمع بالتقدم والازدهار . (وزارة التربية والتعليم . 1978م) .

4. التقدم الاقتصادي : تقوم التربية من جانبها بإعداد المواطنين الذين يتميزون بالكفاءات والقدرات الفنية المطلوبة، كما وكيفا، وذلك بالاضطلاع بمسؤولية التنمية ، وتحقيق التقدم الاقتصادي للمجتمع العماني .

5. الوحدة الوطنية : وذلك بحصر الفئات العمانية المختلفة في وحدة وطنية متماسكة ، لأنه يعتبر من أهم المبادئ الموجهة للتربية في المجتمع .

6. العزة والمنعة الوطنية : وذلك بأن تغرس التربية، عاطفة حب الوطن والاعتزاز بالانتماء لأرضه والاستعداد للتضحية الموجهة للتربية في المجتمع .

7. الأصالة العمانية : من خلال إحياء التراث العربي الإسلامي : المتمثل في العلوم والفنون ، وتشجيعها في كل المجالات تأصيلا للثقافة العمانية وإثراء لها، وذلك من خلال المناشط التربوية المناسبة . (دائرة تطوير المناهج ، 1992 م) .

إن فلسفة التربية العمانية عند مراجعتها مراجعة دقيقة رغم حداثة عهدها ،تمثل انطلاقة شاملة في تاريخ التربية العمانية ، ويؤكد ذلك اتساعها وشمولها وتكاملها وأصالتها ومعاصرتها ،ولا يبقى أمامنا نحن العاملون في مجال التربية، إلا أن نكون أوفياء لهذه الفلسفة واعين لها،عاملين بها، باذلين الجهد من أجل تحقيقها في مناهجها، وطرائق تدريسنا ، وإدارتنا واهتمامنا بالطلاب ، وحبنا للعمل الذي نقوم، به وانتمائنا لأمتنا ومجتمعنا .

الدعم السياسي من أجل تطوير التعليم :

كان للسلطان قابوس رؤية واضحة منذ البداية بالنسبة للعمل التربوي في السلطنة تتجلى في الأسس التعليمية الآتية :

" تعميم التعليم ونشره : وقد أكد على ذلك في قوله : " إن تعليم شعبنا وتدريسه يجب أن يبدأ بأسرع وقت ممكن ليصبح في الإمكان على المدى الأبعد حكم البلاد بالعمانيين " (وزارة الاعلام ، **20001**، 9) .

تكافؤ الفرص التعليمية : قال : " إننا نهدف إلى نشر التعليم في جميع أنحاء السلطنة، لكي ينال كل نصيبه في التعليم وفق قدراته " (وزارة الاعلام ، **2001** ، **55**) .

تعليم الفتاة العمانية : قال : " وكان هدفنا الرئيسي ولا يزال هو اتاحة الفرصة لكل فتى وفتاة في السلطنة ، ليتلقوا تسع سنوات من التعليم كحد أدنى، ولقد أصدرنا أوامرنا ببذل كل جهد لتحقيق هذا الهدف النبيل بأسرع وقت ممكن " وزارة الإعلام، **1995م** ، **137**) .

وقال : " وذلك لإتاحة الفرصة أمام الشباب وإعدادهم جميعا للقيام بدور أساسي في مسيرتنا الانمائية الشاملة يعود عليهم وعلى عماننا بكل خير " (وزارة الإعلام، **1995م**، **246**).

التعليم المستمر : يقول جلالته : "كما نعمل على وضع خطة للقضاء على الأمية " (وزارة الإعلام ، **1995** م، **99**) .

وقال : " إننا نعيش عصر العلم ونشهد تقدمه المتلاحق في جميع المجالات، وإن ذلك يقينا بأن العلم والعمل الجاد هما معا وسيلتنا لمواجهة تحديات هذا العصر ، وبناء نهضة قوية ومزدهرة على أساس من قيمنا الإسلامية والحضارية " (وزارة الاعلام . **1998** م، **274**).

تنوع التعليم وضرورته : يقول : يقول جلالته : " واليوم نوجه اهتمامنا ونركز جهودنا على التعليم العالي والمهني ، بعد أن أوفينا بمتطلبات المرحلة الأولى في التعليم الابتدائي الذي لم يكن متوفرا لدينا منه سوى ثلاث مدارس ابتدائية للبنين فقط عام 1970م " . (وزارة الاعلام ، **1995** ، **42**) .

ويقول : " ونركز بصورة خاصة على التعليم المهني والتعليم العالي حتى نلبي حاجة البلاد من القوى البشرية العمانية المدربة " (وزارة الاعلام، **1995** ، **72**).

غرس القيم الإسلامية النبيلة : يقول " على المربين أن يغرسوا في نفوس الناشئة ، تعاليم الدين الحنيف ويربوهم على الأخلاق الفاضلة ، ويوقظوا في نفوسهم الروح الوطنية " (وزارة الاعلام ، **1995** ، **99**) .

إعداد الكوادر العمانية المدربة : ويقول أيضا : " سنتخذ الخطوات اللازمة لتعليم شبابنا وإعدادهم الإعداد الكافي، ليصبحوا علماء واختصاصيين في الطب والهندسة والزراعة، وغير ذلك، من فروع الاختصاص الأخرى ، التي تحتاج اليها كلما استمرت عملية تطوير بلدنا على أسس عصرية بالتوسيع السريع" وزارة الاعلام، **1995**، **167** ، **168**) .

ويقول : " إننا نعطي كل إمكانياتنا وطاقاتنا لأبناءنا ، وحرصا منا على مستقبل بعثاتنا الطلابية في الخارج ، المنتشرة في العواصم المختلفة ، لقد قررنا تشكيل لجنة دائمة للنظر في شؤونهم المختلفة " (وزارة الاعلام ، **1995** ، **137**) .

تكامل التعليم : يقول : " إننا نولي الاهتمام للتعليم الجامعي ، وإننا نولي نفس الرعاية والاهتمام لكافة مراحل التعليم والتدريب ، في إطار سعينا المتواصل لتنمية القوى

البشرية ، وتنمية موازنة تفي باحتياجاتنا من الكفاءات الوطنية المسؤولة والمدربة في سائر القطاعات " (وزارة الاعلام ، 1995 ، 246) .

ويقول : " لقد أولت مسيرتنا عناية كبيرة لإنجاز البنية الأساسية في مجال التعليم والتدريب ، وأكملنا بذلك مراحل مهمة ، حرصا منا على إعداد أبنائنا للمشاركة في بناء وتنمية البلاد " (وزارة الاعلام، 1995، 278) .

رابعاً : أهداف وأولويات التربية في سلطنة عمان :

1. التعليم حق لجميع أفراد المجتمع العماني، والحكومة بدورها تلبي بكل ما لديها من إمكانات ومؤسسات تربوية الحاجة للتعليم لدى الأفراد ، دونما حدود أو فرق بين ذكر أو أنثى .

2. تنمية قدرات الإنسان العماني ، التي لا تتقيد بالزمان أو المكان ، لكي يتعلم ويواصل مسيرة التقدم التعليمي، على امتداد حياته وتلبية احتياجاته لتعليم موحد شامل لكل نواحي شخصيته وقادر على تغيير ما يحيط به. (عبد الرزاق، 1983) .

3. توفر القوى العاملة اللازمة في مختلف القطاعات، للنهوض بخطط التنمية الشاملة ومشاريعها في البلاد،وكذلك توفير التسهيلات والمساعدات للتخصصات في التعليم العالي، بما يساير احتياجات التنمية في عمان. (عبدالرزاق، 1986).

4. توعية الفرد العماني بحقوقه وواجباته ، والتزاماته نحو وطنه الصغير ووطنه الكبير ، ومن هنا يدرك أيضا أن اتحاد وتعاون الشعوب العربية مصدر قوته.

5. تنمية قدرة المتعلم على استغلال أوقات فراغه في كل ما هو نافع ومفيد ، وذلك من خلال القيام بأنشطة مناسبة ، تعود عليه وعلى مجتمعه الذي يعيش فيه بالنفع والخير .(اللجنة الوطنية العمانية للتربية والثقافة والعلوم، 1980).

الأهداف التربوية العامة :

انطلاقا من مبادئ فلسفة التربية العمانية ، وما تمثله من اتجاهات روحية وقومية واجتمعية وسياسية ، وتمشيا مع روح العصر ، وتلبية لحاجات المجتمع وتحقيقا لآمال الوطن وتطلعاته نحو مستقبل قائم على الايمان والعلم والعمل ، ومسايرة للخصائص النفسية للمتعلمين في مراحل نموهم المختلفة ، ووصولا إلى تربية فرد متكامل النمو عقليا وروحيا وبدنيا وعاطفيا ، وإعانته على كسب العيش الشريف واحترام العمل وإدراك محتواه الإنساني ، وإكسابه صفات المواطنة الإيجابية الصالحة ، وتوجيهه إلى شغل أوقات فراغه على نحو يفيد به نفسه ومجتمعه ، وتمكنه من متابعة ما يستجد في ميادين المعرفة من ذلك كله تحدد الأهداف العامة للتربية في سلطنة عمان بما يلي : (اللجنة الوطنية العمانية ، **1994**) .

1. تنمية القدرات العقلية : تعمل التربية في هذا المجال ، على تزويد الفرد بالمعارف الأساسية وتنمية القدرات العقلية التي تمكنه من الاستفادة بها في حياته، ويعتمد ذلك على استيعاب الحقائق العلمية والمهارات العملية وبالنظرة الموضوعية، والاستدلال العقلي ، والقدرة على الابتكار والإبداع وتوظيف ذلك جميعا في حياته .

2. التربية الاسلامية : تهدف التربية الإسلامية ، إلى إكساب المتعلم في مراحل نموه المختلفة المعارف والحقائق الأساسية المتعلقة بالدين الإسلامي الحنيف، والمثل العليا المستمدة منه ، مما يؤدي به إلى الإيمان بالله والتفاعل في حياته على هدى من تعاليم الدين الحنيف ممثلا لأوامره ونواهيه، على أن يتكامل الفرد في اتجاهه الديني قولا وعملا وعلما وسلوكا .

3. التربية البدنية : إن اهتمام التربية بالنمو السليم لجسم الفرد لا يقل عنه في الجوانب الأخرى، فالجسم السليم هو عنوان الصحة النفسية والعقلية، وعلى قوته ونشاطه ، تتوقف قدرة الفرد على الإسهام في الحياة بصفة عامة ، والتربية إلى جانب اهتمامها بالتربية البدنية، ولاسيما في المراحل الأولى لنمو الفرد،

تكسبه العادات والاتجاهات الصحية في المأكل والمشرب والعمل والراحة والراحة والوقاية من الأمراض والمبادرة إلى علاجها . (وزارة التربية والتعليم، **1992**) .

4. التربية العاطفية : تعمل التربية على تنمية الاتجاهات العاطفية الايجابية في الفرد، على نحو الطبيعة والعلم والمجتمع والفنون بحيث يحترم ما في بيئته من طبيعة ويحبها ويتذوق جمالها ويعمل على حفظها وصيانتها ، كما تعمل التربية على تقدير المبتكرات الفكرية والعلمية ، وبخاصة ما أسهمت به العبقرية العربية الإسلامية في هذه المجالات .

5. التربية لكسب العيش واحترام العمل : تعنى التربية في هذا المجال :

- أولاً : بترسيخ المفاهيم والاتجاهات السليمة نحو العمل واحترامه مهما كان نوعه .
- ثانياً : باكساب المتعلم وعيا صحيحا بتطبيق المهن والحرف الشائعة في بيئته وأهميتها ، مع إعطائه المهارات اللازمة في صنعها وأدائها .

6. التربية للاستثمار الاقتصادي : تتمثل النظرة المعاصرة إلى التعليم في اعتباره استثمارا بشريا واقتصاديا ، يسهم إسهاما مباشرا في مشاريع التنمية ورفع معدلات الانتاج الاقتصادي في المجتمع ، وتحقيقا لذلك على التربية توفير حاجات المجتمع من الكوادر الفنية اللازمة لتنفيذ مشاريع التنمية في البلاد ومواصلة التخصص العلمي العالي في ضوء حاجات التنمية . (اللجنة الوطنية ، **1994**) .

7. التربية الوطنية والسياسية : تهدف التربية العمانية ، إلى توعية الفرد العماني بحقوقه وواجباته نحو وطنه والتزاماته تجاه أمته ، فتربية الفرد وطنية وقومية تستلزم أن يدرك ماله من حقوق وما عليه من واجبات .

8. التربية لاستغلال أوقات الفراغ : تهتم التربية بتنمية قدرات المتعلمين على الاستغلال المفيد لأوقات الفراغ ، وذلك بتدريبهم على أنواع مناسبة من الهوايات والأنشطة التي

تتفق وميولهم وقدراتهم ، وتنمي ذوقهم وقدرتهم ، كما وتنمي مـن قـدراتهم عـلى الإبـداع والابتكـار . (وزارة التربية والتعليم ، 1992)

في ضوء المتغيرات العديدة الاجتماعية والاقتصادية والسياسية والمعرفية والتقنية التي تعم العالم والبلاد ، وحرصا من وزارة التربية والتعليم على تقييم البرامج التعليمية المطورة بصورة سليمة فقد شكلت لجنة لتقوم بمراجعة وصياغة الأهداف التربوية وفقا لمصادر ومجالات اشتقاقها من الدين الإسلامي الحنيف ومن البيئة والموارد الطبيعية، والتراث العماني ، المتمثل في التاريخ والجغرافيا والعادات والتقاليد والقيم العمانية، ومن النظام الأساسي للدولة الذي اختط معالم الطريق وحدد مساره ، ولا تزال هذه الأهداف في طور الإعداد . في ضوء هذه المقومات أعيدت صياغة مرتكزات الأهداف التي تعني وتهتم بالإنسان العماني وفقا للتوجهات السياسية العليا للدولة وطبيعة الانسان وطموحاته وطبيعة المجتمع الذي يعيش فيه واحتياجاته وطبيعة العالم المعاصر وتحدياته (اللجنة الوطنية العمانية للتربية والثقافة والعلوم ، 2001) .

خامساً : خطة التطوير في السلطنة :

وقد عملت الخطة الخمسية الخامسة في العام الدراسي 2000/1999 م، على إحداث تطوير جذري على نظام التعليم الأساسي والثانوي ، اختطت وزارة التربية والتعليم ، برنامجا لتطوير وتجديد التعليم العام مستمدا من الرؤية المستقبلية للاقتصاد العماني على المدى الطويل 2020م.

تتمثل الغاية الأساسية للتطوير في تحسين جودة وكفاءة نظام التعليم العام، إلى جانب جدواه الاقتصادي وفاعليته ، من أجل تخريج كوادر تتمتع بمستوى عال من الجودة ومسلحة بالعلم والمعرفة والمهارات والكفاءات ، والانتاجية العالية بحيث تكون على مواجهة التحولات الاجتماعية والمظاهر الجديدة مثل التجارة الحرة وطفرة المعلومات وتكنولوجيا الاتصالات، لمواكبة مستجدات القرن الحادي والعشرين ، ومن متطلبات تطوير التعليم ، ما يلي :

أ. إعادة هيكلة نظام التعليم ، بتحديد المرحلة الأساسية من 9 سنوات إلى 10 سنوات وتعقبها سنتان للتعليم الثانوي .

ب. إعادة صياغة وتطبيق مناهج التعليم الأساسي والثانوي ، إلى جانب إعادة النظر في الكتب الدراسية ، وبيئة التعلم وتوفير مراكز مصادر التعلم بكل مدرسة .

ج. استحداث مواد دراسية جديدة (تقنية المعلومات والمهارات الحياتية البيئية) وتعزيز تدريس مواد الرياضيات والعلوم واللغة الانجليزية في كل الصفوف .

د. التخلص من نظام الفترتين بالمدارس وتمديد اليوم المدرسي والعام المدرسي .

هـ تحديث نظم الامتحانات والتقويم .

و. إعادة النظر في هيكل وزارة التربية والتعليم ، والتركيز على تخطيط السياسات التعليمية ، والتطبيق الفعال للقرارات على مستوى ديوان الوزارة والمناطق التعليمية . (اللجنة الوطنية العمانية للتربية والثقافة والعلوم ، 2000) .

ويمكن إجمال التغيرات التي حدثت للهيكل التنظيمي لوزارة التربية والتعليم من أجل تطوير التعليم في الآتي :

- استحداث المديرية العامة للمناهج ، وتتكون من عدد من الدوائر التي تعني بشؤون المناهج، بحيث يصبح لكل مادة دائرة خاصة بها ، وأضيفت إليها دائرة مناهج المهارات الحياتية ، بالإضافة إلى عدد من الدوائر .

المساندة وهي :.

- التدريب والتأهيل ، إنتاج الكتاب المدرسي ، تقنية المعلومات ، تعليم المبتدئين.

- استحداث دائرة خاصة بالاحتياجات التعليمية ، تعني باحتياجات التعليم من كوادر بشرية ومباني وغيرها .

- استحداث دائرة الانظمة وتقييم الأداء تتولى عملية الإشراف على الأداء المدرسي. (الحوسني ، 2002) .

ح. تدريب الكوادر العاملة في وزارة التربية والتعليم ، الكوادر القيادية والإدارية والفنية من موجهين ومديري مدارس ومعلمين وإداريين وغيرهم .

إن خطط السلطنة الرامية إلى تطوير الموارد البشرية وتحقيق الاكتفاء الذاتي في توفير الخدمات التي تتطلبها الدولة العصرية ، تحتم بالضرورة الاهتمام بما يدرسه الطالب في مرحلة التعليم الأساسي ، حتى يصبح مقاربا ، إن لم يكن مساويا للمعدل العالمي ، الذي يحصل عليه الطلاب في مثل أعمارهم في الدول المتقدمة . (دائرة التدريب والتأهيل ، **2001**) .

سادساً : المناهج الدراسية :

لم تكن النهضة التعليمية لتنتظر حتى تعد مناهج عمانية مستمدة من ظروف البيئة لما يتطلبه ذلك من دراسات متأنية، ولذلك فقد استخدمت المناهج والكتب القطرية في التعليم العام ، والكتب السعودية في تعليم الكبار .

تم تعميم المناهج الدراسية حتى تحتوي على الخصائص والأهداف الأساسية التي يتوخاها المجتمع ، وتم تطبيق المناهج والكتب المدرسية في جميع المراحل ،ثم خضعت مناهج المرحلة الابتدائية للتقييم عام **1988/1987م** . ومناهج المرحلة الإعدادية للتقييم في عامي **1989/88** م ، ثم مناهج المرحلة الثانوية عام **1990/89م**، وذلك لإدخال عليها بعض التعديلات أو التغييرات الضرورية بعد الدراسة والتنقيح من قبل الخبراء ، وقادة في الميدان، والمجتمع المحلي .

تطوير المناهج الدراسية بما يتناسب مع الفئات العمرية للطلاب ومراحل نموهم واحتياجاتهم وطبيعة تفكيرهم ، وهذه حقائق يجب أن لا تغيب عن البال ، فالأساس المتين الراسخ على دعائم المعرفة العصرية ، وعلى أساليب التعليم والتعلم الحديثة من شأنه أن يرسخ ما بني عليه من علوم المراحل التعليمية الأعلى، سواء أكانت تعليما

أكاديميا أو تدريبا مهنيا ، وانطلاقا من هذه النظرة تم البدء في الإعداد لتطوير مناهج التعليم العام بدء من مرحلة التعليم الثانوي . (وزارة الاعلام ، 2001)

أصبح مفهوم المنهاج يتعدى المواد الدراسية إلى حياة المتعلم وبيئته وملبيا لحاجاته واهتماماته وميوله ، ليسهم المتعلم في المواقف التعليمية من خلال الأنشطة المختلفة التي تعطي المتعلم حرية الحوار والمناقشة ، والمشاركة في العملية التعليمية .

شكلت لجان متخصصة ، كل لجنة تعمل في مجال إحدى المواد الدراسية، وتضم هذه اللجان إلى جانب بعض المتخصصين في المواد المعنية من وزارة التربية والتعليم أعضاء آخرين من ذوي الاختصاص في وزارة التعليم العالي وجامعة السلطان قابوس وبعض المعلمين والموجهين العاملين في الميدان ، وتبحث كل لجنة في أهداف ومناهج ومقررات وكتب وأدلة المعلمين لكل مادة وتقوم بإجراء التنقيح والتأليف والتعديل للكتب الدراسية .

فتطوير المناهج الدراسية يجب أن يبدأ من رؤى مستقبلية من متطلبات المستقبل حتى عام 2020م ، ليعكس الاحتياجات التي تتطلبها الأمة العربية خلال دورة تعليمية كاملة لجيل من الطلاب ، وحتى يمكن تكوين المعلمين الأكفاء اللازمين لتنفيذ هذه المناهج .

سابعاً : طرائق التدريس :

اشتمل مشروع تطوير التعليم على أبعاد محدودة لطرائق التدريس والتعليم بالمدارس ، حيث تميزت هذه الطرائق والأساليب بالصفات الآتية :

- الابتعاد عن التركيز على طرائق التعلم بالتلقين .

- زيادة التعليم عن طريق التجربة الشخصية المباشرة ، باستخدام الأنشطة والتجارب والزيارات الميدانية والمشاريع المستقبلية وتوظيف مهارات التفكير العلمي في حل المشكلات .

- التقليل من الاعتماد على الكتاب المدرسي كمصدر وحيد للمعرفة .
- محورة التعلم في الطالب .
- اعتماد اسلوب الذاتي القائم على تشكيل مجموعات صغيرة من الطلاب يكون الفرد فيها مسؤولا عن تعلمه والمساهمة في تعلم أفراد مجموعته .
- العمل على تطبيق نظام التعلم التعاوني . (المديرية العامة للمناهج ، **2001**)

ويستخدم المعلم العديد من طرق التدريس بهدف مساعدة المتعلم على بلوغ الأهداف التربوية ولما كان الهدف من طريقة التدريس تحقيق تعلم التلميذ فان طرق التدريس يجب ان تكون متنوعة وتشكل بدائل متاحة أمام المعلم لكي يستخدم المناسب منها بحسب طبيعة المادة الدراسية ، وبحسب خصائص التلاميذ الذين يعلمهم ، إذ لا توجد طريقة واحدة تعلم لكل المواد الدراسية ولكافة التلاميذ الذين يعلمهم ، فلكل طريقة مزاياها وعيوبها . (نشوان . **1992**)

ومن الأساليب التي يستخدمها المعلم الناجح كما يقول جونسون (**JOHNSON . 1998**) ، استخدام المديح وتقليل الانتقاد ، حيث إن المديح أكثر من مجرد تغذية راجعة لإجابة صحيحة أو سلوك مناسب ، لأن المديح يتضمن عبارات تدل على المشاعر الإيجابية من قبل المعلم تجاه الطلاب ، مما يعزز بالتالي إيجابية الطلاب تجاه المواقف التعليمية وتجاه المعلم والمدرسة .

وتعنى النظم التربوية بتنمية الكوادر البشرية كمحور أساسي في تحقيق أهداف التنمية الشاملة في السلطنة ، لتعمل على تطبيق الفجوة بين الكفايات الأدائية والواقعية والكفايات اللازمة لتحقيق الأهداف . (دائرة التدريب ، **2001**)

كما جاء في دراسة لـ منكتيريك (**2000،Munkittrick**) والذي توصل إلى أن التعلم يجب أن يجعل المتعلمين يستخدمون خبراتهم ومعرفتهم ، لأن التطبيق العملي لما يتعلمه الفرد يجعله يتذكر كثيراً من الأشياء التي تعلمها ، وبالتالي يجب أن تتاح الفرص للمتعلم بأن يقوم بالتطبيقات العملية بنفسه .

ويرى بيج (Page، 1999) ، أن استخدام تقنيات التعلم التعاوني بين التلاميذ من شانه أن يعزز العمل الجماعي ، والمشاريع الجماعية وتقديم الأبحاث التي يستطيع التلاميذ من خلالها تقسيم الأعمال فيما بينهم ويشجع هذا النوع من التعليم على تعاون الاقران ويقوي أواصر التعاون فيما بينهم ، والمعلم الناجح هو الذي يسعى إلى غرس مثل هذا المبدأ لدى تلاميذه .

ثامناً :أساليب التقويم :

يعرف عوده ، (2001) ، القياس : بانه " العملية التي تتم بوساطتها التعبير عن الأشياء والحوادث بإعداد حسب شروط أو قواعد محددة ، كما يعرف التقويم بأنه "عبارة عن عملية منظمة لجمع وتحليل المعلومات لتحديد مدى تحقيق الأهداف التدريسية من قبل الطلاب واتخاذ القرارات بشأنها . ويعرف الاختبار التحصيلي بأنه: "طريقة منظمة لتحديد مستوى تحصيل الطالب ، لمعلومات ومهارات في مادة دراسية، كان قد تعلمها مسبقا بصفة رسمية من خلال إجابات عن عينة من أسئلة (الفقرات)، التي تمثل محتوى المادة الدراسية " .

ولتحقيق الانسجام بين فلسفة التربية التي تركز على التلميذ كمحور في العملية التعليمية والتعلمية ، وعملا بانتهاج الأساليب المتطورة ، وبتقويم أداء التلاميذ بالمدارس ، فقد اعتمدت الوزارة في هذا الجانب ما يلي :

- عدم الاعتماد على الاختبارات العامة، كوسيلة قياس أساسية لتقويم تحصيل الطلاب .

- إلغاء امتحانات النقل في الحلقة الأولى من التعلم الأساسي ، من (1-4) واعتماد التقويم التكويني ، لمستوى التلميذ وإتاحة الفرصة له لتحقيق الأهداف التربوية التي لم يتمكن من تحقيقها في الصف السابق (اللجنة الوطنية العمانية للتربية والثقافة والعلوم ،2001) .

- إدخال نظام الحاسب الآلي بدائرة إدارة الامتحانات، اعتبارا من العام الدراسي **1993/1992** م ، وقد ساعد ذلك على التقليل من الهدر الزمني ، الذي كانت تعاني منه الامتحانات في ضوء الزيادة المطردة في تزايد أعداد الطلاب ، وتوافر الاحصائيات والتقارير وفقا للمعطيات المطلوبة . والتي كانت تأخذ الوقت الكثير عند إعدادها بالطرق اليدوية .
- تم تطبيق نظام الفصلين بالسلطنة في بداية العام الدراسي **1989/1988** م ، حيث بُدئ بالمرحلة الثانوية .
- وفي عام **1990/1989م** ، تم تطبيقه بالصف الثالث الثانوي ، ثم المرحلة الإعدادية في عام **1993/1992م** ، (وزارة التربية والتعليم ، **1993م**) .

تاسعاً : إعداد المعلم :

اعتمد التعليم في هذه المرحلة الثانية من **1970-1975** م بنسبة كبيرة على المعلمين الوافدين من الدول الشقيقة والصديقة ، ولم تكن هناك مشروعات لإعداد المعلم العماني ، وكان الاعداد قاصراً على بعض الدورات التدريبية المتواضعة أثناء الخدمة ، للمعلم العماني لكي يعمل بالمرحلة الابتدائية . إن إعداد المعلم وتأهيله قضية أولتها وزارة التربية والتعليم - منذ بداية السبعينات - اهتمامها ووضعت الاستراتيجيات والسياسات والخطط التي تحدد تطوير خبرات العاملين بالتعليم ، من مدير عام المنطقة التعليمية إلى فني المختبر ، ووجهت عناية واضحة إلى إعداد المعلم العماني ليعمل بكفاءة في جميع مراحل التعليم المختلفة .

تقوم دائرة إعداد وتوجيه المعلمين بوضع برنامج لتوحيد مؤهلات المعلمين العمانيين بالمرحلة الابتدائية ويطبق على الفئات الحاصلة على المؤهلات الآتية :.

- دبلوم المعلمين (نظام السنة الواحدة بعد الثانوية العامة) .

- التأهيل التربوي بعد الثانوية العامة أثناء الخدمة ويعتبر الالتحاق بالبرنامج أحيانا لجميع الفئات المذكورة باستثناء الذين حصلوا أو بصدد الحصول على مؤهل أعلى، ويمنح الخريجون شهادة تعادل شهادة اتمام الدراسة بالكليات المتوسطة للمعلمين والمعلمات ، والتي تعادل سنتين بعد الثانوية العامة .

(وزارة التربية والتعليم والشباب ، 1988) .

ويخضع المعلم إلى التدريب على ما يستجد في العملية التعليمية ، وعلى التدريب على المناهج الحديثة ، والوسائل التعليمية والتقانات الحديثة ، حتى يتمكن المعلم من اتقان تلك الوسائل وتنفيذها بكفاءة واقتدار . (عيسان ، 1995) .

- إعداد المعلم المؤهل للتدريس بالمرحلة التعليمية المناسبة ، أي وضع المعلم المناسب في المكان المناسب .

- تصحيح الأوضاع في المراحل التعليمية المختلفة ، وفقا لمستويات كفاءة معينة لكل مرحلة تعليمية .

- رفع مستوى المعلم العامل في مهنة التعليم إلى الحد الذي يحقق أهداف المرحلة التعليمية .

- استكمال تأهيل المعلم في المادة العلمية المتخصصة، إذا كان هناك في إعداده المهني في مرحلة معينة .

- تأهيل المعلم تربويا لكي يستطيع سد احتياجات مراحل النمو المختلفة للطلاب ، والتعمق في الدراسة النظرية والتطبيقية والعملية لمرحلة النمو التي يمر بها طلابه .

- تدريب المعلم على كيفية إعداد البحوث الميدانية والإجراءات والمقررات المعينة للمواد الدراسية .

- تدريب المعلم وتأهيله للقيادة التعليمية ، وتدريبه عليها نظريا وعمليا .

- توعية المعلم بالأهداف والسياسات العامة في مجال التخصص .

- تدريب المعلم على توظيف أساليب البحث العلمي والنمو الذاتي في مجال اختصاصه.

- تدريب المعلم لإجادة وإتقان الوسائل التعليمية الحديثة .

- تدريب المعلم على الأساليب والطرائق الحديثة في التدريس .

- يتم إعداد المعلمين أكاديميا وتربويا من خلال الجامعات وكليات التربية ، ويخضع المعلمون في اثناء الخدمة لدورات تدريبية ، ومشاغل تربوية ، تتناول كافة جوانب العملية التعليمية التعلمية وبخاصة التدريس والتقويم .

وقد بدأت الحكومة في تنفيذ برنامج دبلوم الادارة المدرسية لمديري المدارس، بالتعاون مع جامعة السلطان قابوس ، وبرنامج دبلوم في التوجيه ويستمر هذان البرنامجان خلال الخطة الخمسية السادسة مع العمل على زيادة المستفيدين منهما .

وذلك لإعداد كوادر قادرة على مجاراة الحاضر والمستقبل، كما أن هناك اهتماما في الخطة الخمسية السادسة برفع مؤهلات المعلمين حملة دبلوم الكليات المتوسطة، حيث بُدئ بالفعل تنفيذ هذا المشروع بتأهيل معلمي اللغة الانجليزية ، وهو المشروع الذي تم التخطيط له بالتعاون مع إحدى أشهر الجامعات البريطانية ، مستهدفا رفع مؤهلات (1061) معلما ومعلمة ، أملا في أن تشمل الخطة الخمسية السادسة رفع مؤهلات بقية معلمي المرحلة الابتدائية للمواد الاخرى من حملة الدبلوم . (وزارة الاعلام، 2001 م) .

أبرز الدراسات التي أجريت على التعليم العماني :

1- دراسة لبخيت بن علي الشنفري بعنوان تاريخ التعليم في عمان 1970م، 1995 م - رسالة دكتوراه غير منشورة - معهد الدراسات العربية - القاهرة - 1999 م تناولت هذه الدراسة :

- تاريخ التعليم العام والتعليم العالي في سلطنة عمان بمختلف أنواعه واعتمدت أسلوب السرد التاريخي.

- فلسفة التعليم والبنية التعليمية وأسس القبول في المراحل التعليمية المختلفة.

وهدفت إلى :

- إبراز التجربة التربوية والتعليمية المستحدثة في عمان بقصد توضيح الجهد الكبير للسلطان قابوس في الاهتمام بالتعليم.

- تتبع تطور التعليم في سلطنة عمان خلال سنوات الدراسة (1970-1995)

- المساهمة في معرفة بعض المعوقات التي أعاقت تكامل مسيرة التعليم.

وقد خلصت إلى النتائج التالية:

- قلة الاهتمام بالجانب التطبيقي للمواد ونقص المستلزمات والأدوات التطبيقية لها.

- كثرة الاهتمام بالامتحانات لمعرفة مدى نجاح العملية التعليمية.

- ضعف البرامج التدريبية المقدمة للإدارة والمعلمين.

- ضعف الحوافز المالية المقدمة للمعلمين.

2- دراسة للدكتور عبد الله بن جمعه بن علي بهوان بعنوان (تطوير نظام إعداد معلم المرحلة الابتدائية بسلطنة عُمان في ضوء خبرات إنجلترا ومصر) رسالة لنيل درجة الدكتوراه من جامعة عين شمس كلية التربية عام 1994م

هدفت إلى وضع تصور لتطوير نظام إعداد معلم المرحلة الابتدائية بسلطنة عُمان، حتى تتحقق له الفاعلية المطلوبة في فترة تتميز بثورة المعلومات والتغيير السريع وذلك بما يساير خبرات الدول في المجال وبخاصة إنجلترا ومصر، ويتفق مع ظروف المجتمع العُماني وثقافته وطموحه.

أما أهمية هذه الدراسة فتمكن في أنها:

- تعالج موضوعا هاما وهو إعداد معلم المرحلة الابتدائية.

- تُعد انعكاساً لما أكدته بعض الدراسات والمؤتمرات من ضرورة الاهتمام بإعداد معلم المرحلة الابتدائية.

- تقدم مقترحاً لسلطنة عُمان للنهوض بنظام إعداد معلم المرحلة الابتدائية.

3- دراسة بعنوان (واقع إعداد المعلم بدول الخليج العربي) إعداد اللجنة التحضيرية لندوة إعداد المعلم بدول الخليج العربي المنعقدة بدولة قطر للفترة من 7-9 يناير 1984م وقد كانت مشكلة الدراسة تتركز في معرفة واقع الإعداد بدول الخليج العربي والصعوبات التي تواجه إعداد المعلم بهذه الدول.

وأوصت اللجنة في دراستها بـ :

- ضرورة الاهتمام بإعداد المعلم، خاصة معلم المرحلة الابتدائية.

- ضرورة الاهتمام بمؤسسات الإعداد وتزويدها بكافة ما تحتاجه من معدات وتجهيزات حتى تقوم بدورها خير قيام.

- حسن اختيار الطلاب للدراسة بمؤسسات الإعداد لجذب أفضل العناصر.

4- دراسة من إعداد دائرة البحوث التربوية بوزارة التربية والتعليم العمانية بعنوان (تقويم كفايات خريجي الكليات المتوسطة للمعلمين من مدخل المتطلبات المهنية عام 1989م) وتأتي أهميتها في أنها تناولت الكفايات المهنية للمدرس العُماني ولفئة محددة هي دفعة 88/87م .

5- دراسة للدكتور / هلال بن علي الحضرمي بعنوان (نظرة مستقبلية على دور التعليم والتدريب المهني والفني في سلطنة عُمان وأثره على إعداد القوى العاملة

للقطاعين العسكري والمدني) رسالة دكتوراه من أكاديمية ناصر العسكرية العليا 1994م .

وتكمن أهمية الدراسة في توضيح أهمية عنصر التعليم والتدريب وتأثير ذلك على إعداد واستغلال القوى البشرية الوطنية من منظور يحقق الأمن القومي لسلطنة عُمان، وهدفت الدراسة إلى :

- دراسة واقع وماهية التعليم والتدريب بشكل عام في سلطنة عُمان.

- دراسة وتحليل احتياجات السلطنة من التعليم وعناصر التدريب.

- الخروج بخطة تعليمية تدريبية متكاملة تكفل استمرار دوران عجلة التنمية في عُمان بشكل صحيح .

6- دراسة للدكتور / علي محمد الديب عام 1979م بعنوان (تقويم برنامج توحيد مؤهلات المعلمين والمعلمات العُمانيين بالمرحلة الابتدائية من غير خريجي الكليات المتوسطة)

وتوصل الباحث عن طريق عينة الدراسة إلى أهم إيجابيات البرنامج وهي قدرته على تنمية مفاهيم الدارسين وتعديل ممارساتهم بالإضافة إلى عناية بعض المقررات بالتطبيقات التربوية التي تزيد من كفاءة المعلم. كما أوضح أهم سلبيات برنامج توحيد المؤهلات وهي عدم تناسب الوقت المحدد للدراسة مع حجم المقرر إضافة إلى كثرة عدد الدارسين بالفصول مما يعيق التفاعل بينهم وبين المعلم. وأوصى الباحث بـ :

1- ضرورة إعادة النظر في محتوى المقررات الدراسية بحيث تكون أكثر سهولة.

2- زيادة فترة الدراسة المكثفة إلى ثلاثة شهور بدلاً من شهر ونصف حتى يمكن استيعاب المادة العلمية المقررة.

المراجع

1- _____ ، _____ : التعليم الأساسي في سلطنة عمان، محاضرة في ندوة الإدارة المدرسية آفاق وتطلعات، مارس 1999م .

2- _____ ، _____ : دليل مدارس مرحلة التعليم الأساسي (الحلقة الأولى)، 1418هـ-1997م .

3- _____ ، _____ : مقدمة عن التعليم الأساسي، من محاضرات برنامج تدريب المعلمين الأوائل بمدارس التعليم الأساسي، إبريل 1998م.

4- _____ ، _____ : هيكل مدارس التعليم الأساسي، من محاضرات دائرة التدريب والتأهيل، 1998م.

5- دراسة لبخيت بن علي الشنفري بعنوان تاريخ التعليم في عمان 1970م-1995م، رسالة دكتوراة غير منشورة، معهد الدراسات العربية، القاهرة، 1999م.

6- دراسة بعنوان (واقع إعداد المعلم بدول الخليج العربي) إعداد اللجنة التحضيرية لندوة إعداد المعلم بدول الخليج العربي المنعقدة بدولة قطر للفترة من7-9 يناير 1984م .

7- دراسة للدكتور عبد الله بن جمعه بن علي بهوان بعنوان (تطوير نظام إعداد معلم المرحلة الابتدائية بسلطنة عُمان في ضوء خبرات إنجلترا ومصر) رسالة لنيل درجة الدكتوراة من جامعة عين شمس كلية التربية عام 1994م.

8- دراسة للدكتور / هلال بن علي الحضرمي بعنوان (نظرة مستقبلية على دور التعليم والتدريب المهني والفني في سلطنة عُمان وأثره على إعداد القوى العاملة

للقطاعين العسكري والمدني) رسالة دكتوراه من أكاديمية ناصر العسكرية العليا 1994م .

9- دراسة من إعداد دائرة البحوث التربوية بوزارة التربية والتعليم العمانية بعنوان (تقويم كفايات خريجي الكليات المتوسطة للمعلمين من مدخل المتطلبات المهنية) عام 1989م.

10- المهري، سعيد بن بخيت علي 2005، التعليم في سلطنة عمان،
http://www.dged.net/ishraf/arabic/Said.htm

11- التطور النوعي للتعليم في دول الخليج العربي، مكتب التربية العربي لدول الخليج، خلال 1412-1414هـ (1992-1994) الرياض، 1418هـ-1998م.

12- الكتاب الإحصائي السنوي، وزارة التنمية، سلطنة عمان، 1996م.

13- ملامح من نظم التعليم في بعض الدول من واقع تقارير الزيارات الدولية لمسؤولي وزارة المعارف، 1424هـ وزارة المعارف، الرياض.

14- مسيرة الخير: الموجز في تاريخ عمان، إصدار وزارة الإعلام بسلطنة عمان، عام 1416-1995م.

15- عمان 97، إصدار وزارة الإعلام بسلطنة عمان، مسقط، عام 1418هـ- 1997م .

16- دليل الجامعات في دول الخليج العربية، ط2 ، مكتبة التربية العربي لدول الخليج 1411هـ-1991م.

17- القاسمي، خالد محمد 2001، عمان تاريخ وحضارة، ط2، المكتب الجامعي الحديث، إسكندرية.

18- دراسة للدكتور علي محمد الديب عام 1979م بعنوان (تقويم برنامج توحيد مؤهلات المعلمين والمعلمات العُمانيين بالمرحلة الابتدائية من غير خريجي الكليات المتوسطة).

19- الموسوعة العربية العالمية (1416هـ) الطبعة الثانية، مجلد رقم 16، حرف ع ، مؤسسة أعمال المؤسسة للنشر والتوزيع، الرياض، المملكة العربية السعودية.

20- الكتاب السنوي لدائرة الإحصاء، وزارة التنمية، سلطنة عمان، 1996م.

21- الكتاب السنوي لدائرة الإحصاء، وزارة التنمية، سلطنة عمان، 1986م.

22- الكتاب السنوي لدائرة الإحصاء، وزارة التنمية، سلطنة عمان، 2001م.

23- دليل الخريجين للكلية الصناعية، في سلطنة عمان، للعام 1999م.

24- نشرة صادرة عن المديرية العامة للمناهج، وزارة التربية والتعليم، سلطنة عمان، 2001م.

25- عمان 2001، إصدار وزارة الإعلام بسلطنة عمان، مسقط، 2001م.

26- إصدار وزارة الإعلام بسلطنة عمان، مسقط 1981م .

27- الكتاب السنوي للإحصاءات التعليمية، وزارة التربية والتعليم، سلطنة عمان، 1992م.

28- الكتاب السنوي للإحصاءات التعليمية، وزارة التربية والتعليم، سلطنة عمان، 1982م.

29- تقرير وزارة التعليم العالي في سلطنة عمان، مسقط، للعام1999 .

30- الكتاب السنوي لدائرة الإحصاء، وزارة التنمية، سلطنة عمان، 1976م.

31- الكتاب السنوي لدائرة الإحصاء، وزارة التنمية، سلطنة عمان، 1980م.

32-   الكتاب السنوي للإحصاءات التعليمية، وزارة التربية والتعليم، سلطنة عمان، 1985م.

33-   الكتاب السنوي للإحصاءات التعليمية، وزارة التربية والتعليم، سلطنة عمان، 1986م.

34-   الكتاب السنوي للإحصاءات التعليمية، وزارة التربية والتعليم، سلطنة عمان، 1988م.

35-   الكتاب السنوي لدائرة الإحصاء، وزارة التنمية، سلطنة عمان، 1990.

36-   الكتاب السنوي للإحصاءات التعليمية، وزارة التربية والتعليم، سلطنة عمان، 1990م.

37-   عمان 95، أصدار وزارة الإعلام بسلطنة عمان، مسقط، 1995م.

38-   الكتاب السنوي للإحصاءات التعليمية، وزارة التربية والتعليم، سلطنة عمان، 1996م.

39-   لمحات عن جامعة السلطان قابوس، مطبعة جامعة السلطان قابوس، عمان، مسقط، 1999م .

40-   تقرير اللجنة الوطنية العمانية للتربية والثقافة والعلوم، سلطنة عمان، مسقط، لعام 2001م.

41-   الناطق السامي، خطب وكلمات حضرة صاحب الجلالة السلطان قابوس بن سعيد، إصدارات وزارة الإعلام بسلطنة عمان، مطابع دار جريدة، مسقط لعام 1990م.

42-   المنتدي التربوي العام

(http://www.almdares.net/vz/forumdisplay.php?f=29)

43-   منتديات المدارس العمانية

(http://www.almdares.net/vz/index.php)

44- هل التعليم الأساسي ناجح في سلطنة عُمان ؟

http://www.almdares.net/vz/showthread.php?t=6550

45- http://www.almualem.net/maga/tasas029.html

46- http://www.forat.4t.com/edu2.htm

47- http://alaql1.jeeran.com/asasi.htm

48- موقع : http://www.dged.net/ishraf/Arabic.htm

49- موقع :

http://www.chamberoman.com/arabic/glance_occi_oman_at_a_glance.asp

ملحق (أ)

بيان احصائي بعدد المدارس والشعب والطلبة والمعلمين والإداريين بمدارس الوزارة في العام الدراسي 2003/2004

http://www.moe.gov.om

نوع التعليم	المدارس ذكور	المدارس اناث	المدارس مشترك	المدارس جملة	الشعب ذكور	الشعب اناث	الشعب مشترك	الشعب جملة	الطلبة ذكور	الطلبة اناث	الطلبة جملة	المعلمون عماني ذكور	المعلمون عماني اناث	المعلمون عماني جملة	المعلمون وافد ذكور	المعلمون وافد اناث	المعلمون وافد جملة	الإداريون عماني ذكور	الإداريون عماني اناث	الإداريون عماني جملة	الإداريون وافد ذكور	الإداريون وافد اناث	الإداريون وافد جملة
التعليم الاساسي	76	70	206	352	714	666	3545	4925	71219	67963	139082	3351	8365	11716	840	1383	2223	467	1058	1525	6	6	12
التعليم العام	290	285	95	670	6824	6488	944	14256	226073	211317	437390	7517	6793	24310	2388	1708	4096	862	827	1689	32	15	47
جملة التعليم الحكومي	366	355	301	1022	7538	7154	4489	19181	297292	279180	57642	10868	15158	26026	3228	3091	6319	1329	1885	3214	38	21	59
التربية الخاصة	0	0	3	3	22	13	37	72	389	237	626	3	26	29	29	70	99	5	17	22	1	1	2
المدارس الخاصة	0	0	129	129	112	76	1139	1327	13240	10313	23553	3	371	374	360	1182	1542	22	136	158	79	74	153

ملحق (ب)

بيان احصائي بعدد الشعب والطلبة والمعلمين والإداريين بالمناطق التعليمية للوزارة في العام الدراسي 2004/2003

http://www.moe.gov.om

المنطقة التعليمية	الشعب				الطلبة			المعلمون			الإداريون		
	ذكور	إناث	مشترك	جملة	ذكور	اناث	جملة	ذكور	اناث	جملة	ذكور	اناث	جملة
مسقط	369	361	18	748	13010	12787	25797	533	473	1006	16	23	39
الباطنة (شمال)	589	546	33	1168	21355	19773	41128	832	675	1507	18	11	29
الباطنة (جنوب)	311	308	37	656	11085	10859	21944	452	261	713	17	7	24
الداخلية	304	287	78	669	11043	10667	21710	462	265	727	20	9	29
الشرقية (جنوب)	179	178	17	374	5731	5644	11375	255	184	439	15	5	20
الشرقية (شمال)	173	177	33	383	5984	5839	11823	223	174	397	12	5	17
الظاهرة (شمال)	26	27	30	83	929	888	1817	58	31	89	3	2	5
الظاهرة (جنوب)	173	156	33	362	5213	4804	10017	262	189	451	8	2	10
ظفار	196	183	231	610	5744	5257	11001	405	180	585	8	8	16
الوسطى	23	18	69	110	1416	1080	2496	66	44	110	6	0	6
مسندم	5	8	15	28	421	438	859	13	1	14	1	0	1
الجملة	2248	2249	594	5191	81931	78036	159967	3561	2477	6038	124	72	196

(4)

نظام التربية والتعليم في دولة قطر

التعليم في دولة قطر

ترجع بداية التعليم النظامي في قطر إلى عام ألف وتسعمائة واثنين وخمسين (1952) وقد توسعت العملية التعليمية منذ ذلك الحين بصورة ثابتة لسد احتياجات جميع مراحل التعليم المدرسي حيث وصل عدد التلاميذ في المدارس الحكومية الآن إلى خمسة وسبعين (75) ألف تلميذ للسنة الدراسية تسعة وتسعين - ألفين (1999-2000) .

كما تقوم الحكومة أيضا بدعم قطاع التعليم الخاص ومدارس الجاليات من خلال تزويد المدارس التابعة له بالكتب والقرطاسية والخدمات الصحية والطاقة الكهربائية والماء مجانا .

وقد بدأ التعليم الجامعي عام الف وتسعمائة وثلاثة وسبعين (1973) مع تأسيس كليتين للتربية في جامعة قطر . أما اليوم فتضم جامعة قطر سبع كليات هي التربية والعلوم الإنسانية والاجتماعية، والعلوم ، والشريعة ، والدراسات الإسلامية، والهندسة، والإدارة ، والاقتصاد ، وكلية التكنولوجيا .

تطوير التعليم وفي خطوة جريئة لتطوير التعليم قامت قطر بتطبيق نظام المدارس المستقلة وهي مدارس ممولة حكوميا ولها الحرية في القيام برسالتها وأهدافها التربوية الخاصة بها مع الالتزام بالبنود المنصوص عليها في العقد المبرم بينها وبين هيئة التعليم الممثلة في المجلس الاعلى للتعليم حيث من المخطط تحويل كافة المدارس الحكومية إلى مدارس مستقلة بالتدريج .

مؤسسة قطر مؤسسة تهدف لتطوير التعليم في قطر حيث ساهمت في إنشاء مشروع المدينة التعليمية التي تضم العديد من الجامعات العالمية في منطقة في مدينة تعليمية واحدة تضم كل الخدمات والوسائل المتطورة . (موقع الجوجل، التعليم في قطر، 2005،ص2)

رياض الأطفال

لا توجد رياض أطفال حكومية ، لذا ساندت وزارة التربية والتعليم رياض الأطفال الاهلية بما يأتي :

1- وضع مناهج مطورة لرياض الأطفال على الخبرات .

2- إمداد رياض الأطفال بمعلمات مؤهلات تربويا على نفقة الوزارة .

3- شمول رياض الأطفال بالتوجيه التربوي المتخصص من قبل الوزارة .

4- تطوير الرعاية الصحية الشاملة لرياض الأطفال الاهلية. (التطور النوعي، 1418هـ ص20)

التعليم الابتدائي

لقد أدركت دولة قطر أهمية التعليم الابتدائي حينما اخذت على عاتقها مسؤولية الانفاق والاشراف على التعليم النظامي وأنشأت سنة 1371هـ اول مدرسة ابتدائية للبنين في مدينة الدوحة (العاصمة) تضم 240 تلميذا يعلمهم ستة معلمين وتميزت سنة 1955 بالتوسع في افتتاح مدارس رياض الاطفال في الدوحة والقرى فقد تم في هذا العام افتتاح 3 مدارس في الدوحة و7 مدارس في القرى كما تم افتتاح اول مدرسة ابتدائية للبنات تضم 50 تلميذة تعلمهم مدرسة واحدة .

وتعتبر سنة 1376 بأنها البداية الحقيقية للتعليم الرسمي في قطر فقد بدأ فيها تعميم التعليم بجميع مرحلة وتخصصاته وشكلت لجان لإعادة النظر في المناهج والكتب ولوائح الامتحانات كما تم فيها التوسع في افتتاح المدارس الابتدائية والتقاعد مع معلمين جدد لمواجهة الزيادة في اعداد التلاميذ واصبح أجمالي المدارس في هذا العام 16 مدرسة (روضة وابتدائي) للبنين واحدة (روضة وابتدائي) للبنات ونتيجة لهذا التوسع ارتفع عدد التلاميذ الى 1458 تلميذا وتلميذة منهم 1336 تلميذا و122 تلميذة موزعين على 6 مدارس للبنين ومدرسة واحدة للبنات. بمنطقة الدوحة و9 مدارس للبنين. بمناطق القرى .

أهداف المرحلة الابتدائية

1- تربية الطفل تربية سليمة تقوم على المبادىء السامية للدين الاسلامي .

2- تنشئة الطفل على الاعتزاز بالانتماء الى الوطن والاعتزاز بقيمه وتقاليده وتراثه.

3- تحقيق النمو المتكامل للطفل في جميع النواحي الجسمية والعقلية والوجدانية والروحية والاجتماعية .

4- تمكين الطفل من ادوات المعرفة الاساسية كالقراءة والكتابة والتعبير والحساب وتدريبه على استخدامها استخداما صحيحا في حياته العلمية .

5- تنمية خيال الطفل واشباع رغبته في حب الاستطلاع .

6- تربية الطفل على العناية بنظافة ملابسه وجسمه وبيئته .

7- تربية الطفل على احترام النظام والتعاون والعمل في مجموعات حتى يتعود على الاخذ والعطاء .

8- مساعدة الطفل على فهم بيئته المحلية فهماً صحيحا وعلى التعرف على مصادر الثروة بالبيئة ومجالات العمل فيها وتنشئته على احترام الملكية العامة والمحافظة عليها .

9- إكتساب الطفل المهارات والاتجاهات السليمة لاستثمار أوقات الفراغ من خلال اللعب واشباع ميل الطفل الى الحل والتركيب .

10- توجيه اهتمامات الطفل وتنمية القدرة على الاحساس بالجمال وتذوقه .

الأخذ بنظام المدارس النموذجية

اهتم المسؤولون على التربية والتعليم في دولة قطر بإنشاء ما يعرف باسم (المدارس النموذجية) الابتدائية وهي مدارس تضم أطفالا ذكورا في سن السادسة الى سن

العاشرة (من الصف الاول الابتدائي الى الصف الرابع الابتدائي) ويقوم على إدارتها والتعليم فيها عناصر نسائية اما التلاميذ فهم جميعا من الذكور .

وقد بدأت تجربة المدارس النموذجية الابتدائية في دولة قطر اعتبارا من العام الدراسي 1979/78حيث انشئت لأول مرة خلال العام الدراسي المذكور مدرستان نموذجيتان فقط ونظرا لما لاقته هذه التجربة من نجاح فقد اصدر مجلس الوزراء بجلسته الثانية والثلاثين المنعقدة في 31\10\1984 قراره الذي يقضي- بإنشاء 24 مدرسة نموذجية على مدى السنوات الثلاث القادمة تعميما للتجربة بهدف استيعاب جميع الاطفال في الدولة خلال هذه المرحلة السنية (من سن 6- 10 سنوات)

خطة الدراسة في المرحلة الابتدائية

المواد الدراسية	الاول	الثاني	الثالث	الرابع	الخامس	السادس
التربية الاسلامية	1	1	1	1	1	1
اللغة العربية	1	1	1	1	1	1
اللغة الانكليزية	1	1	2	2	2	2
العلوم	1	1	1	1	1	1
الرياضيات	1	1	1	1	1	1
المواد الاجتماعية	-	-	1	1	1	1
المجموع	5	5	7	7	7	7

التعليم الاعدادي

تحتل المرحلة الاعدادية مرحلة وسطى بين التعليم الابتدائي والتعليم الثانوي بشقية العام والفني ومن ثم تعتبر امتداداً للمرحلة الابتدائية، كما تعتبر قاعدة للمرحلة الثانوية ومدة الدراسة في هذه المرحلة ثلاث سنوات ويقبل بها الطلاب الذين أتموا المرحلة الابتدائيةأ ما يعادلها .

أهداف المرحلة الإعدادية

1- الارتفاع بمستوى النمو المتكامل ودرجته للتلاميذ في هذه المرحلة جسميا وعقليا وروحيا واجتماعيا .

2- ترسيخ الشعور بالانتماء للوطن وتقوية الاعتزاز لدى التلاميذ بوطنهم العربي الكبير .

3- توفير الحد الادنى من التربية والتعليم الذي يحتاج اليه النشء ، وذلك بمتابعة التربية الدينية وتحصيل المزيد من الوان المعرفة الاساسية الانسانية والعلمية والتمكن من ادوات التحصيل .

4- فهم البيئة المحلية والوطن العربي العام والتدريب على تذوق الجمال وصنعه .

5- إعداد التلاميذ للحياة في مجتمع إسلامي منفتح على العالم يأخذ منه ويعطيه. (المطوع واخرون 1410.هـص ص 604 – 611)

خطة الدراسة في المرحلة الاعدادية

الثالث	الثاني	الاول	المواد الدراسية
1	1	1	التربية الاسلامية
			اللغة العربية
2	2	2	اللغة الانجليزية
1	1	1	العلوم
1	1	1	الرياضيات
1	1	1	المواد الاجتماعية
1	1	1	الاقتصاد المنزلي
8	8	8	المجموع

التعليم الثانوي في قطر

يعتبر العام الدراسي 1958/1957م هو تاريخ بداية التعليم الثانوي العام بدولة قطر حيث تـم افتتاح أول مدرسة ثانوية للبنين وقد اكتملت فصول هذه المدرسة على جميع المستويات سنة 1961/1960 أما التعليم الثانوي للبنات فقد ابتدأ بفصول ثانوية ملحقة بإحدى المـدارس الإعدادية سـنة 1962/61 ثم استكملت الفصول واستقلت المدرسة الثانوية للبنات عام 1967/1966 ثم توالى بعد ذلك افتتـاح المـدارس الثانوية الأخرى.

أما التعليم الثانوي الفني فقد بدأ متأخر عـن التعليم الثانوي العـام وقـد تـم افتتـاح المدرسـة الصناعية الثانوية سنة 1965/64 وتبع ذلك انشاء المدرسة التجارية الثانوية سنة 1967/66 .

ويطلق تعريف المدرسة الثانوية على الحلقة الثانية من المستوى الثاني من التعليم الثانوي أمـا الحلقة الأولى من التعليم فيطلق عليها اسم المدرسة الإعدادية، ومدة الدراسـة بكـل مـن التعليم الثانوي العام والتعليم الفني 3 سنوات ويحصل الطالب في نهاية المرحلـة علـى شهادة الثانويـة العامـة أو شهادة الثانوية التجارية أو الصناعية وذلك بعد اجتياز امتحان نهاية المرحلة.

طرق توجيه الطلاب :

يتم توزيع الطلبة الناجحين في نهاية المرحلة الإعدادية (المستوى الأول) من التعليم الثانوي عـلى المدارس الثانوية (المستوى الثاني) بنمطها على أساس رغبـة الطالـب وميوله. وهـو مـا يعـزى إليـه ظاهرة انخفاض أعداد الطبة الملتحقين بالتعليم الثانوي بشكل ملحوظ .

أهداف المرحلة الثانوية :

هناك أهداف تربوية مشتركة تشتمل جميع مراحل التعليم بما فيها المرحلة الثانوية دون استثناء وهي تكوين أجيال مسلمة تؤمن بالله وتحافظ على تعاليمه

وتتمسك بعروبته وتخلص للوطن، وتتصف بحب الحق والخير والعدل، كما تشير فلسفة التعليم إلى الاهتمام ببناء الفرد بشكل متكامل جسمياً وعقلياً وروحياً ووجدانياً للعمل من أجل نفسه وأمته ودينه والإنسانية جمعاء.

أما الأهداف الخاصة بالمرحلة الثانوية العامة فهي :

1- الاستمرار في تزويد الطلبة بالمعارف والخبرات والاتجاهات والعلوم والفنون والآداب لتنمية وإثراء ما بدأوه في المراحل التعليمية.

2- إعداد الطلبة للالتحاق بمرحلة التعليم الجامعي والخبرات والعالي وذلك وفق استعداداتهم وميولهم وما لديهم من قدرات حتى يتم التنسيق بين قدراتهم من جهة وبين التخصصات التي يميلون إليها في إطار المخطط التربوي الإنمائي العام للدولة. (القذافي، 1982م، ص 119)

المواد الدراسية وعدد كتبها المقررة في العام الدراسي 2001/2000 في المرحلة الثانوية:

المواد الدراسية	الاول	الثاني		الثالث	
		ادبي	علمي	ادبي	علمي
التربية الاسلامية	1	1	1	1	1
اللغة العربية	1	1	1	1	1
اللغة الانجليزية	2	2	2	2	2
العلوم	3 *	1	4 ***	1	3 *
الرياضيات	1	1	1	1	1
اللغة الفرنسية	-	2	-	2	-
المواد الاجتماعية	2 **	2	-	2	-
المواد الفلسفية والنفسية	1	2	-	2	-
الاقتصاد المنزلي	1	1	1	1	1
المهارات البحثية والمكتبية	1	1	1	1	1
تكنولوجيا المعلومات	1	1	1	1	1
المجموع	14	15	12	15	11

* كيمياء، أحياء، فيزياء

** جغرافيا، تاريخ

*** كيمياء، فيزياء، أحياء، جيولوجيا

التعليم العالي

يبلغ تعداد القوى العاملة في قطر (200238)، ويبلغ الذكور منهم (180756)، وبنسبة 27، 90% أما الإناث فيبلغن (19482)، أي نسبة قدرها 73، 90% أما العمالة الوطنية فإنها تقدر بالنسبة 25% من مجموع العمالة، وهذه النسبة تعتبر منخفضة حيث إن 75% من مجمل القوى العاملة تعتبر من غير القطرين.

أما حجم العمالة المطلوب لعام 1996م فيبلغ (36269) نسبة، وذلك للعمل في الأنشطة الاقتصادية المختلفة من صناعة وزراعة وتجارة وأعمال الخدمات، ويتوقع أن يكون خريجو الجامعة والكلية التكنولوجية للسنوات الثلاث القادمة 97-98-2000/99م ما مجموعة (5050) نسمة، في تخصصات متعددة، وتقدر الحاجة للسنوات نفسها من ذوي التأهيل العالي بما مجموعة (1096) نسمة هذا عدا الاحتياجات من ذوي المؤهلات الأخرى بالإضافة إلى العمالة الأجنبية الموجودة حالياً والتي يفترض أن تقوم مؤسسات التعليم العالي بتخريج الكفاءات التي تحل محلها من الموظفين القطريين (مخرجات التعليم مقارنة باحتياجات الجهات من القوى العاملة للسنوات 97/98-2000/99). وبناء على هذه البيانات فإن الاعتماد على مخرجات التعليم العالي التقليدي من أجل مواجهة احتياجات سوق العمل لن تكون كافية، ولذا لابد من توظيف مؤسسات التعليم العالي غير التقليدي من أجل الوفاء باحتياجات سوق العمل وذلك أن خريجي الجامعات حتى وإن فاق المتوقع تخرجهم الاحتياج المستقبلي إلا أن احتياجات سوق العمل ليست مشروطة بذوي التأهيل العالي.

مخرجات التعليم العالي :

ويبلغ إجمالي المتخرجين من جامعة قطر خلال السنوات 77/76-95/94 ثلاثة عشر- ألفاً وخمسمائة وأربعة وثمانين طالباً وطالبة (13584) ويبلغ الذكور منهم (4287) وبنسبة قدرها 32% من مجموع الخريجين أما الإناث فيبلغن (9297) وبنسبة قدرها 68%.

ويبلغ متوسط الخريجين من الجامعة خلال تسعة عشر عاماً (714) طالباً وطالبة ولو قارنا هذا العدد بالقوى العاملة لوجدنا أن الأمر يتطلب فترة طويلة من أجل إحلال قوة عاملة قطرية محل العمالة الأجنبية على افتراض أن القوة العاملة يفترض تعليمها تعليماً عالياً وقد عرض عرضاً مفصلاً لمخرجات جامعة قطر حسب الجنس الجنسية والكلية.

خريجو جامعة قطر في الدراسات المرحلية والتكميلية والدبلومات والتقنية، بلغوا (2415) ويبلغ الذكور منهم (1018) أما الإناث فيبلغن (1397) وهناك عرض مفصل حسب الجنس لخريجي مختلف التخصصات. (الحميدي وآخرون 1420هـ 159-161)

مجالات البحث العلمي في دولة قطر

1- الاستشعار عن بعد :

- الحصول على شرائط الكترونية من الأقمار الصناعية عن دولة قطر والمناطق المحيطة به وتحليلها.

- عمل أطلس للصور الفضائية لدولة قطر .

2- الثروات الطبيعية :

- استخدام الطفرة المحلية في البناء.

- دراسة بيئة دولة قطر.

- دراسة النباتات الطبية والغذائية وإعداد مرجع علمي عن النباتات الاقتصادية بدولة قطر.

- دراسة بعض الثدييات الموجودة في قطر.

- المخزون السمكي في المياه القطرية.

- إعداد أطلس عن الأسماك الشائعة في قطر .

3- الدراسات البيئية :

أهم البحوث في هذا المجال هي :

1- دراسات بيئية للمياه القطرية :

وتشمل هذه الدراسات :

- دراسات طبيعية وكيميائية وجيولوجية.

- دراسات بيولوجية للكائنات الحية الدقيقة النباتية والحيوانية وحيوانات القاع. (مكتب التربية العربي بدول الخليج، 1406، ص28)

محو الأمية وتعليم الكبار

في مجال محو الأمية وتعليم الكبار حدث الآتي: قامت الوزارة بوضع خطة عشرية تمتد من سنة 1989م إلى سنة 2000م لمحو الأمية وفيما يلي أهم ملامح هذه الخطة :

- أهدافها .

- أهم عناصرها.

- خطوات تنفيذها .

- أسلوب تنفيذها وتقديراتها.

- أهم متطلبات تنفيذها.

أ- أهداف الخطة :

1- محو الأمية لحوالي (11616) قطرياً من جميع الأعمار من الرجال والنساء، وإتاحة الفرصة لغير القطريين بنسبة 20% من القطريين (2325) من الرجال والنساء وذلك عن طريق فتح مراكز لمحو الأمية وتعليم الكبار في جميع أنحاء البلاد.

2- تطوير محتوى برامج محو الأمية، بحيث يكون التعليم فيها وظيفياً، وهناك اتجاهات يجب إتباعهما.

الاتجاه الأول :

هو الاتجاه العلاجي، ومهمته العمل على محو الأمية بين فئات قوى الشعب المنتجة حتى تتمكن من الإسهام في تطوير البلاد اقتصاديا واجتماعيا.

الاتجاه الثاني:

وهو الاتجاه الوقائي وينحصر في سد منابع الأمية، وحصرها فقط في نطاق الكبار، يتطلب هذا القضاء على مشكلة التسرب في المرحلة الابتدائية، والوصول بالإلزام فيها إلى (100%) .

ب- خطوات تنفيذ الخطة :

تقوم إدارة تعليم الكبار ومحو الأمية بما يلي:

1- إعداد خطة سنوية أكثر تفصيلاً، وتحديد أسماء المراكز التي ستفتح فيها فصول محو الأمية، وعدد الفصول في كل حلقة.

2- الإعلان عن القبول بالمراكز التي ستفتح فيها فصول محو الأمية.

3- وضع خطة إعلامية، لتوعية الجماهير بمشكلة الأمية والفرص المتاحة أمام الأميين للتعلم.

4- تحديد أماكن الدراسة.

5- وضع خطة وبرامج إعلامية لمحو الأمية.

6- تدريب الاحتياجات البشرية اللازمة من معلمين وموجهين ومراقبين.

7- تدبير الاحتياجات المادية والخدمات، من مواصلات وكتب، وأدوات وقرطاسية.. وغيرها.

8-   إعداد مجموعة من الاختبارات التحصيلية الموضوعة، لقياس المستويات التعليمية للدارسين في المواد المختلفة التي يدرسونها.

9-   متابعة تنفيذ الخطة وتقويمها.

10-   القيام بالبحوث العلمية والدراسات التي تتطلبها الخطة أو تقتضيها ظروف تنفيذها للاهتداء بنتائج هذه البحوث والدراسات في تطوير العمل بالخطة بصفة خاصة، ومحو الأمية بصفة عامة.

ج- أهم عناصر الخطة :

يمكن تحديد عناصرها فيما يلي:

1-   أن تسير الجهود في مجال محو الأمية جنبا إلى جنب، وبنفس القوة والدعم اللذين تسير بهما في مجال التعليم الابتدائي.

2-   أن تعطى الاهتمام الخاص ببرامج محو الأمية للإناث، نظرا لارتفاع نسبة الأمية بينهن.

3-   أن يستعان بوسائل الإعلام المختلفة، لتدعيم الجهود المبذولة في مراكز وفصول محو الأمية.

4-   أن تحسب مقدما التكاليف المالية والبشرية اللازمة لتنفيذ الخطة.

5-   أن تعد مجموعة من التدابير التنظيمية لتنفيذ الخطة، وتطوير العمل في برامج الأمية.

ويتم الاستعانة بوسائل الأعلام المختلفة لتدعيم الجهود المبذولة في مراكز وفصول محو الأمية (مكتب التربية لدول الخليج، 1988م، ص168-169)

التعليم الفني والمهني في دولة قطر

تعمل الوزارة على دعم الاتجاه المهني لدى الطلاب بشتى الوسائل بالتوجيه وإدخـال العمـل المنتج في صلب العملية التعليمية وتطوير التعليم المهني نفسه باعتماد حوافز تشجيعية متنوعـة للتعلـيم كالغذاء والكساء والمواصلات والرواتب وغيرها.

وقد بدأت الوزارة تدرك أهمية إعداد بعض الدراسات حول الـتعلم الفنـي، وقـد قامـت بإعـداد بعض هذه الدراسات وذلك لتقويم هذا التعليم وتطوير مناهجه بما يتفق وطبيعة هذا النوع من التعلـيم (تعليم تجاري مثلا) دراسات مقارنة بين دولة قطر والدول الخليجية الأخرى في مجال (التعليم الصناعي).

أهداف التعليم الفني ما يلي:

1- تنمية الرغبة في ممارسة العمل اليدوي الفنـي لـدى الناشـئين وتـدريبهم عـلى اسـتغلال المـواد المختلفة في البيئة المحيطة بهم عن طريق اكتسابهم المهارة اليدوية الفنيـة جنبـا إلى جنـب مـع دراسة مواد الثقافية والعلمية في شتى الميادين.

2- إعداد الفنيين اللازمين لسد حاجة البلاد من الأيدي العاملة في الصناعات المحلية مع فتح الفرص أمام المتفوقين منهم لاستكمال دراستهم في المعاهد العليا.

3- التفاعل مع المجتمع عن طريق إيجاد الفرص المساعدة على الرفع من المسـتوى المهنـي للعـمال عن طريق تنظيم دورات تدريبية لإكسابهم مزيداً من الخبرات الدراسية والثقافية والصناعية.

4- إعداد وتدريب طلبة التعليم الثانوي التجاري لممارسـة العمـل في المجـالات التجاريـة المختلفـة وسد الحاجة مـن المـوظفين في الـدوائر الحكوميـة والهيئـات والشركات عـلى اختلاف أنواعها. (الفالوقي والقذافي، (د.ت) ص 290)

النشاط الفني والمهني:

رأت الوزارة أن إدخال العمل المنتج في صلب العملية التعليمية يمثل ضرورة أساسية للطلاب لتحقيق المواءمة بين النظرية والتطبيق والإفادة من المجالات التطبيقية للعلوم المختلفة في شتى مجالات الحياة.

ولذلك فقد بدأ منذ مطلع العام الدراسي 1981/80م إدخال العمل المنتج كنشاط تربوي في المدارس بالمراحل التعليمية الثلاث تمهيدا لاستيعابه ضمن مفردات العملية التعليمية وتم فعلا إعداد خطة لذلك شملت البرامج المهنية في مراحل التعليم المختلفة قامت بها لجنة فنية.

وتم تخصيص حصتين أسبوعيا لكل صف بدءا من الصف الخامس الابتدائي وحتى الصف الثالث الثانوي للتربية المهنية في الخطة التي أقرت في العام الدراسي 1990/89م وتتضمن مجموعة مجالات كالتجارة والزراعة والكهرباء والالكترونيات والمعادن والصناعات الغذائية ومستحضرات التجميل والديكور.

إضافة إلى التفصيل الحياكة وأشغال الإبرة للبنات كما تتضمن إنشاء ورش لاستيعاب هذه المجالات في المباني الجديدة وتحويل فراغات المدارس القائمة لتخدم هذا الغرض. (مكتب التربية لدول الخليج، 1988م، ص 227)

التربية الخاصة (موهوبون – معاقون)

بما أن التربية الخاصة هي الخدمات التربوية التي يتلقاها المعاقون وغير العاديين لتمكينهم من التكيف النفسي والمهني والاجتماعي في الحياة فإن هذه الخدمات تقدم إليهم وفق مناهج وطرق ووسائل مناسبة للمعاقين، وقد تكون مستقلة أو مندمجة مع غيرها من الخدمات التأهيلية التي تحتاجها هذه الفئات، وفي دولة قطر بدأت مسيرة التربية الخاصة منذ عام 1978م أي منذ وقت ورغم ذلك يمكن أن نلحظ التزايد الكمي والكيفي في المجالات الآتية :

\

1

-المنهج الدراسي :

قامت وزارة التربية والتعليم بعمل مناهج وكتب مدرسية جديدة للعام الدراسي 1988/87م-
1989م لجميع المراحل التعليمية عدا الصفوف الثلاثة الأولى من مرحلة الابتدائية حيث يتم تطبيق منهج
الخبرات التربوية الذي يطبق في دولة الكويت الشقيقة، وقد اشتقت المادة الدراسية من الكتب الدراسية
الخاصة بالتعليم العام في قطر بحيث تناسب قدر الإمكان ظروف وقدرات وحاجات الطلاب المعوقين
وبذلك لم ينعزل الطالب المعوق عن بيئته وما يدور فيها حوله، وفي خطة الوزارة المستقبلية عملت مناهج
وكتب دراسية خاصة بالطلاب المعوقين حتى يمكن تلاشي أي صعوبة في المناهج والكتب الدراسية والمجالات
المهنية التي توافرت خلال العامين المذكورين هي:

- النجارة .

- الطباعة على الأدلة الكاتبة.

- التجليد .

- التفصيل والخياطة والتريكو.

- التطريز .

2- الوسائل والتقنيات التربوية:

أغلب الوسائل يتم توفيرها بمعرفة مدرسي الصف أو المادة بما يتلاءم مع طلاب الصف كما
تستخدم الوسائل الورقية والخشبية المصنعة داخل المدارس لعدم توفر الوسائل التعليمية لدى قسم
الوسائل التعليمية بصورة كافية تخدم حاجات الطلاب المعوقين.

كما قام قسم التربية الخاصة بعمل دراستين هادفتين عن الإعاقتين السمعية والعقلية وجار طبع
هاتين الدراستين وهما:

1-   الإعاقة السمعية (دراسة تربوية نفسية تأهيلية الطلاب الصم وضعاف السمع).

2-   التأهيل المهني للمتخلفين عقلياً.

ويتمشى برنامج تدريب المعلمين والمعلمات وفق خطة الوزارة، وفي العام الدراسي الجديد سيتم عقد دورة تدريبية تأهيلية لجميع العاملين في مدارس التربية الخاصة.

كما استمرت مدارس التربية الخاصة في تنفيذ برامج نشاطها الاجتماعي من حيث إقامة معسكرات الخدمة العامة والرحلات والزيارات العلمية والمسابقات المدرسية وممارسة الصحافة المدرسية بإصدار المجلات والنشرات في المناسبات المختلفة وإقامة ندوة ثقافية في كل عام دراسي.

وفي مجال البحوث العلمية أجريت دراسة نظرية عن اشتراك الآباء في تربية أطفالهم المعاقين في عام 1988/87م. وفي عام 1989/88م أجري بحث ميداني مقارن بين اهتمام أسر الطلاب القطريين من المتخلفين عقلياً نحو أبنائهم.

وتزعم وزارة التربية والتعليم إنشاء عيادة لعلاج عيوب التخاطب مثل عيوب النطق والكلام عند الطلاب الصم وعلاج اضطرابات النطق والكلام عند الطلاب المتخلفين عقليا، وكذلك علاج أمراض الكلام عند الأطفال العاديين بالمدارس الابتدائية العامة، وستزود هذه العيادة بمجموعة من الاخصائيين في هذا المجال، هذا بالإضافة إلى أن هذه العيادة سوف تقوم بعملية الإرشاد والتوجيه الأسري لآباء الطلاب المعوقين الصغار الذين يحتاجون إلى توجيه نحو أفضل الوسائل للتعامل مع أبنائهم المعوقين ورعايتهم بشكل سليم.

التخطيط التربوي في دولة قطر

لم يبدأ التخطيط التربوي في قطر إلا عندما عين خبير للتخطيط التربوي وانشئ قسم للتخطيط التربوي في عام 1974 وينطلق التخطيط التربوي من المفهوم الاستراتيجي العام للتخطيط في إطار تحديد الأهداف والتوقع مع مراعاة الشمول والتكامل لكل مدخلات التخطيط. ولأهمية التخطيط فقد أنشئ مجلس أعلى في

قطر يتولى عمليات التخطيط على مستوى الدولة، وينسق جهوده مع الخطط القطاعية ومنها قطاع التربية.

ولقد اتجه التخطيط الكمي وإنتاج قاعدة بيانات سنوية عن إعداد الطلاب والمدارس والمعلمين والإداريين ولوازم العمل التعليمي وكل الخدمات المتصلة بالعملية التعليمية. وتتبع قطر أسلوبين من التخطيط :

1- التخطيط الإجرائي

2- التخطيط القطاعي

فالتخطيط الإجرائي هو ذلك التخطيط الذي تقوم به كل إدارة على حدة لتحديد احتياجاتهما لعام أو أكثر .

أما التخطيط القطاعي فهو الذي يهتم بقطاع أو موضوع معين في التربية.

وتعتبر إدارة البحوث والتخطيط الجهة المسؤولة عن عمليات التخطيط، وتولي وزارة التربية اهتماماً بالإعلام بالخطة، وتستثمر وسائل الإعلام وتجري حواراً واسعاً حول جوانب الخطة وأهدافها. ولقد وضعت عدة خطط تربوية بعضها خطط ثلاثية أو خمسة أو عشرية أو خمس عشرية استناد إلى طبيعة الموضوعات والقضايا وتحديداً للأولويات. ومن هذه الخطط الخطة العشرية للمباني المدرسية والتي شاركت فيها منظمة اليونسكو واعتمدها مجلس الوزراء القطري، وهناك خطط استخدام الحاسب الآلي في التعليم حيث تدرس كمادة في المرحلة الإعدادية والمرحلة الثانوية، فضلا عن إدخال الحاسب الآلي كوسيلة في المراحل التعليمية.

وخطة خمسية أخرى لدعم المدارس الأهلية للفترة (1992/91م-1996/95م) من حيث تخصيص مواقع لها ومنح قروض للراغبين في البناء، كما أن التخطيط أعد خططاً عشرية للبعثات الدراسية، وخطة عشرية لتنويع التعليم الثانوي، فضلا عن خطة لمحو الأمية مع عام 2000م تقوم على أساس الحصر الدقيق للأميين والأميات من سن 15 سنة إلى سن 45 سنة بهدف تنظيم عملية محو أميتهم. كذلك

يعمل التخطيط في إطار خطط قطاعية جزئية تعدها بعض الإدارات وتدخل ضمن الخطط الإجرائية، وهي ليست سنوية إذ يستمر بعضها ثلاث سنوات، وبعضها الآخر خمس أو عشر سنوات، ومنها خطط تطوير المناهج وخطط تدريب المعلمين وخطط إعداد الوسائل التعليمية، وباستقراء حالة التخطيط التربوي في قطر يتبين أن حداثة الاستقلال في سبتمبر 1971م عن بريطانيا لم تستطع الدولة استكمال مقوماتها ومنها القطاع التربوي إلا في الثمانينات، بخاصة وأن أجهزة التخطيط القطاعية على مستوى الدولة ككل لم يكن لها وجود إلا بعد إنشاء المجلس الأعلى للتخطيط سنة 1989م فما قبل ذلك لم يكن بالإمكان إعداد تخطيط تربوي شامل.

ونتيجة لذلك فقد واجهت قطر في ميدان التخطيط التربوي جملة من المشكلات منها: التحرك السكاني غير المدروس أدى إلى تكديس في بعض المناطق وتخلخل سكاني في مناطق أخرى تسبب في مشكلات للخريطة المدرسية.

- تزايد عدد السكان بخاصة من الوافدين من البلاد العربية نتيجة ارتفاع الناتج القومي وتطور أساليب الحياة. لذلك فقد اضطربت معدلات النمو السكاني فتراوحت بين (2%) و (8%) مما صعب على المخطط إعداد خطط لمعدلات سكانية غير ثابتة.

- عدم نشر التعداد السكاني لعام الاستقلال ولعام 1986م أدى إلى صعوبات بالغة لعمليات التخطيط لغياب التقديرات الإحصائية عن السكان وتحركاتهم وأعمارهم وحسب الجنس وغيرها من بيانات تساعد المخطط على إعداد الخطط والآليات المناسبة للتنفيذ.

- لم تكن تتوافر في الفترة ما قبل إنشاء المجلس الأعلى للتخطيط عام 1989م أية خطة قومية للدولة، لذلك كان من الصعوبة ربط الخطة القطاعية للتربية بأهداف وسياسات الدولة. (الشراح، 2002م، ص ص 141-143)

إعداد المعلمين وتأهيلهم وتدريبهم

التخطيط للتعليم دور المعلم وأهميته :

لما كان الغرض من المدرسة هو تمكين الأفراد من التعلم ولما كان المعلم هو المسؤول المباشر لتيسير التعلم لتلاميذه من خلال قيامه بتصميم طائفة كبيرة من الخبرات للتلاميذ وتنميتها ووضعها موضع التطبيق، وهي خبرات تشجع التلاميذ على التعلم، أصبح من الضروري الاهتمام بهذا العنصر من العملية التربوية ألا وهو المدرس.

ومن أجل ذلك تم تأمين الجوانب المتعددة التالية التي تهدف إلى رفع المستوى العلمي والتربوي للمعلم :

- تشجيع المدرسين على الالتحاق بالدراسات التربوية العليا في الجامعة للحصول على دبلوم التربية العام ثم الدبلوم الخاص.
- إقامة الدورات التدريبية المتلاحقة في شتى مجالات مواد العلوم نظرياً وعملياً لتجديد المعلومات والخبرات واكتساب مهارات عملية جديدة في مجال العلوم.
- تأمين الكتب والمراجع المختلفة وكذلك المجلات العلمية المتخصصة في مكتبة المدرسة ومكتبة الوزارة والتوجيه لاستمرار الاطلاع على جديد في مجال العلوم وفي مجال التكنولوجيا.
- تقديم أدلة للمعلم في مواد العلوم المختلفة في شتى المراحل لإعانة المعلم غلى تقديم المادة الدراسية في صورة متكاملة أفضل.
- عمل لقاءات تربوية وتوجيهية مع التوجيه المتخصص لمناقشة جوانب العملية التربوية والتخطيط الأفضل لها عاما بعد عام.
- توجيه المعلم نحو فعاليات إنتاج العينات من البيئة المحلية.

نظام الامتحانات

تم العام الدراسي 1991/1990م بالتعاون مع إدارة الامتحانات، إعداد نظام لامتحانات مادة علوم الحاسوب. ووفقا للقرار الوزاري رقم 51 الصادر بتاريخ 1990/6/13م فإن مادة علم الحاسوب تعتبر مادة إلزامية ومادة رسوب ونجاح في المدارس التي تطبق فيها تجربة الحاسوب. وقد تم تحديد النهاية الصغرى للنجاح بـ 25 درجة من 100 درجة للحاسوب. وتقرر تخصيص حصتين أسبوعيا لمادة علم الحاسوب.

من جهة أخرى تم بموجب المنشور رقم (10) الصادر بتاريخ 1991/1/22م تنظيم الامتحان النظري والعملي وتوزيع الدرجات بين الفصلين الدراسيين، وتوزيعها بين النظري والعملي، وتحديد كيفية إعداد الأسئلة وتصحيح الأوراق وتشكيل اللجان اللازمة لهذا الغرض، وكيفية أداء الامتحانات العملية.

تطوير الأنظمة اللازمة لاستخدام الحاسوب في الإدارة المدرسية

تم بهذا الخصوص إعداد برامج لتسجيل وقيد الطلاب، والامتحانات، والمخازن، وسوف يستكمل هذا النظام بالتدريج ليشتمل عند اكتماله كافة مجالات الإدارة المدرسية.

التدريب والدورات التدريبية:

يعد التدريب من المجالات التي أعطيت عند تنفيذ الخطة أولوية تتقدم غيرها من الأولويات، من خلال برنامج شامل للتوعية وتهيئة البيئة التربوية لتقبل المشروع. لهذا تم توجيه جهود مركز الحاسب الآلي منذ إنشائه لتنفيذ برامج تدريب مكثفة تركز على ثقافة الحاسوب وتزويد العاملين في المجال التربوي بالخبرات الأساسية التي تمكنهم من التعامل مع أجهزة وبرامج الحاسوب.

تحقيقا لذلك، تم خلال العام الدراسي 1991/90م عقد عشر دورات ثقافة عامة عن الحاسوب (مستوى أ) اشترك فيها حوالي 160 متدربا/ متدربة من القياديين العاملين بالوزارة، ويشمل هذا العدد :

- مديري إدارات ومساعدي مديري إدارات ورؤساء أقسام.

- مديري ومديرات، ووكلاء ووكيلات مدارس.

- مجموعة من العاملين والعاملات في الإدارة المدرسية والإدارة العامة (المركزية)

- قد اشتملت كل دورة على 24-27 ساعة تدريب .

أيضا عقد دورتين تدريبيتين لثقافة الحاسوب واستخدامه في التعليم مع التركيز على البرمجة بلغة بيسك. وقد اشترك في هاتين الدورتين مجموعة من مدرسي ومدرسات الرياضيات والفيزياء والكيمياء في المرحلة الثانوية وتم تزويدهم بالخبرات التي تساعدهم في المستقبل على التعامل مع البرامج التعليمية واستخدام الحاسوب كوسيلة.

استمر برنامج الدورات التدريبية الخاصة بثقافة الحاسوب في المركز خلال عطلة الصيف، حيث يجري حاليا الإعداد لأربع دورات تدريبية يشترك فيها حوالي 60 متدربا من مديري ومديرات ووكلاء ووكيلات المدارس، والعاملات في الإدارة المدرسية.

• استعان المركز بوسائل الإعلام لتنفيذ الحملة الإعلامية التي سبقت الإشارة إليها.

• تم تأليف الكتب المدرسية الخاصة بمادة علم الحاسوب للصف الأول الثانوي.

• تم إعداد خطة لاستخدام الحاسوب في الإدارة المركزية وأوصت لجنة الحاسب الآلي بالموافقة على هذه الخطة مبدئيا وتم رفعها للجهات المختصة للاعتماد. (مكتب التربية لدول الخليج، 1988م، ص180-181)

الإرشاد التربوي

اهتم الإرشاد التربوي في مجال العملية التربوية التعليمية في دولة قطر بكل المعطيات التي تهيئ للطالب مناخاً تربوياً ملائماً واضح المعالم محدد الخطوات والأهداف وتمثلت مجالات الإرشاد التربوي في مدارس قطر بالآتي:

الإشراف الاجتماعي:

الذي يقع على عاتق الأخصائيين الاجتماعيين المؤهلين، الذين يدركون أهمية التربية الاجتماعية وأهدافها ويعملون وفقا لمجالات الخطة العامة التي تصدرها إدارة التربية الاجتماعية والتي تشمل (مجال الخدمات الفردية، مجال الخدمات الجماعية، مجال الخدمات المجتمعية، البرامج العامة، البحوث والدراسات الاجتماعية، الإدارة الاجتماعية) حيث تم في عام 1988/87م

1- دراسة الحالات الفردية (التأخير الدراسي – الغياب – الاقتصادية – الشطب- كبار السن- المدرسية – النفسية – الصحية – الاجتماعية .. الخ) وقد بلغ مجموعة هذه الحالات (1978) حالة بنسبة 17.53% من مجموع الطلاب .

2- رعاية الحالات الخاصة التي تستدعى جهودا علاجية لفترات قد تمتد إلى أكثر من عام بلغ مجموع هذه الحالات 494 حالة وذلك بالتعاون مع المنزل والمؤسسات الاخرى كالعيادة النفسية وقسم الحالات الفردية للطلاب.

3- توظيف الجماعات والأسر المدرسية في تنمية قدرات الطلاب واستخدامها كأساليب وقائية وعلاجية للحالات التي تستدعي ذلك؟

4- اكتشاف الحالات الفردية من خلال الملاحظة والمصادر الأخرى مثل البطاقة المدرسية ومربي الصف والإدارة المدرسية والأسرة للعمل على مساعدتهم على التكيف مع المدرسة وإزالة المعوقات التي تعطل استفادتهم من البرامج التعليمية.

5- إجراء عدد من البحوث والدراسات الاجتماعية لبعض الظواهر الاجتماعية السائدة في المجتمع المدرسي واستخراج النتائج ووضع التوصيات وقد بلغ عدد البحوث النظرية 85 بحثا والميدانية 19 كان أهمها أثر دروس التقوية على التحصيل العلمي للطلاب، دور الفيديو في حياة طالبات المرحلة الإعدادية، العلاقة بين الغياب والتأخر الدراسي.

6- تنظيم برامج الخدمة العامة التي تنمي الشعور بالولاء والانتماء للجميع وتوظيفها في تعديل السلوك في الاتجاه الايجابي وقد بلغ عدد معسكرات العمل 63 اشترك فيها 2884 طالبا بنسبة 11,94% بجانب معسكرات عمل المرحلة التعليمية التي تنظمها إدارة التربية الاجتماعية.

7- رعاية الطلاب المتفوقين والموهوبين وإتاحة الفرص المختلفة لنمو مواهبهم والعمل على استمرار هذا التفوق، وقد بلغ عدد جوائز التفوق العلمي التي وزعت على الطلاب 1860 والتفوق الاجتماعي 1952 جائزة بجانب رعاية المعاقين والعمل على إيجاد البيئة المدرسية المناسبة لهم وفقاً لقدراتهم المتاحة.

8- الاهتمام بالمجالس المدرسية والإعداد الجيد لاجتماعاتها ومنها مجلس الآباء والمعلمين ومجلس الضبط.. الخ وقد بلغ عدد اجتماعات مجلس الآباء والمعلمين 345 وحضر هذه الاجتماعيات 25958 من الآباء والأمهات كل على حدة.

9- تنظيم برامج التوجيه الاجتماعي والتبصير التعليمي عن طريق الندوات والمحاضرات حيث تم تنظيم 410 محاضرات وندوة بالمدارس وبلغ عدد المستفيدين 26371 طالبا وطالبة.

10- أدلة ونشرات لها دور في تأكيد الجانب الوقائي مثل التعريف باللوائح والنظم مدرسية والاستذكار ومكافحة التدخين.. الخ

11- دمج عدة نماذج واستمارات وسجلات لتنظيم أعمال الأشراف الاجتماعي مثل سجل الاختصاصي الاجتماعي- سجل الحالات الفردية- سجل الجماعات

المدرسية- سجل المجالس المدرسية- استمارات بحث الحالة- استمارات المتابعة.. الخ

12- زيارات ميدانية لتكوين التوجيهات المهنية للطلاب مثل: جامعة قطر- مدرسة الصناعية الثانوية- مدرسة التجارة الثانوية- المنطقة الصناعية بأم سعيد- المحطة الأرضية للأقمار الصناعية. (مكتب التربية لدول الخليج، 1988م، ص ص 116-117)

الإشراف والتوجيه التربوي

يعرف الإشراف في وزارة التربية والتعليم القطرية بالتوجيه التربوي يدل بعمق على ماهية هذه العملية الفنية العلمية التربوية في متابعة الأداء الميداني في مراحله المختلفة، وللوقوف على مدى تحقيق الأهداف المتوخاة من كل مادة دراسية.

وقد كان الإشراف التربوي يعرف "بالتفتيش الفني" لكل مدلول لفظ "تفتيش" كان ينم عن سعي لرصد السلبيات وحصر السقطات، وكان يوحي بأن التفتيش كل همه أن يحاسب ويعاقب المعلمين على أوجه قصورهم في التناول.

ولكن وزارة التربية والتعليم في قطر آثرت أن يطلق على المفتش لفظ "الموجه" لأن عملية التوجيه تستهدف الأخذ بيد المعلمين إلى مضمار العمل الفني المنتج من خلال التشاور والتكامل بين المعلم وزميله الموجه باعتبار الثاني أكثر خبرة وممارسة، وهو بهذه الكيفية لا يفرض رأيا أو طريقة أو أسلوبا لأن التعليم وأساليبه لن تقال فيه الكلمة النهائية وهو عمل حي متغير متجدد على مر الزمن.

وإذا تتبعنا خطوات وزارتنا في مجال التوجيه التربوي (الإشراف التربوي) نجد أن هذه الخطوات سارت على درب سوي ومسارب نيرة مستهدية بالموضوعية والواقعية في ضوء العمل التعليمي المجدي، وقد تمثل ذلك في الآتي:

• اختيار الكفايات البشرية القادرة على التوجيه في المواد المختلفة التي عركتها التجربة وأنضجتها الممارسة وعززت مقوماتها الروافد الثقافية المتجددة.

- اتضاح الرؤية العملية للموجهين، وبناء الثقة المتبادلة بين المعلم والموجه على أسس مـن الـوعي والشعور بالمسؤولية.

- تفاعل الموجهين مع المعطيات المتجددة للعملية التعليمية على كل جديد فيهـا. (مكتـب التربيـة لدول الخليج، 1988م، ص133)

مراكز البحوث التربوية

استحدثت الوزارة قسم التوثيق التربوي كإحدى شعب قسم الإحصاء بـإدارة البحـوث الفنيـة تحت مسمى "شعبة الوثائق التربوية" في عام 1384هـ (1965م) وذلك بالمنشور رقـم 6 لسـنة 1384هـ واستقلت شعبة الوثائق التربوية لتصبح قسما منفصلا بالقرار الوزاري رقم 17 لسنة 1401هـ (1981م)

الأهداف والمهام التي يقوم بها القسم:

هدف قسم التوثيق التربوي إلى حشد كافة إمكانات البحث العلمي في شؤون التربيـة والتعلـيم لتزويد العاملين والمسؤولين في هذا المجال بالمعلومات العلمية والتربوية.

اختصاصات القسم :

المنشور رقم 21 لسنة 1384هـ (1965م) اختصاصات القسم فيما يلي:

- جمع القـوانين والأنظمـة واللـوائح التربويـة والفنيـة والإداريـة والاجتماعيـة والثقافيـة الخاصـة بالوزارة، وكذلك الخاصة بوزارة التربية والتعليم في البلاد العربية .

- جميع المناهج الدراسية والكتب المقررة في قطر والبلاد العربية.

- الحصول على مقررات وتوصيات ودراسات وتقارير المؤتمرات العربية الدولية.

- جمع القرارات الوزارية والمنشورات والتعاميم الصادرة من الوزارة حسب مواضيعها.

- الحصول على نسخ من جميع مطبوعات الإدارات والأقسام وكذلك المجلات التي تصدرها وزارات التربية والتعليم في البلاد العربية والمحافل الدولية. (مكتب التربية لدول الخليج، 1988م، ص 143)

أهم الإصدارات التربوية :

1- الكشاف التحليلي للقرارات الوزارية والأوامر الإدارية والمنشورات لعام 1408هـ 1409هـ

2- الكشاف التحليلي الموضوعي للتعميمات من سنة 1406هـ حتى سنة 1408هـ (مكتب التربية لدول الخليج، 1988م، ص 156)

الوسائل والتقنيات التربوية والمختبرات (المعامل) اللغوية:

من أهم التطورات التي طرأت على الوسائل التعليمية وتقنياتها خلال هذه الفترة ما يلي:

في مرحلة رياض الأطفال تم إعداد مجموعة من الكراسات تتعلق بخبرات الناس، الماء، النبات، الحيوان، بطريقة تربوية سليمة كي تؤدي الغرض المطلوب، ووزعت على رياض الأطفال في بدء العام الدراسي 1990م.

وفي المرحلة الثانوية:

1- تم استقدام فريق من ثمانية خبراء من اليونسكو وأعد تقرير شاملا ومن بين ما أوصى به كأهداف عامة تطوير التقنيات التربوية وطرائق التعليم وطرق التدريس في المرحلة الثانوية، وتقوم فرق عمل بترجمة هذه التوصيات إلى خطط إجرائية مبرمجة زمنيا.

2- تقضي ـ الخطة الخمسية الثانية التي تبدأ مع مطلع العام الدراسي 1996/95م باستخدام الحاسوب كوسيلة تعليمية في المرحلة الثانوية ونظمت الخطة عمليات المتابعة والتقويم لكل مرحلة من مراحل التجريب كأساس للتعليم.

التعليم الديني :

يتم أعطاء دروس نموذجية بالمرحلة الابتدائية.

التربية الخاصة :

يتم توفير أغلب الوسائل بمعرفة مدرسي الصف أو المادة بما يتلاءم مع طلاب الصف كما تستخدم الوسائل الورقية والخشبية المصنعة داخل المدارس لعدم توفر الوسائل التعليمية لدى قسم الوسائل التعليمية بصورة كافية تخدم حاجات الطلاب المعوقين.

كما قام قسم التربية الخاصة بعمل دراستين هادفتين عن الإعاقتين السمعية والعقلية وجار طبع هاتين الدراستين وهما:

1- الإعاقة السمعية (دراسة تربوية نفسية تأهيلية للطلاب الصم وضعاف السمع)

2- التأهيل المهني للمتخلفين عقلياً.

يتمشى برنامج تدريب المعلمين والمعلمات وفق خطة الوزارة وفي العام الدراسي الجديد سيتم عقد دورة تدريبية تأهيلية لجميع العاملين في مدارس التربية الخاصة.

الحاسوب (مادة دراسية – وسيلة تعليمية) :

اعتمد مجلس الوزراء في الدولة سنة 1987م خطة الوزارة العشرية لاستخدام الحاسب الآلي والمكونة من خطتين خمسيتين، وتهدف الخطة الخمسية الأولى إلى :

• تعميم مادة علم الحاسوب في المرحلة الثانوية.

• استخدام الحاسوب في الإدارة المدرسية في المدارس الثانوية.

• الإعداد لاستخدامها كوسيلة.

ويتم تنفيذها على مرحلتين:

أ- مرحلة الإعداد والتحضير والتهيئة:

ومدتها عامان يتم خلالها إنشاء الجهاز الإداري المسؤول عن تنفيذ المشروع وإعداد متطلبات التنفيذ (تطوير المناهج، تأليف الكتب، توفير البرامج والمواد العلمية) إنشاء المعامل وتدريب المعلمين..) وتنمية الوعي بين العاملين في المجال التربوي لتقبل المشروع وإيجاد بيئة مناسبة لتطبيقه .

ب- مرحلة التنفيذ :

وتمتد ثلاث سنوات ويتم فيها:

- تنفيذ المشروع بمستوى تجريبي في ست مدارس ثانوية في السنة الأولى.
- التوسيع في التجريب في أربع مدارس في السنة الثانية.
- تعميم التجربة في باقي المدارس الثانوية في السنة الثالثة.

بعد انتهاء الخمسية الأولى يبدأ تنفيذ الخطة الخمسية الثانية بنفس الخطوات (إدخال بمستوى تجريبي، تجريب موسع فتنعم) ومن المنتظر أن تنتهي هذه الخطة بما يلي:

- تعميم مادة علم الحاسوب في المرحلة الإعدادية.
- استخدام الحاسوب كوسيلة بمستوى تجريبي في المرحلة الثانوية.
- استخدام الحاسوب في الإدارة المركزية في المرحلة الإعدادية.

وقد تم إنشاء مركز الحاسب الآلي بموجب القرار الوزاري رقم (10) تاريخ 1989/12/26م كجهاز مسؤول عن تنفيذ خطط الوزارة الخاصة باستخدام الحاسوب في المجال التربوي. ومن الجدير بالذكر أن لجنة الحاسب الآلي وهي اللجنة العليا المشرفة على المشروع، تدرس حاليا اقتراح بتقنين اختصاصات ومهام مركز الحاسب الآلي وتحديد هيكله التنظيمي.

أما أهم المنجزات التي تم تحقيقها في عام 1991/1990م فهي :

- انشاء مركز الحاسب الآلي وتزويده بالإمكانات المادية والبشرية وقد شمل ذلك تعيين عدد من المتخصصين بالحاسوب والإداريين، وإنشاء وحدة لتعليم البنات، وتوفير ما يلزم المركز من أجهزة وبرمجيات ومواد تعليمية وأثاث، وإنشاء معمل للتدريب مجهز بكافة الاحتياجات اللازمة لهذا الغرض .

- اختيار مدارس التجربة وعددها سبع مدارس، وإنشاء معمل حاسوب في كل منها مجهز بخمسة عشر جهاز مايكرو كمبيوتر متوافق مع Ibm وبكل ما يلزم من متطلبات لمادة علم الحاسوب وبخاصة أنظمة التعريب والبرامج التطبيقية والمواد التعليمية وغيرها من الاحتياجات بالتنسيق مع الإدارات المختصة إضافة لما يلي:

- تطوير مناهج مادة علم الحاسوب للصف الأول الثانوي.

- مراجعة كتب علم الحاسوب المقررة في الدول العربية الشقيقة ومقارنتها بالمناهج المطورة للمادة ونظرا لعدم وجود متسع للتأليف في عام 1991/90م فقد تم اختيار كتاب المملكة العربية السعودية لاستخدامه.

- اختيار البرامج التطبيقية (برامج الرسم، وبرامج أعمال) مع نظام التشغيل، وتوفير النسخ اللازمة للمدارس منها.

- إعداد موصفات أجهزة الحاسوب الخاصة بالمدارس والأجهزة المكملة لها.

- اتخاذ الإجراءات اللازمة لشراء أجهزة الحاسوب اللازمة للمدارس والأجهزة المكملة لها وفقا للمواصفات المحددة واتخاذ ما يلزم لتركيبها وتجريبها وتشغيلها وتسليمها للمدارس بالتعاون والتنسيق مع الجهات المختصة.

- اختيار المعلمين ومتابعة تعيينهم مع الجهات المختصة، وإعداد برنامج توعية وتوجيه تم من خلاله تزويدهم بمعلومات وافية عن المنهج والأهداف، وتحليل المحتوى المعرفي وتحديد المفاهيم التي يتضمنها، وعمق الدراسة والمهارات التي

من المفروض أن يكتسبها الطلاب، الاطلاع على كتاب الطالب ومراجعة كتاب المعلم والتعامل مع البرامج التطبيقية المقررة.

- تأليف كراسة تدريب عملي، وتشمل التمارين اللازمة لاكتساب الطلاب المهارات الخاصة بنظام التشغيل والبرامج التطبيقية المقررة.

- تخصيص حصتين أسبوعياً في الخطة الدراسية لمادة علم الحاسوب.

- متابعة التجربة ميدانيا من خلال:

• زيارة موجه المادة والتقارير التي يقدمها.

• زيارة المسؤولين العاملين في مركز الحاسب الآلي.

• اللقاءات الأسبوعية مع المدرسين أسبوعيا لمتابعة تنفيذ المشروع والتعرف على الصعوبات التي تواجهه وإيجاد حلول للمشاكل التي تظهر أثناء التطبيق، والتعرف على الاحتياجات وتوفيرها.

التشريعات التربوية في التعليم القطري

من أهم التشريعات التربوية التي صدرت في دولة قطر خلال مدة التقرير القرارات الوزارية التالية:

- قرار رقم (34) لسنة 1988م بشأن تعديلات في لائحة معهد اللغات.

- قرار رقم (39) لسنة 1988م بشأن اعتماد لائحة الامتحانات المعدلة.

- قرار رقم (43) لسنة 1988م بشأن تعديل الأحكام الخاصة بمتابعة طلاب بعثات الدراسات العليا في الخارج.

- قرار رقم (2) لسنة 1988م بشأن فصل رئاسة التعليم الإعدادي والثانوي للبنين إلى رئاستين إحداهما للإعدادي والثانية للثانوي.

- قرار رقم (18) لسنة 1988م بشأن فتح دراسة مسائية بمدرسة التجارة الثانوية واقتصار القبول بهذه الدراسة على القطريين وأبناء دول مجلس التعاون الخليجي فقط.

- قرار وزاري (20) لسنة 1988م بشأن تنظيم عملية إيفاد وضم موظفي وموظفات الدولة القطريين إلى البعثات الداخلية بجامعة قطر.

- قرار رقم (35) لسنة 1989م بتشكيل لجنة مشتركة من وزارة التربية والتعليم ووزارة الإعلام بشأن الوقوف على مدى استفادة الطلاب والطالبات من خدمات التلفاز التربوي.

- قرار رقم (37) لسنة 1989م بشأن اعتماد لائحة النظام الداخلي لمدارس التربية الخاصة.

- قرار رقم (40) لسنة 1989م بشأن بدء تجريب نظام الفصلين الدراسيين للصفين الأول الإعدادي والأول الثانوي في عدد من المدارس في مطلع العام (89/1990م)

- قرار رقم (43) لسنة 1989م بشأن تشكيل لجنة من وزارة التربية والتعليم وزارة الإعلام وجامعة قطر لدراسة ظاهرة إحجام الطلاب القطريين عن الالتحاق بكلية التربية.

- قرار رقم (46) لسنة 1989م بشأن تشكيل لجان لتطوير مناهج المواد الاجتماعية في المراحل التعليمية الثلاث.

- قرار رقم (3) لسنة 1989م بشأن الاستثمار الأفضل للكتاب المدرسي.

- قرار رقم (4) لسنة 1989م بشأن توسيع تجربة نظام الفصلين الدراسيين لتشمل كلا من الصفين الأول الإعدادي والأول الثانوي في جميع مدارس التعليم العام والتخصصي.

- قرار رقم (9) لسنة 1989م بشأن صرف رواتب الطلاب والطالبات في كـل القسـم العلمـي مـن التعليم العام والمعهد الديني والتجارة والصناعة والمنح الدراسية.

- قرار رقم (10) لسنة 1989م بشأن مركز الحاسب الآلي ويتبع وكيل الوزارة مباشرة.

- قرار رقم (11) لسنة 1989م بشأن المدارس النموذجية والسن المسموح به البقاء فيها.

- قرار رقم (19) لسـنة 1989م بشـأن كيفيـة تقـويم مـادة التربيـة النسـوية والاقتصاد المنـزلي في امتحانات صفوف النقل بمدارس البنات النهائية في الإعدادي والثانوي (نظام الفصلين).

- قرار رقم (21) لسنة 1989م بشأن قبول الأطفال المستجدين برياض الأطفال ومدارس الابتدائيـة (بنين وبنات) واشتراط تقديم شهادة صحية.

- قرار رقم (22) لسنة 1989م بشأن معاملة أبناء دول مجلس التعاون لـدول الخلـيج العربي مـن الطلاب الذين يتلقون دراستهم في المراحل المختلفة معاملة الطلاب القطريين من حيـث القبـول والشطب وإعادة القيد.

- قرار رقم (24) لسنة 1989م بشأن معادلة الشهادات.

- قرار رقم (26) لسنة 1989م بشأن تعديل مسميات مدارس التربية الخاصة.

- قرار رقم (28) لسنة 1989م بشأن تشكيل لجنة الحاسب الآلي.

- قرار رقم (29) لسنة 1989م بشأن تعديل الخطة الدراسية الأسبوعية للقسم العلمي من المرحلة الثانوية اعتبارا من عام 1991/90م .

ب- لائحة النظام الداخلي لمدارس التربية الخاصة بالقرار الوزاري رقم (37) بتاريخ 1409/7/27هـ الموافـق 1989/3/5م لضبط مسار العمل في هذه المدارس وتحديد

اختصاصات الجهاز الإداري والفني بها. (مكتب التربية في دول الخليج، 1988م، ص 198-199) .

تطوير الأنشطة المدرسية في التعليم القطري

النشاط الاجتماعي:

العام الدراسي 1407/1408هـ :

1- تشكل الجماعات والأسر المدرسية ،وقد بلغ عدد الجماعات 631 جماعة واشترك فيها 11156 طالبا بنسبة 19.6% كما بلغ عدد الأسر المدرسية 318 أسرة أشترك فيها 15186 طالبا بنسبة 68.26% .

2- إصدار لائحة المقاصف المدرسية بالقرار الوزاري رقم (8) بتاريخ 1408/2/12 هـ والتي يتم على أساسها تنظيم العمل بالمدارس .

3- تنظيم الرحلات المدرسية لمناطق الدولة أيام الجمع وقد بلغ عدد الطلاب المشاركين 6510 بنسبة 94.26% كما تم تنظيم الزيارات العلمية وبلغ عددها 301 شارك فيها 15260طالبا بنسبة 81.26%.

4- إقامة معسكرات عمل بالمدارس وكذلك معسكرات جماعية للمراحل التعليمية بمناطق الدولة .

5- اصدار مجلات حائط ومجلات مسحوبة على الحرير وقد بلغ عددها على التوالي 7002 ، 232 ، وكذلك إصدار مجلة الأطفال الأولى في دولة قطر"حمد وسحر" وإقامة الندوات والمحاضرات.

6- تنظيم المسابقات الداخلية مثل مسابقة الشعر ، القصة القصيرة، والمقال والشطرنج ،وكذلك المشاركة في المسابقات الخليجية مثل مسابقة البحث الاجتماعي .

7- الاحتفال بالمناسبات المحلية والعالمية مثل أوائل الطلبة ويوم الطفولة وإحياء فاعليات الخدمة العامة مثل اسبوع المرور واسبوع مكافحة التدخين .

8- تنظيم برنامج لاستقبال الجدد بالصف الأول بالمرحلة الابتدائية . هذا وتقوم إدارة التربية الاجتماعية بالأشراف على هذه الأنشطة الاجتماعية ووضع تقديرات الموازنات الخاصة بها ومتابعة صرفها وقد تم اعتماد مبلغ 490062 ريالا للعام الدراسي (87/1988 م) للصرف على النشاط الاجتماعي للأسر والجماعات والخدمة العامة ومجلس الآباء والمعلمين ومجلس الأمهات والمعلمات .

9- العام الدراسي 1408/1409 هـ .

10- تضمن هذا العام الأنشطة الاجتماعية والثقافية التي تقام بصورة دورية كل عام والتي شملت جماعات النشاط والأسر المدرسية والمقاصف المدرسية والرحلات والزيارات العلمية ومعسكرات العمل وبرامج الخدمة العامة ومجلات الحائط والمجلات المسحوبة والمطبوعة والمطويات والمسابقات الداخلية والخارجية والاحتفالات بالمناسبات المحلية والعالمية ، مع تطور عدد البرامج وعدد الطلاب المشاركين فيها ، وتطوير برنامج استقبال التلاميذ الجدد بالصف الأول الابتدائي .(مكتب التربية لدول الخليج ، 1988 م، ص 218-219) .

النشاط المسرحي :

بداية ونشأة المسرحي الطلابي :

بداية المسرح المدرسي عام 1959م عندما قدمت مدرسة الدوحة الثانوية مسرحية (بلال بن رباح)و(مسرحية عالم وطاغية) لطلاب المعهد الديني ،ومسرحية(دكتور رغم أنفه)لمدرسة الصناعة الثانوية ،ثم مسرحية(صقر قريش) لطلاب دار المعلمين. وكانت هذه المبادرة الابداعية من جانب الطلاب وأستاذتهم الشرارة الاولى التي ترتب عليها

إنشاء جهاز التربية والتعليم الذي تولى عملية الإشراف والتخطيط والتنفيذ لبرامج نشاط المسرح المدرسي .

ويتكون جهاز التربية المسرحية من عدد من التخصصات المختلفة التي تصب في كيان العملية المسرحية مثل :

1- مدرس تربية المسرحية : وهو الذي يقوم بالإشراف على العملية المسرحية داخل المدرسة .

2- مدرس نقد : وهو الذي يجيز ويقدم النصوص الصالحة للعمل .

3- مدرس تربية موسيقية: ويقوم بالاشراف على النشاط الموسيقي في المدرسة ويشارك في إعداد الموسيقى للمسرحيات المقدمة .

4- اختصاصي مسرح العرائس :ويقدم مسرح العرائس .

5- مهندس الديكور : يقوم بعمل المعادل التشكيلي للنص .

6- مهندس إضاءة مسرحية : ويقوم بتنفذ خطط الاضاءة على جهاز الكمبيوتر.

7- الماكيير: يقوم بعمل المكياج اللازم للمسرحية .

8- مشرف خشبة المسرح: ويشرف على خشبة المسرح ويقوم بتوفير الاكسسورات اللازمة للمسرحية.

وحدات توجيه التربية المسرحية وتتكون من :

1- المدير هو الذي يقوم بقيادة حركة في كافة المجالات.

2- السكرتارية، الطباعة،المخازن، وحدة النصوص، لجنة تقييم النصوص،الوحدة التوجيهية، لجنة تحكيم العروض، وحدة الاخراج، وحدة مسرح العرائس، وحدة الانتاج، وحدة الديكور، وحدة الاكسسوارات والملابس.(مكتب التربية لدول الخليج،1988م،236ص)

وحدة التربية المسرحية :

تعني التربية المسرحية بإدخال المسرح كوسيلة من وسائل التربية ،أو بمعنى آخر استخدام الفنون المسرحية والفنون العامة بهدف التربية الدينية والاخلاقية فالهدف العام لوزارة التربية والتعليم هو تربية وتعليم الاجيال ويتميز المسرح هنا بكونه وسيطاً جذاباً ومثيراً لتحقيق العملية التربوية والعلمية .

كما تهدف التربية المسرحية إلى الحفاظ على اللغة العربية لغة القران الكريم مثل تعويد الطلاب على النطق السليم للغة بالإضافة إلى جوانب فنية ونفسية مثل: التخلص من الخجل والانانية وحب الذات ، ودفع الطلاب إلى العمل الجماعي المثمر ، وشغل أوقات الفراغ بما يفيد،والكشف عن المواهب الفنية الكامنة في بعض الطلاب .

لقد أثبت المسرح المدرسي على مدار السنوات الماضية ، أهميته وضرورته التي تتوازى مع العملية التعليمية.

النشاط الرياضي :

لقد كان لإدارة التربية الرياضية خلال الفترة من 87/88-88/1989م العديد من الانجازات والأنشطة نذكر من أهمها ما يلي:

1- تطوير مناهج التربية الرياضية، من خلال إجراء العديد من الدراسات والبحوث العلمية التي تم تطبيقها وتقويمها حاليا في جميع مراحل التعليم بنات وبنات.

2- قامت الإدارة بإعداد كتاب عن مقاييس الملاعب الرياضية تم توزيعه على جميع المدارس والهيئات العاملة في مجال النشاط الرياضي وقد نال رضا الجميع.

3- تم تعديل نظام الأنشطة والمسابقات الرياضية بما يتناسب مع مراحل النمو في كل مرحلة دراسية وذلك على أحدث النظم.

4- تم إنشاء مضمار لألعاب القوى على مستوى أولمبي، وكذا العديد من الملاعب والصالات الرياضية المغطاة.

5- تمت المشاركة في مؤتمر (اليونسكو) الدولي للتربية الرياضية الذي عقد بموسكو 1988م.

6- أعدت الإدارة دراسة (عن الوضع الراهن والاتجاهات وآفاق المستقبل الرياضية المدرسية بدولة قطر).

7- كما أعدت دراسة عن (دور إدارة التربية الرياضية في معالجة بعض مظاهر السلوك السلبي في مجال الرياضي المدرسي) نوقشت في الندوة العلمية التي نظمها قسم التربية الرياضية بجامعة قطر 1989/1988م (مكتب التربية لدول الخليج، 1988م، ص ص 235-254)

نلاحظ أن عدد الأفراد الواقعين في الفئة العمرية 20-24 يبلغ (96523) وهؤلاء هم الفئة المفترض التحاقها في مؤسسات التعليم العالي فيما لو توفرت فيهم الشروط اللازمة لهذا النوع من التعليم.

وإذا علمنا أن الطلاب المقيدين في جامعة قطر لعام 96/95 يبلغ 8971 طالباً وطالبة، لذا يمكن القول إن ما نسبته 20-25 في مؤسسات التعليم العالي وهذه نسبة عالية (75).

التطورات التعليمية لحضرة صاحب السمو الشيخ حمد بن خليفة آل ثاني:

في عام 1995م عندما تولى حضرة صاحب السمو الشيخ حمد بن خليفة آل ثاني مقاليد الحكم في البلاد، أولى التعليم جّل اهتمامه ورعايته، ومن أهم ملامح هذه الفترة ما يلي:

1- وضع أسس ومعايير ومقننات اختيار الإدارة المدرسية، والإدارات التربوية الفنية والثقافية والإدارية والمالية.

2- الاتجاه في تطوير المناهج والكتب المدرسية لتحقيق الترابط مع التعليم الجامعي.

3- بحث إمكانية إيجاد صيغ متنوعة من التعليم.

4- التوسع في تجربة المدارس النموذجية بحيث تشمل الصف الخامس الابتدائي.

5- التوسع في الخدمات الصحية للطلاب الوقائية منها والعلاجية.

6- تطوير المبنى المدرسي بحيث يحتوي على تسهيلات وخدمات تعليمية أكفأ وأوسع والاتجاه إلى جعل البيئة المدرسية بيئة جاذبة ومشوقة للطلاب.

7- التوجه لربط البعثات الدراسية بالاحتياجات الفعلية لخطط التنمية في مختلف المجالات والاختصاصات.

8- تكثيف التعاون مع المنظمات الدولية والإسلامية والعربية مثل: (اليونسكو UNESCO) ، (والاليكسو ALECSO) ، (والايسيسكو ISESCO) ومكتب التربية العربي لدول الخليج وأجهزتها المتخصصة، بغية الإفادة من التجارب التطويرية والمستحدثات التربوية على مختلف المستويات.

9- إصدار وثيقة السياسة التربوية لدولة قطر.

10- إدخال مواد تعلم جديدة

11- المهارات البحثية والمكتبية بالمرحلة الثانوية.

12- تعميم تدريس اللغة الإنجليزية من الصف الأول الابتدائي.

13- استخدام الحاسب الآلي كوسيلة تعليمية بالمرحلة الابتدائية.

14- تطوير المكتبات المدرسية لتصبح مراكز متطورة لمصادر التعلم.

15- تطوير التعليم الأهلي من خلال خطة تقوم على أساس تقديم الدعم اللازم للمدارس الأهلية .

16-   الاهتمام برياض الأطفال وإعداد مناهج متطورة تنطلق من خبرات الأطفال وتعميمها.

17-   إنشاء المكتب الفني للتطوير الذي يتولى عمليات التخطيط والتطوير التربوي الإداري.

18-   إنشاء مدارس ومعاهد ومراكز متخصصة مثل:

-   المدارس العلمية.

-   المدارس المطوَّرة.

-   المدارس المتعاونة.

-   مدرسة التقنيات الصناعية

-   معهد النور

-   مركز التأهيل التربوي

-   المركز القطري للموهوبين والمبدعين

-   ورشة تصنيع الأجهزة رخيصة الكلفة

-   روضة الدوحة

(موقع الجوجل الانترنت، التعليم في قطر، 2005م)

المستحدثات التربوية في مجال المناهج والكتب المدرسية

1- الكتب المدرسية (تأليف - تجريب - تعديل) :

2001/2000م

م	اسم الكتاب	المرحلة	الصف	تأليف	تعديل	تجريب	
						عام	مصغر
1	المهارات البحثية والمكتبية	الثانوية	الأول		✓		
			الثاني		✓		
2	اللغة العربية	الابتدائية	الثالث		✓		✓
3	اللغة العربية	الابتدائية	الرابع		✓		✓
4	دليل المعلم إلى كتاب اللغة العربية	الابتدائية	5 و 6	✓			
5	التربية الإسلامية	الثانوية	الثالث			✓	
6	التربية الاسلامية	الابتدائية	1- < 6		✓		
			الأول			✓	
7	اللغة الانجليزية	الابتدائية	الثاني	✓			
			السادس			✓	
8	وثيقة التربية التكنولوجية	الابتدائية	4- > 6	✓			
		الاعدادية					
9	الكيمياء عملي (المدارس العلمية)	الثانوية	الثالث	✓			
10	وثيقة الكيمياء (المدارس العلمية)	الثانوية	الثالث	✓			
11	الكيمياء (المدارس العلمية)	الثانوية	الثالث			✓	
12	الكيمياء (المدارس العلمية) ف2	الثانوية	الثالث	✓			
13	الاحياء (المدارس العلمية)	الثانوية	الثالث			✓	
14	التربية الاجتماعية	الابتدائية	3-> 6		✓		
15	الاحياء عملي (المدارس العلمية)	الثانوية	الثالث	✓			

2- اللغة الإنجليزية في المرحلة الابتدائية :

بناءً على قرار الوزارة بالبدء بتعليم اللغة الإنجليزية في الصفوف الثلاثة الأولى من المرحلة الابتدائية في نظام التعليم العام في العام الدراسي 2001/2000م تم الانتهاء من تأليف الكتب الدراسية المتعلقة بتطبيق الخطة، وتجهيز كل مستلزمات الميدان، من وسائل، وأدلة، وتنفيذ تدريب المعلمين والمعلمات.

3-مادة المهارات البحثية والمكتبية :

تبنت الوزارة إدخال مادة المهارات البحثية والمكتبية في مناهج التعليم العام، اعتباراً من العام الدراسي 2000/99م، وقد تم تشكيل فريق لإعداد مناهج التربية البحثية والمكتبية، وتم تطبيقها في المرحلة الثانوية.

4- الموضوعات ذات الأهمية الخاصة:

تتضمن الكتب المدرسية موضوعات كثيرة معاصرة، منها:

1- تنمية القدر الخليجي المشترك في اللغة العربية والاجتماعيات.

2- الاهتمام بالقضايا المعاصرة، كالتربية البيئية والسكانية، والأمن والسلامة المرورية، وثقافة حقوق الإنسان، والتسامح الدولي، وترشيد استخدام الطاقة والماء، والتوعية الصحية والوقاية من الأمراض، ومكافحة التدخين، والمخدرات وأمراض العصر.

5- مهارتا التحدث والاستماع في اللغة العربية في المرحلة الابتدائية:

أ- تم إدخال مهارة التحدث في كتب اللغة العربية للمرحلة الابتدائية، أما مهارة الاستماع فقد اقتصر إدخالها في كتب الصفوف: الثالث، الرابع، الخامس والسادس.

ب- أصبحت مهارتا الاستماع والتحدث :

- جزءاً رئيساً من مناشط اللغة العربية الصفية واللاصفية في المرحلة الابتدائية، ومنها الصفوف الثلاثة الأولى من هذه المرحلة.

- جزءاً من الاختبارات التحصيلية في هذه الصفوف، ولهما الدرجات الخاصة بهما.

- احتلت هاتان المهارتان مساحة لا بأس بها على خريطة الدورات التدريبية لمدرسي المادة.

6-التوجهات المستقبلية :

التربية التكنولوجي:

في ضوء التوجيهات العليا بتطوير خطط التعليم وبرامجه، لتلبية احتياجات التنمية الشاملة للمجتمع، ومواكبة المستجدات التكنولوجية والتقنية المعاصرة، فقد صدر قرار وزاري في عام 2000م بشأن تشكيل لجنة لوضع تصور لوثيقة تربية تكنولوجية في المرحلتين الابتدائية والإعدادية. وقد قامت اللجنة بإعداد الوثيقة وتقديمها إلى الجهات المختصة. (موقع الجوجل الانترنت، التعليم في قطر، 2005م)

المراجع

1- التطور النوعي للتعليم في دول الخليج العربية (1418هـ) الرياض: مكتب التربية العربي لـدول الخليج .

2- الحميـدي، عبـد الـرحمن، الطريـري، عبـد الـرحمن، عبـد الله، الضـلعان، آل عبـد الله، إبـراهيم (1420هـ) أنماط التعليم العالي في دول مجلس التعاون الخليجي العربية، ط1 .

3- الشراح، يعقوب أحمد (2002م ، التربية وأزمة التنمية البشرية، الرياض: مكتب التربيـة العربي لدول الخليج.

4- الفالوقي، محمد، القذافي، رمضان (د.ت) التعليم الثانوي في البلاد العربية، الإسكندرية: المكتـب الجامعي الحديث.

5- القذافي، رمضان (1982م) التعليم الثانوي في البلاد العربية، تـونس: المنظمـة العربية للتربيـة والثقافة والعلوم.

6- المطوع، حسين، الشيخ، نـاصر، السلوم، حمـد، عبـد الـرازق، طـاهر، الإبـراهيم، عبـد الـرحمن، الأحمد، عبد الرحمن (1410هـ) التعليم العام في دول مجلس التعاون الخليجي دراسة مقارنة، الكويت: ذات السلاسل.

7- مكتب التربية العربي بدول الخليج، (1406هـ) التعليم العالي والبحـث العلمـي في دول الخلـيج العربي، الرياض: المملكة العربية السعودية، ط2.

8- مكتب التربية العربي بدول الخليج (1988م) تطور التعلـيم في دول الخليج العربيـة، الريـاض: المملكة العربية السعودية.

9- موقع الجوجل، التعليم في قطر (2005) الشبكة العنكبوتية الانترنت.

(5)

نظام التربية والتعليم في دولة الكويت

التعليم في الكويت

أولاً: التعليم قبل النفط : (موقع وزارة التربية بالكويت، 2005م)

يمكن تقسيم نشأة التعليم في الكويت ما قبل عصر النفط إلى المراحل الآتية:

1- مرحلة المسجد.

2- مرحلة المطوع والملا.

3- مرحلة نشأة مدرستي المباركية والأحمدية.

4- مرحلة إنشاء مجلس المعارف.

5- مرحلة البعثات الخارجية.

6- تعليم المرأة .

1- مرحلة المسجد

أي مجتمع إسلامي لابد أن يكون بينه من يقرأ القرآن ليؤم المسلمين في الصلاة ويخطبهم في صلاة الجمعة والأعياد ويجيد قسمة المواريث وعقد الزواج. ويعلم الناس الفرائض وأمور الدين. وقد وجد المجتمع الكويتي المسلم في شخص محمد بن فيروز عالم الإحساء المشهور ضالته فطلب إليه المجيء إلى الكويت فكان بذلك - بعد أن لبى الدعوة- أول عالم عرفته الكويت وأول قاض وأول واعظ ومدرس، وكان مسجد ابن بحر الذي أنشئ قرب الساحل - وهذا غير المسجد الذي يحمل الاسم نفسه في وسط مدينة الكويت تقريباً بعد استقرار القوم- أول مدرسة اتخذ منها ابن فيروز مقراً لصلاته وخطبه ووعظه. وتوفي هذا العالم في عام 1722م ويرجع بناء المسجد الأول إلى عام 1670هـ مع بناء الكويت تقريباً، وهذا أمر مطابق تماماً لنشأة أي مدينة إسلامية حيث يبنى قصر الإمارة ثم المسجد مركزاً للمدينة.

بلغ عدد المساجد في الكويت في عام 1771م حسب رواية القاضي عبد الرحمن السويدي 14 جامعاً ومسجدين وذكر أنه قرأ الحديث في ستة جوامع، فكان يقرأ في الجامع يومين أو ثلاثة فيضيق من كثرة المستمعين فينتقلون إلى جامع أكبر، حتى استقر الدرس في جامع ابن بحر وهو جامع كبير مطل على البحر.

برز في هذه المرحلة شيوخ وعلماء دين كان لهم تلاميذهم وأشهرهم محمد بن فيروز وولده عبد الله وحفيده محمد المتوفي في عام 1801م في الإحساء. كما شهدت الكويت علماء آخرين قدموا إليها من الأقطار المجاورة أبرزهم القاضي عبد الرحمن السويدي قاضي البصرة آنذاك، وعرفت الكويت بعد ذلك عبد الجليل الطبطبائي في عام 1836م الذي توفي عام 1854م ومن بعده ابنه أحمد بن عبد الجليل الطبطبائي المتوفي عام 1878م وتتلمذ على يديه ثلاثة من أوائل معلمي الكويت هم خالد العدساني ويوسف اليعقوب وعبد الوهاب الغرير، وجاء بعد هؤلاء الثلاثة جيل من المدرسين والعلماء أشهرهم سليمان خالد العدساني، وعبد الله خلف الدحيان، ومحمد جنيدل، وأحمد محمد القطان، ويوسف بن حمود، ومحمد ابراهيم الغانم.

2- مرحلة المطوع أو الملا

جاءت مرحلة التعليم المقصود وليس الطوعي على يد معلم متفرغ وفي مكان غير المسجد، فكانت مرحلة مدارس المطوع أو الملا وهي أشبه بالكتاتيب في البلاد الأخرى وقد فرض تطور الحياة في الكويت واهتمام أهلها بالتجارة وسفرهم إلى أقطار بعيدة ضرورة تطور أساليب التعليم.

وهنا لجأ المجتمع إلى تنظيمه في عام 1887م عندما عرف ما سمي بالتعليم المقصود الذي بدأ الولد بموجبه يذهب في سن مبكرة إلى مكان خاص رغبة من ذوية ليتعلم القرآن الكريم ومبادئ القراءة والكتابة على يد الملا أو المطوع في جزء من منزله مقابل أجر يتفق عليه حسب إمكانيات ولي أمر الطالب. وكان هذا المكان الخاص للتعليم يطلق عليه اسم "مدرسة" الملا أو المطوع، وكان أساس التعليم بها دينياً وبذلك أصبح التعليم سبباً من أسباب الرزق لبعض المتعلمين في المجتمع. وفي هذه المرحلة

عرف أولياء الأمور أنواعاً من الأجر الذي يدفع للملا أو المطوع وقد دفعوها عن طيب خاطر مع ضيق الحياة وشظفها وضعف الكسب فيها وكان منها:

* الدخلة: عند تسجيل الطالب ولم تكن تزيد عما يساوي الآن 150 فلساً.

* الخميسة: وهي أجر يدفع كل خميس ولا يزيد عما يعادل 40 فلساً.

* النافلة: وهو ما يدفع للملا في المناسبات الدينية بقدر ما يتيسر من القمح والتمر.

* العيدية: وهو مبلغ من المال يدفع حسب قدرة الطالب قبل العيد أو بعده.

* الفطرة: وهي زكاة الفطر عند المسلمين يخرجها الصائم عن نفسه أو عمن يعول.

* ختمة الجزء: رسوم يدفعها الطالب كلما ختم قسماً من القرآن الذي جرى تقسيمه حسب اصطلاح الملا إلى 13 قسماً، ولم تتبع طريقة تجزئته إلى ثلاثين جزءاً.

* القطوعة: مبلغ يتفق عليه بين الملا وولي أمر الطالب يدفع عند ختم الولد للقرآن الكريم ولا يلتزم ولي الأمر بغيره من الرسوم.

* الختمة: تدفع عند إنهاء الولد تلاوته للقرآن الكريم وقد تكون في سنة أو أكثر.

* التحميدة: مبلغ يدفعه سكان الحي تطوعاً كي يغطوا فيه نفقات من يختم القرآن الكريم من الطلاب الفقراء وترافقه مسيرة طلابية من الصبية يرددون التحميدة قائلين: الحمد لله الذي هدانا، للدين والإسلام اجتبانا.

ومن الأمور التي اهتم بها الملا أو المطوع تعليم الخط وحسن أدائه وجماله لأن صاحب الخط الجميل كان مطلوباً لدى التجار كي يعمل عندهم، كما كانت معرفة حسابات الغوص وكيفية تقسيم الدخل بين النواخذه (ربانية السفن) والبحارة أمراً ضرورياً، رافقه معرفة حسابات الجص المستخدم في طلاء البيوت وبنائها، ومعرفة حسابات الدهن (السمن) الذي كان سلعة أساسية في تجارة الكويت البرية مع ظهيرها البدوي في الصحراء المحيطة بها وبخاصة الظهير النجدي حيث عرفت التجارة مع هذا الظهير في تاريخ الكويت "بالمسابلة" نسبة إلى سبيل أي طريق.

أما تعليم الحسابات بعملياته الأربع المعروفة فلم تعرفه الكويت إلا في عام 1892م عندما زارها الملا علي بن عمار وعمل محاسباً في ديوان الأمير، وبلغ عدد هذه المدارس التي كانت مشابهة للكتاتيب نحو 35 في عام 1935م منها 25 للبنين و10 للبنات.

وفي عام 1935م نفسه كانت هناك مدرستان هما المباركية والأحمدية بهما حوالي 2500 طالب وطالبة إضافة إلى هذه الكتاتيب .

3- مرحلة نشأة مدرستي المباركية والأحمدية

شهدت نهاية عام 1910م وبداية عام 1911م نقلة في تاريخ التعليم في الكويت ففي هذا العام كان الشيخ محمد بن جنيدل يقرأ قصة المولد النبوي للبرزنجي في ديوانية الشيخ يوسف بن عيسى القناعي. وما إن انتهى الشيخ جنيدل من قراءته حتى خطب الشيخ ياسين الطبطبائي في الحضور داعياً إياهم إلى الاقتداء برسول الله صلى الله عليه وسلم ومعرفة سيرته وتعلمها وقال ما معناه: لا يمكن للقوم أن يتعلموا ما لم يكن لهم مدارس ومعلمون.. وطلب إليهم التعاون على فتح المدارس المفيدة ليبعدوا الأمية عن أنفسهم.

وكان ذلك الحديث أساس الفكرة التي التقطها الشيخ يوسف بن عيسى القناعي وبدأ في جمع التبرعات من الميسورين لفتح مدرسة جديدة. وقد استجاب هؤلاء أيما استجابة فجمع أهل الكويت 78 ألف روبية، وتم البناء.

وكانت الدفعة الأولى بالمدرسة 254 طالباً استقبلتهم يوم 1911/12/22م وكان مستوى المباركية متواضعاً تعني بالدروس الدينية وتنظيم الدفاتر التجارية وحساب الغوص والسفر، ثم أصبحت الحاجة ملحة إلى تقوية المدرسة وإدخال تعليم الإنجليزية ومواد أخرى إلى المناهج، ولما نوقش الأمر مع ديوان الشيخ خلف باشا النقيب عام 1921م اتفق على تأسيس مدرسة جديدة باكتتاب شعبي، وفعلاً وصل الاكتتاب السنوي إلى ثلاثة عشر ألف روبية.

وتعهد الشيخ أحمد الجابر حاكم البلاد آنذاك بدفع مبلغ ألفي روبية سنوياً، وتم إنشاء مدرسة "الأحمدية" بعد ضم مدرسة العامرية الخاصة إليها وعين عبد الملك الصالح ناظراً لها.

واهتمت الأحمدية بأسياسات القراءة والكتابة وعلوم الدين والحساب والهندسة والتاريخ والجغرافيا والتاريخ الطبيعي والرسم والصلصال والأناشيد والرياضة البدنية.

أصبحت المباركية والأحمدية أعلى من الكتاتيب في الدرجة والمنهج والمواد وأقرب إلى التنظيم التعليمي الحديث، ومن آفاق هاتين المدرستين المباركية والأحمدية نبتت بذور الأفكار الحرة والآراء الناضجة وانتشرت أشعة مبادئ العلوم، وعرفت الكويت في ظل وجودهما المؤسسات الفكرية والاجتماعية والأدبية الرائدة مثل الجمعية الخيرية التي أسسها خالد الفرحان عام 1913هـ المكتبة الأهلية (العامة) 1922م، والنادي الأدبي 1924م.

كما شهدت الكويت في هذه الفترة بدايات المدارس الأهلية التي تعلم اللغة الإنجليزية منها مدرسة الإرسالية الأمريكية 1917م في بيت الربان بإدارة القس كافرلي ويعاونه جرجس سلو، ومدرسة إسماعيل كدو الخاصة، كما شهدت الكويت في هذه الفترة أيضاً ما بين 1920م ، 1923م توجه بعض الطلاب للدراسة على نفقتهم الخاصة خارج الكويت وعلى الأخص الهند.

ينبغي القول إن مدرستي الأحمدي والمباركية عاصرتهما مدارس خاصة أكثر تقدماً في مناهجها من الكتاتيب الأولى وأهمهما: مدرسة الفلاح للملا زكريا الأنصاري الذي أنشأها 1895م، واستمرت حتى 1941م، ومدرسة السعادة التي أنشاها شملان بن علي بن سيف عام 1924م على نفقته الخاصة لتعليم الأيتام وأبناء أسرته، واستمرت حتى عام 1929م ومدرسة الملا مرشد التي افتتحت عام 1926م وأغلقت عام 1956م ومدرسة الملا عثمان عام 1930م، وكذلك مدرسة الخنيني عام 1935م.

4- مرحلة إنشاء مجلس المعارف

رأى نخبة من الكويتيين عام 1936م أن المدارس الموجودة لا تؤدي الفائدة المطلوبة للبلاد لا سيما وأن أخبار اتفاقية استخراج النفط أصبحت معروفة وكان لابد من الاستعداد لعصر النفط بعد أن كان عصر اللؤلؤ قد انتهى بعد استزراع اليابان له وبدء تسويقه على النطاق العالمي في أواخر العشرينات. أضف إلى ذلك أن الأزمة الاقتصادية العالمية امتدت آثارها إلى الكويت ولم يعد كثير من الأثرياء قادرين على التبرع للتعليم بسبب شح الموارد فاجتمع نفر من رجالات الكويت واقترح هؤلاء زيادة نسبة الجمارك إلى 5% على أن يكون 4% للدولة، 0.5% لدائرة البلدية التي كانت قد أنشئت عام 1934م ، 0.5% للتعليم، ووافق حاكم البلاد على ذلك.

تبع الخطوة هذه إصدار الشيخ أحمد الجبار قراراً بتشكيل مجلس المعارف منتخب على غرار المجلس البلدي، وقد تم انتخاب المجلس فعلاً من بين أهل الحل والعقد وكانوا 12 شخصية برئاسة الشيخ عبد الله الجابر الصباح.

استقدام المدرسين:

أما القرار الرئيسي الذي اتخذه المجلس فقد تمثل في الكتابة إلى السيد أمين الحسيني مفتي فلسطين آنذاك وقائد ثورتها طالباً اليها إرسال أربعة مدرسين مؤهلين وعلى خلق حسن للعمل في مدارس الكويت وتمت الموافقة ووصلت أول بعثة من المدرسين العرب إلى الكويت في النصف الأول من رمضان عام 1355هـ وبوصولهم بدأ النظام التربوي الحديث في الكويت.

وفي العام نفسه افتتح هاشم البدر مدرسة لتعليم اللغة الأنجليزية وأخذتها منه معارف الكويت وتم فتح صف للتعليم التجاري.

وجاءت البعثة الثانية في العام الدراسي 1939/38م وكانت أربعة مدرسين من فلسطين ايضاً.

لم يتوقف الأمر على المباركية والأحمدية، وافتتح المجلس في عام 1940/1939م مدارس جديدة في القبلة والشرق وبعض القرى وجزيرة فيلكا، وأضيف إلى ميزانية المعارف واردات مصلحة النقل والتنزيل (حمال باتشي) عام 1938م وجيء ببعثة جديدة من المدرسين هم خمسة مدرسين، وفي عام 1939م/1940م ورفع الرسم المخصص من الجمارك إلى 1% .

شهد العام الدراسي 1943/1942م وصول بعثات المدرسين من مصر وسوريا لأول مرة بعد أن انتهت أعمال المدرسين الفلسطينيين وكانوا أربعة من مصر وأربعة من سوريا وظلت المباركية حجر الزاوية في التعليم وأولت اهتماماً في هذا العام بالمكفوفين من الطلبة وخصص لهم فصل داخلي لتدريسهم القرآن وحفظه قبل أن ينتقلوا إلى المعهد الديني عند تأسيسه عام 1943م.

كان مقر مجلس المعارف عند إنشائه في إحدى غرف المدرسة المباركية وأصبح له ثلاث غرف في المدرسة نفسها عام 1941م ، وأصبح عددها أربع غرف في العام 1944/1943م واستقبل المجلس في عام 1947م، بمقر خاص له في بيت مؤجر في براحة السبعان بوسط الكويت ولم تقم المعارف ببناء مقر مستقل لها إلا في عام 1949م، وأصبح عدد المدارس التي يشرف عليها مجلس المعارف في العام الدراسي 1946/45م، 12 مدرسة منها مدرسة ثانوية للبنين وسبع مدارس ابتدائية للبنين، وأربع مدارس ابتدائية للبنات تضم 2815 طالبا و820 طالبة يدرسهم 108 مدرسين، وأربع وثلاثون مدرسة،بعد أن كان عددهم ستمائة طالب في عام 1936م وفي العام الدراسي 1940/39م، كان هناك ست مدارس للبنين في القرى موزعة بين فيلكا، والفنطاس، أبو حليفة، الفحيحيل، الجهراء، دمنة (السالمية).

وإلى جانب هذه المدارس عرفت الكويت المعهد الديني لتخريج أئمة المساجد والخطباء منذ عام 1943م، والذي شهد نقلة واسعة في تاريخه عام 1947م.

كما شهدت الكويت في عام 1938م إنشاء أول مدرسة أهلية تسير بنظام تعليمي حديث هي المدرسة الوطنية الجعفرية.

ميزانية التعليم في الكويت في هذه الفترة حتى عام 1946م :

تولى أولياء الأمور الإنفاق على أبنائهم قبل عام 1936م وكانوا يدفعون رسوماً سنوية أشرنا إليها عند الحديث عن مرحلة المطوع أو الملا وأصبحت تدفع بطريقة أكثر تنظيماً بعد إنشاء مدرستي المباركية والأحمدية أو الكتاتيب "الأخرى في هذه الفترة إلا أن الفقراء كانوا يعفون من هذه الرسوم دائماً، ولم يكن هناك أي ميزانية للتعليم قبل إنشاء مجلس المعارف في عام 1936م، وفي هذا العام بلغت الميزانية نتيجة تحصيل جمركي قدره 0.5% ما مقداره 63 ألف روبية هندية (والروبية تعادل 75 فلساً كويتياً أي 25 سنتاً) لكن هذه الميزانية تطورت مع تطور أعداد الطلاب ومع ازدياد الدخل من ضريبة الجمارك ونصف دخل شركة التنزيل والتحميل (حمال باتشي) كما كانت تسمى آنذاك.

وفي 1940/10/1م كان عدد مدارس التعليم الحكوكي:

- أربع مدارس للبنين داخل السور وهي المباركية، الشرقية، الأحمدية، القبلية، وثلاث مدارس للبنات وهي الوسطى القبلة، الشرقية، وكان عدد الطلاب الذكور 1072 والإناث 275 تلميذة.
- وست مدارس للملالي في القرى وهي الجهرة، فيلكا، دمنة (السالمية)، الفحيحيل، الفناطس، أبو حليفة، وكانت معظم المدارس في بنايات مستأجرة لا تزيد قيمة الإيجار للبناية عن 200 روبية سنوياً، وقدمت الجمارك في هذا العام 50 ألف روبية وشركة حمال باتشي عشرة آلاف روبية.
- وعندما كانت المعارف تعاني العجز في دفع رواتب العطلة الصيفية للمدرسين كانت تستدين من التجار أو من خزانة البلدية.

وكانت رواتب المدرسين آنذاك تتراوح ما بين 14 جنيهاً استرلينياً للمدير، و13 جنيهاً استرلينياً للمدرس المؤهل، وما بين 3-5 جنيهات للمدرس غير المؤهل، أما في المدارس القرى فقد يتراوح راتب الملا ما بين 15 روبية و25 روبية في الشهر تدفعها المعارف .

قفزت أرقام الميزانية في العام الدراسي 1943/42م إلى 415.054 روبية 31.116 د.ك ، وكان الوارد 168 ألف روبية.

أما في الفترة ما بين 1946/6/1م إلى 1947/12/31م فقد قفز الرقم إلى 1.428.895 روبية، كان منها 620 ألف روبية من ميزانية الدولة (بعد تصدير النفط في يونيو 1946م) ومن رسوم الميناء 581.855 روبية.

وكانت المصروفات 1.117.076 روبية مما يشير إلى توفر المال لأول مرة في ميزانية التعليم.

وفي العام نفسه 1947/46م كان :

عدد الطلاب	عدد الطالبات	عدد مدارس البنين	عدد مدارس البنات	عدد المدرسين	عدد المدرسات
3027	935	14	4	126	37

لكن هذه الأرقام جميعها قفزت قفزات كبيرة بعد العام الدراسي 1947/46م عام تصدير النفط وبعد أن قررت الكويت تحويل شعلات النفط المتقدمة إلى شعلات من العلم والثقافة للبنين والبنات الكبار والصغار للوافدين والمواطنين على حد سواء إيماناً منها أن مجد الأمم إنما يبنى بالإيمان والمال والعلم والجد والاجتهاد في تحصيله.

5- مرحلة البعثات الخارجية

بدأ تاريخ البعثات التعليمية الرسمية للخارج عام 1924م عندما أرسلت حكومة الكويت سبعة طلاب وتبعتها بعثة أخرى عام 1936م من خمسة طلاب إلى بغداد وأربعة آخرين عام 1939م إلى القاهرة وأرسلت في الفترة ما بين 1940-1942م ، 11 طالباً إلى البحرين وطالبين إلى بيروت، وفي العام الدراسي 1947/46م كان هناك 56 مبعوثاً كويتياً في مصر كانوا يقيمون في بيت الكويت الذي أنشأته المعارف في عام 1945م في مصر.

واشتهر هذا البيت بأن أصبح مركزاً ثقافياً شاملاً تقام فيه المحاضرات والندوات والمسابقات الرياضية ويقوم أعضاؤه بزيارة المواقع الأثرية والسياحية واشتهر بيت الكويت بإصداره لمجلة البعثة في عام 1946م التي كان يحررها الطلبة أنفسهم والتي احتوت على المقالات الأدبية والقصائد الشعرية وأخبار الطلبة وتحصيلهم وأخبار وطنهم الكويت، واستمرت في الصدور حتى عام 1953م.

6- تعليم المرأة

لم تنل المرأة الكويتية نصيبها كاملاً من التعليم كما ناله الرجل في عصر النهضة في أوائل القرن السابع عشر الميلادي، وكان للتقاليد الاجتماعية التي فرضت الزواج المبكر على البنت، وعدم الخروج من البيت أثره في تأخر تعليمها رغم أن الدين الإسلامي يعطي المرأة حقها في النفقة والتعلم بما ينفعها ويناسب وضعها الاجتماعي والأسري.

بدأ تعليم المرأة بتحفيظ القرآن الكريم إما على يد ولي الأمر في البيت أو على يد مطوع والملايا (المدرسات الأوليات) اللواتي تعلمن قراءة القرآن ومبادئ الكتابة في بيوتهن، وحتى عام 1938م، عرفت الكويت خمساً وأربعين مطوعة تفرقن في أحياء الكويت وعلمن ما لا يقل عن ألفي فتاة قراءة القرآن.

وكانت الفتاة تجلس القرفصاء على الحصير مع زميلاتها حول المطوعة وأمام كل منهم كرسي صغير بدلاً من الطاولة، المخصصة للتدريس شتاء، ولم يكن هناك شروط لقبول الطالبة وفي بعض الأحيان درس الأطفال الذكور مع أقربائهن من الإناث عند المطوعات، وكانت الدراسة عند المطوعة بأجر لكنه كان أجراً متواضعاً يدفع على أقساط بمسميات متعددة منها الدخلة عند التسجيل والخميسية كل خميس والنافلة في الأعياد الدينية والختمة عندما تختم الفتاة قراءة القرآن، ولم تكن جميعاً تزيد على ما قيمته خمسة دنانير (ما يقارب 15 دولاراً أمريكياً) في السنة في أحسن الأحوال، أما الفقيرة فكانت تعفى من كثير من الرسوم، وإذا ما انتهت إحداهن من ختمة القرآن لجأت إلى "الزرفة" في الحي تدور مع زميلاتها مرددات "التحميدة" ويتلقين

ما يتبرع به أهل الحي ليعطى إلى المطوعة، وإذا ما رفض ولي الأمر الزرفة تعهد للمطوعة بجزء من مهر ابنته عند زواجها، وهو أمر يدل دلالة واضحة على الاهتمام بتعليم المرأة.

ارتقى شأن الدراسة للفتاة عما كان عند المطوعة بعد عام 1926م عندما افتتحت عائشة الأزميري مدرسة متميزة للبنات وخرجت بعض الفتيات اللواتي قمن بدورهن بفتح مدارس جديدة على نمط مدرسة عائشة الأزميري وقد توزعت فيها الطالبات إلى مجموعات ثلاث: مستجدة ومتوسطة وفاهمة يجلسن جميعاً في غرفة واحدة. وبدأ تعليم القراءة والكتابة ومبادئ الحساب إضافة إلى القرآن الكريم، كما عرفت الفتاة في هذه المرحلة فن التطريز وحياكة الصوف والقطن.

واستمر هذا النوع من المدارس حتى عام 1950م وسارجنباً إلى جنب مع مدارس التعليم النظامي الحكومي للبنات الذي بدأ عام 1937م/1938م.

بداية التعليم النظامي للفتاة :

ارتبط تطور تعليم الفتاة بتطور حاجات المجتمع بعد تفتحه على المجتمعات الأخرى ومعرفته بدور المرأة في بناء المجتمع إذ كانت صالحة واعية لتربية جيل واع مؤمن تربية تكمل بها مهمة المدرسة، وظهر دعاة الإصلاح يوسف القناعي ومساعد بن السيد عبد الله الرفاعي، وعبد العزيز الرشيد ينادون بضرورة تعليم المرأة في المجتمع مع ما لاقوه من معارضة بعض عناصره، وكان الرجل بذلك هو الذي طالب بتعليم المرأة بسبب جهلها أولاً، وعدم قدرتها على المطالبة بحقوقها آنذاك ثانياً.

شهدت الكويت في عام 1936م إنشاء مجلس المعارف ليشرف على التعليم كله وليصبح التعليم حكومياً مجانياً لكل راغب فيه.

وكان المجلس مؤلفاً من اثنتي عشرة شخصية كويتية برئاسة الشيخ عبد الله الجابر الذي بدأ ورفاقه التنبيه إلى ضرورة تعليم الفتاة وعقدوا الاجتماعات لبحث هذا الأمر وما يتوقعونه من ردود الفعل عليه في المجتمع، وقرروا فتح أول مدرسة نظامية

للبنات في العام الدراسي 1938/37م هي المدرسة الوسطى وهي قريبة من مدرسة المباركية للبنات.

وتعاقد المجلس مع أول مدرستين مؤهلتين للعمل في هذه المدرسة، وما أن أعلن المجلس عن فتح هذه المدرسة حتى ارتفع عدد المسجلات بها في نهاية العام من مائة طالبة إلى 140 فتاة وهي نسبة تعادل 18% من مجموع الطلاب آنذاك وفي العام نفسه افتتحت مدرسة الملاية بدرية العتيقي الخاصة واستمرت حتى عام 1950م وأدت دوراً في تعليم الفتاة أهلها للتقدير والاحترام من المجتمع في حياتها وبعد مماتها.

كانت حماية أولياء الأمور لتعليم البنات وراء فتح مجلس المعارف لثلاث مدارس في الأعوام 1939/38م ، 1940/39م ، 1941/40م .

وتم دمج هذه المدارس في ثلاث مدارس في العام الدراسي 1943/42 هي الوسطى والقبلة والشرقية، وما أن حل العام الدراسي 1946/45م حتى كان هناك أربع مدارس للبنات بعد افتتاح مدرسة الزهراء في العام نفسه.

ثانياً: التعليم بعد النفط : (موقع وزارة التربية بالكويت، 2005م)

يمكن تقسيم مراحل التعليم في الكويت بعد ظهور النفط إلى الآتي:

1- تطور التعليم العام.

2- التعليم الجامعي.

3- التعليم الفني والتدريب.

4- المكتبات والمؤتمرات.

5- الإنفاق الحكومي.

1- تطور التعليم العام

إن أبرز التطورات في القطاع التعليمي ظهرت في أوائل الخمسينات حين حظيت الكويت بدخل قومي كبير. ففي هذه المرحلة الانتقالية جاء الاهتمام بالتعليم على رأس أولويات الحكومة انطلاقاً من إيمانها بأن الخدمات التربوية تلعب دوراً بارزاً في تحقيق التنمية المنشودة، فالتربية مصدر المعرفة والمهارات الفنية كما أنها السبيل لتطوير المواطن الكويتي وتأهيله نظراً للحاجة الماسة إلى أشخاص مؤهلين مهنياً وحرفياً لمواكبة التطورات الاقتصادية السريعة والتوسع الملحوظ في سوق العمل.

ومن هذا المنطلق، جعلت الحكومة الكويتية التعليم متاحاً للجميع، ومجانياً وإلزامياً في مرحلة التعليم الأساسي التي تضم المرحلتين الابتدائية والمتوسطة، بل ذهب إلى أبعد من ذلك بتوفير أدوات التعليم ووسائله وتقديم التسهيلات التعليمية كالمدارس والفصول ومساعدة المدارس الخاصة لتمكنها من القيام بواجباتها على أفضل وجه ممكن.

وتشير البيانات إلى نمو سريع في قطاع التعليم العام سواء من حيث الزيادة العددية الكبيرة في الطلاب والمعلمين من حيث التوسع المستمر في أعداد المدارس بمختلف المراحل فقد زاد عدد المدارس الحكومية من (123) مدرسة في العام الدراسي 1964/63م إلى (540) مدرسة في العام الدراسي 1998/97م وارتفع عدد التلاميذ من (68398) إلى (296526) تلميذ وتلميذة خلال الفترة المقارنة نفسها.

وبالنسبة إلى المدارس الأهلية التي تتنوع ما بين مدارس عربية ومدارس أجنبية لتنويع قاعدة الاختيار وتوسيع الآفاق والمدارك الثقافية، فقد ارتفع عددها من (30) مدرسة في العام الدراسي 1964/63م إلى (321) في العام الدراسي 1998/97م وارتفع عدد التلاميذ المقيدين فيها من (4350) في العام الدراسي 1964/63م إلى (120582) في العام الدراسي 1998/97م وتقوم الدولة بتحميل جزء من مصاريف هذا التعليم ففي العام الدراسي 1981/80 بلغت مساهمة وزارة التربية والتعليم في دعم التعليم الأهلي (2.25) مليون دينار كويتي.

ولا تقتصر اتجاهات السياسة التربوية على التعليم العام وحده، بل إن التعليم الموازي، والتعليم الديني، والتربية الخاصة، ومحو الأمية وتعليم الكبار تستأثر بنصيب ملحوظ منها.

ففي مجال التعليم الديني تتجه الدولة نحو إتاحة الفرصة للطلبة الراغبين في التخصص في هذا النوع من التعليم، كما اتجهت إلى تأهيل ذوي الاحتياجات الخاصة (المعاقين) لتمكينهم من الاعتماد على أنفسهم والمشاركة الفعالة في المجتمع، فمدارس التربية الخاصة تهدف إلى إتاحة فرصة التعليم للذين لا يمكنهم الاستفادة من التعليم العادي لأسباب جسدية أو صحية أو نفسية مثل المعاقين والمكفوفين والصم والبكم.

كما حرصت دولة الكويت على القضاء على الأمية والتوسع في تعليم الكبار مما فاتتهم فرصة التعليم في المدارس في مراحل طفولتهم وشبابهم، ويرجع تاريخ الجهود التي بذلتها الدولة في مجال مكافحة الأمية إلى عام 1958م، حيث بدأت بإنشاء مركزين لمحو الأمية للرجال يضمان (350) دارساً أتبعتها بمركزين آخرين للنساء عام 1963م، التحق بها (420) دارسة، واستمرت هذه الجهود بعد ذلك حتى وصل عدد المراكز في العام الدراسي 1984/83م إلى (133) مركزاً تكاد تغطي جميع مناطق الكويت، وتضم حوالي (35957) دارساً.

لقد كان لتكثيف جهود محو الأمية في الكويت أثرها الواضح في المجتمع حيث انخفضت معدلات الأمية من (48.3%) إلى (11.5%) خلال الفترة من 1970-1993م وانخفضت تبعاً لذلك بين الذكور إلى 5.5% كما انخفضت بين الإناث أيضاً لتصبح نحو 17.3% .

جدول (1) التطور في أعداد المدارس بحسب أنواع التعليم المختلفة.

جدول (2) التطور في أعداد الطلبة بحسب أنواع التعليم المختلفة.

2- التعليم الجامعي

في عام 1966م تم إنشاء جامعة الكويت لسد حاجات البلاد من المدرسين والأطباء والقانونيين والاقتصاديين وغيرهم من الفنيين ولإفساح المجال أمام المقيمين في البلاد وأبناء الخليج العربي في مجال التعليم الجامعي. فقد كانت جامعة الكويت التي بدأت الدراسة فيها في العام الدراسي 1967/66م تضم كلية العلوم والآداب والتربية وكلية البنات الجامعية وكان قوام الجامعة الناشئة 418 طالباً و31 عضو هيئة تدريس، وتعد أول جامعة في دول الخليج العربي.

ونمت الجامعة بصورة هائلة وتوسعت بحيث أصبحت تضم المزيد من الكليات ففي عام 1967م تم إنشاء كلية الحقوق والشريعة وكلية التجارة والاقتصاد والعلوم السياسية، وفي عام 1971م تم فصل كلية العلوم عن كلية الآداب والتربية، أما كلية الطب فقد أنشئت عام 1973م وبدأت الدراسية فيها عام 1977/1976م تم إنشاء كلية الهندسة والبترول عام 1974م وكلية الدراسات العليا عام 1977م وكلية التربية عام 1980م وكلية الشريعة والدراسات الإسلامية عام 1981م، ومركز الهندسة المدنية بجامعة الكويت، ومركز العلوم الطبية ويضم كلية العلوم الطبية المساعدة والتمريض عام 1982م، وفي عام 1996م، أنشئت كل من كلية الصيدلة وكلية طب الأسنان.

وقد ارتفعت أعداد الخريجين من 488 عام 1974/73م حيث بلغت نسبة خريجي التخصصات الأدبية منهم 87% وخريجي العلوم 13% إلى 1485م خريجاً عام 1984/83م وتطورت النسبة من خريجي الكليات العلمية لتبلغ 33% وذلك بعد افتتاح كليتي الطب والهندسة، أما خريجو الدراسات الأدبية والاجتماعية فقد بلغت نسبتهم 67% .

وفي العام الدراسي 1994/1993م ارتفعت نسبة الخريجين من التخصصات العلمية إلى 40% من إجمالي الخريجين وانخفضت نسبة التخصصات الأدبية والإنسانية والاجتماعية إلى 60% .

وتولى الجامعة دراسات الحضارة العربية الإسلامية وشبه الجزيرة والخليج العربي عناية خاصة، وتعمل على توثيق الروابط الثقافية والعلمية مع غيرها من الجامعات والمؤسسات والهيئات العلمية والإقليمية والدولية.

كما تحرص الجامعة على وضع خطة طويلة الأجل للبعثات لإعداد وتكوين هيئة التدريس من الكويتيين من مختلف التخصصات. ففي العام الدراسي 1998/97م بلغ عد المبعوثين من خريجي جامعة الكويت إلى الجامعات الخارجية لاستكمال دراساتهم العليا للحصول على شهادة الماجستير والدكتوراة في مجالات الطب والعلوم والاقتصاد والهندسة والبترول والتربية والآداب والقانون وغيرها من التخصصات (312) دارساً منهم 28% إناث .

في عام 1977م تم إنشاء كلية للدراسات العليا للإشراف على نشاط الدراسات العليا على مستوى الماجستير في بعض التخصصات، ومركز التقييم والقياس لخدمة العملية التعليمية في الجامعة وتقويمها سواء في مجال التدريس أو البحث العلمي.

وتمتد رسالة الجامعة إلى خدمة المجتمع عن طريق مركز "خدمة المجتمع والتعليم المستمر" الذي تحظى دوراته بإقبال متزايد من الدارسين من مختلف الجنسيات، فقد بلغ إجمالي الدارسين في مختلف البرامج (4351) دارساً في العام الدراسي 1980/89م .

والجدير بالذكر أن القطاع الأهلي يتولى عملية إيفاد الطلبة إلى الخارج لمواصلة التحصيل العلمي الجامعي وما فوقه وذلك عن طريق تقديم العون المادي للطلبة الذين تضطرهم الظروف إلى التوقف عن مواصلة التعليم الجامعي. فعلى سبيل المثال تقوم الجمعية الكويتية لمساعدة الطلبة (تأسست عام 1963م) وجمعية سلطان التعليمية (1977م) بتقديم الدعم المادي للشباب العربي والكويت لمواصلة تعليمهم الجامعي.

3- التعليم الفني والتدريب

لقد برز الاهتمام بالتعليم الفني في بداية الخمسينات نظراً لحاجة سوق العمل إلى العمالة الفنية والوطنية المتخصصة في مجالات الإنتاج والخدمات، وقد تم إنشاء معهد الدراسات التجارية عام 1952م والكلية الصناعية عام 1954م ومعهد التدريب للاتصالات السلكية واللاسلكية بوزارة المواصلات عام 1965م ومعهد تدريب الملاحة الجوية بإدارة الطيران المدني عام 1968م ومعهد الهندسة التطبيقية الذي يتبع وزارة الأشغال العامة عام 1968م، ومركز تنمية مصادر المياه التابع لوزارة الكهرباء، ومعاهد إعداد المعلمين والمعلمات، والمعهد الصحي ومعهد الكويت للتكنولوجيا التطبيقية وغيرها.

وازداد حجم المدارس والمراكز التي أنشاتها الوزارات والمؤسسات وتشعبت تخصصاتها، مما دعا الحكومة إلى تنظيم نشاط التعليم الفني والمهني والتدريب، ففي عام 1982م أنشئت الهيئة العامة للتعليم التطبيقي والتدريب لتتولى مسؤولية الإشراف على كافة المعاهد ومراكز التدريب والعمل على تطوير برامجها التعليمية والتدريبية، وقامت الهيئة بإدخال تخصصات علمية جديدة وتحويل المعاهد إلى كليات تتيح لبعض الطلبة استكمال دراستهم على مدى أربع سنوات كاملة بعد أن كانت الدراسة تقتصر بها على سنتين.

وتضم الهيئة قطاعين يختصان بالعملية التعليمية والتدريبية وهما:

1- قطاع التعليم التطبيقي والبحوث وتتبعه أربع كليات تطبيقية وهي كلية التربية الأساسية، كلية الدراسات التجارية، كلية الدراسات التكنولوجية وكلية العلوم الصحية.

2- قطاع التدريب ويضم المعاهد التدريبية: معهد الاتصالات والملاحة، معهد تدريب الكهرباء والماء، معهد التدريب الصناعي، معهد التمريض، الدورات التدريبية الخاصة القصيرة، مدارس التعليم الموازي.

أما بالنسبة للطلبة المسجلين في كليات الهيئة المختلفة، فقد ارتفع عددهم من (5701) في 1985/84م الملتحقين بالمعاهد التدريبية (1491) متدرباً ومتدربة في العام الدراسي 1985/84م وقد ارتفع إلى (6787) متدرباً ومتدربة عام 1998/97م.

إن نسبة الإناث الملتحقات بالكليات ومراكز ودورات التدريب المختلفة قد ارتفعت خلال الفترة 86/85-93/92م (53.8%) إلى (61.3%) من إجمالي المقيدين، وهذا تطور ايجابي نحو مزيد من مساهمة الإناث في قوة العمل الوطنية الفنية.

4- المكتبات والمؤتمرات

لا يقتصر أمر بناء الإنسان الكويتي على الناحية الكمية فقط بل يشمل الناحية النوعية أيضاً، فالاهتمام بالثقافة أخذ في الزيادة بشكل عام، بدءاً من إتاحة الفرصة أمام الناس للمعرفة سواء بخفض نسبة الأمية للسكان ومروراً بتوافر الكتب والمكتبات والصحف والمجلات والمتاحف والمعارض والبث الإذاعي المسموع والمرئي، وإقامة الندوات والمؤتمرات.. الخ

وتشير البيانات إلى أن توافر (24) مكتبة عامة تحوي الكتب والدوريات في فروع المعارف المختلفة (فلسفة، وديانات وعلوم اجتماعية واللغات والعلوم والتاريخ والجغرافيا والآداب والقانون والاقتصاد وثقافة الطفل.. الخ) ناهيك عن (779) مكتبة مدرسية لمراحل التعليم كافة ولكل من الذكور والإناث، ويبلغ عدد الكتب بالمكتبات العامة حوالي (421203) كتاب وبالمكتبات المدرسية (2304186) كتاباً في عام 1996م .

وتهتم دولة الكويت باستضافة المؤتمرات والحلقات والندوات العلمية واجتماعات الخبراء في فروع المعرفة كافة.

هذا بالإضافة إلى وجود المجلس الوطني للثقافة والفنون والآداب، الذي أنشئ في عام 1973م ويقوم بنشر الإنتاج الفكري من خلال التبادل الثقافي والمشاركة في المعارض والمؤتمرات والمهرجانات والندوات الثقافية والفنية، ومنح جوائز خاصة لأحسن إنتاج محلي وعربي في الثقافة والفنون والآداب ويكون متصلاً بالكويت أو بالوطن العربي، وكما يقوم بتشجيع المؤلفات الخاصة بالكويت ودعم المطبوعات الإبداعية للمبدعين الكويتيين عن إنجازاتهم في مجالات الشعر والقصة والرواية، وإصدار سلسلة عالم المعرفة وسلسلة كتب التراث العربي ومجلة الثقافة العالمية.

5- الإنفاق الحكومي على التعليم

يوضح الإنفاق الحكومي على الخدمات التعليمية مدى اهتمام الدولة بالقطاع التعليمي خلال الفترة 1993/1990م حيث بلغ الإنفاق على التعليم نحو (480) مليون دينار تمثل في نحو 11.7 من مجمل الإنفاق العام الداخلي، وهو من أعلى معدلات الإنفاق على التعليم في العالم خاصة إذا أخذ في الاعتبار مستوى الدخل الوطني الكويتي، كما ازداد متوسط تكلفة الطالب في مختلف مراحل التعليم من 1375 إلى 1512 ديناراً بين عامي 1990/89م – 1993/92م .

نظام وتنظيم التعليم في الكويت

الإدارة المسؤولة عن التعليم في الكويت : (تقرير الوزارة، 2004)

تعتبر وزارة التربية هي الجهة المسؤولة عن التعليم في الكويت، وتتوجه إلى نهج اللامركزية في العمل والتنفيذ، والتعليم في الكويت مجاني وإلزامي للمرحلتين الابتدائية والمتوسطة.

مميزات المباني المدرسية في الكويت بالوقت الحاضر:

• عدم وجود مباني مدرسية مستأجرة.

- يتم إنشاء المباني قبل افتتاح المدارس.

- يتميز المبنى بالسعة وإلحاق جميع الخدمات مثل غرفة مرسم، وبعض المدارس بها ثلاث غرف مراسم، وبالمدارس غرف أنشطة ومكاتب وحدائق وملاعب ومساجد.

- جميع المباني المدرسية دور واحد غير الأرضي ومتميز بنظام الوحدات.

الهيئة الإدارية في المدرسة:

أخذت الكويت بنظام الإدارة المطورة حيث بدأ تطبيقه في خمسين مدرسة حتى يكتمل التشكيل الإداري الذي يتكون من (المدير- الوكيل- سكرتير- مشرف إداري لكل صف دراسي- أمين مكتبة متخصص- أخصائي نفسي واجتماعي- عدد لازم من عمال النظافة والمستخدمات والمستخدمين) حيث يخصص عامل لكل فصلين دراسيين "ثلاثة حراس لكل مدرسة بالتناوب".

ويتم تخصيص معلم أول لمرحلة التأسيس بالمرحلة الابتدائية حيث يكون نصابه 10 معلمين ويكون متفرغاً لذلك، كذلك يتم تخصيص معلمة أولى لرياض الأطفال حيث لكل روضة معلمة متفرغة لا يقل نصابها عن 10 معلمات.

الأهداف العامة للتربية في الكويت

لقد أصدرت الحكومة وثيقة الأهداف العامة للتربية في الكويت وذلك في عام 1976م وقد كان: (موقع وزارة التربية بالكويت، 2005)

الهدف العام الشامل للتعليم في الكويت:

مساعدة المتعلمين على النمو الشامل المتكامل روحياً وعقلياً واجتماعياً ونفسياً بأقصى ما تسمح به قدراتهم وإمكانياتهم وتمكينهم من تحقيق ذواتهم والمشاركة في تحقيق تقدم المجتمع الكويتي بخاصة والعالم العربي والإسلامي والبشرية جمعاء.

الأهداف التفصيلية للتعليم في الكويت:

1- الترجمة العملية لطموحات بناء الإنسان الكويتي وفق النهج العلمي في التفكير وتنمية قدرات الطلاب في مختلف المراحل الدراسية لاستيعاب الأساليب العلمية وتطبيقاتها العملية في مختلف المجالات التي يحتاج إليها المجتمع.

2- فتح أبواب الثقافة العالمية للطلاب الكويتيين في إطار الثورة العلمية والتقنية القائمة في مختلف المجالات.

3- الاهتمام بالتراث العربي والإسلامي وتوظيفه في خدمة النمو الروحي وترسيخ القيم الإسلامية الأساسية والانتماء للوطن.

4- عدم تطوير المدارس الأساسية والانتماء للوطن.

5- دعم وتطوير المدارس والمعاهد ومراكز تعليم الكبار بصورة مستمرة بما يواكب التقدم العلمي والتقني.

6- تطور نظم وسياسات التعامل مع العناصر المتميزة من الطلاب والمعلم والإداريين لتنمية دوافع الإبداع وتطوير الأداء المهني.

7- تنمية مشاعر الانتماء للمؤسسات التربوية والتعليمية.

8- التوزيع المتكافئ للخدمات والأنشطة التربوية والتعليمية بين مختلف مناطق الدولة والسعي الدائم نحو توصيل العلم والمعرفة إلى حديث يقيم المواطن الكويتي.

9- توجيه المزيد من الاهتمام نحو إعداد الكوادر البشرية والوطنية العاملة في المجالات التربوية والتعليمية.

10- رفع كفاءة الكوادر البشرية وتطوير قدراتها مع العمل على تقليص الاعتماد على العمالة الخارجية في هذه المجالات دون الإخلال بكفاءة العملية التعليمية.

أهداف التعليم في المرحلة الابتدائية بالكويت:

(موقع وزارة التربية والتعليم بالسعودية2004)

1- اكتساب المتعلم المفاهيم الأساسية للدين الإسلامي والاتجاهات والقيم الإسلامية.

2- اكتساب المتعلم المفاهيم والمعلومات الأساسية والاتجاهات والميول والمهارات العقلية المطلوبة.

3- اكتساب المتعلم المعارف والاتجاهات التي توفر له الصحة النفسية وتعينه على التوافق الشخصي والاجتماعي.

4- اكتساب المتعلم قدراً من المعلومات والمفاهيم ومهارات التعامل الاجتماعي.

5- اكتساب المتعلم قدراً من المعلومات والمهارات التي تساعد على النمو الجسمي. (المطوع، 1990م، ص745)

أهداف التعليم ما فوق الابتدائي بالكويت (المتوسطة والثانوية):

1- إفهام المتعلم للعقيدة الإسلامية فهماً صحيحاً وتنمية اتجاهات إيجابية لديه نحو ربه وعقيدته لكي يحميه من القلق والغزو الفكري.

2- إلمام المتعلم بأسس التفكير السليم وإدراكه لحقيقة تكامل المعرفة وتقديره للعلم والعمل.

3- تبصير المتعلم بإمكانياته وقدراته بما يساعده على تقبله لذاته وللآخرين.

4- إدراك المتعلم للأسس التي يقوم عليها المجتمع ومشكلاته المعاصرة.

5- إفهام المتعلم لوظائف الأعضاء ومساعدته على تقبل التغيرات الجسمية وربطها (المطوع، مرجع سابق، ص746)

المناهج :

تتصف المناهج في الكويت بما تتصف به دول الخليج عامة وهي:

1- تطور وتقدم محتوى المناهج لتساير التطور العلمي والتقدم التقني.

2- تتضمن كماً كبيراً من المعلومات والمعارف.

3- صياغتها جيدة بإيضاح الأهداف والأنشطة التي تتطلب من المتعلم القيام بها.

4- تركز المناهج على فرع من فروع العلم في المرحلة الثانوية كما تحقق التكامل والدمج في المرحلتين الابتدائية والمتوسطة.

5- تصاغ على شكل وحدات تعليمية في بعض المواد مثل العلوم.

6- يحدد لها نصيب جيد من الوقت مقارنة ببعض الدول المتقدمة.

الخطة الدراسية للمناهج في الكويت

	المرحلة الابتدائية		
	عدد الحصص		
الصف الدراسي	2+1	3	4
اللغة العربية	11	10	10
التربية الإسلامية	3	3	3
العلوم	2	3	3
الرياضيات	5	4	4
العلوم الاجتماعية	-	-	2
المواد البدنية	3	3	3
الدراسات العلمية	3	3	2
الأشغال اليدوية			
الموسيقى	2	2	2
النشاط الحر	1	3	3

التربية الفنية			
إنجليزي			
التربية الأسرية			
نشاط مهني			
نشاط علمي			
المجموع	30	30	3

المرحلة الإعدادية				
الفصل الدراسي	1	2	3	4
اللغة العربية	6	6	6	6
التربية الإسلامية	3	3	2	2
اللغة الإنجليزية	5	5	6	6
الرياضيات	4	4	4	4
العلوم	3	3	3	3
المواد الاجتماعية	2	2	2	2
التربية الفنية	2	2	2	2
التربية البدنية	2	2	2	2
الدراسات العلمية				
التربية الموسيقية	1	1	1	1
النشاط	2	2	2	2
نشاط مهني				
المجموع	30	30	30	30

السلم التعليمي

يتكون السلم التعليمي في الكويت من ثلاث مراحل وهي (موقع وزارة التربية بالكويت على الانترنت، 2005)

1-   المرحلة الابتدائية: مدتها 4 سنوات وأعمار المتعلمين من (6-10 سنوات).

2-   المرحلة الإعدادية "المتوسطة": مدتها 4 سنوات وأعمال المتعلمين من (10-14 سنة)

3-   المرحلة الثانوية: مدتها 4 سنوات وأعمال المتعلمين من (14-18سنة)

وينقسم العام الدراسي في الكويت إلى:

نظام الدراسة في الكويت بالعام الدراسي ينقسم إلى فصلين دراسيين:

1-   نظام الفصلين ومدة الدراسة فيه 4 سنوات لكل مرحلة.

2-   في المرحلة الثانوية في السنتين الأولى عامة ثم يتم التخصص (علمي- أدبي).

3-   نظام المقررات الدراسية (الساعات المعتمدة) ويعتمد على نظام الساعات المعتمدة ويجب على كل طالب أن يحصل بنجاح على 40 وحدة دراسة على الأقل لكي يتخرج من المرحلة الثانوية.

مرحلة رياض الأطفال: جميع دول الخليج يوجد فيها التعليم قبل المدرسة (مرحلة رياض الأطفال) لكن خارج السلم التعليمي الرسمي وإن كانت هناك مدارس حكومية منها.

والجدول التالي يوضح السلك التعليمي في الكويت :

		ديني	السنة الدراسية	العمر	
أدبي	علمي		12	17	4 سنوات الثانوي
أدبي	علمي		11	16	
عام			16	15	
عام			9	14	
إعدادي		ديني	8	15	4 سنوات متوسط إعدادي
			7	12	
			6	11	
			5	10	

4 سنوات ابتدائي	**9**	**4**	**ديني**	**ابتدائي**
	8	**3**		
	7	**2**		
	6	**1**		
			الكويت	

جدول يوضح السلم التعليمي في دولة الكويت

طريقة التدريس :

إن أسلوب التدريس للمناهج والمقررات الدراسية في دول الخليج عامة وفي دولة الكويت خاصة يغلب عليها الشرح والعروض العلمية نظراً للكم المعرفي الكبير في محتوى هذه المواد وكذلك الفترة الزمنية للعام الدراسي لها تأثير في طرق التدريس وتفاعل الطلاب مع المعلمين.

التقويم في الكويت :

إن السمة البارزة للتقويم في دول الخليج والتي تستخدم كذلك في الكويت هي الاعتماد على الاختبارات التحريرية والشفوية نهاية كل فصل دراسي :

بعض التجديدات في التعليم الثانوي في الكويت (تقرير نظم التعليم عام 2004م)

قامت بعض دول الخليج بتجريب نماذج جديدة في المناهج وطرق سير الدراسة في بعض المدارس، وقد قامت الكويت بإجراء تجريب نظام جديد وهو:

1- نظام الساعات المعتمدة : ويقوم هذا النظام على مساعدة المتعلم في المرحلة الثانوية وتوجيهه حسب ميوله وحاجاته. ومن أهداف هذا النظام :

- مساعدة وإكساب المتعلمين خبرات جديدة تتطلبها حاجة المجتمع.
- إيجاد نظام يراعي الفروق الفردية بين الطلاب.

- يُمكن الخريجين من مواصلة دراستهم العليا والتأكيد على العمل بوصفه صاحب قيمة أساسية في الحياة.

2- تم إدخال مادة المكتبة ضمن الخطة الدراسية في المرحلة الابتدائية بمعدل حصة واحدة أسبوعياً.

3- تعميم تدريس اللغة الإنجليزية في المرحلة الابتدائية بمعدل 4 حصص في الأسبوع.

4- تعميم تدريس اللغة الإنجليزية والحاسب الآلي في رياض الأطفال من بداية عام 1999م.

5- تعميم تدريس القرآن الكريم في المراحل التعليمية الثلاث بمعدل جزء لكل مرحلة من بداية عام 2000م.

6- تطبيق تجربة الحاسب الآلي وتدريسه من الصف الثاني متوسط.

7- إدخال الانترنت في المرحلة الثانوية.

8- تخصيص أماكن تمثل البيئات المختلفة (كالزراعة والبحرية والصحراوية والجليدية والحيوانية والنباتية) في المرحلة الابتدائية.

9- تزويد جميع المدارس بالمختبرات العلمية واللغوية وأجهزة الحاسب الآلي ولجميع المراحل.

10- استحداث إدارة التطوير والتنمية للمعلمين في الوزارة (موقع وزارة التربية بالكويت على الانترنت) وقد كان من مهام عملها وإنجازاتها ما يلي:

1- بناء قاعدة معلوماتية حديثة عن جميع المدربين المتميزين في مجال التربية والتعليم والإدارة التربوية في وزارات التربية والتعليم والميدان التربوي في دول الخليج لدعم التعاون وتبادل الخبرات.

2- إعداد برامج تدريبية متخصصة لجميع مستويات المديرين.

3- بناء استراتيجيات عملية لصناعة التدريب مبنية على أسس وسياسات فاعلة لمواكبة مستجدات العصر.

4- وضع معايير لاختيار كفاءة المدرب سعياً لحصوله على شهادة التدريب المعتمدة.

5- توحيد وتصنيف البرامج التدريبية في الميدان التربوي وفق تربوية تلبي احتياجات شاغلي الوظائف التعليمية.

6- تفعيل دور مركز التدريب التربوي لدول الخليج العربي والمساهمة بإثرائه بكل جديد من الميدان مثل الحقائب التدريبية والتجارب العملية مع حفظ حقوق المشترك.

7- وضع حوافز مادية ومعنوية للمديرين الأكفاء والمتميزين.

11- إنشاء معهد الكويت للأبحاث العلمية: (موقع وزارة التربية بالكويت على الإنترنت)

نبذة عن المعهد :

أنشئ معهد الكويت للأبحاث العلمية في فبراير عام 1967م، بموجب اتفاقية امتياز التنقيب عن النفط الموقعة بين شركة الزيت العربية (اليابان) والحكومة الكويتية.

ومنذ إبريل من عام 1967م، انطلقت النشاطات البحثية الأولوية من قسم الزراعة في المناطق القاحلة، وسرعان ما كان متبوعاً بقسم علوم الأحياء البحرية والثروة السمكية، ثم قسم علوم البترول.

أعيد تنظيم المعهد على أثر المرسوم الأميري الصادر في 1973/7/7م والذي بموجبه أصبح المعهد تابعاً لمجلس الوزارة وتحت إشراف مجلس من الأمناء برئاسة وزير الدولة لشؤون مجلس الوزراء.

ورغبة في تطوير المعهد بما يتلاءم ومتطلبات الصناعة الوطنية المتنامية صدر المرسوم الأميري بالقانون رقم (28) لسنة 1981م باعتبار معهد الكويت للأبحاث العلمية مؤسسة عامة ذات شخصية اعتبارية مستقلة يشرف عليها وزير يختاره مجلس الوزراء.

غرض المعهد هو النهوض بالبحوث العلمية والتطبيقية، خاصة ما يتعلق منها بالصناعة والطاقة وموارد الثروة الطبيعية والموارد الغذائية وسائر المقومات الرئيسية للاقتصاد القومي وذلك لخدمة أهداف التنمية الاقتصادية والتكنولوجية والعلمية للدولة، وتقديم المشورة للحكومة، بما في ذلك سياسة البحث العلمي للبلاد.

والمعهد يعمل في سبيل تحقيق أغراضه على وجه الخصوص :

- القيام بالبحوث العلمية والدراسات التي تتصل بتقديم الصناعة الوطنية الدراسات التي من شأنها أن تيسر الحفاظ على البيئة، وذلك بالتنسيق مع الجهات المعنية.
- تشجيع أبناء الكويت على ممارسة البحث العلمي وتنمية روح البحث لدى الجيل الناشئ.
- دراسة موارد الثروة الطبيعية والكشف عنها وسبل استغلالها، ومصادر المياه والطاقة وتحسين طرق الاستغلال الزراعي وتنمية الثروة المائية، وذلك بالتعاون والتنسيق مع الجهات المختصة.
- القيام بخدمات الأبحاث والاستشارات العلمية والتكنولوجية للمؤسسات الحكومية والأهلية وفقاً للأنظمة التي يقرها مجلس الأمناء.
- متابعة التطورات الحديثة للتقدم العلمي والتكنولوجي وتكييفها لتلائم البيئة المحلية، وإمداد الإدارات والهيئات الحكومية وأجهزة الصناعة بالوثائق والمعلومات العلمية والصناعية.

- إنشاء وتوطيد العلاقات مع مؤسسات التعليم العالي ومراكز البحوث العلمية والتكنولوجية في الكويت وفي مختلف دول العالم، والقيام ببحوث مشتركة، وتبادل المعلومات والخبرة معها لتحقيق تعاون أوسع على الصعيدين المحلي والعالمي.

الموارد والإمكانيات البشرية :

وضع القوى العاملة (الحالة في يونيو 1996م) :

وصل مجموع القوى العاملة في المعهد إلى 755 موظفاً منهم 70% عمالة كويتية، وتندرج أنشطة البحث والتطوير في المعهد في إطار البرنامج الإستراتيجي تحت ستة برامج رئيسة هي:

1- برنامج الموارد الغذائية والبيولوجية.

2- برنامج موارد المياه.

3- برنامج البترول والبتروكيماويات وعلوم المواد.

4- برنامج العلوم البيئية والأرضية.

5- برنامج الطاقة والبناء والنظم الهندسية.

6- برنامج الاقتصاد التقني.

تطورات محو الأمية في الكويت

(موقع تعليم الكبار في الكويت على الانترنت)

لقد قامت الحكومة الكويتية ممثلة في وزارة التربية والتعليم بالعمل الجاد لمحو الأمية للأفراد والمواطنين من الشعب الكويتي لذلك قامت بمحو الأمية على عدة مراحل:

1- المرحلة الأولى:

بدأت الجهود لمحو الأمية منذ سنة 1950م تقريباً على نطاق محدد شمل المستخدمين في المدارس والمرضى في المصحات ومراكز تدريب الشرطة والمركز الثقافي والعمالي، ومعسكرات الجيش وبعض المستشفيات واستمر العمل في فصول أعدت لهذه الغاية حتى سنة 1957م بإشراف إدارة التربية والتعليم وقت ذاك (وزارة الشؤون الاجتماعية والعمل)

2- المرحلة الثانية :

تعتبر هذه المرحلة هي الأكبر من حيث الفترة الزمنية إذ امتدت ربع قرن من الزمان، شهد هذا المجال خلالها بداية الجهود المنظمة تحت إشراف الدولة وولادة أول مشروع رسمي ينظم العمل في مجال محو الأمية وبموجب هذا المشروع تم افتتاح أول مركزين لمحو الأمية أحدهما للرجال في مدينة الكويت والثاني بقرية الجهراء، ثم تلا ذلك فتح مركز للنساء.

وفي بداية العام الدراسي 1960/1959م تم افتتاح المزيد من الفصول الدراسية للمرحلة المتوسطة حتى تتمكن من استيعاب الدارسين الذي نجحوا في إتمام مرحلة محو الأمية، كما شهد عام 1968/1967م فتح فصول للمرحلة الثانوية لمن أنهوا المرحلة المتوسطة وهكذا استمرت عملية النمو لتغطية المراحل الثلاث (محو الأمية، المتوسطة، الثانوية).

هذا التكامل بين مراحل التعليم الثلاث أوجد حافزاً للالتحاق بالمراكز، حيث حرصت سياسة الدولة التعليمية على مساواة مرحلة محو الأمية في المراكز بالمرحلة الابتدائية في المدارس الصباحية لتتاح فرصة مواصلة التعليم ويغرض هذا الأمل إلى تخريج الكثير من الدارسين في الجامعات ممن بدأوا دراستهم بمرحلة محو الأمية بالمراكز.

3- المرحلة الثالثة:

من أبرز ما كشف عنه تقويم الجهود السابقة لدولة الكويت في مجال محو الأمية هو قصور المفهوم السابق لمحو الأمية عن مواجهة التحديات الراهنة، فالمفهوم السابق لمحو الأمية كان يدور حول الأمية الأبجدية حيث يكتفي بتعليم الأمي مبادئ القراءة والكتابة والحساب وكانت تقع المسؤولية هذه المهمة على عاتق وزارة التربية وحدها دون إلزام للأمي ودون عون من أي جهة أخرى.

لذلك اتسمت هذه المرحلة بانطلاقة أول قانون يشرع لمحو الأمية هو 81/4 وقد ضم في طياته 33 مادة، وجاءت المادة الأولى من هذا القانون على "محو الأمية مسؤولية وطنية، تهدف إلى تزويد المواطنين الأميين بقدر من التعليم لرفع مستواهم ثقافياً واجتماعياً بما يجعلهم أكثر قدرة على الإسهام في النهوض بأنفسهم، وبالمجتمع لمواجهة متطلبات الحياة.

حددت المادة الأولى محو الأمية مسؤولية الجميع، وهي بهذا التجديد ترتفع بمستوى المشكلة عن أن تكون مسؤولية فرد واحد وهو الأمي أو مسؤولية جهة واحدة هي وزارة التربية، بل تضع المشكلة في إطارها الصحيح باعتبارها مسؤولية وطنية فالأمي ليس عبئاً على نفسه فقط.

ثم تشير المادة الأولى تمشياً مع هذا المنطلق الاجتماعي إلى تحديد مفهوم جديد "لمحو الأمية" فهو ليس مجرد محو الأمية الأبجدية بل هو القدرة اللازمة لرفع المستوى الثقافي والاجتماعي للأميين بما يجعلهم أكثر قدرة على الإسهام في النهوض بأنفسهم ومجتمعهم لمواجهة متطلبات الحياة، وهكذا يشير القانون إلى المفهوم الحضاري والدور الوظيفي لمحو الأمية، فالمطلوب أن يزود المنهج الدراسي للدارسين بفصول محو الأمية بالمعلومات والاتجاهات والمهارات التي ترتفع بمستوى الأمي ثقافياً واجتماعياً إلى الحد الذي يؤهله للنهوض بنفسه، كمقدمة ضرورية ليصبح قادراً على الإسهام والنهوض بمجتمعه.

إعداد وتدريب المعلمين :

لقد اهتمت دولة الكويت بإعداد وتدريب المعلمين حيث قامت وزارة التربية والتعليم في الكويت بتنظيم برامج للتدريب والتأهيل للمعلمين للارتفاع بمستوى أدائهم وتزويدهم بالاتجاهات والمفاهيم الحديثة في مجال عملهم كما نظمت دراسات تكميلية للمعلمين من خريجي المعاهد القديمة والمدرسين غير المؤهلين (مرسي، 1998م، ص393)

وللتعرف أكثر عن جهود دولة الكويت في التدريب والتأهيل لتنمية الموارد البشرية الوطنية سيتم توضيح الآتي:

1- فلسفة التدريب والتأهيل في دولة الكويت:

لما كانت الأهداف الاستراتيجية لدولة الكويت تشمل رفع كفاءة الإنسان الكويتي، ودعم جهود التطوير الإداري وتعزيزها، ورفع كفاءة الخدمات المقدمة للمواطنين، فإن أهداف مؤسساتها المعنية بالتدريب وتنمية الموارد البشرية الوطنية ترتكز على عدد من المرتكزات الأساسية التالية:

1- بقضية بناء الإنسان الكويتي المنتج والقادر على الالتحام بعصرنا وهي القضية المركزية التي تدور حولها وانطلاقاً منها وعوداً إليها القضايا الأساسية الأخرى.

2- إن الإنسان هو أثمن الثروات، وإن تنمية الموارد البشرية هي الاستثمار الحقيقي للدول، فالإنسان هو الغاية من التنمية والارتقاء به هو هدف بحد ذاته.

3- إن بناء الإنسان عملية مركبة شديدة التعقيد طويلة طول عمر الفرد، مواكبة لجميع أطوار حياته، ثم هي ممتدة على تعاقب الأجيال.

4- تغيير المفهوم السائد تجاه التوظيف الحكومي لكي يتحول من كونه غاية ذات أبعاد اجتماعية إلى وسيلة لتحقيق أهداف إنتاجية تنموية، فالإدارة وأساليب العمل الإداري تعتبر أهم محددات النمو في المجتمع، والقوى العاملة

هي الأداة الرئيسية لتحقيق أهداف التطوير والتنمية، فالإدارة هي العنصر الحركي الأساسي والحاسم في إحداث التنمية، وللجهاز التنفيذي للدولة دور فعال في التنمية الشاملة والمستدامة .

5- إن التدريب بات هاجس كل المؤسسات والمستويات الإدارية في الدول المتقدمة، ولا سبيل إلى التنمية إلا من خلال الاهتمام بالعمليات التدريبية، فالتدريب من أساسيات الإدارة المعاصرة، وهو نظام متكامل يتكون من مدخلات تتمثل في الإدارة والإمكانيات المادية والمعلوماتية، ومخرجات تتمثل في الأهداف والنتائج التي يسعى التدريب إلى تحقيقها.

6- إن التدريب إلى جانب كونه نظاماً متكاملاً فهو جزء من كل، أي أنه سياسة إدارية مميزة ترتبط بالسياسات الإدارية الأخرى، وتعتمد عليها وتؤثر فيها وتتأثر بها، وبالتالي فإن نجاحها يتوقف على نجاح بقية السياسات وتكاملها معها.

وفي هذا الإطار الاستراتيجي والمرتكزات الأساسية المتعلقة بالتدريب وتنمية الموارد البشرية الوطنية، فإن فلسفة التدريب تتبلور في إكساب الكوادر الوطنية معلومات وصقل مهاراتهم وتعديل سلوكهم وأدائهم الوظيفي بقصد تحقيق أقصى إنتاجية لمواكبة التطورات الحديثة واللحاق بركب العالم المتقدم.

ولذلك فإن دولة الكويت بأجهزتها المعنية بالتدريب وتهيئة المناخ الملائم لتنمية إدارية شاملة تحرص على أن يجري تخطيط التدريب بأسلوب علمي، لتحقيق أهدافه العامة التي من أهمها:

1- العمل على النهوض بمستوى كفاءة العاملين بالجهاز التنفيذي للدولة في مجال الخدمات أو الإنتاج.

2- تزويد العاملين بالمهارات والقدرات والخبرات اللازمة لتأهيلهم لمزاولة ما يسند إليهم من أعمال.

3- العمل على تنمية خبرات ومهارات العاملين وتطورها بحيث يستطيعون مواكبة التقدم التكنولوجي وتزويده بالمعلومات والمعرفة باعتبارها أحد مظاهر تحديات العصر.

واتساقاً مع ذلك كله فإن الدولة تسعى دائماً لوضع خطة تدريبية شاملة ومتوافقة مع الرغبات والاحتياجات الحالية للعاملين لدى الجهات الحكومية، وتنفيذها من خلال مجموعات متكاملة من برامج التأهيل والتنمية الإدارية التي تستهدف إعادة تركيبة القوى العاملة والاستخدام الأمثل للقوى البشرية الوطنية.

ومن جهة أخرى، حرصت الدولة في مجال التعليم الفني والمهني والحرفي، على التميز وتقديم الأفضل في التعليم والتدريب، إسهاماً في دعم أهداف التنمية والارتقاء بالمجتمع وترسيخ القناعة بأن كل مواطن هو جزء من الثروة البشرية التي يجب مواصلة تنميتها واستثمارها في آن واحد في عملية مستمرة متصاعدة.

ولتحقيق ذلك، امتد التدريب المهني ليوجه إلى جميع فئات المواطنين بمختلف أعمارهم ومستوياتهم الثقافية وفي مجالات الأعمال والمهن والحرف المتعددة وبنوعيات مختلفة من التدريب.

فالمعاهد والدورات التدريبية، تعد القوى الوطنية المطلوبة لمستويين من العمالة هما: مستوى الفنيين من الحاصلين على شهادة إتمام الدراسة الثانوية وما يعادلها، ومستوى مساعدي الفنيين من الحاصلين على شهادة النجاح في الصف الرابع المتوسط كحد أدنى، وأيضاً مستوى الحرفيين على شهادات دون المتوسطة.

وعن طريق مركز التدريب في أثناء الخدمة، يعمل قطاع التدريب على تنمية مهارات العاملين بالدولة لرفع مستوى أدائهم، وتعريفهم بكل ما هو حديث في مجال تخصصاتهم.

كما يمد القطاع المواطنين والمقيمين بمهارات فردية في مجالات متعددة عن طريق برامج خدمة المجتمع والتعليم المستمر.

وبذلك تكون الدولة قد أتاحت لجميع أفراد المجتمع الفرص التعليمية والتدريسية والتدريبية التي تساعدهم على تنمية وتطوير معارفهم ومهاراتهم.

نشأة مراكز التدريب المهني، أنواعها وتطورها :

تعود منشأة التعليم الفني والمهني عموماً بدولة الكويت إلى منتصف القرن العشرين تقريباً، استجابة لحاجات الوزارات والمؤسسات الحكومية بالإضافة إلى حاجة سوق العمل إلى فئات من القوى العاملة الفنية المتخصصة في مجالات الإنتاج والخدمات، وخاصة في فترة مصاحبة لتكثيف أنشطة التنقيب عن النفط وإنتاجه وتصديره، وحيث بدأت الشركات العاملة في هذا المجال تنظيم برامج تدريبية لإعداد العمالة الوطنية لممارسة بعض المهن اللازمة لتنفيذ أنشطتها.

ومع اكتمال البنية الأساسية للنظام التعليمي بالكويت وزيادة الطلب على العمالة الفنية، أنشأت وزارة التربية عدداً من المدارس الفنية المتخصصة حيث أنشأت الكلية الصناعية عام 1955/54م، كما أنشأت وزارات أخرى بعض المدارس والمراكز الفنية طبقاً لاحتياجاتها مثل معهد الاتصالات السلكية واللاسلكية (196م/وزارة المواصلات)، معهد الهندسة التطبيقية (1968م/وزارة الكهرباء والماء) وغيرها.

مراحل التطور التنظيمي لمراكز التدريب بالكويت

المرحلة الأولى :

بدأ النشاط التدريبي في العام الدراسي 1963/62م وكان بأعداد قليلة لاقتصار البرامج التدريبية على تخصصات معينة ولم يكن هناك جهاز متخصص ومتفرغ للإعداد والتخطيط والإشراف على التدريب، وبالتالي لم يكن هناك مقر ثابت وخاص بالدورات التدريبية، بل كان التوجيه الفني بما يتوافر لديه من كوادر يقوم بالإعداد للدورات وتنفيذها إما في إحدى المدارس أو في مقر التوجيه الفني إن أمكن، ثم بدأ بالتدريب بنمو مع نمو العملية التعليمية، وفي عام 1974م صدرت العديد من القرارات التنظيمية لمواكبة اتساع عملية التدريب من حيث الكم والكيف، ولقد جاءت هذه القرارات بشكل متدرج لتتمشى وتتلاءم وحاجة الوزارة تجاه عملية التدريب تخطيطاً وإعطائه المزيد من الاختصاصات والقدر الكافي من الصلاحيات التي تعينه على تحقيق أهدافه.

في 1974/5/15م صدر قرار الوزرة رقم (75952) بشأن تحويل مبنى المدرسة الشرقية الابتدائية للبنات إلى مركز للتدريب على أن يكون تابعاً لمراقبة البحث والتنسيق الفني في ذلك الوقت، وافتتح المركز في 1974/9/1م وزودته الوزارة ببعض الخبرات التربوية ذات الكفاية العالية للإشراف عليه، ويعاونها فريق من العاملين في مختلف الإدارات اللازمة لتنفيذ الدورات التدريبية واستمر المركز في تبعيته لمراقبة البحث والتنسيق الفني حتى تم تحويلها إلى إدارة أطلق عليها إدارة التخطيط والتدريب وذلك بالقرار رقم (75/561) بتاريخ 1975/4/14م، ولم يكن للمركز حتى هذا الوقت هيكل تنظيمي أو اختصاصات مكتوبة وإنما كان مركزاً للتدريب تنفّذ فيه الدورات التدريبية التي تقرها الوزارة وتعدها وحدة تدريبية، وبرغم ما كان متوافراً في المقر الجديد للمركز في قاعات وشعب وسعة مكانية مكتب الوزارة من تزويده بكثير من احتياجات الدورات التدريبية إلا أنه لم يستطع أن يلبي متطلبات التطوير والتحديث في مختلف مجالات العمل في العملية التعليمية وفي الإدارة التربوية.

لكل هذا فكر المسؤولون في إنشاء مركز للتدريب تتوافر فيه الإمكانات التي تجعله قادراً على الوفاء بمتطلبات النشاط التدريبي الذي تعتمده الوزارة، فشكلت لجنة من وحدة التدريب، ومركز التدريب، ومن وحدة التخطيط لدراسة إنشاء مركز جديد يلبي احتياجات العمليات التدريبية التي تنظمها الوزارة.

المرحلة الثانية:

وتبدأ هذه المرحلة بصدور قرار الوزارة رقم وت/ش أ/3761/7 بتاريخ 1979/12/15م بشأن إعادة تنظيم مركز التدريب بحيث يتكون من الوحدات التنظيمية التالية:

- وحدة الشؤون الفنية.

- وحدة الشؤون الادارية والمالية.

- وحدة المتابعة والتقويم.

وقد اشتمل القرار على الاختصاصات الموكلة إلى كل وحدة من هذه الوحدات الثلاث وبرغم أن هذه هي المرة الأولى التي يصدر فيها قرار بتنظيم المركز وإنشاء وحدات فنية وإسناد اختصاصات إلى هذه الوحدات، إلا أن المركز بقي ينفذ الدورات التدريبية التي كانت تخطط لها وتعدها إدارة تنمية القوى البشرية في حدود ما أسند إليه من الاختصاصات الواردة في القرار المشار إليه.

واستكمالاً للشكل الإداري للمركز صدر قرار الوزارة رقم وت/ش أ/13848/7 بتاريخ 1983/1/11م باستخدام مراقبة في مركز التدريب تتحدد اختصاصاتها في الإشراف على وحدتي الشؤون الفنية والمتابعة والتقويم وفي هذه المرحلة تزايد نشاط المركز وتنوعت الخدمات التي يقدمها أو يسهم فيها، فعلاوة على الإشراف والتنفيذ والمتابعة لخطة الدورات للوزارة فإنه كان يستضيف الكثير من اللقاءات والاجتماعات مثل:

- اللقاءات التوجيهية التي كانت تنظمها مكاتب التوجيه الفني لمختلف المواد لمدرسي ومدرسات المراحل التعليمية المختلفة ورياض الأطفال.

- اللقاءات التربوية التي كانت تنظمها الوزارة للمدرسين والمدرسات الجدد لتعريفهم بمجتمع الكويت، ونظمه وقوانينه وكيفية التعامل معها.

- المعارض والحفلات الختامية لبعض الدورات التدريبية إلى غير ذلك من اجتماعات اللجان، وما كانت تتطلبه هذه الأنشطة من توفير الأماكن المناسبة وتقديم الخدمات اللازمة.

ويستمر المركز في مسيرته يقوم بدوره متعاوناً ومتكاملاً مع سائر أجهزة الوزارة في تأدية الأدوار المطلوبة للنهوض بالعملية التعليمية والتربوية، حتى انتقل إلى مقره الجديد في الجابرية في اليوم الثامن من فبراير عام 1986م .

المرحلة الثالثة :

وتبدأ هذه المرحلة بصدور القرار الوزاري رقم (87/64) بتاريخ 1987/3/26م بشأن توزيع أنشطة تنمية القوى البشرية بالوزارة، واستحدثت بمقتضاه في مركز التدريب مراقبة تخطيط وإعداد البرامج التدريبية، وينظم القرار المذكور اختصاصات هذه المراقبة والتي أصبح المركز بمقتضاها ينفذ عمليات التدريب للعاملين في الوزارة بجميع خطواتها من حصر وتحديد للاحتياجات التدريبية إلى التخطيط لتلبيتها، ثم إعداد البرامج التدريبية وتنفيذها والإشراف على متابعتها وتقويمها بالطرق والأساليب العلمية بواسطة ما توفره له من كوادر بشرية متخصصة وذلك بعد أن كان نشاطه ينحصر في تنفيذ الدورات التي تتضمنها خطة الوزارة وتعدها إدارة التخطيط والتدريب أولاً، ثم إدارة تنمية القوى البشرية ثانياً.

هذا بالإضافة إلى أن المركز أصبح همزة الوصل والمنسق بين أجهزة الوزارة وبين الجهات المعنية بالتدريب خارجها، حيث يستقبل البرامج والخطط التدريبية لهذه

الجهات ويقوم بتعميمها على أجهزة الوزارة لموافاته باحتياجاتها منها والمرشحين لحضور الدورات لاتخاذ الإجراءات اللازمة لإشراكهم فيها.

المرحلة الرابعة:

وتبدأ هذه المرحلة بصدور القرار الوزاري رقم و ت/ط/13648 بتاريخ 1990/2/4م بشأن إدارة تنمية القوى العاملة ويكون مقرها مركز التدريب، وقد تم تقسيم العمل في الإدارة إلى ثلاث مراقبات هي :

1- مراقبة البعثات والإجازات الدراسية.

2- مراقبة تخطيط وإعداد البرامج التدريبية وقد تغير مسماها بالقرار رقم 15114 بتاريخ 2/19 إلى مراقبة تحديد الاحتياجات التدريبية 1990م.

3- مراقبة تنفيذ البرامج التنفيذية.

4- وقد تضمن القرار اختصاصات المراقبات والأقسام إضافة إلى السياسات والمقترحات والأهداف لأداء العمل على الوجه الأكمل كذلك صدر القرار رقم 16586 بتاريخ 1990/3/17 بتحديد اختصاصات مراقبة البعثات والإجازات.

5- تصميم ومتابعة تنفيذ برامج التدريب الإداري للعاملين في المواقع القيادية وفي المجالات الإدارية والمالية في كافة قطاعات الوزارة خاصة بعد زيادة الاعتماد على أجهزة الحاسب الآلي وتكنولوجيا المعلومات في هذا المجال.

6- الاتصال بالجهات المتخصصة في مجالات التدريب وتنمية المهارات والتعرف على ما تقدمه من برامج تحتاج إليها وحدات العمل بالوزارة وتقييم العروض التي تتقدم بها هذه الجهات واقتراح معايير المفاضلة فيما بينها عندما يتقرر الاستعانة بها في تنفيذ بعض البرامج.

7- اقتراح خطة البعثات والإجازات الدراسية للعاملين في الوزارة ومتابعة تنفيذها وتقييمها.

وبعد هذا العرض الموجز للتطور التنظيمي لجهاز التدريب نستطيع القول إن أهدافه تتلخص في تنفيذ الدورات التدريبية ومتابعتها وتقديم كافة الخدمات التربوية اللازمة لها للعمل على إنجاحها وعلى رصف المكافآت المالية للأجهزة الفنية والإدارية العاملة بها، وأيضاً تقويم كفاءة برامجها من خلال استبيانات الرأي التي توزع على المتدربين والمتدربات في نهاية كل دورة للوقوف على آرائهم وانطباعاتهم حول برامج التدريب، ثم تحليل تلك النتائج بشكل يسهل معه تقييم الأداء الخروج بمؤشرات تساعد في الحكم الصحيح على جدوى عملية التدريب ورفع التوصيات اللازمة لدراستها والاستفادة منها في عملية التطوير.

المراجع

1- حجي، أحمد إسماعيل (2002م) : اقتصاديات التربية والتخطيط التربوية- التعليم، الأسرة، الإعلام، دار الفكر العربي ، القاهرة، ط1 .

2- الموسوعة العربية العالمية (1999م): مؤسسة أعمال الموسوعة للنشر والتوزيع، الرياض، السعودية، مجلد رقم 20، ط2 .

3- موقع وزارة التربية بالكويت عام 2005م.

4- وزارة التربية والتعليم بالسعودية: ملامح من نظم التعليم في بعض الدول، من واقع تقارير الزيارات الدولية لمسؤولي وزارة المعارف 1424هـ-2004م .

5- مرسي، محمد منير (1995م): التعليم في دول الخليج العربي، عالم الكتب، القاهرة.

6- موقع الانترنت   http://www.mon.edu.Kw/st.htm

7- دويدار، محمد (1995م): نظام التعليم في العالم العربي، مجلة التربية المعاصرة، العدد (38) ، القاهرة.

Printed in the United States
By Bookmasters